《走遍中国》编辑部

中国旅游出版社

本书导读

作为一套以实用信息为主的自助旅行丛书，《走遍中国》尽可能地向读者提供最全面的信息，包括出发前需要了解的相关的人文地理知识，准备出发时所应掌握的衣、食、住、行的资讯以及大量来自“当地人”的景点推荐和特别提醒。

1. 云南档案

决定去云南旅行，总是希望能对它有一个大致的概念，什么样的地理特征造就了那样的美景，什么样的历史造就了这样的现今，“云南档案”通过图文并茂的方式，为读者建立一个对云南具象感知。

2. 云南解读

这片土地有着独具特色的风光、民俗，和美食。“云南解读”板块的设置就是想通过图文对照的方式，对西藏的人文地理进行梳理，以建立对西藏的感性认知。

3. 云南经典

云南有太多的美景值得去欣赏，有太多的民俗值得去品味，有太多的地方值得去旅行，如何在有限的时间里了解到最经典的云南，最地道的云南，正是这个部分的设想。

4. 准备出发

季节是影响旅行的关键因素之一，在不同的季节和不同的气候，风景会呈现出不同的韵味。此外，交通工具、交通状况、住宿条件和当地的美食风味，都是旅行者出发前最为关心的细节，因为这将决定旅行时间、行程安排甚至所需携带的衣物。至于花费，旅行专家们已经给出了一个建议性的预算方案。

5. 背包客推荐

《走遍中国》有众多的“背包客推荐”，来自旅行达人的亲身经验，为的是能为读者提供最贴心的旅行指南、最实用的旅行攻略。

6. 地 图

地图是旅行中不可或缺的一个重要元素，给予旅行者最具象的旅行方向，也为旅行者提供最方便快捷的旅行定位。《走遍中国》包括大量的详细地图，便于读者的阅读和行程规划。

内文地图图例

G40 高速公路及编号	湖泊水系	饮品和酒吧
高等级公路	垭　口	商　店
G312 国道及编号	山　峰	银　行
S217 省道和县乡道	桥　梁	文化娱乐
铁　路	隧　道	火车站
快速路	首　都	汽车站
大　街	省级政府驻地	机　场
小　街	市级政府驻地	码　头
小巷和小路	县级政府驻地	停车场
徒步路线	村　镇	其他地点
地铁和轻轨	旅游景点	N 指北针
索道和滑道	宾馆、客栈	
国　界	饭　店	
省　界		
市　界		
长　城		
城　墙		

TRAVEL AROUND 走遍中国·云南 YUNNAN

CONTENTS

玉溪

楚雄

TRAVEL AROUND

走遍中国·云南 YUNNAN

CONTENTS

CONTENTS

实用资讯

滇南地区

西双版纳

TRAVEL AROUND

走遍中国·云南 YUNNAN

CONTENTS

实用资讯

滇东南地区

红河

CONTENTS

实用资讯

地图列表

从海拔76.4米的红河州河口到6740米的香格里拉，从热带雨林中的轻歌漫谷到高原雪山间的肃穆宁静，从地球回归线到世界第三级，很难用一个字、一句比喻或一段描述来诉说云南的美。

天地有大美而不言

云南的美是无法言说的；云南的美是不被重复的；云南是沉默的。

云南的美是无法言说的。

“三江并流”让其他的风景成了陪衬的“盆景”，虎跳峡的激流让冒险者们感到了荡气回肠，偶尔露真容的梅里雪山有着“神”的力量，土林、石林、沙林是地球演化史上精彩的记号，茶马古道上的古镇至今还留存着马帮的风流……也许只是高原上的一棵树，一棵孤独的树，也会被镶嵌成美的瞬间，值得旅行者用一生来回味。

很难用一个比喻或者一个意象来概括这种美，因为任何比喻都显得过于小气，而任何一种意象都会破坏旅行者最终身处其间的体验。

在我们极力把自然界的某些被认为是美的东西圈定起来，比如一座山、一片草地、一种植物，或者是某一类动物，并赋予它们特定的名称和意义以达成“旅游”行为时，云南却以蓝天、白云、盘旋于天空的鸟、行走于高山间的群兽、散布着千万种植被的原始森林，以及生活于其间的民族，一同向世界展示着自然与和谐共同构建的美。旅游在这里被更多地还原为旅行，“旅”的孤独最为契合这片土地的沉静，而“行”的脚踏实地才能以身心成就对美的体验。

云南的美是不被重复的。

滇西北耸立着云南最高的山峰，雪山、草甸、湖泊，其间隐藏着一个“香格里拉”的梦想；滇西的崇山峻岭密布着无数条通往异域的山道，马帮在青石板上踩踏出来的深深印迹证明了云南人的开放心态与勇敢；滇南的原始森林里奇花异草间闪动着傣家人的曼妙歌舞；滇东南有一个叫“坝美”的地方，被追捧为现世的“世外桃源”，它所有的安详、沉静和秀丽丰饶，在云南并不是特例；滇东北的僰人悬棺让这里的高山多了一层不解的神秘；滇中因为“四季如春”的昆明，便多了许多四季花开不败的浪漫气质。

云南是沉默的。

终生守候着这片土地的云南人像是富家子弟，淡泊而从容，他们从不主动夸耀“身家的富有”，也许他们早已习惯了这上苍赐予的美丽，世世代代与这周遭的美景一样，只是沉默地守候。直到有一天，一场地震惊动了世界，人们突然发现，“世界上还有这么美丽的地方”。从此，千万双旅游鞋踏破了丽江的沉静，丽江不再属于云南，也不属于中国，而属于世界。

云南也因此成了人人向往的“香格里拉”。

走遍中国·云南

YUNNAN ARCHIVES
云南档案

走遍中国 · **云南**

YUNNAN ARCHIVES
云南档案

地理

云南自古就被视为蛮夷之地，蛮者，荒也；夷者，外也。事实上，云南是一片丰饶而又富足的土地：宜人的气候，雄峻奇险的高山，湍急的河流，丰富的物种、矿藏和地热资源。

云南，偏居西南的一只雄鸡

中国的地理老师在给学生上第一堂课的时候，大都会作这样的比喻：中国地图就像一只面向东方的雄鸡。这个生动的比喻成为我们认识自己国家的启蒙。然而，这个比喻用在位于中国西南边陲的云南同样适用，不过云南的地理老师会再加一句：云南虽然位于“雄鸡”的尾部，但其本身也是一只向着东方打鸣的“雄鸡”。当然，这是一只偏居于云贵高原的“雄鸡”。

这只“雄鸡”面向东方，头部插入了四川和贵州的交界处；前胸则紧贴着贵州、广西；做展翅状的翅膀则伸入了西藏；前后两只脚站在缅甸、老挝、越南的边境上，于是普洱地区江城县就有“鸡鸣三国（中国、缅甸、老挝）”的奇观；而北回归线正好穿过“雄鸡”的身体。

云南的高山几乎都在北部，海拔高度自北向南呈阶梯状递减。所以，冬季来临，滇东北和滇西北白雪皑皑，滇南和滇东南却热浪袭人。一南一北，从河口县南溪河到迪庆的卡瓦格博峰，海拔从76米到6740米，直线距离仅有900公里，但高低相差却有6000多米。在云南，海拔1000米以下的地区只占全省总面积的10%，而海拔1000～3500米的山地占了77%，那些被称作“坝子”的山间平地,仅占全省总面积的6%。不过这些坝子，以首府昆明为代表都有令人羡慕的“四季如春”的气候。云南人有“家乡宝”的别称，自然与这里的宜人气候密不可分。

云贵高原的扇形骨架和河流

云南多高山，西部有高黎贡山、怒山、云岭；南段有横断山的余脉——哀牢山、无量山和大雪山等，由西北向西南方缓慢降低；东部的五莲峰、乌蒙山、梁王山、拱王山等，却由东北向西南展开。这些高大而狭窄的山体好像扇骨一样在云南的土地上缓缓打开，穿流其间的河流，让这片山地葱郁而又富饶。

从高山腹部流出的涓涓细流，纵横在云南的大山与坝子之间，主要的河流就多达180条，这些河流最终汇成六大水系，金沙江水系经华中、华东平原，变长江汇入东海；珠江水系发源于曲靖沾益东北马雄山，南盘江、北盘江流经广西，到达广东。此外的四条水系：伊洛瓦底江水系（独龙江—伊洛瓦底江）、怒江水系（怒江—萨尔温江）、澜沧江水系（澜沧江—湄公河）、红河水系（从红河流向越南，最终从东京湾入海），最终都流到了国外。

山高水急，于是云南一贯以交通闭塞著称于世，五尺道、蜀身毒道、茶马古道、南方丝绸之路，指的都是人背马驮的陆路交通，其危险系数和难度与“难于上青天”的蜀道相比，均不出其右。但“山间铃响马帮来”，世代生活在大山急流之间的云南人并没有被地理上的艰险击倒，他们的乐观溢于言表。

散落在高原上的珍珠——湖泊

如果说高山是脊梁，河流是血脉，那么散落于高原上的湖泊就应该是珍珠，不仅积蓄着高原上的水量，同时也

日照金山

点缀着高原的风光，它们灵动、闪光，而且往往是高原人聚居的中心。

“五百里滇池，奔来眼底。披襟岸帻，喜茫茫空阔无边。”清代名士孙髯翁的大观楼长联中对滇池的描写给后人留下了无尽的怀想。如今，滇池已不足500里，滇池里的蓝藻令人伤透了脑筋，但滇池依然为调节昆明的气温起着重要作用。

“下关的风、上关的花”构成了大理风花雪月的底色，成了大理的标志性风景。作为云南第二大湖，洱海也曾是云南的另一个政治、文化中心——大理国的所在。如今，滇西北是云南的旅游黄金线，而苍洱风光就是这条黄金线的起始点。

此外，以“走婚风俗”而引发旅游热潮的泸沽湖、螺旋藻产量居世界第二位的程海湖、至今还有第四纪冰川的重唇鱼活动的纳帕海、有黑颈鹤栖息的碧塔海、因此碧花而盛名的氹碧湖……它们是一个个散落在高原上的珍珠。

温泉：地球赐予人类的厚礼

地球本身就是一个大锅炉，它的内部蕴藏着巨大的热能，在地质因素的控制下，这些热能会以热蒸汽、热水、干热岩等形式向地壳的某一范围聚集，如果达到可开发利用的条件，便成了具有开发意义的地热资源。温泉便是地热资源的一种，是地球赐予人类的一份厚礼。

云南就处于地热活动强烈的地区，温、热水泉孔分布广，地热资源潜藏量位居中国前列。其中保山地区的腾冲热海就属于高温热水带，是中国少数地热资源“富矿带”之一。而同属保山管辖的龙陵巴腊掌，以及滇中地区的安宁、华宁则是温水泉孔分布区。

“遥望峡中蒸腾之气，东西数处，郁然勃发，如浓烟卷雾，东濒大溪，西贯山峡……”早在350多年前，地理学家徐霞客就来到“极地第一城”的腾冲，并在《徐霞客游记》里对腾冲的地热现象作过这样的描述，“水与气从中喷出，

云南长江第一湾

如有炉橐鼓风煽焰于下……犹热若探汤。或跃时风从中卷，水辄旁射，揽人于数尺外，飞沫犹烁人面也。"与我们今天看到的几乎别无二致。读徐霞客的文字犹如身临其境。

腾冲，这座以火山、热海、湿地和玉石而著名的边地小城，当地居民四季都在这蒸腾的热气中，过着温润而富足的生活。与腾冲相距数百公里的龙陵，有个叫巴腊掌的地方，蕴藏着另一种"温润景象"。这里的温泉泉水不似腾冲总是气势汹涌，但却多变，同一眼泉水的水温、水色会发生微妙的变化，更奇妙的是，有医治皮肤病、风湿病，甚至有能治愈不孕症的说法。每年都有从四周县市赶来治病的人，最远的包括从缅甸专程而来的患者。即使身体健康，在巴腊掌泡一泡，周身的皮肤都如凝脂般细腻。

由徐霞客题写的"天下第一汤"如今已成了昆明近郊安宁温泉的标志。这里是安宁周边地区人们的休养集中地，置身于温泉之中，身心的疲惫也随之释然。

一山有四季，十里不同天

在中国的版图上，云南像一个缩小了比例尺的中国，当然，这个比喻并不十分适当，但这个面积为 39.41 万平方公里的省份，气候的变化有如从海南省到吉林省长春市的变化。也就是说，一省之中兼有寒、温、热三带的气候特征。

云南的平均气温由北向南递增——在 5℃ ~ 24℃之间。当北方大部分地区银装素裹时，省内大部分地区仍然鲜花盛开，而滇南的人们穿着单衣还嫌热。如果冬季的气温达到 0℃，大部分云南人都会奔走相告——可能又要出现百年不遇的大雪天了。气温最高的 7 月，长江以南的中国大部分地区电扇和空调大有脱销的架势，云南人却晚上睡觉还要盖薄被。就算到了滇南，因为早晚温差大，晚上外出偶尔还要穿件外套。

不过，雨季是云南最令人头痛的

独特的气候让云南成为珍稀动植物的天堂

季节。因为云南的雨如盆倾瓢泼，所以，雨季的云南多有山体滑坡致使公路塌方。一旦塌方,交通就会中断数日，旅行者只好望路兴叹、心急如焚，但却束手无策。如果遭遇绵绵细雨，就会“一雨便成冬”——上午还艳阳高照，下午就得找出过冬的行头穿在身上，以御风寒。

云南的天就像孩子的脸，说变就变，让人捉摸不透，所以来云南旅行，需要“四季服装同穿戴”。

动植物的缤纷世界

云南不能不说是独占了这个地球上一个极独特的位置，这里集合了地球上除海洋和沙漠之外的所有地理环境，加之又有独特的气候，自然成了动植物享乐的天堂。

数字原本并不是十分有趣的，但数字却是最有说服力的。云南拥有脊椎动物1737种，占全国种类的58.9%；在脊椎动物中，兽类有300种，占全国种数的51.1%；鸟类793种，占63.7%；爬行类143种，占37.6%；两栖类102种，占46.4%；淡水鱼类366种，占45.7%；国内见于名录的昆虫2.5万种，云南有1万多种……

在全国约3万种高等植物中，云南有274科2076属1.7万多种，占全国高等植物总数的62.9%；云南境内生长着2000多种中草药，有些种类是云南独有的，常用草药达1250种；云南香料植物种类之多在全国也名列前茅，计有69科，约400种；云南拥有2100多种观赏植物，其中花卉植物在1500种以上，其中杜鹃花就有约300个品种，茶花也有上百个品种。

此外，云南还被称为“有色金属王国”，在云南已发现的矿产中，铅、锌、锗、铟、铊、镉、磷、蓝石棉共8种矿产保有储量居全国第一位；锡、铂、银、钾盐、砷、硅灰石、水泥配料用砂岩、硅藻土共8种矿产居全国第二位；另还有50种的矿产保有储量居全国前十位。云南现已发现宝玉石矿带6个，其中高黎贡山、哀牢山、滇东南3个宝石带具有重要意义。

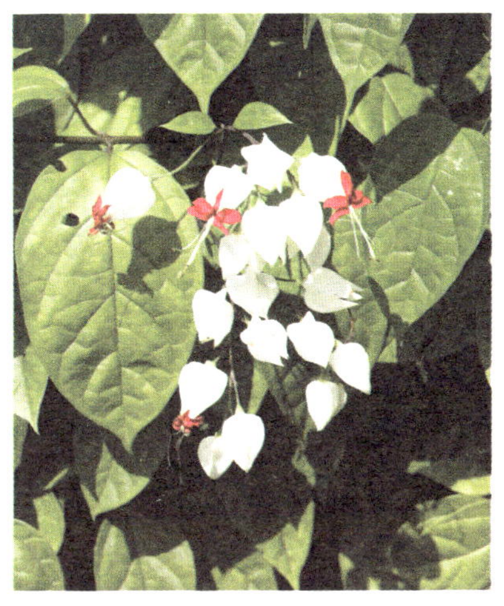

勐仑植物园

身高约3.2米、重可超5吨的亚洲象是亚洲大陆现存最大的动物，已被列入《国际濒危物种贸易公约》濒危物种之一，主要生活在中国和东南亚一带。我国境内现仅存的300余头都生活在云南西双版纳勐养保护区的三岔河热带森林公园内的野象谷中。

背披黑毛，臀部、腹部和胸部则为白毛，长着红艳宽厚的性感嘴唇的滇金丝猴，把一双杏眼和上翘的鼻子组合成了一张知名度仅次于熊猫的脸。滇金丝猴是我国特有的灵长类动物，属世界珍稀动物，主要分布于云南和西藏，生长于人迹罕至的高山地带。据调查，滇金丝猴现在尚存13个自然种群，约1500只。

云南不仅生活着现代的多种类动植物，同时也是史前动植物王国。有被称为“稀世珍宝”的澄江动物化石群、曲靖地区早期鱼类和陆生植物化石、昆明地区发现的二叠纪前期珍贵树蕨茎干化石——云南辉木、被称为地质奇观的保存在二叠纪玄武岩中的化石森林的硅化木、云南中生代造煤植物——宝鼎植物化石群、中生代鱼类和爬行类化石……

数千万年前，印度板块和欧亚板块的激烈碰撞，形成了今天云南特有的地质条件，成就了这片山川秀美、气候多样、物种丰富的西南秘境。

蜀都湖的松鼠

历史

中国历史一直是以中原为主线的，远离汉文化的滇国史仿佛是一条附着于这条主线的复线，总是若隐若现。

“……汉习楼船，唐标铁柱，宋挥玉斧，元跨革囊。伟烈丰功，费尽移山心力……”清朝，一位被贬至云南的官员，站在滇池边发思古之幽情时，挥笔写下了迄今为止最长的长联。这副被后世广为传诵的“大观楼长联”共 180 字，上联书写了昆明的地理，下联则概述了云南的历史。这位终老于云南的中原人当然无法了解，20 世纪的考古发现告诉世人：有必要重新认识云南。

来自远古的生命信息

20 世纪 90 年代，在云南澄江的帽天山上，一次意外的考古发现，中国历史这本大书被翻到了 5 亿年前。原本被认为只有三叶虫存在的寂静的寒武纪，因为在云南澄江那个叫帽天山的小山坡上，发现了大量的动物化石，而变得喧嚣起来，帽天山的发现也被称为“20 世纪最惊人的发现”。

寒武纪的云南，这个叫帽天山的小山坡比现在的海南更为靠南，这里应该是古扬子江的一片浅海湾，温暖的气候、海水里丰富的矿物质滋养着水里大量的生物。一次巨大的海浪或者更大的海上事件，打破了这和谐的画面，那些后来被命名为昆明虫、海口鱼和更多的早期脊椎动物被埋在了泥沙里，它们被时间固定成化石，经过漫长的等待，在 20 世纪 90 年代，被人类偶然发现。这一偶然的发现却在人类科学史上掀起了更大的波澜，达尔文的生命进化理论也因此受到了挑战。

同样是在 20 世纪，考古人员在云

大观楼

剑川石宝山的石窟造像——南诏王异牟寻

南元谋一个叫上那蚌村的紫色沙石山坡上发现了两颗150万年前的牙齿化石，于是，中国的历史便从这150万年前开始了。两颗牙齿化石和一堆烧过的灰烬，留给了人们巨大的想象空间。早在170万年前，云南应该是一个水土丰饶的地方，这里长着高大的树木，树上结满了各种果实，森林中除了住着元谋人，还应该有各种动物。这支后来被我们称作元谋人的猿人为了获得食物学会了直立行走；为了让猎获到的动物更加美味，他们学会了用火。

帽天山的生命大爆发、元谋猿人牙齿的出土都发生在云南——这个位于中国最西南的地区，可以肯定地说这不是历史的巧合，而且在云南这片西南秘境中一定还藏有不少人类的秘密。

有人类学家画出了一张人类发展的线路图：元谋猿人的一支向北迁徙，于是60万年前出现了北京人；另一支向西迁徙，于是有了陕西蓝田人。当然，也有元谋人应归属于非洲人种的说法，这就留待人类学家们去考证吧。

20世纪的发现并没有就此结束，滇池地区、元谋大墩子、宾川白羊村、剑川海门口、宁洱凤阳都有古稻谷出土，有的地方还有野生稻的出现。我们做个假设，元谋猿人在经过漫长的进化后，在气候温暖、土地肥沃的坝子里发现了野生稻，于是他们开始了水稻的种植，而且这种技术还被传到了更远的东南亚、东亚一带，或者以河姆渡为中心的长江流域的水稻技术也是由云南传入的？当然，和河姆渡遗址出土的7000年前的稻谷相比，云南稻作农业似乎晚了近3000年，而稻作文明的中心是否在云南，这些都还有待相关学者的研究发现，不过有一点可以肯定，中华文明并非以中原为范围，应该有几个文明并存。

温暖的气候、丰沛的水土养育着云南人，也孵化了云南的民族文化。于是，当青铜所铸的“滇王之印”出现在我们面前的时候，我们不再感到震惊，古滇

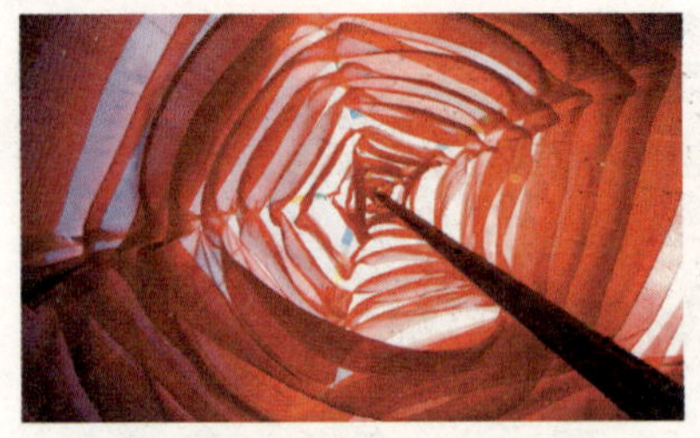
云南香格里拉

剑川沙溪

国的存在串联起了历史的瞬间，同时也指向了云南的未来。

古滇王国与青铜文明

“……跻至滇池，方三百里，旁平地，肥饶数千里，以兵威定属楚。欲归报，会秦击夺楚巴、黔中郡，道塞不通，因还，以其众王滇，变服，从其俗，以长之……”云南这片远离汉文化中心的偏僻之地，早在司马迁的《史记》里就有所记载，这就是云南历史上著名的“庄跻开滇”。

战国时期的楚庄王一心想扩张领土，于是派出大将庄向西南进发，这位叫庄的将领打到滇池边时，被这里的温暖与富足所吸引，认为这是他替楚庄王找到的另一片上佳领地，便命人回去报告。此时，秦国已打到了楚的都城，楚国已降，庄只好留下来称王。为了更为长久的统治，他入乡随俗，“变服，从其俗，以长之”。到底是“庄入滇”还是“庄开滇”，历史学家都一直争论不休。因为司马迁惜墨如金的《史记》关于庄跻的描述给后人留下了太多的疑问。另外，这个叫庄的人除了在一些史书里留下了若隐若现的身影之外，在这个现实世界中却没有留下任何痕迹。比如他入滇时开辟过的道路、他建立过的都城，或者他身后的墓地，虽然，今天的晋宁县为他立了一尊雕塑，但对于庄和“庄开滇”的质疑，依然是史学家们感兴趣的课题。

一枚铸有古篆文的“滇王之印”，证实了古滇国的存在，同时也揭开了滇国青铜文明的历史。

“滇王之印”的出土，印证了《史记》中关于汉武帝向滇国封王的记载。汉武帝派张骞出使西域，张骞在西域看到了产自蜀的布和筇竹杖，于是猜测有一条从蜀直接通往西域的商道。为打通这条商道，汉武帝派兵攻打西南夷，结果遭到昆明人的阻击，于是，汉武帝下令在都城修建一个仿滇池的人工湖，以练兵备战，并在历史上留下了“汉习楼船”的典故。这也是为什么许多朝代的都城都建有“昆明湖”的人工湖泊的来历。“汉习楼船”最终没有派上用场，但汉武帝还是把“滇王之印”授予了那个叫常羌的王，滇也被设为益州郡。

云南地下丰富的有色金属矿藏为滇的青铜文明提供了物质上的可能，而且从出土的青铜器物来看，滇的青铜铸造技术并不晚于中原，甚至更早。中原所出土的青铜器皿大多用于祭祀，而云南出土的青铜器则以日常用品为多，储钱罐（储贝器）、饰物、俑、乐器、刀剑，甚至农作时所用的锄头，透过这些工艺精美绝伦的青铜器，我们仿佛能看到几千年前滇人日常生活的场景。“牛虎铜案”是众多滇青铜器中的代表，一头奋力向前的牛与一只咬住其尾部向后的虎，两者形成了贲张而又稳定的力量美。几千年后，当人们从泥土里将它们挖出来时，那头看似顽皮的老虎还拽住牛的尾巴不放，而铜案中间，那头探头探脑的小牛让这种紧张的拉锯战获得了平衡。穿过历史的迷雾，这件青铜作品向我们透露了许多古滇国的生活信息。

但古滇国和那个拥有"滇王之印"的王者，却神秘地消失在历史的某个瞬间，让古滇国史上出现了一个难以恢复的文化断层。

王朝之间的对峙与和平

南诏国是云南历史上一个重大的转折。

汉武帝将中原势力扩张到滇后，中原移民、商人也随着王朝的统治势力进入云南。推动历史进程的是民族融合与中原移民的夷化。在中原地区不断上演朝代更迭的历史正剧的同时，云南地区也形成了新的势力。两晋南北朝时期，爨氏称雄云南，分为东、西两部："东爨乌蛮"主要分布在今天的滇东及滇东北地区；"西爨白蛮"主要分布在滇中及滇西地区。从西汉至唐朝初年的长达8个世纪的历史时期，云南实际上是处于众多大小部落割据的状态，这种局面直至南诏国的建立才得以结束。

在大理白族中至今还有关于"白子国"的传说，历史上也有过关于"白子国"的相关记载，白子国之后便是最终称雄于洱海之畔的蒙舍"南诏"。云南历史上十分重要的事件——"张蒙禅让"，说的便是白子国的国王张乐进求逊位于蒙舍诏细奴逻的事。

7～8世纪，中原地区处于李唐王朝的初期，唐贞观年间，这时洱海地区

晨曦下的和顺古镇

远离汉文化的滇国史总是若隐若现

众多的部落中，有6个部落影响最大，史称“六诏”。“诏”在氐羌族系的发音里有“王”的意思，在白族语里意思是“一片地方”，由此可引申为王者。“六诏”分别指蒙嶲诏、越析诏、浪穹诏、邆赕诏、施浪诏、蒙舍诏，其中蒙舍诏以今天大理巍山县一带为范围，所以又被称为“南诏”，六诏并存了约50年的时间。

隋朝统一中原之后，也开始重新经营云南。在军事征战中，爨氏彻底结束了在云南的势力，中原王朝也重新建立了对云南的直接统治。但隋很快被唐王朝取代，唐朝初年，朝廷开始对洱海地区的部落首领进行封赐，与此同时，洱海北部的其他三诏则与吐蕃交好，这也造成了从唐高宗至唐玄宗的70余年间，洱海地区不断发生唐与吐蕃的争战。

唐王朝之初，为了保障西部边境的安全，抑制吐蕃势力的发展，加强了对云南的经营和统治，“以夷制夷”是唐王朝的基本策略，蒙舍诏得以扶持，云南历史上的“张蒙禅让”就是在这样的历史背景下发生的。从此，蒙氏统一“六诏”，实行“拓东、镇西、开南、宁北”的军事战略，实现了“南诏”势力从洱海地区扩展到滇池地区，这一切都是在“南诏”国王皮逻阁时期完成的。他即位时，“南诏”还只是“六诏”之一的部落，在他的经营之下，“南诏”成为了洱海地区的统称，也成为了统治整个云南及其周边广阔区域的西南地方政权，云南出现了空前的统一局面。

此时，中国大地再次出现了类似三国鼎立的局面，中原以李唐王朝为统治；西南以南诏，后为大理王国成为最大的地方势力；北面则以吐蕃王朝为统治，它始终试图联合大理国，与中原的李唐王朝分庭抗礼。任何情况下，“三角关系”都是极不稳定的，这种不稳定来自于其中的任何一方，并且影响着历史的最终走向。

当时李唐王朝的政权被杨家所控，而沉溺于女色的唐玄宗对大理国的示好更是视而不见，于是引发了云南历史上著名的“天宝之战”。这场战争最终以唐朝军队全军覆没于洱海之畔而告终。现在下关城的万人冢、下关至大理古城途中的将军洞都是这场战争留下的遗迹。

唐天宝年间的“天宝之战”是这种不确定的“三角关系”的最好注脚，它结束了唐初以来，李唐王朝与南诏王国的友好关系，从此，阁罗凤与吐蕃结盟，此后长达50年间，南诏与吐蕃不断侵扰“安史之乱”后走向衰微的李唐王朝，成为李唐王朝的心腹之患。阁罗凤之孙异牟寻即位后，面对先祖打下的疆土和吐蕃对南诏的不断征召，作出了与李唐王朝重修旧好的决策，于是历史上有了“苍山会盟”的记载，南诏与李唐王朝关系开启了新篇章。

之后，“三角关系”中的三方都进入了衰微期。9世纪初，南诏国的最后一代国王舜化贞被篡位，其子嗣也被新势力所绝。蒙氏终于在兴盛了长达两个半世纪后，退出了历史舞台。在经过了一段时间频繁的朝代更迭之后，段氏“大理国”取而代之，在此后长达316年里，段氏大理国成为中国历史上延续时间最长的地方政权之一。

宋王划界大渡河

大观楼长联里用“宋挥玉斧”四个字高度概括了宋时中原与大理国的关系。

宋朝开国皇帝赵匡胤在面对军事地图时，是否真的挥动着手里的玉斧，划大渡河为界，并说：“此外非吾有也。”似乎有许多疑点，或者，不同的历史书写记叙了不同的权力者对历史的解说，但宋时对云南的管理的确相对要松散得多。

宋太祖在划大渡河为界的时候，中国历史刚刚结束了五代十国的分裂，宋朝面临着频繁征战后国家的重新治理，处于长江、黄河流域的宋朝是一个处于北方辽、契丹少数民族虎视下的新王朝，百废待兴需要相当一段时间。

所以，宋太祖纵有雄才伟略，也无暇顾及西南边这个让李唐王朝也颇费思量的大理国。北宋结束后，南宋王朝已是江河日下，苟且江南自身难保，更谈

松赞林寺

不上对更广大地区的扩张或者管理。所以，有史学家认为，“宋挥玉斧”虽有可能纯属杜撰，却也从另一个侧面暗合了宋时的政治局面。不过，对于“云南三百年不通中国”的说法，历史上却并非如此。

宋朝与大理国的和平关系促成了经济文化的交流，云南有马匹、中草药和其他一些中原缺少甚至没有的物资流入中原，而中原的技术和文化也影响了云南的地方文化，这一点从建筑、语言、丧葬习俗等方面都有体现。

忽必烈革囊渡江

唐、宋两代以来，南诏、大理政权一直与中原政府保持着若即若离的关系，如果没有英勇威猛的忽必烈乘羊皮筏子成功地渡过金沙江，并且翻越终年积雪的苍山，用一道“止杀令”结束了大理国300余年的历史，那么历史将会以另外的面目呈现在我们面前。

据说，忽必烈对云南情有独钟，他曾表示：“云南善地，朕所亲历，倘非天命有归，愿封于此足矣。”可以想象，这位从大漠深处走出来的元世祖，在面对云南的青山绿水、肥沃良田，以及四季和煦的春风时，何等地喜出望外。

不过，天命难违，原为次子的忽必烈，因其兄长战死沙场，而被拥立为元朝第一位皇帝。于是，他派出了他最喜欢的一个儿子去管理云南。可惜没多久，这个儿子就在一次权力斗争中丧生。忽必烈又派出了他最信任的大臣赛典赤·瞻思丁主持云南工作。毕竟是太祖的亲信，赛典赤在云南6年政绩颇佳，以至于他死于任上时，“百姓巷哭”，昆明至今还保留着他的纪念冢。

赛典赤在云南实行了六项管理措施，其中以治理滇池、兴修水利为最。人类的历史和文明始终与水分不开，中原文明中曾有过“大禹治水”的典故。赛典赤对连年泛滥的滇池的治理，并在昆明城内兴修水利的举措，对昆明影响至今。

元朝在云南设行中书省，在全省范围内设路、州、府、县，基本上奠定了云南的行政版图，在此后的6个多世纪中不再有太大的变化。从汉武帝以来，经历了与中原政权不断的对峙与和解，云南真正进入了中央集权的行省制度中。

明朝汉族的迁徙与融合

追溯起来，云南的土著应为昆明人和彝、白、哈尼、佤等少数民族，他们曾经以滇池为中心建构自己的家园。但今天的昆明人说起自己的来历，绝大多数都会说，自己是南京人，家住南京的柳树湾，但在南京的地图上并没有一个叫作柳树湾的地方。

明太祖朱元璋定都南京后，无心顾及西南边夷，于是，元朝在云南的残余势力与地方政权一起，试与新朝廷分庭抗礼。明朝政权为平定云南调集了30万大军，这批军队大致是从南京的高石坎、柳树湾一带集合出征的，所以在以后的代代相传中，昆明人大多认为自己家住南京柳树湾。平定云南后，军队的供给成了一个棘手的问题，一是当地的供给不足，二是从中原调集路途遥远，于是云南开始了大规模的屯田制度。

明代在云南实行的屯田制度，一方面解决了明朝军队的供给；另一方面促进了民族融合，从根本上改变了云南的人口结构，云南历史上汉族人口量第一次超过了当地土著，云南的生产技术和文化也得到了很大的发展。这些成绩都离不开一个叫沐英的人，他原为明洪武十四年（1381）征南副将军、西平侯，因征战有功而被留在云南镇守。

重建昆明城是沐英镇守云南时做的另外一件大事。明洪武十五年（1382），为巩固省城的安全，筑高墙、修护城河、建城楼，同时还在城外建有四座牌坊，现在只有护城河水还在流淌，而牌坊中所剩的金马碧鸡坊也是20世纪后期重建的，但明朝所造的昆明城呈现的恢宏气势是任何朝代都无法比拟的。

沐英对于云南的功绩自然会被写进历史，但沐英在云南“焚书”的败笔

金殿风景

同样也会被历史记住。为了巩固明朝在云南的统治，沐英下令烧毁了不少当地的历史文献、地方典籍，这也是云南历史的文字记载严重缺失的重要原因。

明末，“因女人而起”的战乱

在人类的历史中，战争和国家政治都很少给女人留有一席之地，但“女人是祸水”却成了《三国演义》、《水浒传》的另一条主线。明末清初，中国历史同样上演了一出“因女人而起”的战乱，而云南是这段历史的中心舞台。

所谓英雄难过美人关。明末清初，中国历史上发生了一次大规模的农民起义，这次农民起义的领袖李自成在北京没做几天皇帝，就被从关外打来的满族改了朝代，这一切都因一个女人而起。李自成杀进了北京城，以为千秋大业就此完成，不承想他的大将刘宗敏看上了明朝将领吴三桂的小妾陈圆圆，并据为己有，此举激怒了镇守关隘的吴三桂，于是开关迎敌。“恸哭六军俱缟素，冲冠一怒为红颜。”“秦淮八艳”之一的陈圆圆，就这样让李自成功亏一篑失了天下，让吴三桂落得个卖国贼的骂名，从此只好偏安云南，做起了平西王。

虽然，史学家对于吴三桂降清是为陈圆圆，还是为复明所做的掩人耳目之举，尚有争议，但平西王吴三桂确实让清朝政府有好长一段时间为云南寝食不安，而此时的吴三桂除了不时弄些动静以表明自己对于云南安定的重要性之外，便是在云南大肆敛财、大兴土木。他在五华山所建的王府今天已是云南省政府的所在地，而金殿更是他留给昆明人的又一笔财富。最终，迫于康熙削藩的压力，吴三桂匆忙称帝，但很快就死于中风，并给后人留下了关于他的墓地以及其藏宝之地的无尽猜测。

平西王吴三桂并没有对陈圆圆保持太久的兴趣。到云南后，陈圆圆很快就被冷落，于是另择别院。历史上，陈圆圆的最终归宿也是谜团重重：一说陈圆圆投了莲花池；另一说她遁入空门。今天的莲花池既无莲花，水面也越来越小了，周围是密集的水泥建

金殿是吴三桂留下的历史痕迹

筑，如果一代倾国之美人真是葬身此处该是多么悲哀。

蔡锷与护国运动

蔡锷把护国运动的始发地选择在云南，当然是因为他在云南还留存着一定的势力，但这却再次将云南这个偏僻的省份推到了历史的聚光灯下，被历史遗忘的碧色寨车站至今还默守着震惊中国的那个时刻，三等小站的法式建筑和子母钟定格了这段历史。

早在19世纪末，清朝政府签署过一系列丧权辱国的条款。允许法国在蒙自设领事馆就是那一时期所签署的条款之一，蒙自因此成为云南近现代较早的通商口岸之一。碧色寨车站建于1910年，自1921年个（旧）碧（色寨）铁路通车，碧色寨车站就成为个碧铁路与滇越（南）铁路的重要中转站。法国人曾在此经营了30年，此间碧色寨车站是滇越铁路的特等站，曾经繁华一时。

但碧色寨车站最值得记录的却是1915年12月21日这个特殊的日子。

当时，袁世凯妄图在北京称帝，蔡锷将军决定联合以唐继尧为统领的云南军民讨伐袁世凯。这一天，成功避开袁世凯监控的蔡锷辗转从境外沿滇越铁路回到云南，袁世凯得知蔡锷所乘的列车将在这个叫碧色寨的特等站停靠，派当地的富绅借敬酒之机刺杀蔡锷，终因蔡锷的一位副官以身挡枪而失败，副官中弹身亡。4天后，蔡锷在昆明通电全国讨袁，宣告独立，并组成护国军。为纪念此举，昆明的绣衣街改名为护国路，并在路口建有护国运动纪念碑。

如今，碧色寨只剩下了一些残存的法式建筑，早已寂静无声。

抗战时期的云南

云南地处中国西南，守着东南亚的陆上通道，古时有蜀身毒道、南方丝绸之路、茶马古道、博南古道，贸易带来了经济的繁荣也带来了文化的交流。20世纪40年代，滇缅交界的边城腾冲成为世界反法西斯战争中的亚洲主战场之一。隆隆的枪炮声、士兵的鲜血、惨烈的战斗都被记录在腾冲的国殇墓园、松山战役遗址和“驼峰航线”纪念碑上。

1944年5月，中国远征军入缅对日军作战失利后全线后撤，日军沿滇缅公路尾追，并对保山县城进行狂轰滥炸。5月5日晨，日军先头部队窜至怒江西岸，终因我军先于5月4日晚将惠通桥炸毁，被阻滞于怒江西岸松山地区。同年6月1日前，中国远征军各部队已强渡怒江顺利进入攻击出发位置，此时，距欧洲反法西斯第二战场法国“诺曼底登陆”还不到1周的时间。亚洲反法西斯战场上一场“国门逐倭”的大战——滇西大反攻的关键一战“松山战役”正式打响，此时，收复边城腾冲的战役也全面展开。历时4个月的战役，战况之惨烈令人悚然，9000多名军人英勇捐躯，他们的英灵被安葬于腾冲的国殇墓园内。

“飞虎队”创建于1941年，全称为“中国空军美国志愿援华航空队”，由于其插翅飞虎队徽和鲨鱼头形战机，被称为“飞虎队”。1942年，美国陆军航空兵开辟了“驼峰航线”，这条航线从印度经缅甸到中国昆明、重庆，飞越青藏高原、云贵高原。通过这条航线，中美双方3年多共向中国战场运送了80余万吨急需物资，人员3万多人，并有力地配合了中国军队的战斗，打破了日军通过入侵缅甸而对中国大陆封锁的企图，为稳定云南乃至整个东南亚战场的战争局势起到了十分重要的作用，航空

蒙自西南联大旧址如今是留下岁月的沉淀

队也为此损失飞机 600 多架，牺牲飞行员 3000 多人。

西南联大与云南

卢沟桥事变之后，抗日战争全面爆发，陷入战事的华北地区“放不下一张书桌”。由北京大学、清华大学和天津南开大学撤出的 1600 多名师生辗转到达长沙，希望在临时拼凑的长沙临时大学继续学习。可短短 3 个月，战事蔓延至武汉，眼看长沙不保，学校决定继续南迁，大批知名教授、学者带领学生分 3 路入滇：从长沙乘火车到香港，然后由香港渡海到越南海防，乘火车入滇；由长沙乘火车到广西桂林，再由桂林乘汽车途经柳州、南宁、镇南关进入越南，转乘火车入滇；由湖南出发，徒步数千里，跨越湘、黔、滇三省，翻过雪峰山、武陵山、苗岭、乌蒙山等崇山峻岭进入昆明，这支队伍被戏称为“湘黔滇旅行团”。经过 68 天的长途跋涉，“湘黔滇旅行团”师生终于到达云南省省会昆明。

1938 年 5 月，“国立西南联合大学”正式成立，校长由原清华大学校长梅贻琦担任。

学校首先遇到的问题就是经费，当大建筑师梁思成把一座现代化大学的建筑图纸放到梅校长的面前时，因为缺少资金，设计的图纸遭到了否定，两个月后，图纸上的学校从高楼改成矮楼，再从矮楼改为了平房，最终校园的空地是被一排排茅草房填满的。这也许是梁思成一生最痛苦的一次设计。然而，从这些茅草房里，成长出了获得诺贝尔物理学奖、引爆中国第一颗原子弹和氢弹、制造出中国第一台亿次银河巨型计算机和第一根单膜光纤的科学家。

西南联大的那段日子，后来被很多人写进了回忆录，这其中包括沈从文、费孝通、闻一多、汪曾祺……他们的名字大都被写进了中国文化史，那是云南近代文化史上群星闪烁的时刻。今天，在西南联大的旧址上建起了云南师范大学，先生坡、一二·一大街……这些地名记录下了那段历史。

大事记

旧石器时代（约 170 万年前）

元谋猿人，是目前已知最早用火的人，把中国发现的最早人类化石的年代向前推进了 100 多万年。

新石器时代（约始于公元前 2000 年）

宾川白羊村遗址的发现，为迄今最早的云南新石器文化遗址。

公元前 286 年

楚人庄跻率部入滇，“变服，从其俗，以长之”。中国历史上第一次出现了关于滇的记录。

公元前 250 ～前 220 年

秦为实现对西南夷民族的统治，由四川宜宾—云南曲靖修筑了一条道路，因路面宽 5 尺，故称“五尺道”。

公元前 122 年

汉武帝为寻找通往西域的通道，派大将入滇，遭“昆明人”所阻。此后，汉武帝下令在长安凿昆明池，以习水战，史称“汉习楼船”。

649 年

此时中原地区正值唐贞观年间，而西南地区的南诏在今大理巍山崛起。

738 年

皮逻阁统一六诏，南诏国正式出现，唐封“云南王”，南诏迁至大理，并建太和城。

764 年

开始筑拓东城，为今昆明城雏形。

936 年

南诏在西南独领风骚了近两个世纪之后，进入衰败时期，在经历了一连串的战乱和王朝更迭之后，段思平建立大理国。此后，大理国政权历时 316 年，是中国历史上延续时间最长的地方政权之一。

云南陆军讲武学校

滇西抗战中阵亡的将士墓碑林

965 年

建立了宋朝政权的宋太祖赵匡胤以玉斧在宋朝版图上，以大渡河为界，对着划出去的部分说："此外非吾有也。"在历史上留下了"宋挥玉斧"的典故。

1253 年

元朝派兵分三路攻打西南部，忽必烈革囊渡过金沙江，"摩莎蛮主降"，蒙元势力统治了云南，1274 年设云南行中书省。这是云南第一次以行政省的身份划入中国版图。

1382 年

明洪武年间，明朝在云南设布政使司，平定云南的明将沐英镇守云南。

1659 年

明朝降将吴三桂入滇，镇守云南，一度被封为平西王，与其他两藩合称为清初的"三藩"。

1856 年

杜文秀起义，在大理建立政权，历时 18 年，建有大司马府，现为大理博物馆。

1915 年 12 月 25 日

蔡锷、唐继尧、李烈钧通电讨袁，组织护国军出兵川、黔、两广，史称"护国运动"。现昆明城内建有护国运动纪念碑。

1922 年 8 月 1 日

划定省会区域，设昆明市政公所，为市政机关。

1938 年

分别从陆路、水路入滇的清华大学、南开大学、北京大学三校师生在昆明会合，开始了西南联合大学长达 8 年的历史。

1945 年

抗日战争胜利。抗战期间，滇西地区成了东南亚的主战场，著名的松山战役和陈纳德的"飞虎队"在云南的抗战历史上写下了不朽的篇章。

12 月 1 日云南学生反对内战的运动，因国民党军警的围攻，造成了轰动全国的"一二・一"惨案。

1949 年

12 月 9 日午夜，云南省主席卢汉通电全国，宣布起义。

1950 年 2 月 16 日

云南和平解放。

少数民族

中国有 56 个民族，云南就有 52 个民族居住，其中人口超过 5000 人的民族有 26 个，云南独有的民族为 15 个。彝、白、傣、纳西、拉祜、独龙、景颇、佤、傈僳、哈尼……他们就像这片红土地上绽放的花朵，每一朵都有着别样的美丽、别样的风情。

横断山脉不仅阻止了太平洋的季风，在相当长的时间里，也阻隔了云南与外界的交流，正是这种阻隔使得这里的土著居民们保有了独特的生命态度、生活方式、精神崇拜，以及因此形成的建筑风格和婚丧习俗。

而今，这一切成为旅行者趋之若骛的原因。泸沽湖畔的走婚、彝族的火把节、傣族的泼水节……

彝族：虎的传人

“滇”、“昆明”这些词汇都与彝语的发音有关，这一点成为不少学者论证“彝族是滇池周围最早的定居者”的重要依据。虽然，学术界至今没有做出彝族就是云南最早居民的结论，但彝族是云南省内数量最多、居住范围最为广泛的少数民族。

图腾是外来语，在原始社会里，图腾作为一个氏族的来源以符号的形式被加以固定，于是不同的氏族有了自己的图腾。中华民族中的汉族，就认为自己是龙的传人，而彝族则认为自己是虎的后人。《山海经·海外北经》中记述：“青兽焉，状如虎，名曰罗罗。”明陈继儒所著《虎荟》中记载：“罗罗——云南

盛装的彝族少女

巍山彝族少女

蛮人，称虎为罗罗，老则化为虎。”大多聚居在海拔较高的山区里的彝族，其中有一个分支自称为“倮倮”，“倮”在彝语里就是虎的意思，很多有彝族人居住的地方，山脉、河流的名称也都与虎有着密切的关系。比如，楚雄在历史上又称“峨碌”，汉语的意思就是大虎人居住的地方；哀牢山为彝语的音译，汉语的意思是大虎山；乌蒙山，在彝语里称作“熬乐本”，汉语的意思是彝族的虎祖山，这些地名都深刻地打上了彝族祖先居住的烙印，至今这些地区也依旧是云南彝族的主要居住地。

彝族史诗《梅葛》有这样的叙述：“天上没有太阳，天上没有月亮……天上什么也没有，地上什么也没有……天神来造天，虎的脊梁撑天心，虎的脚杆撑四边……虎头作天头，虎尾作地尾，虎鼻作天鼻；左眼作太阳，右眼作月亮，虎须作阳光，牙齿作星星；虎油成云彩，虎气成雾气；虎皮作地皮，硬毛作树林，软毛作秧苗……”这是一个充满想象之美的世界，在彝族的想象中，黑虎已不只是“百兽之王”，还是创造了世间万物的神灵，因为有了虎的存在，世界才有了勃勃生机。

汉族的图腾——龙的图案只能用于皇帝的衣饰中，或是皇室的建筑装饰中，但在彝族的日常生活中，则处处能看到虎的身影。彝族热爱黑色，他们的服装以黑色为基调，男子的服装则通身都是黑色，庄重而又充满力量美；女人的服装也多以黑为底色，然后辅以红、黄等条纹，红、黄色就是从虎纹演变而来的，特别是小凉山一带的彝族妇女，通常用黑色的布在头上缠成一个三角形的头饰，外出时，还会用黑布蒙住口鼻，只露出一双眼睛，充满了神秘美。彝族的新生婴儿更是要戴虎头帽、穿虎头鞋，背孩子用的背兜上绣着“八方八虎”，

丽江纳西族舞蹈

以祈求虎的保佑，妇女的围裙上绣有虎图，以表达多生虎子的愿望。他们用这种方式来表达自己与虎的血缘关系。

直至生命的终结，崇尚火葬的彝族希望通过火对肉身的焚烧完成由人幻化为虎的过程，从而回到生命最初的起点。

纳西族：为情而生的民族

站在大研古镇面对北方，地平线以上耸立着一座金字塔般的雪山，洁白的雪山在阳光下闪亮而神秘，那就是著名的玉龙雪山。在有月光的夜晚，远处的玉龙雪山隐约闪着光芒，像是大研古镇的一道美丽无比的背景。玉龙雪山的扇子陡海拔 5596 米，至今还是无人征服的处女峰，但到过丽江的人，几乎都上过云杉坪。乘缆车或沿放羊人用双脚走出来的山道爬上去，穿过一条长长的杉树走廊，面前就会展开一片平坦的草地，四周长满云杉树，背景是直插云霄的雪峰。

如今已经游人如织的云杉坪在纳西语里被称作“吾鲁尤翠阁”，意为“玉龙雪山的殉情之地”，就是纳西族传说中死后可以用云霞织锦衣、与飞禽走兽共舞的“玉龙第三国”。玉龙雪山在纳西人眼中是一座情山，而位于玉龙雪山背后的虎跳峡则是“情峡”，这里流传着关于“风之女神”的传说。

纳西族的性格中有着刚强执拗的特征，所以，当爱情受阻，有情人终不能成眷属的时候，纳西人多选择用殉情的方式到达爱情的乐园。“吾鲁尤翠阁那个地方 / 马鹿当耕牛，老虎当坐骑 / 播一次种子可以吃七年。/ 没有苦和痛，没有泪和愁 / 饿了吃肉，渴了喝奶……/ 我要约上心爱的人去那里……”纳西族叙事长诗《游悲》描述的就是这样一个没有痛苦，美好而又充满幸福的地方，对于身体的消亡没有流露出丝毫的恐惧，而只有快乐前往的承诺和决心。在纳西人的观念里，殉情必须是两个人，如果一个人殉情是不能到达“玉龙第三国”的，所以，只要有约定，即使另一方还没有准备好，也会毅然同往。

在婚姻不能自主的时代，丽江的很多地方时常有殉情男女，而且每个地方都有特定的殉情地。纳西人对殉情地的选择很讲究，那里要有苍郁的林木，幽静而不受干扰，有鲜花草地，充满浪漫的气氛，而云杉坪是最符合这些条件的地方。所以，曾经有许多男女都选择了在云杉坪殉情。

纳西女子的装束中，披肩是十分重要的组成部分，披肩上绣着的两个大圆盘，分别代表太阳和月亮，下面的七个小圆盘则代表北斗七星。披肩用大圆盘上的两根带子背在背上，殉情前，姑娘会将披肩整洁完好地留在人间，就此留下了她们“披星戴月”的人生记忆。对于纳西人来说，情远远重于现实生活的种种诱惑和可能。

白族：开放的本主崇拜

从下关城到大理古城的路上，都会经过“将军洞”，这是苍山斜阳峰下的一座庙宇，建筑规模宏大，有山门、过厅、大殿、观音殿等。这里常年香火不断，每逢中秋则是四周白族祭祀的日子，这一天会格外热闹。

从早上起，妇女们就从家里赶来聚在一起，准备祭祀时所用的物品，中午以后，这里还会有对唱白族调、打霸王鞭、舞龙双狮、弹奏洞经音乐等活动举行。白族祭祀的本主，就是“将军洞”里供奉着的唐朝大将李宓。

本主崇拜是白族独有的宗教，早在南诏时期，洱海一带就已出现这种以供奉“本主”并定期举行相关活动的宗教仪式。在白族语里，“本主”就是村社的保护神，意思是“我们的主人”，即“本地福主”或“本境土主”的缩称。洱海地区的每个村寨都会有一位“本主”或几个村寨共同供奉一位“本主”，或者一座本主庙里供奉着多个“本主”。“本主”就是村社的保护神，是掌管本地区、本村居民生死祸福之神。他们认为“本主”能护国佑民，保佑平安、风调雨顺、六畜兴旺、五谷丰登，这个被崇拜的对象应该是对人民做过好事，促进了本民族社会经济文化发展的人物，或是其道德情操受到人们敬仰的人物。

但“将军洞”里供奉的李宓却是一个例外，这就不得不追溯到唐天宝年间的一场战争。

唐朝初年，蒙氏南诏王朝已传到阁罗凤，此时，南诏王朝与李唐王朝和吐蕃王朝之间正处于微妙的三角关系中，但南诏一直保持着与李唐王朝交好的态

大理白族的手工艺——扎染布

度。然而，天宝年间的宰相杨国忠权倾朝野，由他任命了封疆大吏对南诏事务多有干涉，并有心挑起事端。

天宝九年（750），南诏王阁罗凤带妻小前往姚州拜会唐朝都督时，阁罗凤的妻子却遭到都督的污辱。阁罗凤试图得到远在长安的唐玄宗的公正处理，结果因杨国忠谗言而未果，阁罗凤由此发动了“姚州之役”。天宝十年（751），唐玄宗命剑南节度使鲜于仲率大军8万进攻南诏，结果惨败。

3年后，由云南都督兼侍御史李宓为主帅，带兵20万再次向南诏国发起进攻。结果，在太和城下，唐军全军覆没。战争结束后阁罗凤命各地将战死的唐军就地掩埋。传说，天宝之战结束后，西洱河两岸，每当天阴下雨时，总能听到唐军将士的哭泣声，那些冤死于他乡的鬼魂在哭诉思乡。于是，当地白族就在斜阳峰下，传说发现了将军李宓尸首的“将军洞”建了一座“将军庙”，超度唐军将士的亡魂。据说，将军庙一建，西洱河边就再也没有鬼哭之声。

白族是一个开放而包容的民族。

独龙族：绣面部落的传说

刺青，也称文身，在中国古典小说里，通常出现在两种人的身上：一种是黑帮，作为标志存在，但通常是刺在手臂或胸背部；另一种是犯了法的犯人，这种烙在脸颊的印痕对于犯了罪的人是一世的耻辱。文身，在云南的许多少数民族中都有沿袭，却是作为一种审美需要而存在的。生活在云南怒江州的独龙族有着一种更为奇特的传统——文面，而且，通常只是给未成年的女孩子文面——用荆棘刺出图案，用一种叫作西南桦的植物制成的染料着色，最终在脸面上形成图案，独龙族也因此被称作“绣面部落”。直到新中国成立后，文面才逐渐在独龙族人中消失，迄今还可能有64位文面女在世，她们中最年轻的只有50岁。

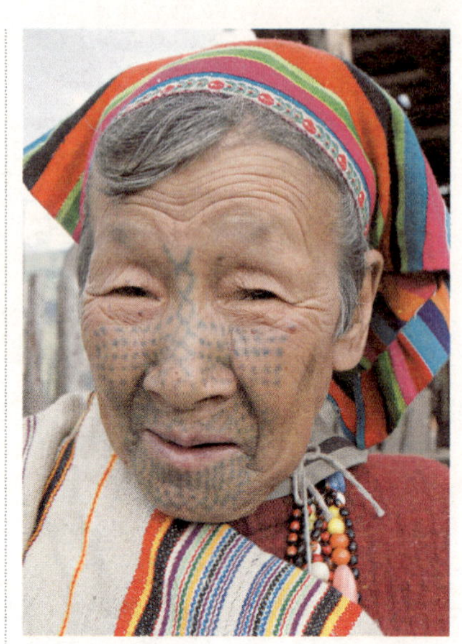

独龙族的奇特传统——文面

文面是个十分痛苦的过程，这一点任何人都可以想象，在神经如此发达的脸部用荆棘刺出图案，而且剧烈的疼痛要持续3天，甚至更长的时间。令人不解的是，为什么独龙女人要在自己脸上刺出这些终生也不会消退的图案呢？更为令人不解的是，这个答案现在已经没有人能够回答。于是，有四种猜测是最为流行的：一是为了美，二是为了区别男女，三是为了不被外族抢亲，四是为了引领身后的灵魂。

这支仅仅生活于独龙江边的民族，目前只有不到6000人，他们居住于交通不便的深山里，身披手工织成的、有着简单条纹的独龙毯，他们相信：人死后，灵魂会幻化成蝴蝶。

现在可能有的64位文面女脸上文的图案都是蝴蝶，但每个图案又有细微的差别。在四种传说中，“为了死后幻化为蝴蝶，引领身后的灵魂”的说法，为“绣面部落”的文面找到了一个美丽的解释。这个生活在高黎贡山中的民族，用他们独特的方式给生命的终结赋予了浪漫的色彩。灵魂不灭，美丽的蝴蝶是承载生命轮回的使者。

云南少数民族对于与他们息息相关的世界普遍都怀有敬畏，他们敬畏高山、敬畏森林、敬畏周遭的生灵，他们甚至相信，人是诞生于某次洪水中唯一幸存下来的一个葫芦，而死后会化身为某种动物：老虎或者蝴蝶。所以，他们小心地与这个世界相处。

早期的人类对世界有着十分有限的了解，所以人类对世界最初的态度便是敬畏，就是这种敬畏让人类获得了与自然和谐相生的可能。

傣族：泼水洗佛尘、柔歌孔雀舞

稻田起轻雾，佛塔在竹林中掩映，女人婀娜多姿，泼水节时，人们皆嬉戏街头……这似乎是傣族人给外来人的一个直觉形象。水稻栽培，善作舟楫，冶金技艺，纺织制陶，干栏式建筑，文身饰齿，稻作文化是傣族文化的核心……这是傣族的白描。

傣族少女

其历史可追溯到两汉时期，当时被称为滇越－掸，魏晋被称为鸠僚－白衣，隋唐时期被称为金齿－茫蛮，元明清时期称为摆夷－摆依。今天，中国称作傣（dǎi），缅甸称作掸（shàn），泰国、越南、柬埔寨称作泰（tài），均自称 Tai。

傣语属于汉藏语系壮侗语族壮傣语支。傣文是一种拼音文字。普遍信仰小乘佛教（又称南传上座部佛教），同时还信仰原始宗教。开门节和关门节是傣族两个重要的宗教节日。最重大的传统年节是傣历六月（公历 4 月左右）的泼水节，节日期间，傣族人民会举行浴佛、丢包、放高升、赛龙舟等活动。

傣族人民喜爱诗歌，尤其是叙事长诗。叙事诗《召树屯与楠玛诺娜》、《娥并与桑洛》等是中华民族的宝贵文化遗产。傣族舞蹈种类很多，动作及内容模拟当地常见的动物的活动，在此基础上人格化。孔雀舞来源于孔雀优美动作的模仿，源于傣族美丽动人的传说。

傈僳族：不再迁徙

怒江州、迪庆州维西县为傈僳族聚居地，这是一个历史上不断迁徙的民族：在 2000 多年的时间里，傈僳族人不断地抗争以争取生存权利、自由和平，因受制于客观原因，多以失败告终，于是不得不大规模西迁。从青藏高原迁到四川盆地，再到云贵高原，再迁往中印半岛。战国时属氐羌，秦汉时为“叟”、“筰”、“濮”，魏晋时为乌蛮、顺蛮，唐代始称“栗粟”。

怒江傈僳族人

高山水田和旱地是傈僳族最基本的农耕资源，采集、狩猎、渔业等原始农业为辅助手段。男女分工明显。傈僳语属汉藏语系藏缅语族彝语支，有怒江方言和金江方言两种，甚而与缅甸、泰国、印度等傈僳话相通。傈僳文字的历史仅有百年不到。

傈僳族普遍信奉原始宗教，以自然崇拜和灵魂观念为基本内容。在外界看来，令人惊奇的则是傈僳族信仰基督教（于本世纪 20 年代传入）、天主教的，为数极少，但在边陲高山岭谷中是独特的文化风景。

傈僳族的民间口传文学艺术较为丰富，以讲述和歌唱的方式传承下来，有独特的民歌、音乐和舞蹈。民族体育运动也有着悠久的历史传统，射弩箭是傈僳族的强项。每年 12 月 20 日是传统节日“阔时节”，其间有“跳火海、上刀山”和身背溜邦“飞渡怒江”的绝技表演。

哈尼族：自然的信仰

山间沟渠如玉带、层层梯田似天梯，秀美迤俪势凌霄的梯田，最能代表哈尼族的文化特征。哈尼族源于古羌人族群，千百年来的漫长的迁徙中，最终定居于滇南群山峻岭中。公元前 3 世纪以前，是前哈尼族文化时期。从那时到唐代，文化结构转型时期，游牧与农耕并举、火文化与水文化交融共生。从唐宋至当代，是哈尼族文化主体结构定型时期，形成以梯田稻作为中轴的新的文化结构。

哈尼族建筑包括茅草房、蘑菇房、封火楼、土掌房、千脚落地的干栏房、土司政权的衙署建筑、一正二厢三合院瓦房以及现代的钢筋混凝土结构房等几种类型。哈尼族服饰千姿百态、色彩斑斓，有 100 多种不同的款式。

哈尼语为汉藏语系藏缅语族彝语支，分为哈雅、碧卡和豪白三个方言。新中国成立后才开始创制了拼音文字。

哈尼族人

哈尼族节日为三种类型，代表性的节日有“扎勒特”（十月年）、“昂玛突”（祭寨神）、“苦扎扎”（六月节）等。节日庆典活动既是一年四季更替的转折点，又是不同季节梯田稻作耕作程序交替过渡的标志。

哈尼族的长街宴更是闻名遐迩的一道风景线。

怒族：遥远的高山

有史书记载怒江因怒族而得名，怒江在怒语里被称为“怒米挂”（意为黑水）。怒族，这是怒江两岸和澜沧江两岸的古老居民，早期由居住在福贡、贡山的土著与唐代“庐鹿蛮”的一部分发展而来。最早居于丽江、剑川一带，后逐渐迁徙到兰坪澜沧江两岸，又进入怒江地区。贡山北部的怒族则在一千多年前就繁衍生息在那里，其语言、习俗和传说皆与独龙族有极密切的亲近关系。

其有4个支系：怒苏、阿龙、阿怒和揉柔。怒语属汉藏语系藏缅语族。怒族没有文字，本民族的诗歌、曲调、传说、故事等均靠口口相传一代代延续下来。怒族能歌善舞，乐器有琵琶（怒语称达比亚）、口弦、笛子、葫芦笙等，其中以琵琶流行最广，许多老人和青年男子都能演奏，演奏的乐曲有40多种。酷爱舞蹈，舞蹈内容也很丰富，其中大部分是模拟动物的活动形象。

主要节日有“若卷”、“汝为”、“夸白”、“仙女节”等。新年期间还开展群众性的文娱体育活动，男青年射弩、摔跤，女青年打秋千，在欢声笑语中弹起琵琶，翩翩起舞，一曲方尽，一曲又起。在过去，溜索是怒族人民的主要交通工具。

怒族大部分崇尚原始崇拜。各村寨的崇拜以图腾动物作为标志。

佤族：南亚的山居

历史上佤族因居住地的不同而有不同的自称。西盟、孟连、澜沧的佤族自称“阿佤”；居住在沧源、耿

沧源佤族摸你黑狂欢节

马、双江和澜沧地区的佤族自称“巴饶克”；永德、镇康的佤族则称“佤”。这三种自称都有“居住在山上的人”的意思，说明佤族是此地的最早山居民族。

佤族村寨大多坐落在半山坡，房屋为“干栏式”的竹楼茅草房。刀耕火种的轮种制，对森林及土壤影响大，现森林树木已很少，且多为杂木，山上竹子种类繁多，是佤族盖房、制作家具和生产工具的主要材料。佤族服饰绚丽多彩，女子服饰上身为无袖无领的黑色小短褂。

佤族无文字，语言属南亚语系孟高棉语族佤语支。信仰万物有灵的原始宗教。善用干支纪年纪日，作为取名、祭祀、出行、办事的依据。佤族创造了丰富多彩的口头文学，有神话、传说、诗歌、寓言、民谣、谚语、童话、叙事长诗、抒情长诗等。“司岗里”的传说，讲述佤族先民的最初来源。佤族主要节日有过大节（春节）、农历八月十四日新米节、农历三月初一取新火节、农历四月撒种节、盖新房，其中以新米节、撒种节和盖新房最为隆重。从前佤族在盖新房、婚礼、丧礼时都要“剽牛”。

景颇族：万物有灵

源于青藏高原氐羌族群。17 世纪逐渐定居在今缅甸北部和云南德宏地区。唐代的“裸形”、“寻传”部落，即其先民。从明代起，景颇族地区设立了土司制度。分 4 个主要支系，即景颇、载瓦、勒期和浪俄，其中载瓦支系最大，其人口占景颇族人口的 80％左右。语言属汉藏语系藏缅语族，有景颇和载瓦两种方言。原无文字。

景颇主要信仰万物有灵的原始宗教。近代，随着基督教的传入，也有部分人信仰基督教。景颇族盛大传统节日是“目脑纵歌”节。多种舞蹈形式，排列成阵，舞步有序，节奏鲜明。每年农历正月十五日举行，一般进行 4 天。节日间，景颇人着盛装聚于目脑纵歌场，围着歌舞场中央绘有目脑舞蹈路线图谱

景颇族目脑纵歌

基诺族少女

的“目脑示标”，踏着鼓乐节奏尽情欢舞。目脑纵歌原是敬祭鬼神的原始宗教活动，现成为盛大传统节日。

宗教祭司“洞萨”念的经词，也是一种宗教文学。声乐有古老的歌谣和现代的民歌两种。古老的歌谣旋律简单，音域高亢辽阔。景颇族能用简单的编织工具，织出300多种绚丽美观的图案。其文学形式有史诗、神话传说、民间故事、歌谣、谚语、情歌等。

基诺族：古老而“崭新”

基诺本属本民族自称，译意为舅舅的后代之意。汉文献中记载为“攸乐”或“攸乐人”。这是一个云南西双版纳地区当地古老的居民，但在20世纪70年代末才被确认的古老民族。多居于平缓的小山之巅，以干栏式的竹楼为其住所。

历史上各村寨实行“左米尤卡”，即长老管理村寨制度。历史上从事农业都是“刀耕火种”，并有悠久的种茶史。基诺人善射猎、围猎。基诺山是有名的普洱茶的六大茶山之一，盛产亚热带水果。

其生活习惯上保留着一些古代遗风，喜爱两耳穿孔，孔内塞有木塞或小管，并以耳孔大为美。他们从小学唱曲子，触景生情，随意填成词，节日聚会，乘兴高歌，生情起舞，特色鲜明。乐器以“七柯”为主。

语言属汉藏语系藏缅语族彝语支的一种，分基诺山基诺语和补远山基诺语两种方言。信仰万物有灵和祖先崇拜，崇拜太阳，太阳鼓是其最重要的法器，太阳鼓舞也是最具代表性的舞蹈。有如创世纪说、村寨长老制、父子连名式命名制等民族传统文化。部分寨子还保留着古老的氏族大房子。父系家庭全部成员住在一起。

传统节日有打铁节、新米节、特懋克节、火把节和成年礼等。

布朗族：濮人今昔

在澜沧江和怒江流域各地，“濮人”中的一支很可能是现今布朗族的先民。这是中国西南历史悠久的一个古老土著民族。自西汉益州郡、至西晋到唐朝时皆有“濮人”、“扑子”、“朴子”等名称。唐宋时期，“扑人”受南诏、大理政权统治；明朝设顺宁府，以濮人头人充任土知府。濮人渐渐发展为现在布朗族。

布朗族属南亚语系，孟高棉语族布朗语支，无文字，习汉文，有着极为丰富的口头文化，至今仍然保留着最具鲜明特征的民族语言、服饰、歌舞、风俗习性。

布朗族的宗教信仰分为两种形式：一是祖先崇拜信奉鬼神，二是受傣族的影响信仰小乘佛教。村寨通常由一个至数个氏族，每个氏族有几户至数十户组成，住房多为两层结构的竹楼。布朗山至今仍普遍存在的母子（女）连名是母系氏族社会的遗迹。在布朗族中，还有父子（女）连名制以及母子连名和父子连名的混合制。

这里是世界茶树的发源地，其农耕历史以稻田和种茶闻名。

布朗人喜欢歌舞，每逢年节总要纵声高唱，翩翩起舞，欢乐到深夜。布朗族青年从小就要学弹各种乐器，练唱各种曲调。布朗人的歌与丰富多姿的舞配合紧密，一个村寨跳歌，经常邀请外寨的高手参加，跳歌之后还要举行歌咏比赛。

西双版纳布朗族村寨

阿昌族妇女

阿昌族：对歌的人

史料中称“峨昌”、“莪昌”，云龙“俄昌”人，自其首领早慨始传至元末，已有35代。“铁印券”规定酋长以长子继承的世袭制。约10世纪，受大理王段氏封诰。元、明设云龙州，白族、汉族人相继迁入，“俄昌”人部分西迁至腾冲一带，部分融于白族、汉族中。使用阿昌语，属汉藏语系藏缅语族缅语支，习用汉文和傣文。

阿昌族的歌谣、故事、传说等口头文学十分丰富。民间流传着不少优美的传说，如长篇叙事史诗《遮帕麻和遮咪麻》；长篇叙事诗《曹扎》、《铁匠战龙王》；风俗故事《谷稷》、《亲堂姊妹》、《胯骨》；动物故事《麂子和豹子换工》、《老熊撕脸皮》等。

“对歌”是阿昌族青年男女在业余时间十分喜爱的活动，大致可分为三种，一种叫“相勒吉”，是男女青年在野外对唱的山歌，一般是融景生情，即兴作词，山、水、云、树等都可入歌；另一种叫“相作”，是在夜深人静时，男女青年在林间幽会时，低声对唱的情歌，感情真切，常常一唱就是一个通宵；还有一种“相勒摩”，也是一种对唱的情歌，曲调幽雅亲切，歌词含义深刻，比喻生动。

舞蹈以象脚鼓舞和猴舞最流行。民间体育也丰富多彩，如荡秋千、赛马、射击、舞阿昌刀和武术等。

走遍中国·云南

INTERPRETATION OF YUNNAN
云南解读

走遍中国·云南

INTERPRETATION OF YUNNAN
云南解读

高原、人、天地的对话

云南因为有了杨丽萍，而有了《云南映象》，也有了一张完美的文化名片。120分钟的歌舞表演，人们看到的不只是眼花缭乱的歌舞，更是一次人与天地的对话、一次生命的盛宴。

从20世纪50年代起，云南就一直为中国的现当代艺术奉献着无穷的灵感，最早有电影《五朵金花》和《阿诗玛》，后来，有傣族舞蹈家刀美兰，再后来有丁绍光的现代重彩画，等等。这些只是为大众所熟知的部分，云南歌舞艺术滋养了一代又一代的艺术家。《云南映象》的出现却第一次让云南歌舞和云南民族以最原初的状态展现给世人——艺术来源于生活，但生活才真正还原了艺术的本真。

太阳，土地与人

每个初上高原的人都会感受到高原太阳的热辣。当太阳穿透云层时，给土地带来了光、热和生命，也带来了食物和昼夜轮回。这就是自然，是高原人认知的世界。他们在天地之间安养生息，他们感激太阳赐予的富足，心存敬畏和感恩。敬畏与感恩是云南歌舞的主题。天地、太阳、树木、雨露、鸟兽、山峦……既带来了生命也养育了生命，这是一个最朴素的道理，所以，这是高原人歌舞的主题。

鼓，是云南歌舞中很常见的一种乐器，它有许多分类：基诺族的太阳鼓、傣族的象脚鼓、哈尼族的铓鼓、藏族的热巴鼓，等等；制作材料也十分丰富，甚至在佤族的木鼓中还分为公鼓和母鼓，基诺族则认为，他们是从鼓中诞生的民族。对于他们来说，鼓声就是与上天的对话，是来自祖先的声音，是一种庄严的仪式。而景颇族在木鼓的伴奏下，上百人排列成一行，在领舞者的带领下，以螺旋形的线路重复着看似十分简单的舞步，他们不分昼夜地聚在广场上跳着这种集体舞。其实，他们不是在舞蹈，而是沿着祖先的足迹在回溯民族迁徙的来路，而圈外会有裸体文面文身的男子扮成飞禽来回舞动，他们在监视恶鬼不让它们靠近人群。

舞蹈是一种朴素的语汇，音乐的节奏变换、肢体的摆动交替都在传达人们内心的情感——祭祀、繁衍、祈求五谷丰登、婚丧嫁娶，这时人与人之间、族与族之间、天地神灵与人之间有了沟通的可能。

男人、女人和生命的繁衍

男人和女人是一个永远也表达不完的主题，他们相互依存、相互爱恋、相互需要，他们共同创造了生命，也延续着一个又一个的族群。

没有人具体统计过，云南民歌里有多少是用来表达爱情的，但阿哥阿妹的相思之苦一定是云南民歌里的重要组成部分。《小河淌水》这首如今已为世界音乐人所熟悉的云南民歌倾诉的就是阿妹对阿哥的爱慕之情：“月亮出来亮汪汪、亮汪汪，望见月亮想起我的好阿哥。哥像月亮天上走、天上走，哥啊哥啊哥啊，山下小河淌水清悠悠。”有月亮的晚上，坐在流水潺潺的河边，阿妹的心思只能唱给静谧的夜。这是一种欲语还休、直白但

鼓是云南歌舞中一个十分重要的道具

纳西古乐

又温婉的歌唱。

云南人不仅爱唱歌还爱跳舞，彝族人就说："有嘴不会唱，白活在世上；有脚不能跳，俏也没人要。"把太阳、月亮、星辰、河流、花朵绣在衣裳上，用最夺目的色彩装饰自己的云南民族，用歌声和舞蹈表达爱情、赞美生命。

"太阳歇歇么，歇得呢。月亮歇歇么，歇得呢。女人歇歇么，歇不得。女人歇下来么，火塘会熄掉呢。""天上不有个女人在着么，天就不会亮啦。地上不有个女人在着么，地上就不长草啦。男人不有个女人陪着么，男人就要生病啦。山里不有个女人在着么，山里就不会有人啦。"《云南映象》里的这段方言道白令人记忆深刻，没有怨天尤人、没有悲苦难堪，有的只是女人对于家的热爱、心甘情愿的付出和对世界上男人女人缺一不可的朴素道理的解读。这也是云南女人最妥帖的写照。

色彩、纹饰和民族记忆

作为一台成功的歌舞表演，《云南映象》不仅把最本土的、最原汁原味的、最原生态的云南歌舞展现出来了，同时还是一次颇具规模的云南民族服饰的展演。因为绝大多数的演员都来自大山深处、田间地头，所以他们穿戴的也是自己本民族的，虽然，日常生活中，这些穿戴正在被或者已经被汉化。

这些被汉族羡慕不已，或者追捧效仿的色彩艳丽的服饰，除了服饰最基本的御寒遮羞功能外，对于许多民族来说，他们是用服饰上的纹样来记录民族的传说、祖先的遗训、民族迁徙的路途，或者用以区分同族中不同支系的族群分类。这种例子俯拾皆是。

生活在滇南的瑶族，据说他们的祖先是从广东经广西进入云南境内的，在云南境内又几经迁徙。其中一支最后定居金平，另一支继续南行到了越

云南各民族都喜欢用鲜亮的色彩和图案来装饰自己

南。传说，迁徙的队伍很长，容易走散，为了便于相互辨认，他们就摘取沿途最容易找到的芭蕉花顶在头上，现在这群头顶芭蕉花走在最前面的瑶族就是红头瑶这一支。红头瑶最醒目的标志就是女人头上顶着的一顶红布做成的、形状酷似花朵的帽子，他们是迁徙时走在最前面的一支。走在中间的那一支没有芭蕉花可以摘了，就砍一段芭蕉杆顶在头上，这就成了平头瑶这一支，如今演变成平头瑶头上的一块黑布包。云南瑶族的另一个分支沙瑶，如今女人的头饰看上去的确有些类似芭蕉叶，当年他们是走在最后面的那一队。

当汉族妇女的女红面临失传的时候，云南少数民族妇女们除了种地外，仍然精于绣花之类的活计，因为不会绣花或者绣不好会被同族人看不起。虽然纹样中的含义越来越少地被人提及，但这些被女人们记在脑子中的图案，早已融进民族的集体记忆。

花腰傣有着摇曳的身姿、绚丽的服饰

云南人

所谓“山高皇帝远”，云南人以一种平静而又宽厚的目光注视着纷扰不断的中原。

云南人作为一个群体很少被关注。不论是调侃山东人的豪爽、上海人的精明、北京人的自大，还是在议论四川女人泼辣、哈尔滨女人帅气、湖南女人能干时，云南人总是不被提及。这一点与地理位置不无直接关系，同处云贵高原的贵州人相对而言是位于人们的视线内的，也许，这多少与贵州出了几个有些影响的美女有关？

“山高皇帝远”——这是云南人的口头禅。所以，云南人对于出远门，总是喜欢用“上”这个动词，比如地州人到昆明，他们说上昆明，而昆明人到广州，也说上，这里的“上”表达的不是地理位置上的改变，而是云南人内心的一种自甘居下的心理暗示。速度落后于人时、做事稍有越轨时，或者只是平时对自己的调侃，一句“山高皇帝远”就把差强人意的不愉快消解了。的确，一条横断山脉阻隔了多少代帝王统治云南的梦想，就算进入了中原的版图后，政令下达也有“鞭长莫及”之感。所以，云南人以“偏安一隅的小国寡民”心态，安居于这片风景妖娆、物产丰富的土地上，自给自足。

云南人称自己“家乡宝”，这里面有两层意思：其一，自己的家乡比哪里都好；其二，此生能做这里的一介草民就好。

作为云南人的邻居，四川人被戏称

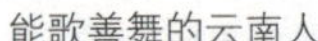
能歌善舞的云南人

生活在西双版纳的基诺族大妈

作"耗子"，说的是，只要有人的地方就有四川人，但云南人则完全相反，这个世界的任何地方都不如云南好。

云南人哪怕是出差，用不了十天半个月就开始想家，想家乡的气温、家乡的饭菜，甚至只是想那碗米线。

云南的首府昆明有"春城"之称，意思是这里四季如春、气候宜人，其实，云南的大多数地区都有四季如春的气候特征。所以，云南人出了门，最头痛的是任何地方都没有云南舒服，北方太冷，南方太热，在云南，气温降到0℃或者升到30℃，大家就会奔走相告，如临大敌。

滇菜虽然没能列入中国的八大菜系，但在云南人的味觉系统里，这种兼收并蓄了其他菜系特长的家常小菜才是佳肴。就算到了相邻的四川和贵州，都因为过于麻或过于辣而不被云南人接受。其实，云南人并不挑剔，一日三餐中，只要有一碗米线就能满足。米线的吃法花样翻新：冷的、热的、炒的、煮的……而米线离开了云南，好像就再也不是那个味儿了。

也许说"云南人"太笼统，这里住着26个少数民族，但不论他住在哪里，只要定居下来了，他就认定那里是自己的家乡，但定居点必定不会离开云南。这大概也是云南人很少外出，但在云南却总是会遇到外地人的缘故吧。

闲适是云南人生活的基本状态

三江并流：大自然赐予人类的厚礼

这是一片神奇的土地，是大自然赐予人类的一份厚礼，是一部地球演化的教科书，是这个蓝色星球写给人类的一首最壮美的诗篇。

在这里，我们先要感谢一个人——一位联合国官员。16年前他在北半球卫星遥感图上，发现了直线距离不到80公里的地面上横卧着四条山脉、三条大江。如果没有他的发现，这一自然奇观也许仍不能被人类发现。他们找到中国四川省有关部门，希望能将此申报为世界自然遗产，但这一地区属于云南。

三条发端于青藏高原的大江

东经98°0′～100°30′，北纬25°30′～29°0′，这片横跨中国云南省三市州（丽江市、迪庆藏族自治州、怒江傈僳族自治州）八县的区域，乃云南之巅。在这片神秘的土地上永不停息地奔腾着三条永不枯竭的大江，它们诞生于同一个家族——青藏高原的唐古拉山，它们的名字叫怒江（萨尔温江上游）、澜沧江（湄公河上游）、金沙江（长江上游）。

在直线距离不到80公里的范围内，它们自北向南在横断山脉的担当力卡山、高黎贡山、怒山和云岭等崇山峻岭间并肩奔流咆哮170多公里，最窄处直线距离仅66公里，它们甚至能听见相互间的喘息声，但出滇后就“各奔东西”分别注入太平洋的东海、南海和印度洋的安达曼海，东西相距3000公里之遥，实为世界罕见的奇迹。

这三条江并不普通，金沙江是中国第一大江——长江的上游；澜沧江是一条流经6个国家的亚洲大江，我国的第五大江；怒江也是一条国际河流。这三条江在云南的并肩奔流中，不但形成了这一区域最具特点的高山深谷地貌，也形成了举世无双的美丽风光、世界罕见的多样生物群和众多独具特色的民族文化。

对于居住在“三江并流”地区的人来说，走出家门就看到的大山、江水、山里开放的鲜花和奔跑的动物，不过是与生俱来的自然，他们并不曾想过，这些背后曾经有过如何漫长的时间的积累和点滴的变化。

一次最富激情的碰撞

让我们沿着时间隧道，回溯到2.3亿年前，“印度板块”刚刚离开了冈瓦纳大陆，开始漫长的漂移生活，它每年以6～9厘米的速度执着地向北前进。1.8亿年后，终于一头撞上了欧亚大陆，这一富有激情的碰撞成为亚洲地质史上离我们最近、最重大，也是最壮观的一次，山脉为之转向、空间被迫压缩，它不仅造就了海拔最高的喜马拉雅山脉，还改变了亚洲的自然地理风貌。于是便有了眼前山势巍峨、峡谷深切、江河奔流的横断山脉、青藏高原——人世间绝无仅有的壮丽山河由此诞生。

两块大陆的碰撞还使得“三江并流”地区完整地保存了从元古宙到早古生代、晚古生代到三叠纪、晚三叠纪到早白垩纪以及新生代这些遥不可及的地质演化痕迹，“三江并流”这座世界上

山高谷深的怒江峡谷

最大的自然博物馆就一览无余地展现在我们眼前。

除了海洋和沙漠外，地球上的风景都在这里集合了。从760米的怒江干热河谷到6740米的卡瓦格博峰，汇集了高山峡谷、雪峰冰川、高原湿地、森林草甸、淡水湖泊、稀有动物、珍贵植物等奇观异景。海拔5000米以上的山峰就有118座、造型迥异的雪山更是不胜枚举，而最著名的自然是梅里雪山、白茫雪山、哈巴雪山、碧罗雪山、甲午雪山、察里雪山。与雪山终年厮守的是

静立的原始森林和星罗棋布的数百个冰蚀湖泊。梅里雪山主峰卡瓦格博峰上覆盖着万年冰川，晶莹剔透的冰川从海拔6740米的峰顶一直延伸至海拔2700米的明永村森林地带，这是目前世界上最为壮观，且稀有的低纬度低海拔季风海洋性现代冰川。千百年来，藏族人民一直将梅里雪山视作神山，始终恪守着登山者不得擅自进入的禁忌。距丽江古城140多公里的老君山腹地是世界上海拔最高、面积最大、发育最完整的丹霞地貌区，它镶嵌在莽莽原始森林的万绿丛中，璀璨夺目、引人入胜。形成于13亿年前的“龟甲壳”使整座山坡形同一支由千万只小龟组成的排列有序的队伍，正在向太阳升起的东方缓缓行进。

长江第一湾

地形、气候、生物多样性的标本之地

“一山有四季，十里不同天”，不但形象地描述了“三江并流”地区瞬息万变的复杂气候，还充分说明了这一地区囊括南亚热带、中亚热带、北亚热带、南温带、中温带、寒温带、高山苔原等多种气候类型，构成了显著的立体气候特征。区域内分布着热带雨林、亚热带常绿阔叶林、落叶阔叶林、针叶林、高山灌丛、高山草甸、寒带垫状植物等各种植物，是地球上最完美的垂直气候与自然分布带，产生了最引人注目的生物多样性现象，形成了我国生物多样性最丰富的地区，名列中国生物多样性保护

17 个“关键地区”的第一位。

由于“三江并流”地区未受第四纪冰期大陆冰川的覆盖，加之区域内山脉为南北走向，因此这里成为欧亚大陆生物物种南来北往的主要通道和避难所，是欧亚大陆生物群落最富集的地区，被誉为“世界生物基因库”，是北半球生物景观的缩影。不到 0.4％的国土面积上，拥有了全国 20％以上的高等植物和 25％的动物种数，是欧亚大陆生物群落最丰富的地区。有 10 个植被型、23 个植被亚型、90 余个群系。区域内有哺乳动物 173 种，鸟类 417 种，爬行类 59 种，两栖类 36 种，淡水鱼 76 种，凤蝶类昆虫 31 种；高等植物 210 余科、1200 余属、6000 种以上。滇金丝猴、羚羊、雪豹、孟加拉虎、黑颈鹤等 77 种国家级珍稀保护动物和秃杉、桫椤、红豆杉等 34 种国家级保护植物在这里与人类一同生息繁衍。每年春暖花开时，这里绿毯般的草甸上、幽静的森林中、湛蓝的湖边是一片花的海洋。20 多种杜鹃、近百种龙胆、报春及绿绒马先蒿、杓兰、百合在高原的阳光下尽情地绽放。

正是地形、气候和生物的复杂性、多样性、多变性的完美组合，使得“三江并流”地区成为当之无愧的世界公园，可以领略到“十里不同天，万物在一山”的奇异景象。

民族混居杂处的乐土

“三江并流”地区，自古以来就是多民族混居杂处的地带，藏族、傈僳族、纳西族、独龙族、怒族、白族、彝族、普米族、汉族等 14 个民族在这里生息繁衍，其中有 6 个民族为当地独有。“三江并流”地区是世界上罕见的多民族、多语言、多文字、多种宗教信仰、多种生活方式以及多种风俗并存的地区。

当我们踏着藤篾桥摇摇晃晃地来到傈僳族山寨，好客的傈僳主人就会端上自酿的水酒，邀请你与他一同捧着这碗酒，相互搂着脖子并肩共饮，这叫“同心酒”，是当地待客的最高礼仪。如果你有足够的好奇心，就在农历二月初八前赶到傈僳山寨，与傈僳男女

生活在怒江大峡谷的人们

虎跳峡

同庆“刀杆节”，欣赏惊心动魄的“跳火海”、“上刀杆”，他们会唱“心好的人上得去，心黑的人心胆战”，在火海与刀杆上自如地来去。而傈僳族的“澡堂会”则是一年之中全族人最重要的聚会，泡温泉不仅为了祛病消灾，也是一次社交活动。

一提起独龙族，外族人总是很快联想起“剽牛”。其实，独龙人认为“人有两个灵魂”即生魂叫“卜拉”，亡魂叫“阿细”，这是独龙人特有的文化。生魂死去，亡魂诞生，亡魂寿辰一到就化为蝴蝶飞回人间。这支独龙江边唯一的居民用各种方式安慰亡魂，让死者在另一个世界安享时光。

国际自然保护联盟提名“三江并流”为世界遗产地时这样写道：“这里的少数民族在许多方面体现出他们丰富的文化与土地的关联，他们的宗教信仰、神话传说、文化艺术，无不体现着与土地的关联。”数千年来，他们对自然的敬畏与本地文化的活力，最大限度地保留了这里的自然状态。

茶马古道穿越之地

如果从空中俯瞰，中国西南的大部分地区都处在横断山脉的高山、峡谷和湍急的河流之中，其间有白色细线蜿蜒穿过，这些白色细线便是连接着省际之间、城乡之间的公路。这些道路在地图上被标注为国道、省道或者高等级公路，但那条被 20 世纪的学者们命名为“茶马古道”的道路因为隐没在群山之中，也隐没在标尺为 1∶10000 的地图上。

茶马古道是指一条从云南易武经大理、丽江、中甸，然后从德钦最后到达西藏拉萨的道路；另一条从中甸转到四川理塘、巴塘，最后到达西藏的茶马交易的道路。这条可追溯到唐朝的只能依靠马匹驮运商品的道路，是连接云南、四川、西藏的经济线，产自云南的茶叶、骡马、布匹和粮食，经茶马古道运到西藏，而西藏的药材、皮货也从这里传到云南。

茶马古道

民族学家说：这是一条民族大走廊；历史学家说：这是沟通了云南与内地和东南亚经济的桥梁；马帮说：这是世世代代的生命线；背包客说：这是一段充满艰险，又充满美景的旅程。

普洱茶与云南茶文化

始于云南最南端的普洱，经大理、丽江、中甸，最后进入西藏的察隅、拉萨、日喀则、江孜、亚东，最后到达缅甸、尼泊尔、印度，以茶叶交易为主的这条古道，像蛛网一样密布于整个横断山区。当20世纪的民族学家、人类学家、历史学家重新走“茶马古道”时，他们惊叹于这条路上惊心动魄的美景，也炫目于沿途的民族风情，更让他们着迷的是被时间遗留下来的历史碎片。

这条1300多年前就已商旅不断的古道挑着地球的两极，一头是北回归线上的“最后一片绿洲”，另一头却是堪称“世界屋脊”的青藏高原，中间穿越了数个少数民族聚居区。北回归线是太阳回归的地方，所以，地球上处于北回归线的地区无一例外都是沙漠，只有云南的西双版纳常年阳光充足、雨量充沛，这里最不缺少的就是植物，丰富的植物种类让这里总是郁郁葱葱、生机盎然，有北回归线上的“最后一片绿洲”之称。

当年，攸乐、革登、倚邦、莽枝、蛮专、慢撒是远近闻名的普洱茶的六大茶山。易武，这座位于西双版纳西北的县城，就是因有座盛产普洱茶的茶山而成为“茶马古道”的起始点，“千匹骡马万担茶”的景象，如今因为远离省道而风光不再。

普洱茶还有一个奇怪的名字——七子茶。普洱茶与其他茶叶有很大的不同，首先从春季开始采摘，直到秋天结束，一共要采摘4次，以春茶为最好，然后是夏季的黑条、二水茶和粗茶，最

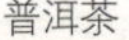

普洱茶

云南的许多民族都有种茶与饮茶的历史

后一次是秋天采摘的、品质仅次于春茶的谷花茶，末了还有一次粗茶采摘。采来的茶叶并不急于炒制，而是拼配在一起蒸熟后，用大石头压成茶饼，为了有个好的卖相，黑条、二水茶和粗茶被揉在内里，谷花茶用来锁边，春茶往往是用来抓尖的，这是需要相当一段时间才能掌握的技术活。

每个茶饼通常重为400克，晾干后用白纸包好，7个一摞，再用干笋叶扎好，然后上面盖上茶厂或是制茶人的名号，所以普洱茶的传统叫法是七子茶。包装好的茶叶，从易武出发，经大理、丽江、中甸，最后到达西藏，整个过程都是马驮人背，行程往往在3个月以上。所经南亚热带、中亚热带和南温带，这些地区都潮湿多雨，经过这些地区的过程中，普洱茶完成最后一道工序——发酵，成为所谓的“熟茶”。

经过这个过程的普洱茶，冲泡后呈现褐红色，以颜色越深越好，但深色褐红必须透亮，犹如极品的红葡萄酒。普

茶马古道

洱茶的口感有种经历了长途跋涉后的土腥，温润的茶水在口腔中回味悠长。据说，久喝还会上瘾。

据《普洱府志》记载：唐朝普洱茶已名重天下，“入山作茶者数十万人，茶客收买运于各处”。茶于中国人来说，早已超越了普通饮料的意义，作为一种文化，从茶的种植、采摘、炒制，到饮用时的器物、饮用方法都体现着以儒家思想为传统的中国人的生活态度。

作为远离中原文化中心的滇、川、藏，茶的作用更显现于日常生活的平实价值。云南生活着26个少数民族，每个民族几乎都有饮茶的习惯，但茶的制作和饮用方法却大相径庭。比如布朗族喜喝酸茶；滇西一带则是烤茶；还有大理白族的“三道茶”，生活在高寒地区的迪庆藏族，因为缺少新鲜蔬菜和水果，以牛、羊肉为主要饮食，茶可以补充身体缺乏的维生素，并且可以帮助人体内的酸碱度保持平衡，溶解脂肪，帮助消化。用奶制品来获取身体所需的热量，而茶正好能帮助人的胃消化多余的油脂，茶因此成为他们日常生活中必不可少的饮品之一。

就是因为对茶的需求，开拓了这条横断山脉中的“茶马古道”，而这条神秘的古道上完成了最后一道工序的普洱茶，才具有了独特的品质。

茶马古道上的驿站

云南对于中原来说，路途遥远、险象环生，其难度完全不亚于“难于上青天”的蜀道。但早在秦代，就开拓了“五尺道”，打通了四川与云南的通路；“身毒（今印度）道”也早在汉时就连通了从四川经云南直达东南亚的商道，以至于张骞在西域看到产自四川的筇竹杖时，大为困惑。“茶马古道”不过是走得更远，也更为艰险罢了。清人杜昌丁所著的《藏行纪程》中这样描述入藏的路：“岩怪石，嶙夯，无一步可以循阶历级者，用爬山虎攀藤附葛而上，马四蹄不能并立，毙者不计其数，臭气触鼻，不可向迩，无草无人烟，水声彻夜如雷，树木参天者告太古物也。”就是在这样的道路上，马帮一辈一辈地走着，他们流通了茶叶、骡马、麝香、皮革，也流通了民族，乃至国家之间的文化。如今只有深山中的马蹄印还默默地记录着那一串串的马帮铃响，还有那些早已不再繁华的集镇。

滇西北的重镇大理，不仅是南诏国和大理国的古都，同时也是一个重要的交通枢纽："灵关道"（大理—成都）、"永昌道"（大理—印度）、"五尺道"（大理—四川或贵州）、"茶马古道"（云南—四川、西藏）都在这里交会；同时，大理东临以汉文化为主的昆明地区，北接汉、藏、纳西文化交融的丽江地区，西南连接着东南亚文化带，特殊的地理位置将大理置于了亚洲文化的十字路口。当我们登上位于大理剑川的石宝山，面对那些开凿于大理国时期的石窟时，就更能明白这个"十字路口"曾经有过的车水马龙和宾客如云的景象，以及文化交融后带来的繁华盛景。

沿石宝山侧面的一条山箐一直往下走，能到达一个叫沙溪的小镇。从表面上看，这里就是滇西的一个普通的集镇，这里也有一个与丽江的四方街十分相似的广场，虽然面积比四方街小得多，但那个历经风雨的古戏台和戏台旁的老树，让沙溪的记忆往前推进了数千年。当年，这里是"茶马古道"上的一个重镇，如今是这条古道上幸存下来的为数不多的几个古镇之一。在被申报为"世界遗产"之前，这里很少有外地人来访，这里的人们只是守着往昔的记忆，过着安静的日子，集市上有当地的"秀才"出售自己书写的对联，理发铺还沿用最老式的剃头刀，偶尔会有从附近的山里下来的凉山彝族，这个用黑布包住头和大半张脸的民族的妇女，有着神秘的美丽。现在，外面的人带着对"茶马古道"的怀念和探究来到这里，沙溪重又热闹起来，只不过，马店里住着的不再是马帮，而是游人。

再往北走就到了丽江，这个如今被定格为"小资情调"的大研镇，在《丽江府志略》中被这样记载："居庐骈集，萦坡带谷；民房群落，瓦屋栉比；湫隘

茶马古道上的马帮

嚣尘，环市列肆。”如今我们看到的大研镇作为一座幸存的历史文化名城，依然有青石板铺就的道路、摩肩接踵的店铺和繁华不减当年的景象，不过，往来的人流中，马帮和商人换成了游客。

俄国学者顾彼得在丽江生活了10年后，写成了《被遗忘的王国》。他在书中记录了20世纪40年代大研古镇上的芸芸众生，普通的居民、过往的赶马人、皮匠、农夫和东巴祭司，记录这里的生活。他在书中写道：“我一直梦想找到并且生活在那个重叠着大山使它与外部世界隔绝的美丽的地方……在丽江我找到了自己的圣山。”而另一个临终时还希望回到“那个雪山脚下开满了鲜花的地方”的外国人洛克，至今仍被当地人念念不忘。他在丽江所住过的地方—— 那个雪嵩村，还被保留着，常常有人专程前往，算是对他的一种怀念。洛克所著的《中国西南的古纳西王国》很有可能启发了另一个人的创作灵感，才有了那部让世人为之寻找了半个世纪的香格里拉的小说《消失的地平线》。

位于大研镇以北数里的束河古镇，才是丽江最早的集镇，铁匠铺、皮匠铺和马厩曾是这里最多的建筑。相比之下，大研镇更像是放大了的束河古镇。

古道上的马帮文化

这是一条充满艰辛的道路，要穿越无数的高山、峡谷、湍急的河流，没有亲自走过的人永远不可能想象得到其间的艰难与危险。进入大理的巍山后，在密林深处还看到一块写有“鸟道雄关”四个大字的碑，这是连迁徙的鸟都很难翻越的路段，但路面依然能清晰地看到深达2寸的马蹄印，这是马帮一脚脚踩踏出来的坑，类似这样的坑布满了整个“茶马古道”。

在这段路上，所有的货物都靠马驮人背，为了让马匹能顺利到达目的地，出发前的几个月就要在马料中加入酥油，因为喂普通的马料，马是很难坚持

古道的马蹄印还默默记录着那一串串马帮铃响

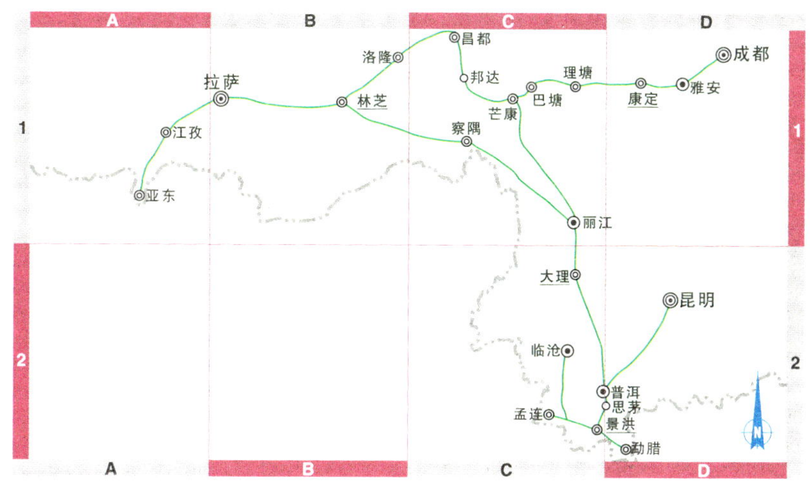

茶马古道示意图

走完全程的。马匹尚且如此，人更要有非凡的体力和毅力。

以赶马运送货物为营生的人被称作赶马人，领头的叫马锅头，马队自然就有了马帮的叫法。马队通常一二十匹为一小队，规模最大的上百匹为一大队。云南马为小种马，体小但耐劳，擅走山路，早在宋时，云南马就有十分响亮的名声，成为中原一带最受欢迎的马匹。

在这条古道上，很少有人能“走通梢”，也就是从头走到尾。通常来说，从产茶地往北走至大理的是内地的商人，这段路相对要容易一些；从大理再往北，海拔越来越高，要适应更加恶劣的自然环境，这时就由大理的回族或白族帮和丽江的纳西帮接力，往往在进藏后将货物转运给康巴人。

康巴人在藏族中以体格强健、善于经商而著称。“茶马古道”不仅跨越了地球上的第四个台阶，还穿越了汉、傣、白、纳西、藏等少数民族地区，是一条由不同地区的少数民族共同编织成的纽带。

虽然马帮已退出了历史舞台，但在滇西一带，仍然流传着马帮的故事：靠一头毛驴发家成为身价上亿的喜洲四大家之一的严家；风云一时的传奇人物女锅头阿十妹；农民起义领袖杜文秀也是出身于马锅头世家……马帮的传奇故事和传奇式的人物，给这条古道增加了不少传奇色彩。马帮不仅传递了商品，也传递着文化，这一点是不言而喻的。

当古道被公路交通所取代，“山间铃响马帮来”成为滇西高山峡谷之间的一段往事。

云南应该再次感谢视觉艺术的传播力量，田壮壮的一部纪录片《德拉姆》让更多的人第一次听说并开始关注这条古道，普洱茶也一次次地出现在拍卖场上，在拍卖师的槌下，普洱茶创出了“天价”，“茶马古道”的文化含义是这个“天价”背后的附加值。

香格里拉

小说《消失的地平线》描写了一个叫“香格里拉”的地方，这里四周环绕着金字塔般的雪山，有一条叫蓝月亮的峡谷，宽阔的草甸上开满了鲜花，不同宗教的庙宇恢宏壮丽，人与自然和谐共存，生活祥和安宁……

英国作家詹姆斯·希尔顿当然没有想到，他的小说《消失的地平线》一经发表就引来了长达半个世纪的寻找“香格里拉”的热潮。对他来说，“香格里拉”只是一个虚构的地名，那里所发生的一切也不过是他对人类美好生活的想象。他处在第二次世界大战刚刚结束的时代，他像所有那个时代的人们一样，渴望和平、安宁、恬淡。

经改编后的同名电影一经放映再次激起了人们对于“香格里拉”的向往，寻找活动围绕着整个喜马拉雅山脉展开。于是,任何一个宣布为“香格里拉”的地区随之都会引来无数的旅行者。

希尔顿的“香格里拉”并非凭空想象的结果，西藏古籍中的确有关于世外桃源“香巴拉”的记载。“香巴拉”对于虔诚的藏传佛教信徒来说，是一种对净土的信仰，是菩萨修成的清净之地，是涅槃的诸佛教化众生的庄严世界，也是佛的居住之所。“香巴拉”是他们终生追求、可望而不可即的圣地，是他们对超然物外的美好生活的追求与梦想。

据说，在通往“香巴拉”的路上充满了诱惑，抵御不了诱惑的人会坠入山谷，只有能拒绝诱惑的人最终才能到达“香巴拉”。

站在香格里拉的门口

车刚过小中甸，眼前就好像有一道光豁亮地直射过来，内心也随之轰然地

明亮、通透、纯净……这里是香格里拉

峡谷、寺院、雪山、雨崩林最接近《消失的地平线》中关于“香格里拉”的描写

打开一扇窗，明亮、通透、纯净……

迪庆是云南唯一一个藏族自治州，滇西北的门户，与西藏、四川交界，这里的平均海拔达到了3500多米。很多旅行者在这样的海拔高度已经开始出现高原反应：胸闷、恶心、嗜睡，但在看到小中甸的青稞架、远处的雪山，呼吸着这里几乎没有任何杂质的空气时，没有人不感到兴奋，因为这里就是传说中的香格里拉。希尔顿在书中写到的Shangrila一词，只有在中甸（现已改名香格里拉）的藏语里有最相似的发音。香格里拉在这里藏语中的意思为：心中的日月，指理想中的生活环境和至高无上的境界。中甸又称“建塘”，意思是“无比殊胜之地”，当地有民歌这样唱道：太阳最早照耀的地方是东方的建塘，人间最殊胜的地方是奶子河畔的香格里拉。

黄昏的斜阳照着远处那座寺庙，寺庙建在山坡上，外形酷似布达拉宫，僧侣们三三两两走在路上，这时炊烟和寺庙的钟声一同在上空回旋。眼前的情景，有着宗教般的宁静，也有着世俗般的温

香格里拉朝圣的人们

暖，那绛红色的调子是高原雪山上的一道光亮。松赞林寺是最吸引游人目光的一个地方，走近它，迎面而来的宁静与庄严，不由得要放慢脚步、平心静气。这里集合了太多藏族宗教文化的精华，主寺顶部的镀金铜瓦、屋角的兽吻飞檐、大殿里的“万卷筒”、丰富多彩的壁画，无论是远观还是近距离接触，寺庙弥漫着的宗教意味都令人肃穆屏息。

德钦的茨中教堂也正在被更多的人知道，这多少与那个“香格里拉·藏秘”的葡萄酒品牌有关。这座建于20世纪初的天主教堂，有着罗马式教堂的风格，以远处雪山为背景的砖石结构的建筑主体上有着十字架的标志。天主教的传教士们不仅给这里带来了西方的宗教，也带来了西方的葡萄酒酿制技术，他们在教堂附近的空地上种下了大片葡萄树，同时也采用当地的青稞酿制低度酒。这种用青稞酿制的、淡黄色的液体，在口腔中有着独特的味道，酸涩中让人禁不住联想到雪山的冰清玉洁。

碧让峡谷现在有了一个新的名字，叫作香格里拉峡谷。其实，碧让峡谷留给人们更多的想象空间：参天古木、茫茫林海、湍急的激流，以及绝壁上没有年代记载的崖画，悠远而神秘的峡谷是否就是《消失的地平线》里所描述的蓝月亮峡谷呢？

在中甸，总会不经意地遇到各种身穿绚丽夺目的民族服装的少数民族，藏族、傈僳族、纳西族……他们好像能把天边的彩云、飞鸟和世间任何一种美丽的图案颜色都用到衣服上，任何一个时装设计师都会惊叹他们对色彩的运用与构图的精巧，但对于他们来说，这不过是祖祖辈辈传下来的图案。

不要试图让当地人回答“香格里拉在哪里”这样的问题，因为任何人都只会回答，这里就是香格里拉。除了松赞林寺、茨中教堂、碧让峡谷外，还有高原湖泊纳帕海、仙人的田园白水台、第四纪冰川明永冰川……这里有蓝天、

这里有蓝天、雪山、湖泊、草甸、寺庙……

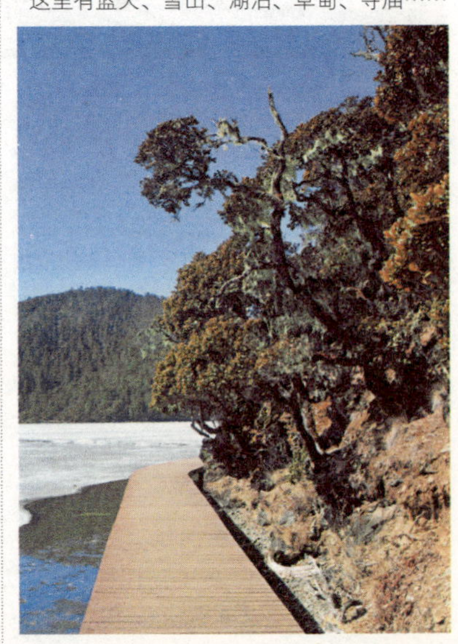

雪山、湖泊、草甸、寺庙、幽谷、牧歌……最重要的是，这里远离喧嚣。

两个与香格里拉有关的外国人

说到“香格里拉”就不得不说詹姆斯·希尔顿和洛克，一个直接创造和传播了“Shangrila”这个英语单词，另一个则有可能提供了有关“Shangrila”的原型素材。洛克，植物学家、地理学家和人类学家，他以美国国家地理杂志的探险家、撰稿人、摄影家的身份在丽江生活了27年，这个有着众多身份和头衔的外国人，在丽江玉龙雪山脚下的玉湖村人眼里，是与他们一起生活的洛克博士。他把丽江的山水、植被、地形地貌，以及这里的风俗民情介绍到了世界，并且著有《中国西南的古纳西王国》，也许，从未到过“香格里拉”的詹姆斯·希尔顿就是看到了洛克的相关报道和图片后，才产生了创作《消失的地平线》的灵感。

到今天为止，丽江人还保留着半个世纪前洛克博士住过的那个院落，目的就是纪念这个寻访过整个丽江，以及云南、四川和西藏交界的藏区的外国人。当然，这个外国人在他临终前还在念叨：“我宁愿死在那风景优美的山上也不愿待在四面白壁的病房里等待上帝的召唤。”他生命中剩下的所有时间，几乎都用来回忆那个有雪山、草地、鲜花和勇敢的纳西人的地方。

丽江作为茶马古道上的一个重要驿站，曾经有过商队云集、街市上人们熙来攘往的景象。马帮从千里外的地方把茶叶运来，稍作休整又走向更远的地方。集市上有客栈、有漂亮又痴情的纳西姑娘，也有忠厚的纳西小伙，马帮在这里喝完了热腾腾的酥油茶，带上刚出炉的香气扑鼻的丽江粑粑，牵着集市上买到的马匹，驮着茶叶和布匹，去异乡交换药材与皮毛。

东巴戈、玉龙雪山也是香格里拉的元素

那个与洛克几乎同时生活在丽江的俄国人——顾彼得，在他的《被遗忘的王国》中就描述了这样一幅风情画：城镇的管理者、小店老板、马帮、当地的居民的日常生活和他们的生老病死。作为一个外国人，他对丽江的古乐情有独钟，他说：“它是众神之乐，是一种安详、永久的和谐的国度的音乐。”这个身份为“中国工作合作协会”工作人员的俄国人，常常混迹于当地人中，坐在四方街的某个角落，观察着这里经过的每一个人。对他来说，丽江就是他梦中的“香格里拉”。

丙中洛：在公路的尽头

展开云南地图，找到位于滇中的昆明，然后，顺着滇西北偏西的方向往前走，当省级公路到达尽头的时候，地图上就会出现“丙中洛”这个地名。

这个位于云南怒江州贡山县境内、公路尽头与西藏相接的地方，因为有着与《消失的地平线》中十分相似的地理特征，而被学者认为是另一个“香格里拉”的所在。

首先，位于怒江大峡谷尽头的丙中洛盛产黄金，自古就有“群山蕴宝，众水流金”之说。这一点与小说中描述的“香格里拉是个有金矿的地方”暗合。其次，这里聚居着傈僳族、怒族、独龙族、藏族和白族，他们中有的信仰藏传佛教，也有的信仰西方的基督教，因为

宗教是香格里拉一个十分重要的特征

早在20世纪二三十年代，就有西方传教士来到这里，现在怒江峡谷里依然保留着多座那个时代建立的教堂。

车到了丙中洛就无法往前，在大批旅行者从各地赶来之前，这里除了传教士外很少有外地人光临。波澜不惊但暗流涌动的怒江，在这里拐成了一个“U”字，然后继续向前。那个优美的弯度像一段臂弯，挽住了田野、村庄、袅袅的炊烟。显然，只有这些是不够作为这里就是“香格里拉”的证据的，于是，往丙中洛的更深处走，便能找到石门关、迪麻洛的教堂，当然，还有当地人日常生活中的安详态度。

就算这样，丙中洛在很多时候是被遗漏在关于“香格里拉”之外的，甚至在划定一个更大的“香格里拉”范围的时候。但这有什么关系，对于这里的人来说，他们安逸地守候着家园、信仰着自己的信仰，还有怒江滋润着这里的万物，这就足够了。

《消失的地平线》里的韦康终于还是没能凭着记忆找回“香格里拉”，洛克和顾彼得也最终只能守着关于“香格里拉”的回忆度过余生，而当越来越多的现代人穿过尘世的喧嚣来到他们梦想的“香格里拉”时，他们找到了吗？也许我们不过是始终在通往“香格里拉”的路上。

背包客收藏：香格里拉大事记

1933年，小说《消失的地平线》（*Lost Horizon*）在英国出版发行，次年，好莱坞投资250万美元将其搬上银幕，主题歌《这美丽的香格里拉》随之传遍全球。《不列颠文学家辞典》宣称：小说的功绩之一是创造出英语新词“Shangrila”，意为“世外桃源”。

1957年，印度国家旅游局公开宣布位于印度喀什米尔喜马拉雅冰峰下的巴尔蒂斯坦镇，就是人们寻访的“香格里拉”，这个原本无人知晓的小镇一夜之间家喻户晓。

1971年，一个命名为“香格里拉”的酒店集团在新加坡成立，20多年后，“香格里拉”遍布世界各地，成为酒店业的一个标志性品牌，意味着豪华、舒适和尽善尽美。

1992年，尼泊尔的木斯塘也以“香格里拉”命名，吸引了成千上万的旅游者。

20世纪80年代，“香格里拉”一词带着异国情调被中国人认知。

1991年，广东旅游出版社出版了《消失的地平线》的中译本，但并没有引起读者的兴趣。

1997年9月，云南省人民政府宣布：“香格里拉”原为藏语，意为“心中的日月”，香格里拉就在迪庆藏族自治州。这里有希尔顿小说中所描绘的景象：有雄奇壮丽的峡谷、金字塔般的雪峰、明镜样的高原湖泊、碧毯似的辽阔草甸、金碧辉煌的藏传佛教寺庙、安静苍凉的古城……

2001年，国务院批准中甸县更名为香格里拉县。众多的中外游客纷纷涌入中甸。但之后，怒江、丽江，还有四川的稻城等地宣称自己才是真正的“香格里拉”。

沧源崖画的神秘语汇

中国的崖画在世界上最晚被发现，所以人们一度认为中国没有崖画存在。其实中国不仅有崖画存在，而且一经发现就引起了世界的震动，以云南“沧源崖画”为代表的中国南方崖画，甚至被写进了世界美术史。

简洁的三角形构图、凝血一样暗哑的红色，这些后来被命名为“沧源崖画”的图形被发现时已经被植物的绿荫隐没了3000多年。是先民为后世留下的路标，指引后来人前行的方向？是先民在领地上镌刻的一种永不消退的记号，以表明“绝不放弃家园”的誓言？或者只是一种简单的记叙方式，向后来者讲述他们的日常生活？猜测在一夜之间充斥着沧源这个边远的佤族聚居区，因为人类的造型能力总是先于文字表达的。沧源崖画的神秘、诡谲、阴柔，留给我们一个巨大的想象空间，但这一切都指向了佤族，这个有过长达千年的迁徙史、乐观的生死观，至今还保留着原始宗教崇拜的民族。

如杜鹃花般热烈的佤族

在以少数民族众多而著称的云南，佤族算不上一个大族，也不是阿佤山的土著，这支从属于百越人和濮人的少数民族，据史料记载，他们迁入以公明山为中心的阿佤山区在距今850 年前，到达沧源应该再晚一些。可以想象，在这个漫长的迁徙过程中，佤族人一定经历过无数与外族的战争、族人之间的走失而导致的生离死别。但热情奔放、能歌善舞、占卜祭祀和猎人头的传说，都让这个定居在澜沧江与怒江之间的大山里的民族，有着十分鲜明的个性和民族特征。他们就像盛开在山里的杜鹃花一样热烈而又醒目。

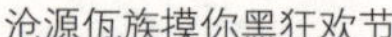
沧源佤族摸你黑狂欢节

带着远古神秘信息的沧源崖画

很多人认识佤族都是从木鼓舞和姑娘们的甩头发舞开始的。与其他民族一样，佤族舞蹈最初是宗教仪式中的一种形式，并不是用来娱乐的，在狩猎和族人出征之前，模拟狩猎和战争的场面而舞蹈，表达祝愿族人胜利而归的愿望。在现代社会中，木鼓这种神器被搬上舞台，与舞蹈结合，成为佤族文化中的一个新的组成部分。这种在原始宗教里不能随意敲打的木鼓和姑娘们甩动的头发，成为佤族奔放个性的象征。

佤族还是一个崇拜牛的民族，但他们也“剽牛”并且吃牛肉，因为佤族认为万物都有灵魂，即使牛死了灵魂也是不死的。人有120个魂，人死了灵魂也是不会死的，这是他们乐观的生死观，也是为什么在佤族古老的传说中，要用猎来的人头祭谷魂，以至于近1700多年来，佤族一直保持着猎人头的风俗。

这个生活在大山大河之间的民族，虽然没有文字，但他们用口头文学把几千年的民族史传承了下来，更引人入胜的是，他们还用画在岩壁上的图画记叙着这个民族的迁徙与日常生活的场景。

穿越了漫长时光隧道的神秘符号

20世纪60年代，一位叫汪宁生的先生在阿佤山进行民族调查工作时，听到了一个关于崖画的传说。其实，关于沧源崖画的传说一直在阿佤山中流传，同时流传的还有“司岗里”。“司岗里”在佤语里是指葫芦，“司岗里”不仅解释了宇宙万物的起源，还说明了佤族的先人来自一只葫芦，云南的许多少数民族中也有类似的传说。

循着崖画的传说，那些依然鲜亮的符号，清晰地呈现在现代人的眼前。

那是一些足以震撼我们心灵的画面：耕作、丰收、狩猎、祭祀、战争、歌舞、民居、动物……站在2000米高度的崖壁面前，看着那些形态各异的长着倒三角形身体、四肢像四根细线一直挥舞着的小人，我们似乎听到战争时的厮杀声、歌舞时的感天动地、

佤族村落

日常生活的恬静。

崖画的原料是用动物的血、虫胶和磁铁矿粉混合而成的。红色，这种夺目的颜色，一定备受先民们的热爱，让他们联想到了狩猎、战争、鲜血和火，在这里红色是胜利、热烈、富足，也是生命，创作者们一定是怀着宗教般的神圣心情，在高达 2000 米的岩石上作画。它是后来者的路标，在数十里之外，红色如大海里的灯塔一样闪亮；它是誓言，对领地的占有和家园的不可侵犯；它是一首传世的叙事诗，红色是书写在大地上醒目的诗句；它还是一本无字的教科书，教会了佤族人种植、建筑、饲养家禽，让佤族人过上好日子。

据佤族老人说，在阿佤山中有一张与崖画别无二致的布画，是一个叫艾惹的男孩在一座石崖中找到的，找到后，布画一直保存在头人家里。奇怪的是，“沧源崖画”被发现后的第二年，布画就神秘失踪了。也许布画是为了指引现代人去重新发现这些神秘的符号的一个信物，当深山里的崖画重新被发现，布画也就失去了作用?

3000 多年前，佤族的祖先濮人已经在滇池地区创造了青铜文明，至今，我们可以通过青铜的器物上的纹饰看到与沧源崖画一脉相承的文明痕迹：牛的崇拜、舞者的头饰、干栏式建筑、祭祀的场面和稻作文明的存在。

这些穿过了漫长的时间隧道，带着远古人类的神秘信息的符号，是佤族祖先用木棍、手指或者别的什么工具，涂抹在岩石上的，它们经历了数千年的风吹日晒，至今依然清晰可见。这些符号究竟要向我们传达什么样的信息，谜一样的崖画语汇究竟又隐含着多少秘密?

沧源佤族老者

彩云之南的美食风情

“彩云之南”总引人浮想联翩，红土地、变幻莫测的云海、形态各异的植被，对应了这片土地上生长的民族。他们身上斑斓炫目的民族服饰总是让人眼花缭乱，而这里的美食也一样，唯有“风情”二字最解其中滋味。

云南菜不在中国八大菜系之列，对于“食不厌精，脍不厌细”的中国传统饮食文化来说，八大菜系中没有云南菜是无可争议的，因为云南菜与云南的风情一样，完全不是以“精”和“细”来取胜的，而是多变、丰富，外加原汁原味，简单地说，就是让人眼花缭乱。

米，以及与米有关的美食

中国的南方就是一部稻作文明史。虽然，云南的米赶不上东北的口感好，但据考古的相关证据说明，云南的远古史中绝对有稻作的一席之地。

当然，由此而推演出“云南小吃中以米作为原材料的居多”这种说法，不够严谨，也不够科学。但在云南的美食中，过桥米线是能拔得头筹的，尤其是在这个连母鸡都来自生产线，致使云南汽锅鸡的味道大打折扣的今天，过桥米线完全可以成为云南美食的一张名片。

菠萝饭

云南过桥米线的出名并不完全是口味的原因，其实过桥米线在云南诸多米线的吃法中最不受云南人待见，而且从它的吃法上来说，多少也有点虚张声势的意思。一个硕大无比的汤碗，里面是波澜不惊其实滚热得能烫熟生肉片、生菜叶子和各种配料的热汤，连同七七八八的一堆碟子里的配菜，刚一端上桌就已经让外地人肃然起敬，甚至有些手足无措。等当地人再郑重其事地讲一讲过桥米线的来历：那个有历史、有文化，多少还有点励志意思的典故，让过桥米线蜚声神州。当然，当地人在讲完典故以后还会加一句，“过桥米线的灵魂在于汤”。只可惜，这碗用老母鸡外加云南火腿和各种有滋味的原材料熬成的高汤，也随着各种原材料品质的下降而有些名不副实。

其实，米线的做法在云南是五花八门的，昆明人最偏爱小锅米线，腾冲人又热爱豌豆粉米线，到了西双版纳又有了傣家人的过手米线，不一而足。当年在西南联大读书的汪曾祺就写过昆明的米线，连他老师沈从文最喜欢的爨肉米线加鸡蛋和西红柿的细节都被细细地描述过。

烤乳扇是大理街头最常见的小吃

除了米线外，全省都能吃到的还有饵——同为用米加工而成的一种食物，形状则分为柱状和圆形两种。除了形状不同外，吃法也有些差别，柱状的加工时要先切成片，可以炒、煮、卤，或者与圆形的薄片饵一样用炭火烤熟抹上各种口味的酱。饵与米线相比，更筋道，也更禁饿些。

柱状的饵有点像江浙一带的年糕，只是相比之下，江浙的年糕太袖珍了。云南饵大概要算腾冲的最出名，因为它有了个震天响的别号——大救驾，其实就是炒饵。事实上，它是否真的救过那位逃窜中惊慌又饥饿的明末皇帝的"驾"，只停留于民间传说，因为那位不知所终的明末皇帝是不是真的到过云南还有待考证。被大旅行家徐霞客题为"极地第一城"的腾冲，除了有温泉、翡翠外，这里的饵丝在云南也相当有名，饵丝的原材料还是米，只是加工而成的样子类似米线，但口感与米线大相径庭。

有意思的是，云南的米线与广西的米粉、广东的河粉同为稻米加工而成，但越往南走，米线的外形就越扁平，最后连名称都改了。

菌，足以称为"山珍"的美食

汪曾祺在20世纪80年代重返昆明后，曾撰文回忆了很多当年被他和他那一代人所熟知的昆明美食，只是很多食店连同他们的美食都找不到了，爨肉米线也被肠旺米线所代替，当然，汪先生再吃到的汽锅鸡肯定也极难唤回他的味觉记忆。所以，他在文章结尾用了好几个疑问句表达对这种变化的不解，结束语干脆就是"为什么会发生？"不知道为什么，老先生的文章中从来没有提到云南另一种标志性的美食——菌，这种自然生长在大山里的植物，现如今除了价格飞涨，味道却始终如一。

云南居西南高地，全省都盘踞于高原之上，到过云南的人对于"崇山峻岭"这个词的理解会更加生动和深刻。这样的地理状况也就得天独厚地让云南人占尽了地利的先机。据说，全世界食用菌的种类约有3000种，而中国就占

舌尖上的云南风情

了1000余种，其中700多种生在云南，云南因此而被誉为“世界野生食用菌王国”。这个称号，在云南只是众多的“王国”中的一个，但这个称号对普通大众来说，远比“动物王国”、“有色金属王国”等来得更有现实意义。

每年的六七月份，雨季来了。这对云南人来说，每年一次的食用菌盛宴开始了。青头菌、牛肝菌、鸡油菌、鸡㙡、干巴菌等，湿润的空气里，它们毫无争辩地成了菜市场里的主角。这些被山里人从雨后的密林深处找出来，还沾带着西南高原上的红土和山野气息的野生菌，安静地躺在一片片嫩绿的瓜叶上，引诱着人们对于鲜活美味的向往。买回家，用水细细地冲洗过，与纵皮辣、大蒜一起用热油爆炒，香味刺刺着四下散去，那种香味是最自然、最醇厚的，没有经过太多修饰的，也是修饰不来的。

这个季节也是医院急诊科最忙碌的时节之一，每天都有因吃菌中毒的患者被送来，体征多为上吐下泻、幻听、幻象，外加语无伦次。通常，洗胃、输液、留院观察几天也就平安出院，患者大多“好了伤疤忘了疼”，第二年的雨季，又照吃不误。当然，中毒者为贪多者，只要食量稍加控制，烹饪时让菌类熟透，通常不会中毒。

雨季总是短暂的，只要雨季一过，各种各样、可食不可食的菌类都消失殆尽，就好像世界上从来没有这样的植物，于是这种美好的味觉体验就只能等着下一年的老天恩赐。当然，自从有了电冰

米线是云南美食的一张名片

云南美食，唯有“风情”二字可解其中滋味

箱，这种情况被改变了。

所以，外地人到云南任何时间都能吃到野生菌，现在昆明街头还有专门经营食用菌的饭店，火锅菌也是一种新鲜的吃法，只是跟每年雨季新长出来的菌味道差了不少，菌本来就是极不易储藏的植物，技术可以延长它们的食用时间，但也是以牺牲一些原味和口感作代价的。

靠山吃山的云南菜

很难给云南菜一个十分准确的定义，当然，很多对云南菜有些了解的人会得出结论：类似川菜但又不如川菜那么麻辣。这话对，也不完全对。

云南菜与云南的民族种类是相对应的，有点夸张地说，云南有多少个少数民族就有多少种口味，不仅口味相异，连所偏重的食物都极不相同。

比如，大理最有名的是乳扇，丽江则是丽江粑粑、酥油茶，再往北的迪庆就完全是藏族风味了。彝族多居于半山，所以他们的主食中多有荞的影子，把略有些苦味的荞打成面蒸熟后又加工成小粒状，混入米饭，原是为了节省粮食，但如今也成了一种风味被城里人追捧，因为这种苦荞饭不仅口感独特，而且绿色、健康，符合现代人的饮食需求。

其实，观察昆明街头的饭店就能大致了解云南菜的谱系：滇东北以文山的田七为代表，有全田七宴；滇西北以大理风味为代表，乳扇是一定不会缺席的；滇南大概要以石屏豆腐为招牌了，炒、煮、烧、炸，花样翻新；滇西的傣味却一直是云南菜里最有影响力的，曾几何时，几乎成了云南菜的招牌。

炸牛皮、菠萝饭、香茅草烤鱼、酸笋系列、过手米线、喃咪（傣语酱的意思），等等，有时候从菜名里很难分辨其中的原材料，而有些名称对内地人来说完全是不知所云。傣族菜的原材料大多依赖于当地的物产，这个插根筷子都能发芽的地方，遍地都是可以食用的植物，傣家人从小就知道如何分辨植物的性质、用途，有点头疼脑热，随手在路边扯把五加皮或板蓝根，回家熬成汤喝下肚病就好了。而做饭前，房前屋后东扯一把西抓一把就是一桌美味。有人总结说，傣味就是臭、辣、苦、酸，这还真不夸张。傣味里的臭菜炒鸡蛋、牛扒、撒撇和酸笋就正好对应了这几种味道，但这几样东西离开了傣族地区就品尝不到了，因为“靠山吃山”，离开了那块土地，这些东西也就不是那个味了。

很多人都知道，西双版纳是个出产水果的地方，但很多人都不知道，这里有一种叫“神秘果”的果实。其状如成熟的樱桃，果实微甜，似乎并没有什么特别的地方，但如果吃过以后，味觉会有极大的改变，再吃酸味的东西却是香甜无比。于是贪嘴的人便信以为真，第二天，才发现这不过是一种假象，被酸味腐蚀过的牙几乎吃不了东西。因为“神秘果”如麻醉剂，不过是哄骗了你的味觉。这就好比离开了云南的云南菜，起了些花里胡哨的名字，再配合上饭店里很有情调的装潢，让食客误以为云南菜如斯。

其实，云南菜是要身临其境才能尝到真味，因为它“靠山吃山”，离山远了，味也就不真实了。

烤茶

走遍中国·云南

CLASSIC YUNNAN
云南经典

走遍中国 · **云南**

CLASSIC YUNNAN
云南经典

云南必访焦点

家家流水、户户垂柳的丽江古城

1. 丽江

“家家流水、户户垂柳”的丽江古城被称为是艳遇概率最高的地方，但这也是丽江的某个无奈的旅游低俗化的“被绑架”。纳西古宅、青石板路、清澈水流穿过、玉龙雪山、束河古镇……古城只有外地人开办的客栈与酒吧，丽江在夜晚沦为符号。真正的丽江是在清晨的古城，那些艳遇的外地人尚在睡觉，纳西集市、乡村习俗、劳作的本地人，这是丽江不变的风景。真正的丽江还在虎跳峡，还在文海。真正的丽江还在泸沽湖、宝山等村庄里。

大理崇圣寺三塔

2. 大理

大理是云南的文化传承甚至最古老的心跳所在：苍山洱海、风花雪月，这些是大理的自然天赋所在。苍山下的大理古城，或因金庸的小说闻名于通俗文化传播领域。但大理自身的建筑、历史、王国、白族文化、商业与农耕，这些才是它真正的底蕴，甚至远超昆明乃至丽江。这里的味道，是老庄子的味道，这里是自然和人文的集成所在。当然，大理可不仅仅只有一个古城，双廊已很嘈杂，但它还有苍山，而环洱海处处皆可驻足矣。

香格里拉

3. 香格里拉

这个每个人都向往的净土，静谧安详，处处展现着一种出世之美。每一个见到过梅里雪山太子十三峰的人都曾经震撼，都因此终生难忘。每一个去过普达措的人都说，语言或镜头对于这里的美是苍白的。每一个到过雨崩的人，都惊叹那世外桃源般的景致与气韵。每一个有毅力在梅里雪山地区转山的人，都在苦难之后获得内心的宁静。独克宗古城，秉承着藏传佛教、藏文化的滇省之脉。横断腹地的藏传承香巴拉，也在时代中变迁。

4. 西双版纳

相对于滇西北的出世之美，处于热带的西双版纳继承了热带的热情与生机，活力四射、热情洋溢。四季花开、山清水秀，别致的傣家竹楼、曼妙的傣族姑娘、独特的热带雨林、鲜明的小乘佛教，这是属于西双版纳的风情。尤其在冬天，这里的自然生态、天气和温度，创造出一个独一无二的科学生态旅游大王国。这里多样的民族文化，和南亚、东南亚的异国风情有着千丝万缕的关联。即使未如 20 世纪 80 年代那等风光，今天的西双版纳依然有着难以替代的种种自然、社会的风情。

西双版纳

5. 三江并流

金沙江、澜沧江、怒江并肩在崇山峻岭中奔流。这片滇西北青藏高原南延的横断山脉纵谷地区，孕育了数千年的“江边文化”。 是世界上罕见的高山地

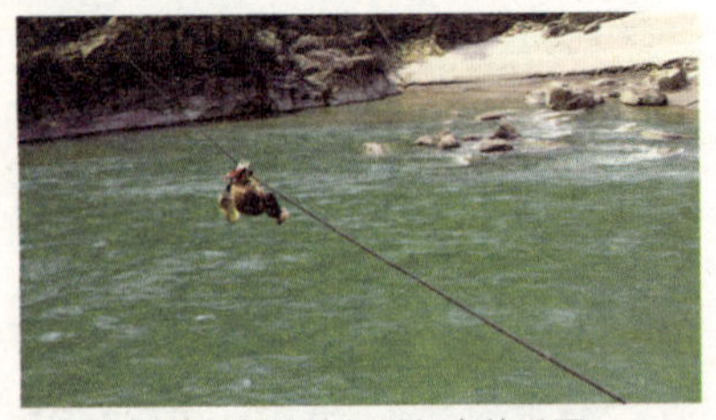
怒江大峡谷，探险旅行爱好者的乐园

貌及其演化的代表地区，是世界上生物物种最丰富的地区之一。尤以怒江大峡谷为核心，科学、生态、探险、多元民族与文化，这里是超级的旅行所在，这是《世界遗产名录》之一，这是各种族群生息繁衍的大舞台。它被视为“香格里拉”的秘境，是大香格里拉。这里是野性云南的精华所在，天地自然的巨人，创造了世界级独一无二的自然及文化的所在。

6. 昆明

花开不败的昆明、四季如春的昆明、阳光灿烂的昆明、小吃繁多的昆明，这里有辽阔碧绿的五百里滇池，有红嘴鸥翩翩的翠湖，有曾经戎马倥偬的讲武堂，有气吞山河长联的大观楼，有千雕万凿的龙门石窟，有辉煌一时的金殿，这里是春城，是云南旅行的驿站和驻地。这是当代云南的心脏，作为国内户外运动资源最发达的省会，这里有自然喀斯特岩壁、有抚仙湖及美味之鱼，这里有石林，从中外人们的攀岩、单车到皮划艇，到艺术、商业活动，这里是今天云南的第一重镇。

7. 腾冲

随着中国远征军历史的被挖掘，随着电视剧《我的团长我的团》的热播，腾冲迅速占据了人们的视线。这里曾是硝烟弥漫的战地前沿。这里保存着我国规模最大、保存最完整的抗战正面战场阵亡将士纪念陵园。这里的国殇墓园安葬着3346名将士的忠骨。作为边境，这里也是著名的侨乡，有着水墨山水画般的和顺，还有火山、湿地和温泉。高黎贡山的花卉及天然植物园，和顺古镇的建筑和传统文化习俗，腾冲虽然地处边境，但其自然与文化的深度，别具一格。

8. 红河州

元阳梯田夏绿冬水，线条灵活多变的梯田在漫漫云海的覆盖下，与经典独特的蘑菇房、田间或挺拔的树，若隐若现，缥缈空灵。当云雾散去，太阳初照，或当夕阳西下之时，光影不断变换的元

昆明花市一角

红河州元阳梯田的早春二月

东川红土地

阳梯田在茫茫森林的掩映下壮丽无比。元阳及梯田文化是红河州的特色，但建水、石屏也是红河文化及文明的重镇。绿春等地，这是云南被人遗忘甚至根本不为人所知的美妙所在，其乡村、文化、风物，尚仅有最早的国外游客来到这里。

9. 罗平油菜花

春节过后，30万亩油菜花田层层叠叠绽放的时候，罗平是一片金色璀璨的海洋。不同于门源一望无际的花海，罗平的油菜花有着独特的标志——阡陌纵横、石林遍布，秀峰、村舍、流水……点缀在花海间，风姿清丽。这里是色彩的盛宴，这里是摄影的天堂，这里的小吃也别有味道，这里是恬淡、宁静的乡村生活。其实，一招鲜吃天下，罗平就是这么玩的。

10. 东川红土地

七彩云南有这样一片神奇的土地，夺目的红是大地的色彩、翡翠的绿是青稞的身姿、明亮的黄是麦浪的风情、澄碧的蓝是天空的颜色……五彩缤纷的色彩漫不经心地在山头、坡脚、田间、平地舒展开来，还带着炊烟缭绕、村舍老树。一些红土地已被种上了各色植物，有的还裸露着，远远看去，色彩绚丽斑斓，衬以蓝天、白云和那变幻莫测的光线，构成了红土地壮观的景色。这几年，东川红土地逐渐成为摄影爱好者的天堂。这里也是国内一流的汽车越野赛场所在地。

去云南一定要尝试的事

呼吸最好的空气

1. 深深地呼吸

西藏太高，川西空气好，但那里太陡，新疆及大西北太远且有沙尘……云南呢？——从滇西保山到滇东文山，从北部的香格里拉到南边的西双版纳，云南空气最“脏”的当数省会昆明。即使昆明，在中国各大省会及中大城市的空气质量排名中，都稳居前五。为什么叫彩云之南？因为这里是云南高原，因为这里空气洁净，因为这里云很白很红很远很近。

这里有中国最丰富的自然资源，森林植被、国家公园。即使这些年云南持续冬春大旱，但夏秋的降水还保持着这里丰富的水资源，水生林木草花，这样的氧吧、空气，滇中海拔适中、1000 ~ 2000 米是人类最健康的海拔，这样的综合型基础自然空间，养生、旅行、户外运动、生活，你说除了云南还有哪里？在海峰湿地等，这是中国最好观星所在。在云南的每一天每一刻，都要多深呼吸。

2. 走进云南的大山

地理云南造就了人文、社会和历史的云南。云南是一个高原大山的地区。滇东、滇中高原多为起伏和缓的低山，多喀斯特岩溶地形。西部为横断山脉纵谷区，高山深谷相间，相对高差较大，地势险峻。横断山脉——中国最长、最宽和最典型的南北向山系，唯一兼有太平洋和印度洋水系的地区。纵观云南，从梅里雪山主峰卡瓦格博峰，海拔 6740 米，到最低点的越南交界的河口县境内南溪河与元江汇合处海拔 76.4 米。两地直线距离约 900 公里，高低相差达 6000 多米。如此神奇！

走进玉龙雪山

所以，来一次云南，就应该走进大山。从苍山到玉龙雪山到高黎贡山到梅里雪山，这是云南最有名的大山。而哀牢山、哈巴雪山、轿子山、乌蒙山、云岭等，这些大山也有它自己的独特之处。

大山构成峡谷，进而形成河流与坝子。人类沿着河谷而居，坝子上形成城镇。这就是云南的大山。没有大山，就没有云南。

3. 品一品盛名的云茶

“川酒云烟”如今可改为“川酒云茶”。云南山峦起伏，溪嶂纵横，云雾缭绕，雨量充沛，气候温和，土壤肥沃，云南是茶树的发源地。普洱最古老茶树树龄估计在1700年左右。全世界约制茶植物380种，云南就有260多种。云南出好茶，云南人也爱喝茶。云南茶叶中以普洱茶最为有名。因此，到云南至少要在本地茶馆酒肆、本地人家，甚至大茶园走走坐坐，品一下各样的云茶。云南是世界上茶树的原产地，同时也是普洱茶的故乡，威信中外负有盛名。茶马古道，即也因此闻名。

普洱茶

怒江第一湾

4. 来一场壮丽的大江大河之旅

虎跳峡、怒江大峡谷、澜沧江大峡谷、三江并流……云南省境内有大河流600多条，主要的180多条，多为入海河流的上游。分属于伊洛瓦底江、怒江、澜沧江、金沙江、红河和珠江六大水系，其集水面积遍于全省。奔腾的大河怒吼于横断山脉所形成的大峡谷，这是一个地理科学的旅行，这是壮丽阅历的旅行。三江并流地区汇集了世界三大河流。而其中的独龙江秀美险峻，怒江大峡谷奔流于怒山和高黎贡山之间，山高谷深，声如怒吼，蔚为大观。金沙江在丽江石鼓形成了著名的“长江第一湾”，之后切穿玉龙雪山和哈巴雪山，形成坡陡谷深的大峡谷——虎跳峡。其他红河、珠江等，也都颇有特点。

5. 在云南，做一个吃货

滇菜系是小菜系，甚至不少人说云南烹饪的味道平平。云南的饮食文化，也像其地理地貌，多样化是一个大特点。“非主流”的食材及非主流烹饪方法很多见。或可以说，云南不敢说是国内烹饪一流，但这里有国内一流乃至超一流的食材，还有独特的烹饪用具。

于外地人来说，最为出名的要数云南米线了，米线以其独特的制作方法，别具一格的味道在国内赫赫有名。如果非要挑出几个最好的饮食，那么米线或恐算不上。这里推荐吃菌子、高原石锅鱼或铜锅鱼以及汽锅鸡。花之肴馔即在云南吃花，也是云南饮食的一个特点。

云南有52个民族，其中26个民族数量比较多，因此因民族区别产生的地域菜系，如傣菜系列、彝族风味等，也形成云南的一个典型特点。

6. 体味一场走访中国近代史的沧桑旅行

云南在抗日战争中的地位极其突出，既是大后方又是大前方，是中国抗日战争的主战场，更是世界反法西斯东方战场的接合部。云南近代历史遗迹和文物，尤其从辛亥革命到抗战时期，各历史遗迹遗址和纪念设施主要分为两大类，一是以名人故居、活动遗址为主的不可移动文物，云南全省逾百处；二是可移动文物，数量逾千处，“规模很可观”。尤其在昆明的滇西抗战遗址，如抗战胜利堂、西南联大旧址和纪念碑、飞虎队总部大楼、滇缅公路起点、巫家坝机场航站楼、圆通山滇西抗战纪念碑、呈贡机场、昆明国际无线电台支台、陈

国殇墓园

丽江纳西族老人

纳德路、龙泉镇名人故居等。

而在滇西，腾冲、松山墓园等，这些都是近代历史文化中的云南遗迹。怀古看今，有了历史，文化才能说是一个完整，一次旅程没有历史和文化，那只能是一个过客、一个没有互动没有感动的走地方而已。

7. 把自己融入多彩的民族文化之中

有人说“民族文化是云南旅游的灵魂”。在云南，有中国56个民族的52个民族，其中人口超过5000人的有26个，其中云南独有的民族则有15个。每个民族从人类学、社会学、文化学角度，都是一个样本。因此，云南旅游中，从昆明到西双版纳、到红河、到大理、到丽江、到怒江、到香格里拉，云南是一个民族多元的宝库。真正的民族文化都是非常精彩的，是一个民族的血脉，也是一个民族的传承和延续，更是一个民族的精神家园。云南的少数民族文化，相对传承和保护得比较完整。在云南，每三周左右就有一个民族的节日。到了云南，除了地理地貌、秀美山川外，真正有活力的是人类自身的共鸣，也就是对于旅游者，更多的还是来看云南少数民族文化。云南的民族文化非常丰富，比如建筑、服饰、饮食、歌舞等。

8. 放下心慢悠悠旅行

昆明城区，一年四季都能看见马车。人们做事慢条斯理，如果来自北上广深的人们，一下还不能习惯，但一下又喜欢上了。正如墨西哥谚语所说:“人们啊，不要走得太快，让灵魂跟上你的脚步。”来到云南，一定要学会放下心，到翠湖、滇池边上漫步看海鸥，到西山上坐马车，坐着那个慢悠悠的火车摇啊摇，开往大理和丽江。

那么，在洱海边上的某个草地上、某个客栈，在沙溪、和顺古镇的街头茶馆，在金马碧鸡的花坛边，在梅里雪山的脚下，在丽江古城或束河古镇的清晨，你看到了吗？你感受到了吗？你融入了吗？

这就是云南。如果说成都是安逸，那么云南则是慵逸，云南人的脸上，往往看不到北上广深那种被快节奏折磨出来的疲倦和焦虑。

9. 感受传统文化在云南的传承

昆明、大理、建水——这是传统文化下的三大云南重镇。金马碧鸡坊可谓昆明一个文化节点，该坊始建于明朝宣德年间，至今已有近四百年的历史。金马碧鸡坊历史悠久，民族特色突出，被誉为昆明的象征。金马碧鸡坊的独特之处，在于某个特定的时候，会出现“金碧交辉”的奇景。而大理、建水乃至石屏，分别为滇西、滇南传统文化重镇。建水文庙，则是继山东曲阜孔庙外的全国第二大孔庙，历届朝廷政府都将其列为官庙进行管护祭拜。

佛教、儒家，大理文化重镇，颇有故国（唐、宋）遗风的大理文化。而在滇南建水、石屏，传统汉式建筑尚有儒家之风，今天继续保留的好学之风，从人类学的观点看，所有地区、所有民族、所有文化都是值得研究的。这也是来云南旅行，有值得认真走访、思考的地方。

10. 到昆明花市、斗南花场赏花

昆明不仅仅是春城，也是花城。甚至比“花城广州”更要“名副其实”。整个云南花市都享誉国内外，且物美价廉。在昆明，有趣的是，鲜花往往是论扎卖的，干花是论斤卖，简直和卖青菜没什么两样。昆明拥有全国规模最大、交易量最大的花卉市场——“斗南花卉市场”，享有全国鲜花价格指导权。斗南的真正交易多在凌晨三四点，大车拉来玫瑰、百合、菊花、唐菖蒲等，看得人眼花缭乱，批发商一车一车，一堆一堆地买，每天从斗南销往海内外的鲜花有几百万枝，日交易额 200 万元。斗南产业园区的另一个重要功能就是旅游观光。此外，昆明花卉新品研发全国领先。昆明城区内，各大小花卉市场也很多。更有趣的是，昆明人不仅养花、种花、卖花、赏花，还吃花。

11. 和中国最美最清澈的湖风花雪月

云南除山河之外，还有众多高原湖泊。滇池、洱海、抚仙湖、程海、泸沽湖、杞麓湖、异龙湖、星云湖、阳宗海，为云南九大高原湖泊。还有海峰湿地等众多的中小湖泊与湿地。因此，到云南旅行，如果不能在某个洁净的湖边小憩一下，那云南的味道也顿失不少。滇池因为时代的局限性，已被污染，星云湖也如此。洱海、泸沽湖、抚仙湖，则是九大湖泊中的三大明珠。其中洱海水质尚

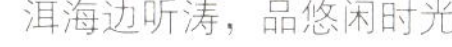
洱海边听涛，品悠闲时光

可，为二类水。而抚仙湖则是中国第二深水湖；泸沽湖是中国第三深水湖，至今尚未受到污染。

尤其抚仙湖容积为 206.2 亿立方米，占全国淡水湖泊蓄水量的 9.16%。清澈纯净，属于一类水，透明度平均为 5 ~ 6 米，是我国内陆淡水湖中水质最好的湖泊之一，居云南省湖泊之最。

这是中国最后的几滴清澈的眼泪。

12. 去云南的寺庙里拜拜佛

天下名山僧占多，云南山多——在西双版纳，过去时代逢村必有寺。在滇西等地，逢山必有寺。徐霞客当年来云南徒步时，则也往往以寺庙作为一个个拜访的目的选择。云南寺庙最有意义的一点，不仅仅是佛事活动的场所，也更多在民间融入生活。

由于地处中南半岛与中国内地的交会地带及民族文化交流因素，云南成为一个多元文化的大熔炉，由此而形成云南特有的佛教“两系三传”，即大乘佛教、小乘佛教、南传小乘、北传汉密、西传“藏密”及由印度直接传入并与地方宗教文化相融的“滇密”，形成一种多元佛教宗教文化。

云南最著名的寺庙，当数大理的鸡足山众多寺庙，大理崇圣寺，以及昆明金殿、圆通寺，滇南的曼阁佛寺为南传佛教的代表寺院，以及迪庆的松赞林寺（藏传佛教）等。

13. 尝试一种户外运动疯玩一次

昆明、大理的自然攀岩资源，在国内城市中可列前三（第一当数桂林阳朔）；大江大河的橡皮艇漂流、皮划艇过白水滩，无论是商业漂流，还是自主玩家，从牛栏江到盘龙江到怒江，从泸沽湖到抚仙湖到洱海，云南的风帆、皮划艇运动有着得天独厚的条件资源。由于大江大河，高山大川及湖泊等，资源特别丰富，云南几乎具备各样户外运动的场地和自然资源，从花海野营到徒步到东川越野车，从越野跑到攀岩、登雪山（哈巴雪山是国内雪山攀登入门比较好的选择），从静水皮划艇到白水漂流，从公路车环抚仙湖到高黎贡山林间越野骑行，从抚仙湖潜水到滇南滑翔伞。云南也有着国内为数众多的各种户外玩家。

昆明圆通寺

白族民居

14. 品一品传统的民居与建筑

云南特殊的地理人文环境，造就了传统民居及建筑丰富的乡土性，其所依赖的是手工业技术。这是世界上建筑式样多元化的民族民居建筑博物馆。从白族到黎族，从藏族到汉族（建水），雕刻、彩绘、建筑外观的美丽、丰富多样的云南民族特点，成就了云南的传统民居文化。如白族，喜欢白色、浅色，在当代大量地用在了家具设计中，体现了浓烈的云南民族韵味。

这些民居当以古镇去串起来旅行，从大研、束河古镇到落寞静谧的沙溪古镇，再到悠远的大理古镇，到妩媚的和顺古镇，到那娜允小镇，到楚雄彝人古镇……茶香四溢的磨黑古镇安静地依靠在窗台边。

精心欣赏、解构这些古镇及传统民居，旅游的味道才不至于那么轻浮，只有文化才能永远流传。

15. 泡一次温泉放松身心

昆明城区一些小区的洗澡水，采用的就是地下的天然温泉水。云南的天然露出温泉有千余处，在数量上，约占全国的三分之一。云南处处皆温泉，滇东、滇中如此，滇南也有温泉。温泉在云南，几乎称得上俯手可及，无论是大山里，还是小河边，无论是城市，抑或乡村。而温泉则更多集中在滇西、滇西北的横断山脉中。这里可谓温泉、热水塘的故乡。

昆明附近最著名的温泉度假区是安宁。最大最密集的腾冲是中国著名的地热风景区，全区目前发现有 64 处热活动区，温泉群达 80 余处。

无论去云南何处，在自己的主行程之外，每个地方都能找到天然温泉享浴。甚至，云南在大山、乡村各处，还有诸多大大小小、知名无名的野温泉。

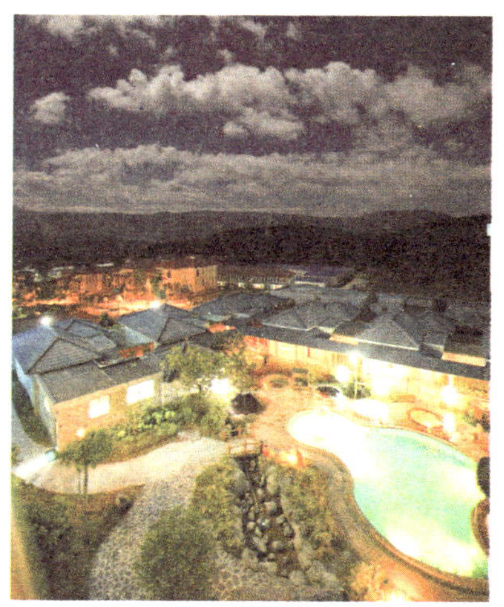
腾冲热海泡温泉

16. 在被《高尔夫文摘》评鉴为中国排名第一的春城高尔夫球场打一场球

中国最好的高尔夫球场在哪里?

不在北京，也不在海南，在云南阳宗海边山上山下：春城湖畔的高尔夫度假村，一年四季的春光明媚，赋予了其得天独厚的优势，使之成为世界上风景优美的高尔夫球场之一，堪称亚洲的高尔夫天堂，拥有世界上最棒的 500 个球洞之一，连续三年被评

远眺梅里雪山

为中国高尔夫最受欢迎球会，这是世界上最伟大的高球手 Jack Nicklaus 的心血，是 *US GOLF DIGEST* 杂志评出来的中国及香港高尔夫球度假村评选中的冠军。这里如同嵌在陡峭山边的一块块绣花地毯，美丽得令人炫目。在这里挥杆，也可以领略到阳宗海湖山峦起伏的壮阔美丽。春天来时，可以看到报春花、紫罗兰、八仙花等盈盈点点。

17. 到梅里雪山转山

转山、转经，是藏族历史文化传统。梅里雪山自然地理具备了独一无二的特质。主峰卡瓦格博，被尊奉为“藏地八大神山之首”，自古以来受藏民崇拜。每年秋末冬初，成百上千藏民牵羊扶拐口念佛经绕山焚香转经的场面，令人叹为观止。梅里雪山属羊，若逢藏历羊年，“转经者更是增至百十倍。”梅里雪山景色壮美、气候多样、地形地貌复杂，今天已成为自助旅行的胜地。尤其以转经线路为徒步的经典。转经线路有内转和外转两种。

梅里内转转山线路，一般指的是围绕梅里东侧的神瀑为中心的转山。外转转山线路，在路途距离上则有 120 公里左右路程，颇为艰难，是一个对梅里地区的自然、人文景观的全面体验，一般需要 9 ~ 12 天。

藏历中卡瓦格博属羊，羊年朝拜，则被视为最有福气和灵验的历程。

18. 逛国家公园感受最原生态的美

国家公园？在北美尤其美国，它是把人类社会发展、资源索取及保护做到较完美平衡的一种模式。在中国，云南则是尝鲜者：大陆首个国家公园，香格里拉普达措国家公园的成功运行，为生态脆弱地区保护和发展良性互动作出有效探索。可谓是，国家公园的建设，在生态保护、旅游展示、环境科普教育、社区群众受益四个方面发挥出独特功能。云南已经在推进的有 12 个国家公园，按照美国国家公园的思路逻辑进行管理、保护。

和传统旅游景点不同的是，这些地方，可观察和感受到更原生态的自然，可看到“变化的美国管理”模式在中国的应用。在这里，除普达措外，还可以

普达措属都湖

去普洱国家公园、西双版纳国家公园、丽江老君山等其他国家公园旅行。

19. 走一走茶马古道

滇藏川，这是茶马古道的中国节点地图。横断山区和西藏崇山峻岭间，千百年来，绵延着一条世界上地势最高、路况最险峻的交通驿道——茶马古道。茶马古道是一个非常特殊的地域称谓，是风光最壮观、文化最神秘的旅游绝品线路，蕴藏着开发不尽的文化遗产。它翻越横断山脉、冈底斯山脉、喜马拉雅山脉，涉过金沙江、怒江、澜沧江和雅鲁藏布江，在云南省内线路为：从普洱茶的产地出发，经下关（大理）、丽江、迪庆、德钦，到西藏的芒康、拉萨，尔后再辐射至藏南、后藏，出境至缅甸、印度。

历史已经革新，如今的茶马古道各个主干与分支，尚有古风遗传以及遗迹保存。可游历于沙溪古镇、剑川、怒江大峡谷等，从山间小道到传统古镇，用眼心仍然能记录下人类生生不息的生命历程。

20. 从磨憨到德宏，发现中国最曲折的边境线

云南是边境之省，接壤着中国最多的邻国。越南、老挝、缅甸、临近的泰国等。

在瑞丽，不仅看到了一个寨子分属两个国家的独特景观，还有别具一格的雄伟国门、独具特色的傣家村寨。云南毗邻东南亚的独特地缘优势及口岸通道，边境旅游、出境旅游，这是云南最有特色的旅游线路。云南共有一类口岸12个、通道90多条，规模和数量均位居全国前列；目前已有9条经国家旅游局批准的边境旅游线路，包括中越边境河口至越南广宁省、河口至越南沙巴、麻栗坡至越南河江等；中缅边境畹町（瑞丽）至缅甸腊戌、瑞丽至缅甸八莫等；中老景洪至老挝琅勃拉邦等。尤其推荐进出老挝旅游，以及中缅边境畹町（瑞丽）至缅甸腊戌。

21. 滇藏线骑行，来一场最有价值的成人之礼

如今骑行川藏线已被戏称为“四大俗”之一，滇藏线虽骑行者很多，但还不至于那么热闹，但也说明，如今的这种骑行旅行已在发展中的中国，被社会逐渐认知、参与人已众多、绝非多么艰难之事。如大学毕业，如有个比较长的假期，滇藏线骑行倒也是个不错的选择，如时间有限，从丽江沿着金沙江骑行到中甸，或德钦，也是一个有价值的旅行。

当然也有很多人选择从大理出发，大理古城—喜洲—鹤庆—丽江古城—拉市海—虎跳峡镇—香格里拉—纳帕海—奔子栏—白马（芒）雪山—德钦—西藏盐井—芒康……这段骑行，则被金沙江、澜沧江、怒江分割，沿途经玉龙雪山、哈巴雪山、白茫雪山、梅里雪山、长江第一湾、虎跳峡等——短暂的路程中，经历一年四季的气候。这是一个地理的旅行，也是一个人生的小小旅行。

云南特色主题线路

1. 大香格里拉环线之旅

这不仅是云南，也是中国最具特色、最美丽的旅游线路之一。从风花雪月的大理到有着柔软时光的丽江，再到人间净土香格里拉，古镇、雪山、峡谷、草原、湖泊……最纯净的景色都在这里。寺庙、僧侣、转山、白族、纳西、摩梭……最虔诚的信仰、最独特的民俗都在这里。这条线路如同一本精挑细选的风景民俗画册，随意一页都足以让人心动。

大理、丽江、泸沽湖、迪庆、德钦及梅里雪山……完整意义的大香格里拉，还应该包括四川的稻城地区，它们是相连在一起的。

这段的旅行，除四川境内的稻城、亚丁之外，云南境内的香格里拉山区段、泸沽湖等，则为重要的地理节点。设计一个七天旅行，基本为大理—泸沽湖－木里县—稻城—亚丁—香格里拉—丽江。

其中，泸沽湖值得在这里待两天甚至更长时间。游香格里拉的小中甸牧场、逛独克宗古城、上龟山公园转世界上最大的转经筒、环行纳柏海及伊拉草原，这些都为沿途比较有趣的推荐之地。

如时间充裕（多出两天以上），可从四川境内返回时，即从乡城出发，沿途欣赏乡城的白藏房和田园风光，抵达有西部太阳谷之称的得荣县。继续驱车，经茶马古道重镇奔子栏，翻越白马雪山，到达德钦县。德钦县途经雾浓顶十三白塔，于半小时的车程抵达飞来寺，飞来寺是观看梅里雪山是佳的地方。安排入住的酒店开窗口就可以看到梅里雪山。

■ 旅行季节

最佳季节是每年的九、十月份。

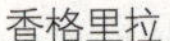

香格里拉

元阳梯田

行程信息

经典线路（围绕云南进出）为：从丽江的泸沽湖出发，经塔斯沟等，到达亚丁，再从亚丁到稻城、到香格里拉（视时间去德钦梅里雪山），最后再回到丽江、大理。

此前，这条线路是比较艰难的徒步旅行，无法行车。2013年，此线路业已通车，全线无论自驾、徒步或骑车旅行，都已比较方便。如果自驾则为6～8天行程。全线徒步不推荐，如丽江——香格里拉从徒步意义角度讲难度不是很大，当然，亚丁境内、泸沽湖到亚丁段，这是极其经典的徒步线路和单车线路。

2. 滇中滇东，五彩花香及温度之旅

昆明不仅是云南的旅游热点，同时也是云南旅游的重要中转站。曾经风起云涌的陆军讲武学校、依然鸥鸟翩翩的翠湖、岁月沧桑的金殿、佛音袅绕的圆通寺、大气磅礴的大观楼、烟波浩渺的滇池、苍翠宁静的西山、姹紫嫣红的花市……昆明本身就是焦点。然后从这里前往千姿百态的石林、五彩斑斓的红土地、水墨画式的那诺哈尼梯田……无处不精彩。

昆明是云南的中流砥柱，是省会，昆明的四季和心跳：茶、花、金殿、抚仙湖、西山、大观楼，这些串起来每一个都有着历史和文化的回声。而云南的中东部，则为经典的地质旅行，东部、东南部喀斯特山水奇观之旅，如九乡溶洞、石林、鲁布革等。这里的线路比较零散、“破碎”，难以设计一个可以连串起来的宏观旅行。但推荐5～6天的滇中滇东之旅。

石林四季如春，被称为“剑状喀斯特地形”的岩溶地貌（喀斯特地貌）。景区包括西北的步哨山、中心的大石林和小石林、南面的万年灵芝和东面的李子园箐五个片区，面积约12平方公里。其中的万年灵芝、李子园菁和步哨山是新开发的景点。深、幽、险、奇是石林景区的景观特征。进入景区内，便见石柱、石壁、石峰千姿百态，争奇竞丽。

泸西曾是滇东南经济、政治、文化的中心。这里的阿庐古洞，也是一个非常经典的喀斯特溶洞。古洞佛光、阿庐云海、地河幻景、天造神物，堪为世界溶洞之林四大奇葩。如时间充裕，泸西

往东，可前往罗平看油菜花。

建水则以古城及文庙著称，其中文庙依照曲阜孔庙的风格规制建造，采用南北中轴线对称的宫殿式，东、西两侧对称布置多个单体建筑。

建水以南的元阳梯田规模宏大，气势磅礴，绵延整个红河南岸的红河、元阳、绿春及金平等县，仅元阳县境内就有 17 万亩梯田，是红河哈尼梯田的核心区。为滇东南之经典。

■ 旅行季节

一年四季

■ 行程信息

昆明两日的历史文化、自然景观旅行—往东抵达石林—再往东南去泸西的阿庐古洞—再往南去普者黑—再往西南前往建水，最终经石屏返回昆明。

3. 滇南热带雨林之旅

繁茂的热带雨林、独特的傣家风情、有别于中原的小乘佛教、蜿蜒曲折的澜沧江、粗犷豪放的佤族民风、名声在外的普洱茶是滇南的魅力所在。在这里，在遮天蔽日的热带原始森林里漫步，在修建于参天古树上的宾馆窗前观察野生亚洲象的足迹，在橄榄坝的水乡竹楼、笙歌曼舞间感受傣家魅力，在澜沧江岸欣赏粗狂豪迈的佤族歌舞，在易武古镇游览茶马古道的起始之地。滇南，处处风采独韵。

西双版纳为云南老牌的旅游名胜区，经过几十年的发展，目前旅游景点多达几十个，但最经典的就是：中科院植物园、傣族园、望天树、野象谷。西双版纳旅游特色：热、傣、水、边。热：热带雨林，热带动、植物；傣：以傣族为主的多民族民风民俗；水：一江连六国的澜沧江—湄公河；边：中缅、中老边境异国风情。

中科院植物园就是展示热带雨林、热带花卉的经典景点。如果是湄公河漂流，目前商业漂流多用橡皮艇，逢冬季江水尚可，其他季节平淡。

傣族园被誉为“傣族民俗博物馆”；望天树里平时旅游团队很少来，热带雨

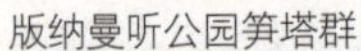

版纳曼听公园笋塔群

在寺院学习的傣族少年

林保持最完好，世界第一高树冠走廊刺激惊险，平时是自助游者最喜欢去的景区。磨憨是目前云南最繁忙的陆地国际通道，城小使命重，地处昆明大通道咽喉要地，219 界碑对面就是老挝黄金城，免税店最有特色。南糯山古茶树更是蜚声中外的普洱茶探访地，这里有千年古茶树，土著种茶哈尼人。建议必去景点：中科院植物园、傣族园、望天树、野象谷。

普洱虽然号称云南面积最大的地市州，但相对经典的“景区”略少或平淡，但境内普洱茶马古道、孟连大黑山等，孟连宣抚司署等，树包塔、千糯佛寺、景东文庙等则视时间或顺路，也可值得一去。

旅行季节

一年四季

行程信息

滇南不像滇东、滇中的去处那么分散，这里的去处至少围绕普洱、景洪，是在一条主轴交通线上，可以串起来。滇南，设计一个 5 ~ 7 天的行程的话，可以走这样的基本线路：从昆明出发—普洱—西双版纳—孟连—返回景洪—返回昆明。

4. 滇西：缅怀历史之旅、大河之声

那段艰难惨烈的远征岁月曾被人为地遗忘，当重新被带到人们视线时，不仅唏嘘、不仅悲伤、不仅热泪盈眶。保山旧城已在战争的炮火中片瓦不剩，庆幸的是腾冲被保存了下来。“国殇墓园”里的累累白骨、排排墓碑碧血千秋。和顺古村依山临水、黛瓦白墙，一派钟灵毓秀的田园佳境。然后往北，经怒江大峡谷最南端的六库，前往怒江峡谷一带，参观著名的驼峰航线纪念馆、片马抗英纪念碑、“废城”知子罗，一直到青山翠谷中小桥流水的迪麻洛、风光明媚的丙中洛。或者往南，前往边境瑞丽，

高黎贡山杜鹃花开

领略一下中国最大宝石集散地之一的风采，还有缅甸的异国风情。

和顺古镇、火山热海、北海湿地、大滚锅 、叠水河瀑布、国殇墓园、保山风光、高黎贡山、允燕佛塔、姐勒佛塔 、瑞丽边贸街、瑞丽大盈江。这都是沿途比较经典的去处。在这里有中国最密集的火山群和地热温泉。90 多座火山雄峙苍穹，80 余处温泉喷珠溅玉，温泉泉眼数以万计。

庄严肃穆的国殇墓园里安息着为国捐躯的抗日英烈，数千座墓碑向后人昭示着民族精英抵御外辱的浩然正气。在和顺，有一座建于 1928 年，至今仍然是全国规模最大、藏书最多的乡村图书馆。高黎贡山国家级自然保护区以独特而丰富的生物资源，被世界野生生物学会列为具有重要意义的 A 级保护区。在这个被誉为“天然植物园”和“物种基因库”的地方，你会看到拔地参天的大树杜鹃之王、秃杉之王、银杏之王；你会看到云南山茶的始祖，看到世界上最大的人工秃杉林，还有很多稀世的珍禽异兽。

当今中国的白水皮划艇方兴未艾，旅行者在当地或可结识白水高手或俱乐部。来一个怒江白水皮划艇的小小“探险”漂流。

■ 旅行季节

春季、秋季

■ 行程信息

这是云南的西部、西南边陲。交通相对最为不变，行程最远，当然，如今保山、腾冲、瑞丽的航班也一日有多趟。

建议起点从保山算起：保山→腾冲→国殇墓园→和顺古镇，然后返回保山→经六库→进入怒江大峡谷→原路返回保山，前往边境小城瑞丽，再返回保山。

5. 茶马古道之旅

始于普洱，经大理、丽江、香格里拉，然后进入西藏的察隅、拉萨、日喀则、江孜、亚东，最后到达缅甸、尼泊尔、印度的茶马古道虽然已经退出历史，但其留下的痕迹却依然让人遥想、回味。这是一条充满艰辛的道路，需要翻越无数的雪山、峡谷、激流、密林，这也是一条风景绝美的道路，易武古镇、南糯山、苍山洱海、大理古城、丽江古城、玉龙雪山、虎跳峡、普达措、白水台、梅里雪山、明永冰川、雨崩……深深吸引着世人的目光。

这一条旅行线路，恐怕没有几个人能完整走完，一是行程复杂、高山大河险峻、时间漫长；二是茶马古道本身是一个散射型的古道，如网络一般。

束河古镇：四条巷道从束河街上向四面延伸出去。向东的一条穿过丽江古城，往南的一条通往古济行政村，往北的一条通向白沙行政村，往西北的一条是过去通往迪庆藏区的要道，即“茶马古道”。一条从松云村通往西南方向的古关隘黄山哨，从拉市到石鼓、巨甸、鲁甸，翻越栗地坪，过维西保和镇，到澜沧江边后，沿江北上，过燕子岩栈道，到德钦后再从溜筒江过溜索进藏；第二条路，从九鼎龙潭和坡底小潭边经过，蜿蜒伸向西部的玉龙雪山。经过文海村直达丽江龙蟠，渡金沙江，翻越十二栏杆，到香格里拉县城，然后过上桥头，从奔子栏用独木舟渡江，翻越白茫雪山抵德钦城，然后再从溜筒江过溜索，翻梅里雪山进藏。

沙溪古镇：茶马古道上最后的集市。历史上的沙溪地位不凡，既是古道的驿站，也是盐业的集散地——西有弥沙盐井，南有乔后盐井，以及西边更远的啦呜井和诺邓井，所产井盐多通过沙溪转运往西藏、大理。沙溪古镇，以四方街为中心，是旧时沙溪最繁忙的集市所在。214 国道没有经过沙溪，反而成了沙溪的幸运，古镇的整体结构，以及一批古建筑得以完整地保留下来。沙溪入选 2002 年世界 101 处濒危建筑保护名录。

旅行季节

每年 9、10 月

行程信息

7 ~ 10 天的旅行：普洱或临沧茶区—往北到祥云—大理—丽江—虎跳峡及玉龙雪山—普达措—香格里拉—德钦梅里雪山。如有时间的话，可从怒江大峡谷往上，到达丙中洛，这是茶马古道很神奇的一个角落。

茶马古道上的梅里雪山

6. 梅里雪山转山之旅

梅里雪山壮美、气候多样、地形地貌复杂，今天已成为自助旅行的胜地。尤以转经线路为徒步的经典，分内转经线路和外转经线路两种。梅里内转转山线路，一般指的是围绕梅里东侧的神瀑为中心的转山，即并未围绕整体山峰完整徒步。一般说来，起点为飞来寺，沿途经过西当到南宗垭口，再下至雨崩村，再往上到神瀑，之后翻越南宗垭口，重点一般为西当。

徒步线路大多相对线路清晰，但因沿途村庄和人烟稀少，供给很难，除非徒步者自己一次性背负多日的食品和装备。更多人相对会聘请向导、雇用马匹。可不全程雇请，聘请一段也可。藏历羊年是卡瓦格博的本命年。羊年朝拜梅里，被视为最有福气和灵验的转经。

■ 旅行季节

6 ~ 9 月为雨季，垭口积雪少或无，但沿途泥泞且主峰更多时候掩于云中，难以看到。在 4 ~ 5 月则一些垭口积雪尚存，因此，徒步最好的季节为 10 ~ 11 月甚至 12 月中、上旬。冬、春季寒冷，翻越垭口则需要冰爪等攀登装备。

■ 行程信息

内转经线路：从飞来寺到西当之间有公路可通行，可选择机动车，为 2 ~ 3 小时，徒步需要 1 天。而在西当翻越南宗垭口(海拔 3900 米)再到达雨崩村，该路段短而较陡，约 13 公里，徒步 6 小时左右。从雨崩村经过尼农村再到达西当，路途约 18 公里，海拔落差不大，为 7 小时左右。再从雨崩上山到达神瀑并原路返回雨崩村，往返约 5 小时，单趟路程约为 6 公里，山路陡峭。围绕雨崩村，还有其他小范围的徒步线路，经典如雨崩村徒步到神湖再返回，该路段海拔上升高、强度较大，一般旅行者单天都往往难以完成。

外转经线路：梅里外转转山线路，距离上则有 120 公里左右路程，尤其诸多垭口上下，颇为艰难，这些年，本地人已逐渐修建了人马小道，但要徒步完成，仍需人的一双脚。外转一般需要 9 ~ 12 天。总体线路为羊朝桥→多克拉→作阿江德→卢阿森拉→曲那塘→空地（或农扎桥）→说拉垭口（4815 米）→扎西牧场（3460 米）→辛康拉→阿丙村→察瓦龙→扎古→哥杂拉→来得→说拉垭口→梅里石。

转山

云南特色节庆

云南人口超过5000的少数民族有26个，每个民族都有自己的节庆，于是云南好像每天都在过节。

1. 火把节

时间：6 月 24 ~ 26 日

火把节是彝族、白族、纳西族、基诺族、拉祜族等民族的古老而重要的传统节日，大都在每年夏历六月二十四日前后，有着深厚的民俗文化内涵，蜚声海内外，被称为“东方的狂欢节”。节期为三天。彝族认为过火把节就能让谷穗像火把一样粗壮。第一天为祭火，第二天为传火，第三天为送火。不同的民族举行火把节的时间不同。主要活动有斗牛、斗羊、斗鸡、赛马、摔跤、歌舞表演、选美等。

火把节

2. 傣族泼水节

时间：4 月 13 ~ 16 日

这是傣族、德昂族最隆重的节日，也是云南少数民族中影响面最大，参加人数最多的节日，亦称宋干节，4 月 13 ~ 16 日举行，已有 700 年的历史。当日，泰国、老挝、缅甸、柬埔寨等国以及中国云南等地，人们早起沐浴礼佛，之后便开始连续几日的庆祝活动。泼水节是傣族的新年，相当于公历的四月中

泼水节

旬，一般持续 3 ~ 7 天。第一天傣语叫“麦日”，与农历的除夕相似；第二天傣语叫“恼日”（空日）；第三天是新年，叫“叭网玛”，意为岁首，人们把这一天视为最美好、最吉祥的日子。

除此之外，泼水节还有划龙舟、跳象脚鼓舞和孔雀舞等活动。

3. 大理白族三月街

时间：3 月 15 ~ 20 日

亦称“观音市”、“观音街”；“祭观音街”是白族传统盛大节日，也是白族传统的民间物资交流和文娱活动的盛会，流行于云南大理等地。每年 3 月 15 ~ 20 日在大理城西的点苍山脚下举行。最初它带有宗教活动色彩，后来逐渐变为一个盛大的物资交流会。明清时期，四川、西藏、江南各省都有商人到此贸易。它不仅是个交换场所，还是表演各种舞蹈和赛马、竞技的场所。赛马会是三月街上最高潮的盛会。膘肥体壮的大理马以奔跑迅速、能骑善驮闻名全国，历史上大批大理马就是通过三月街流入内地的。

赛马会

4. 迪庆赛马会

时间：农历五月初五

赛马，藏语称“达久”。整个藏区都有赛马会，云南迪庆的赛马会则在香格里拉海拔3696米的五凤山举行。每年农历五月初五，高原藏家都要选派最棒的骑手到此参加比赛，这是五凤山最热闹、最美丽的日子。整个端阳赛马盛会，历时三天。

届时，香格里拉的五凤山、德钦的贡卡等地成为赛马会的聚集之地。人们一般要提前三四天，背着食品、糌粑、酥油、青稞酒，从四面八方纷纷向所在地汇集，选择翠绿的草地或在树荫下搭上帐篷，野餐、酣睡，也在里面迎接自己的亲朋，唱歌、跳舞，愉快地度过三四天。

赛马节期间，还会举行文艺会演、民歌大赛、民族服饰展览、物资交流会等各种文化经济活动。

5. 藏族法会

时间：藏历除夕

迪庆藏族自治州每年藏历除夕，要在各大寺庙举行一年中最大的法会——跳神法会。各寺喇嘛穿上奇装异服，头戴造型怪异的面具，表演种种惊心动魄的跳神节目。跳神，实际上是一种具有一定戏剧性的宗教舞蹈。跳神表演有简单情节，以鼓、唢呐、海螺、法号等伴奏，连续可跳好几个小时。

跳神藏语称“羌姆”，是在本教的巫舞的基础上，吸收了民间舞蹈汇发展起来的表现降魔伏妖、弘扬佛法的一种舞蹈。“羌姆”有许多相对独立的舞蹈片断，诸如凶神舞、骷髅舞、牛神舞、金刚力士舞、护法神舞等。后期的跳神已渗进了许多世俗的内容，如增加了寿星舞，并穿插摔跤、角斗等嬉戏场面，以娱乐群众。

德钦县各大寺院跳神的具体日期有所不同。

6. 傈僳族刀杆节

时间：农历二月初八

“阿堂得”，意为“爬刀节”，是怒江地区的傈僳族人民一年一度的传统体育节日。每年的农历二月初八，人们都穿上节日盛装，从四方八面汇集到羊肠河畔的刀杆场，观看“上刀山，下火海”活动。

刀杆节这天，几名健壮男子先表演“蹈火”仪式。赤裸双脚，跳到烧红的火炭堆里，表演各种绝技。第二天，表演者将磨快的 36 把长刀，刀口向上分别用藤条横绑在两根 20 多米高的木架上，呈一刀梯。表演者空手赤足，从快刀刃口攀上顶端，并在杆顶表演各种高难度动作。最先爬上顶端的人，还要做高难度倒立动作，燃放鞭炮。

7. 景颇族的目脑纵歌

时间：农历正月十五至十七

在云南省德宏州的瑞丽、陇川、潞西等景颇族生活的地区，每年农历正月十五至十七都要举行景颇族的目脑纵歌节。

云南少数民族都有举行舞会的习俗，但最隆重的、规模最大的当数景颇族的目脑纵歌。“目脑纵歌”意为歌舞盛会或大伙跳舞。节日来临之际，景颇族选定一块天然坪场阔地为舞场，在舞场正中央架好目脑示栋，示栋（用木柱搭成的标牌）上有舞形图。节日中最壮观的场面是成百上千人列队回旋舞蹈，据说是按柱上的回旋形图案所示，回溯祖先发源之地，让人们牢记自己是谁的子孙。

目脑纵歌必不可少的重要组成部分是景颇人最神圣、崇敬的塔坛。参加目脑纵歌的男人，身穿白衬衣、黑裤子，头裹白布，白布上的红色穗子鲜艳夺目，景颇姑娘穿黑色对襟衣，上缀银泡，走起路来铮铮作响，悦耳动听；下着艳丽围裙，手里拿着各色手帕或花环。

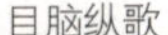

目脑纵歌

傣族泼水节赛龙舟

云南节庆列表

■ 彝族

插花节
二月八日
摘马缨花、插花、歌舞

牟定三月会
三月二十七日 至二十九日
物资交流、歌舞

火把节
六月二十四日至二十五日
点火把、摔跤、斗牛

■ 傣族

泼水节
4月中旬（公历）
泼水、丢包、放高升、竞渡

开门节
7月中旬（公历）
串寨、放高升、歌舞

■ 白族

三月街
3月中旬（公历）
物资交流、赛马、对歌、跳舞

绕三灵
四月二十三日
绕山，祭祖，跳八角鼓舞、霸王鞭舞

■ 哈尼族

里玛主节
阳春三月（公历）
摔跤、唱歌、跳舞

苗爱拿节
5月上旬晚上（公历）
点燃篝火、跳舞

苦扎扎节
六月二十四日
串寨、打秋千、摔跤、歌舞

扎勒特
十月第一个龙日
歌舞

■ 回族

圣纪节
伊斯兰教历三月十二日
沐浴、礼拜

开斋节
伊斯兰教历十月一日
礼拜、互赠礼品、歌舞表演

古尔邦节

回族 伊斯兰教历十二月上旬

团拜、宰牲

藏族

藏历年

农历正月

野餐、跳锅庄

赛马会

五月五日

赛马、跳弦子舞、野餐

法会

藏历除夕

祭祀、歌舞

更多民族节庆

花山节

苗族 正月

对歌、芦笙舞、爬花杆

目脑纵歌

景颇族 正月十五

歌舞盛会

特懋克节

基诺族 2 月6 日

跳大鼓舞、串寨、打陀螺

刀杆节

傈僳族 二月七日

爬刀杆、踏火塘、唱歌、跳舞

白水台赛歌会

纳西族 二月八日

野炊、赛马、赛歌

鲁班节

蒙古族 四月初二

祭祀、歌舞

冈永节

布朗族 四月和九月

祭祀、歌舞

浇花节

德昂族 清明节后5～7天

泼水、送花篮

牛王节

布依族 四月八日

吃牛王粑、牛散食、歌舞

陇端节

壮族 六月

戏剧、杂耍、歌舞

端节

水族 九月

铜鼓舞、对歌

颁金节

满族 十月十三日

祭祖、歌舞

拉木鼓节

佤族 佤历“格瑞月”（公历12月）

祭祀、歌舞

年节

怒族 农历十二月至正月十日

敬祖、祭土、互赠恰盖（铁三角）

卡雀哇（年节）

独龙族 腊月或正月

剽牛祭祀、歌舞跳神

云南最值得推荐的美食

1. 米线

云南米线分粗细、饵丝及米线、宽粉等形状区别。烹调方法上，则有凉、烫、卤、炒之分。配料更是数不胜数，大锅米线还有焖肉、脆哨、三鲜、肠旺、炸酱、鳝鱼、豆花等。著名的有过桥米线、鳝鱼米线、大锅米线、豆花米线等。

云南米线

2. 野生菌

云南有极丰富的野生食用菌资源，种类多、分布广、产量大，分为二纲、十一目、三十五科、九十六属、二百五十种，占全球食用菌一半以上，中国食用菌的三分之二。常见有鸡纵、牛肝菌、松茸、青头菌等，烹饪方法有煮汤、油炸、煎炒、凉拌等。

3. 云南之鱼

云南鱼种类多，这里介绍滇中滇东一带的高原冷水鱼，以青头鱼为主，采用蒸汽石锅或通过煮，极为鲜美。同时伴以洋芋焖饭，味道非常鲜美。多以抚仙湖周边为核心，最有名。

4. 傣味

傣味菜系或可为滇菜系的一个旁支。酸、甜、苦、辣、生，这是傣味特色。如酸扒菜、酸腌笋、酸腌鱼、酸肉、酸木瓜煮牛肉、酸笋煮鸡、酸帕贡菜用麻苍蒲、菠萝、黄泡等放糖做菜；撒撇、牛苦肠、鱼苦肠，冲天辣、小米辣、象鼻辣等，可说是辣中之王。烤、炸、煎、煮、凉、蒸等，可谓囊括傣味烹饪全法。

菠萝饭

5. 云南烧豆腐 / 饵块

当以建水、石屏豆腐最有名。专用大而圆的白皮黄豆，豆腐洁白细嫩、火烧不变黑，呈灰白色，即可烧烤。烧时用火盆装上点燃的木炭，架上用铁条焊接成的炕，铁条上涂以香油，放上豆腐烘烧，边烤边翻动，待豆腐充气膨胀，可蘸以配好的甜咸酱油、辣椒末、蒜泥、味精、小米辣等作料食用。

6. 白族风味

白族菜

白族菜系独成一体。其中，凉鸡米线、乳扇、生皮、雕梅扣肉、冻鱼、喜洲粑粑、白族凉粉、白族米糕等皆为白族自创，以上菜系脱离了大理地区，在外地比较难吃到。大理白族风味的餐馆很多。梅子酿、青梅酒等也是白族人的精细美食所在。

7. 丽江腊排骨

在大多游客看来，丽江的吃乏善可陈。但本菜可谓丽江第一名菜，腊排骨是纳西名菜三叠水第三叠——热烈叠中不可或缺的一道主菜。足量的腊排骨及各种新鲜辅料：野生菌、茨菇、土豆、豆芽、冬瓜、树番茄、板蓝根、腊肉等。该菜在云南本省尚可吃到，因采用丽江高海拔猪肉原料，因此无法外传。

腊排骨

8. 彝族或回族牛肉

这是纯粹拼体力的风味——因为只有云南才有这么好的食材。无论是彝族或回族这类牛肉的做法，大以火烧牛肉、牛肉汤锅为主也最为好吃。调料放得很少。牛肉很新鲜，肉质很好，保存了牛肉原本的醇正香味，让人食之流连忘返。

9. 粑粑

可谓云南大饼，多为米饼。云南多产稻米，因而有了饵粑粑、糍粑等米制的美食。粑粑有蒸、水沏、烤等做法。当以官渡粑粑、喜洲粑粑等最为有名。锅巴焦黄，通体泡软，麦香味突出，对喜欢到酥油茶室里一聚的消夜一族来说，不失为佳妙选择。

粑粑

10. 宣威火腿

形似琵琶，只大骨小，皮薄肉厚肥瘦适中；切开断面，香气浓郁，色泽鲜艳，瘦肉呈鲜红色或玫瑰色，肥肉呈乳白色，骨头略显桃红，似血气尚在滋润。其品质优良，足以代表云南火腿，故常称“云腿”。味道极鲜美，可做汤、炒、蒸等多种吃法。

走遍中国·云南

READY TO START
准备出发

走遍中国 · **云南**

READY TO START
准备出发

旅行与季节

云南地势西北高东南低，从梅里雪山卡瓦格博峰海拔6740米到中越边境的河口海拔76米，落差6000多米，自然环境、季节变化从高原雪线到热带亚热带景观一应俱全。所以在云南除了昆明、玉溪等滇中的四季如春以外，同一个季节同一天在云南的不同地方就会有不同的气候，尤其是在西北部雪山峡谷一带，十几公里范围之内落差几千米，垂直分布带谱造成一山四季的现象相当常见。也因为地形分布的影响，特别是西部偏远地区交通不便，所以少数民族原生态状况保存完整，各民族节庆也是云南旅游的一大看点。

云南是一个万花筒，每一天每一个角落都有自己的精彩，即便只是静静地坐在雪山对面一个酒吧里也能看到一世的风景。

春季 · 云南

最佳推荐地：罗平、元阳、怒江峡谷、建水

春天是到云南看花的季节。罗平的油菜花，金灿灿如同海洋一样无边无际，有一点微风都可以让人心潮澎湃。整个春天从滇中到滇西南山茶花、大树杜鹃花一层层漫过去，顺着山脚向山顶，随着气温的升高，不同的品种此落彼绽，如同涨潮一样一遍遍在横断山脉各处爆发。曾经问过当地人哪里的杜鹃花最美，老君山、碧罗雪山、高黎贡山、哈巴雪山……没有人知道答案，如同没有人能说出海水哪一滴更咸一样。

罗平：每年春节后的2、3月份，20万亩油菜花在罗平坝子竞相争放，放眼望去，是一片一望无际的金黄。在罗平主要是拍油菜花，玩金鸡、牛街、多依河及九龙瀑。一年一度的云南罗平油菜花旅游节，将使您感受到人与自然的和谐，观赏到佳境如画的风光。

元阳：哀牢山南部的哈尼族开垦的梯田随山势地形变化，有成千上万亩。这一景观构成了千奇百态变幻莫测的天地艺术大交响乐，成为举世瞩目的梯田奇观。在元阳老县城往绿春方向，早晨、下午、黄昏拍效果最好。最佳拍摄时间在每年11月~次年4月，尤其早春、春节期间最好。

怒江峡谷：怒江大峡谷位于滇西横断山纵谷区三江并流地带，峡谷在云南段长达300多公里，平均深度为2000米，最深处在丙中洛一带，达3500米，被称为“东方大峡谷”。春节期间的怒江是四季中最美的时节，尤其怒江如青黛。

建水：建水在红河中游北岸。土地广阔，气候温和，为农耕、儒家文化地区。有“粮蔗之乡”的称谓。春天时，这里气候干旱温度适宜，燕子洞、古城、乡村等地皆为徒步、摄影、住行的绝佳之地。

■ 夏季·云南

最佳推荐地：香格里拉、丽江、大理洱海、抚仙湖

夏季是到云南看水的季节。夏季的云南到处都在下雨，大雨小雨雷阵雨，将整个云南大江小河灌得血脉贲张。于是虎跳峡惊涛拍岸，小川泥石流滚滚向前，澜沧江、金沙江、怒江、红河……充盈其间的各条瀑布也一同暴发。而高原之巅的气温变化要落后于平原低谷，初夏的草原湖泊才是春花烂漫，碧塔海、属都湖、泸沽湖……草原花海簇拥着翠海静波别是一番仙境。只是此时路途泥泞、滑坡落石，需提前考虑交通问题，最稳妥的方式就是坐在大理的茶馆听雨打洱海。

香格里拉：夏日的迪庆地区，是最美丽的季节，虽然雨水多，但高山、草甸等到处都是美丽的花朵，气温适宜，当内陆人们经受高温之时，这里除了美丽高原景色外，还有中国绝大地方无法比拟的一个东西：凉爽。

丽江：无论是在丽江古城、束河古镇，还是到虎跳峡、玉龙雪山、拉市海，夏天的丽江是一年四季最美丽和最舒适的季节。无论是悠闲地躺在客栈的沙发上，还是高原草地上，丽江的夏天，把每个人似乎都带回了真正的夏天、真正的那个暑假。

罗平油菜花

洱海

大理洱海： 夏日的洱海开始出产银鱼，下雨常常是暴雨，风季一过，洱海更多时候是一面平波。环着洱海骑行、徒步、划船、拍照，夜晚如喜好热闹，可选择喧嚣的大理古城或双廊古镇；如喜好清净，苍山脚下，尤其环洱海边，有许多安静的客栈。

抚仙湖： 抚仙湖是高原冷水湖，是中国内陆最清澈干净之湖。夏季白天，环抚仙湖骑行，抚仙湖里游泳、潜水、划皮划艇，当饥饿时，可吃石锅鱼或铜锅鱼。抚仙湖的夏天，回归吃喝玩耍之能事。这才是那个最没有压力的暑假，这才是那个最无忌的童年。

■ 秋季·云南

最佳推荐地：梅里雪山、老君山、泸沽湖、尼汝

秋季是到云南看山的季节。秋季的云南就是春季的翻版，不同的是春季只是多处山花灿烂，而秋季的时候却是每一片叶子，每一处山岭都五彩斑斓。也是如春天一样，一层层从西向东，从高到低的红黄色波浪将滇西北到滇中渲染如画。

每年10月黄金周期间，整个云南都沸腾了，这座旅游大省的住宿、餐饮、交通、娱乐、购物、景点爆满，秋天的云南很美可是也很喧嚣。要是有机会，过了黄金周一切归于平静，再去看梅里雪山、怒江峡谷、香格里拉、大理、丽江，你才会体味到彩云之南的自然宁静。

梅里雪山： 深秋季节，梅里雪山的雨季过了，这时无论是瞻仰神山，抑或大小转经，都是最美丽、最温和的季节。天空如洗，游者看到世界上最纯净的雪山和蓝天，这是最深深的梦，这是最最神圣的时刻，当看到圆月安静照在卡瓦格博的时候，很多人都想哭。

老君山： 老君山简直被很多人忘记了，初秋的时候，这个位于金沙江边的国家公园，红色的砂岩，宛如美国西部；但森林也开始有各样颜色。在高山草地上的露营，夜晚能看到这个世界上最亮的星星。这是老君山，它的秋天是它一年中最灿烂的时候。

泸沽湖： 这是最美的秋季。金黄高大的乔木站满山冈，叶子落下，没有声音。生命安静了，欲念却燃烧起来，这是泸沽湖，在山之外，在湖之外，在天空之外，在山下的摩梭人之外。泸沽湖的秋天，可以让每个去那里的人的心，燃烧起来，或成灰，然后消失。

尼汝： 其实香格里拉的秋天处处皆风景，无论是普达措、千湖山……秋天是宁静的季节——把尼汝单列出来，因为这是最后的安静之地。詹姆斯·希尔顿《消失的地平线》中所描绘的一块永恒而宁静的净土，被人称作秘境中的秘境，是个“让人愿意醉死在那里”的地方，红叶、草原、乡村、小河，这里是徒步、摄影、冥想的胜地。

冬季·云南

最佳推荐地：滇南、腾冲、德宏、昆明

冬天是到云南看云的季节。冬天的云南游人少了，海鸥又回到翠湖嬉戏了。这个时候如果没有大雪封路，倒是坐在观景台和卡瓦格博峰对视的最佳时候。当然了，怕冷的人就去西双版纳，那里正是一年中最舒服的季节，北国千里冰封、万里雪飘的时候躲到大榕树下、透过芭蕉叶的缝隙看天空艳阳高照别有一番新意。昆明四季如春，不过，要是赶上几天阴雨北方人可就难熬了，没有暖气的屋子比外面还冷。

滇南：包括普洱和西双版纳。冬天温度在25℃左右，可骑车、可游泳、晒太阳亦不嫌热。当北国冰天雪地，西双版纳的雨林在安静中沉默，又在生长。湄公河，在这个季节里做一个皮划艇的旅行？或者干脆自驾去一趟老挝，这是滇南最舒适的季节。

腾冲：其实，腾冲夏无酷暑，冬无严寒，舒适的气温感觉就像当地的翡翠一样温润。但冬天在这里浸入热海泡温泉当乃人生之享受。而就近的和顺古镇、高黎贡山，是既有文化和美梦，又有野性生态、户外运动大汗淋漓，也有无数种野性放纵之方式。

云南大学里与人和谐共处的松鼠

德宏：在冬天，德宏的缅甸异国情调、边境贸易、目脑纵歌等。这里是乡间、边境的放松，让人忘记这是21世纪的快节奏时代。冬天这里晴朗，去寺庙看勐焕大金塔，在芒市街头悠闲走动，或去果园摘果。

昆明：适合带家人在此过年、休闲度日。晒太阳、泡温泉、喂海鸥、赏鲜花和吃花、打高尔夫球、游湿地、品风情、会摄友、逛风景——昆明旅游无淡旺季之分。石林、九乡溶洞、昆明世博园、云南民族村、金殿、大观楼、西山、圆通寺等旅游景区点多达近百个。

到达与离开

航空

飞机在云南的重要性可以追溯到“驼峰航线”。云南是中国航空发展史上的重要大省，这也是和云南多山，铁路上火车没有汽车跑得快有关，而对于只有固定假期的旅行者来说，飞机虽然贵了点，可时间有保障。而且，在旅游淡季，云南省内省外也都可以买到打折机票，价格不比火车贵多少，而且省下了路上食宿费用。旅游旺季买飞机票就困难了，更不要说打折机票了。至于买票，昆明街头有无数散发机票代理公司名片的闲散人员，而省内宾馆、酒店、客栈也能帮你提供订票信息。

云南通航的城市主要有：昆明、大理、丽江、香格里拉、保山、腾冲、芒市、景洪、临沧、普洱、昭通等地。

铁路

云南境内有3条铁路主干线：成昆线、南昆线、贵昆线，由此连通了北向四川成都、东南向广西南宁、东北向贵州贵阳，与全国铁路干线联网。省内旅游铁路客运以昆明为中心呈东西走向，东可前往石林,西可夕发朝至抵达大理、丽江，不过票很难买到，因为旅行社团长期提前预订。

从昆明南下至中越边境的河口有中国现存唯一的窄轨铁路，并通过这条铁路可以进入越南直达首都河内。轨道比普通轨道窄，所以车厢也较狭小，而且车速慢、站站停，适合有闲情逸致体验旧时光的游客。到云南大多数地区，特别是西部，基本就是依靠公路汽运。

公路

云南作为旅游大省，对公路运输非常重视。高等级公路构建的东、西、南、北网络几乎遍及整个云南，虽然高山险阻依旧如履平地。而且云南司机的技术和胆量也是让人叹为观止的，从香格里拉至丽江、大理的车在高山峡谷间风驰电掣。对面不见来车的胳膊肘死弯毫不犹豫一把就拐过来，车头过去，车尾几乎甩到公路外，下面就是几百米的深邃峡谷，胆小的人最好别探头窗外，否则好几百公里的路途上百个这样的死弯想想都胸闷。

以昆明为中心的重要的旅游城市均开通了高快客运，清一色的带厕所、DVD 的进口大轿车，全程空调配服务小姐提供饮料小吃，从昆明出发当天可以抵达中越、中缅边境地区，票价当然比普通客车要贵近一倍。不过速度也比招手就上的普通客车快了近一倍，是旅行者赶路的最佳选择。

云南的公路绝大部分是开凿在山川之上，所以每年雨季泥石流、塌方断路的情况时有发生。而冬天大雪封路也属西部地区正常现象。所以在出行之前一定要有心理准备，最好能提前到客运站打听一下路况，而旅游旺季偏远地区的车票最好提前一天购买。

云南对交通安全问题抓得很严，所以一般情况下不会有超员超载现象，但乘长途车时，建议随身携带点饼干、饮料之类，以免堵车、断路时无食物充饥。

住在云南

云南的住宿很方便，云南的旅游开发早在 20 世纪 80 年代就已经开始步入正轨。大理、丽江、虎跳峡、香格里拉一线的世界闻名，大量外国旅行者的进出开阔了当地旅游服务者的眼界和思路。各种档次的宾馆、度假村可供中高档消费旅行者选择，而极富个性的青年旅舍、客栈则是以简朴为美德的旅行者的首选。至于像大理古城、丽江古镇这样整个城镇几乎家家老庭院都是客栈，除了黄金周成千上万人蜂拥而至的时候会略显拥挤之外，住宿根本就不是问题。

去更偏远的深山村落探索，还是建议自备一条薄睡袋，以免蚊虫叮咬，山沟里的虫子非同一般。

吃在云南

云南堪称食客的天堂，菜肴千姿百态，这里的每个民族都有自己的特色菜。东、西、南、北、中，五个方向，每一个地区都有自己的特产值得品味。没有时间吃遍云南，那就在昆明甩开腮帮子吃，全省最著名的菜肴小吃均聚集在昆明。昆明本地人个个都是美食家，虽然北京、广州、上海这样的大都市也堪称名厨荟萃，但只有云南的滇中西山水孕育的菌子才能做出滇味珍馐，只有滇东南的三七才能炖出极品的汽锅鸡，只有

香茅烤鱼

坐在凤尾竹的竹楼里才能品出傣味乳猪的清香。至于米线，蒙自的过桥米线算是最复杂的一种了，玉溪的鳝鱼米线是最鲜美的，其他每个地区都有自己的米线，北方人称为“卤”的米线上面的“菜码”在云南叫“帽子”，于是各种米线顶着不同的帽子就有千百种滋味。在云南连盛菜的器皿都有说道，建水的汽锅、抚仙湖的铜锅，傣族的香竹、藏族的打茶桶、景颇族的芭蕉叶，最回归自然的干脆就用手抓好了。

预算

预算千人千面，虽然只不过门票、交通、餐饮、娱乐、住宿、购物这几项，即便大家同一个团吃住行都在一起花销还不一样呢。所以只能提供几个小窍门，勤俭持家肯定有更高的高手。

■ 门票

门票和人民生活水平提高的速度成正比，而且后来者居上。当温饱不再是最主要问题时旅游收费自然水涨船高。不过，有些可去可不去的景点，有些明显近年翻修重建水泥味还没散的景点就不要去了，还不如去当地人的老街老巷中转转，看看真正的生活是什么样子，旅行可以开阔眼界，而不只是拍张到此一游的照片。

■ 交通

节约是美德，坐坐当地人的长途车，骑骑自行车都是亲近当地人文的最佳方式。如果时间实在紧张的话，最好早点做计划，上网多查询一些资料省下点冤枉钱，提前订票，也是节约的好途径。

■ 餐饮

大餐一定要吃，不过也不必顿顿山珍海味。地方特色是很新颖，但口味终归和家乡日常口味不同，或咸或淡，或辣或甜，尝个新鲜就好，否则就是暴殄天物。街头小吃其实更大众，大众的东西才容易适应，所以云南的小吃能吃多少就吃多少。

■ 娱乐

在云南泡泡酒吧、听听地方音乐、看看民族歌舞，或是干脆赶个好时候拿着大盆互相泼泼水，都能开心尽兴。娱乐就是自我的放松，量力而行。在当地多打听打听，别花冤枉钱还生一肚子气。

■ 购物

旅游纪念品销售是旅游地收入来源的一个大头，所以这钱一定得花，但是一定要货比三家，别冲动购物。古董、翡翠、宝石一类的就更要量力而行了，多看看旅游购物投诉案例就知道常见骗术了，这点一定要注意。

DIANZHONG
滇中地区

楚雄

走遍中国·云南

DIANZHONG
滇中地区

彩云之南如同一个巨大的盆景，而滇中则是这景色的圆心，无论你向东西南北哪个方向出发，都有无尽的旖旎风光和多彩的民族风情等待你赞美和发现。

鼻尖上的昆明是春城不散的花香，是小吃街上熙攘的食客逐风而至，是圆通寺袅袅青烟将现世的都市疲乏化作出世的轻灵；传说中的昆明是金马碧鸡坊的“一甲子一聚首”平西王铸就了金殿、陈圆圆香消于城西的莲花池；耳畔的昆明是翠湖畔悠然小曲依然夜夜低传，东西寺塔闹市安详的钟铃轻作，云大贡院依稀的演讲和学子的诵读，讲武堂军人曾经的戎马倥偬已经归于盛世祥和；指掌中的昆明是五百里滇池凝碧如玉辽阔的无边无际，西山遍布古寺禅风，龙门千劈万凿而就的天阁石窟，却被大观楼上气吞山河的180字长联一笔挥就；舌尖的昆明是米线、云南红、南盛园的咖啡、汽锅鸡……徐徐弥漫在昆明上空的香气，更不用说那众多叫不出名字的热带水果和密林中神仙才能品味的山菌野味。五彩的昆明是众多民族身上的斑斓色彩，炫目的风情风俗。如果给每个省选个颜色，那么中原一定是黄土色的，东北一定是黑土色的，青藏高原是雪白的，东南沿海是一年四季碧绿的，唯有云南是五彩的。

滇中不仅包括了昆明、九乡、石林这些让人耳熟能详的地方，还有玉溪、楚雄两地那些并不为更多人知晓的景点，但不论去哪儿，昆明一定是旅人途中的驿站。

前世今生

滇中的命运转折自元代开始，1253年，忽必烈派蒙古军队征服大理国，1276年正式建立云南行省，省会设在昆明，自此昆明逐渐取代大理成为云南的政治中心。从明初到明末，云南人口由20余万增加到140余万，大多人口集中在滇中，改变了云南的人口结构。

清初，吴三桂驻守云南。1673年，康熙决定削藩，吴三桂昆明出兵反清。1681年，清军攻破昆明，吴三桂之孙吴世璠自杀，三藩之乱失败。清朝中叶，以昆明为核心，滇中的农业发展、经济、人口逐渐超过了大理地区。

1909年，清朝实行新政，云南编立新军，成立陆军讲武学校。清末民初云南以滇中为首，直到抗战时期，都是云南的重心地带。滇中地区给抗战提供了当时最有力的后方支持之一。新中国成立后，云南作为西南重镇，工业、农业、经济、政治的核心地区一直在滇中地区。

滇中地区旅行交通示意图

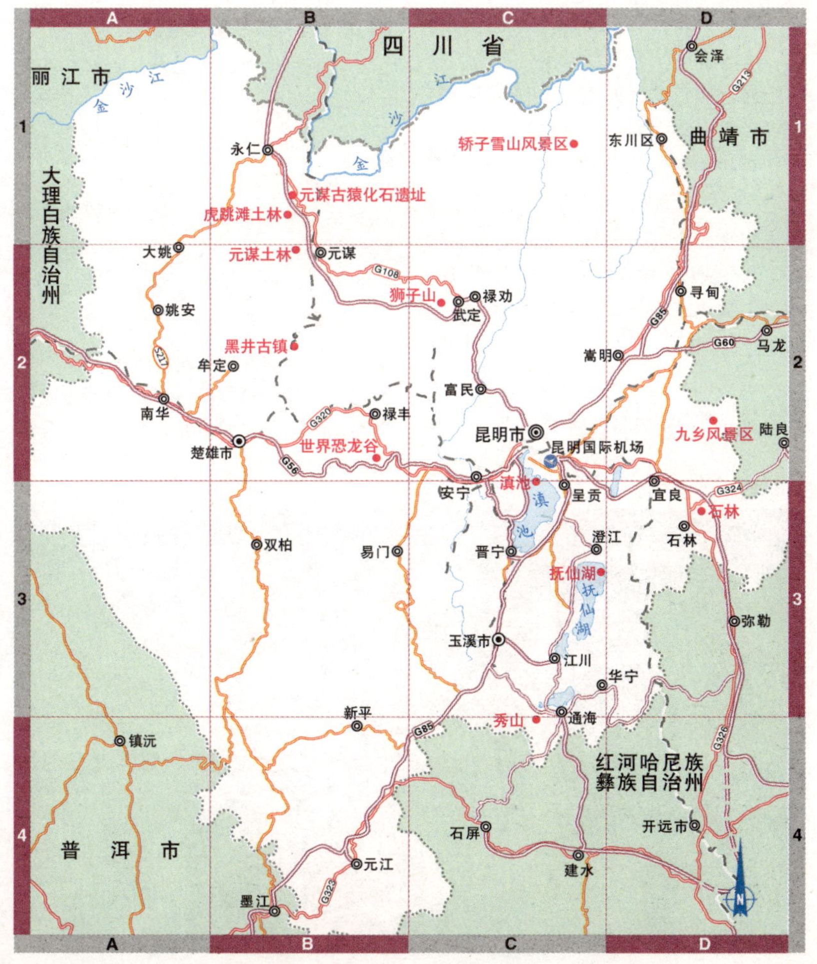

从烟草到传统工业、到省会城市、到人口分布、到经济产值，滇中似乎一直是中心。但滇中旅游，似乎悄然失落了。随着滇池污染的加重，昆明似乎悄然失去往日的风采，逐渐演变成过路城市，玉溪无特点。楚雄视其农业发展为主导。

话说昆明是春城，实际上，整个滇中都是四季如春。滇中仍有它无可替代的旅行好去处，这是中国尚存不多的最后几个宜居地。

旅行与季节

当冬天来临，中国北方诸地天寒地冻，南方潮冷，而昆明却空气洁净，整日阳光普照、温暖如春。此时，西伯利亚红嘴鸥也来到滇中。这样的美好、温暖，可以从每年 11 月到翌年 4 月。在安宁、东川泡温泉，看红嘴鸥和红土地。游览古寺，走古街古巷，喝酒吃牛肉米线，岂不快哉？夏天的昆明，正逢雨季，雨过天晴则晴空万里，白天不热，晚上睡觉还需盖被。

玉溪的夏天当为最好。夏天的抚仙湖水温、气温舒适，在湖中游泳、潜水、划艇，返岸则吃石锅鱼或铜锅鱼。冬天的玉溪，阳光明媚，暖洋洋的，是适合酌小酒、晒太阳的好去处。

楚雄最好的季节当数夏天。彝族人一年中最重要的火把节就在 8 月。这时也是菌子的丰产期。“火把节”前后破土而出的鸡纵，像白仙子突降山野，在山野雨中展开羽翼翩翩起舞。至于楚雄的一些自然景观，则在春天相对干旱的季节过去也最为好，如元谋土林等。

焦点

■ 昆明，古老的心跳

昆明的旅游似乎没有特点——这正是昆明的特点。这是一座看上去没有强烈主题的城市，慵懒地绽放在西南这块香气四溢的土地上，在这里仿佛只有阳光和春色才是永恒的。昆明世界园艺博览园（简称世博园）是 99’昆明世界园艺博览会会址，依山就势、错落有致，气势恢宏。滇池是中国第六大内陆淡水湖。大观楼始建于康熙年间，清代名士孙髯翁所作 180 字的长联，垂挂于大观楼临水一面的门柱两侧，号称“古今第

西山龙门风景区

抚仙湖风光

一长联”。昆明西山，云南民族村、翠湖、金马碧鸡坊，皆为古老昆明的经典之处。

■ 抚仙湖，最清澈的泪水

这里是皮划艇、单车、潜水等户外运动最佳去处；水质极佳，湖水清澈见底，最深处达 155 米，平均深 87 米，透明度达 7 ~ 8 米，占云南九大高原湖泊总蓄水量的 72.8%。湖内出产 20 多种经济鱼类，其中尤以抗浪鱼最负盛名，它也是抚仙湖的名贵特产。禄充、孤山等地，是环抚仙湖的休闲美好之地。皮划艇的最好之地为湖西岸及南侧一带，当地风小水清。单车则环湖 110 公里，可 1 ~ 2 日内完成骑行。潜水尤其考古，在集中在澄江侧及孤山、尖山一侧。最好的季节是夏、秋季。

■ 元谋土林，颜色奢华之地

土林位于金沙江支流龙川江西侧，并沿分支水流的河谷、冲沟边缘而分布，其中规模较大，发育较典型的有班果、虎跳滩（芝麻）、弯保、小雷宰、新华等土林群落。这些群落的面积均在 5 平方公里左右。元谋土林规模最大的有三处，分别是物茂土林、浪巴铺土林和班果土林。对喜欢摄影的朋友来说，浪巴铺土林是最合适的选择。其一是因为这里的土林景观最壮美，其二是因为这里有很理想的拍摄全景和日出日落的平台，其三是因为除了土林外，附近的浪巴铺村还非常适合喜欢拍摄人文的朋友。

■ 东川，红土地母的故乡

东川虽行政隶属昆明，但地理尚有近两百公里。这里最著名的为东川红土地及小江泥石流。地母在这里造化着宏伟的颜色，以及地貌图腾。东川红土地以大奇大美的神韵闻名遐迩，而小江流域为世界典型暴雨泥石流区，被称为“世界泥石流天然博物馆”，后者也是著名的热带作物区。轿子雪山以“雄、奇、险、峻”被誉为“滇中第一山”。

■ 己衣大裂谷，地球的伤口

云南有许多被人遗忘或不为人所知的好去处——己衣大裂谷，即为典型的一个。位于楚雄武定县的这一长 12 公里的大裂谷，是典型的丹霞地貌，惊险奇特、色彩瑰丽，而两侧悬崖峙立、古木参天、山花烂漫。裂谷最窄处，一块天然巨石横亘其间，天堑变通途，若有一定的“准探险”经验，体力较好、

东川红土地

安全保障能力够（悬崖行走），这里能给旅行者一个地理 discovery。

石林（含九乡），喀斯特的故乡

被称为“剑状喀斯特地形”的岩溶地貌（喀斯特地貌），包括西北的步哨山、中心的大石林和小石林、南面的万年灵芝和东面的李子园箐五个片区，面积约12 平方公里。深、幽、险、奇是石林景区的景观特征。进入景区内，但见石柱、石壁、石峰千姿百态，争奇竞丽。临近的九乡，则有数十个喀斯特溶洞，被商业开发地不算太多，因此推荐到九乡的一些未开发溶洞去旅行和摄影、休闲。

行程推荐

昆明 1 日游

必游景点：海埂大坝、龙门石窟、讲武学校、翠湖公园、金马碧鸡坊

可以尝试：翠湖赏红嘴鸥

海埂公园—大观楼—云南民族村旁边坐缆车到龙门石窟—从西山坐公交车到翠湖—云南陆军讲武学校—云大贡院—金马碧鸡坊

行程安排：建议乘坐公交车，在市内穿行。其中，翠湖周边及金马碧鸡坊的周围，饮食有特色且比较方便。海埂公园主要为冬春观鸟，滇池大坝一带有一些中高档的特色餐厅。公园基本免费开放，除缆车等设施需购买乘坐票费。

昆明 2 日游

必游景点：翠湖、金殿、世博园园区、海埂公园、大观楼

可以尝试：世博园赏花

D1 翠湖—金殿风景区—世界园艺博览园—金马碧鸡坊

D2 西山—滇池—海埂公园—大观楼—云南民族村

行程安排：因从昆明东北跨越到西南，因此公交车应计算好班次和时间，金殿、世博园面积较大，且往返金马碧鸡坊的交通容易堵塞。西山—滇池线，则路线周长短，可乘坐公交车。

昆明 3 日游

必游景点：大观楼、讲武学校。东川红土地：打马坎观赏、七彩坡、锦绣田园、

乐谱凹、神树、落霞沟。最美的当数落霞沟。

可以尝试：东川红土地摄影

D1 海埂公园—大观楼—云南民族村旁边坐缆车到龙门石窟—从西山坐公交车到翠湖—云南陆军讲武学校—云大贡院—金马碧鸡坊

D2 昆明—东川红土地

D3 红土地一日游

行程安排：建议后两日可自驾车或参加旅游公司的旅行团。在东川，可居住农家普通间，20 元一人，包吃住。

■ 昆明、玉溪 4 日游

必游景点：讲武学校、石林、东川七彩坡、东川落霞沟。

可以尝试：赏石林

D1 翠湖—云南陆军讲武学校—云大贡院—金殿风景区—世界园艺博览园

D2 西山龙门石窟—滇池—海埂公园—大观楼—云南民族村

D3 九乡—石林一日游，返回昆明

D4 从昆明去东川红土地游览

行程安排：建议第 3 日及第 4 日，因东川距昆明 170 公里，建议可自驾车或参

石林

加旅游公司的旅行团。在东川，可居住农家普通间 20 元一人，包吃住。

昆明周边 5 日游

必游景点：翠湖、陆军讲武学校、轿子雪山、西山

可以尝试：登轿子雪山

D1 翠湖—云南陆军讲武学校旧址—云大贡院—金殿风景区—世界园艺博览园

D2 昆明—雪山乡—花溪营地

D3 轿子雪山一日游程，以山地旅游线路为主，登山运动与此不同，须做详细计划

D4 轿子雪山返昆明

D5 西山龙门石窟—滇池—海埂公园—大观楼—云南民族村

行程安排：本线路山地旅游，由于山高路陡、诸多地方为非开发区域，因此，必须具备一定的户外知识与经验，以及比较专业的户外旅游装备。

昆明、楚雄 6 日游

必游景点：元谋土林、黑井镇、大观楼、西山

可以尝试：拍摄壮美神秘的元谋土林

D1 昆明乘火车至元谋，品尝元谋凉鸡，宿土林

D2 土林一日，南向乘车前往黑井镇

D3 黑井镇游览，南向楚雄

D4 游览太阳历公园、市郊紫溪山

D5 楚雄至禄丰恐龙故乡，返昆明

D6 海埂公园—大观楼—云南民族村旁边坐缆车到龙门石窟—从西山坐公交车到翠湖—云南陆军讲武学校—云大贡院—金马碧鸡坊

行程安排：本线路都为开发好的成熟型的景区，为公园、古镇类型。因此，该条线路，推荐参加相关旅游公司的跟团，或自驾车旅行。

滇中地区 7 日游

必游景点：滇池、石林、抚仙湖、元谋土林、黑井镇

可以尝试：一览滇池、抚仙湖绝美风光

D1 昆明世博园或西山·滇池、民族村一日游，宿昆明

D2 东向石林一日游，返昆明

D3 南向玉溪抚仙湖一日游，返昆明

D4 西向元谋土林，宿土林

D5 土林—黑井镇，宿黑井

D6 黑井—楚雄，太阳历公园访彝族风情

D7 返昆明市区景点

行程安排：本线路的景点分布比较散，且石林、抚仙湖、土林、黑井，都为人烟密集及成熟的景区，非荒野之地。该条线路一般需要相关旅游公司定制。如果自驾车旅行，整体路途及交通都相当方便。

预算

滇中地区是整个云南消费很高的地方，主要是因为众多的美食和昂贵的景点门票和纪念品。而滇中的预算也会根据个人喜好有所不同，大众水平住宿每人每天 150 元左右。将各种米线、小吃品尝一遍每餐花不了太多钱，再加上一顿偶尔为之的滇菜大餐或是地方特色餐，预计餐饮费平均每人每天 70 元。往返昆明、玉溪、楚雄交通费每天平均 60 元。石林、九乡、世博园、云南民族村几个门票大头就要近 500 元，再加上零星其他门票 200 元，游走滇中至少 700 元门票开支。要是走马观花 7 天将滇中走遍预计 2600 元左右，增减就看个人消费观了。

昆明

翠湖

【"翠堤春晓"——镶嵌在昆明城里的一颗绿宝石】

位于昆明市五华山西麓螺峰山下，云南大学正门对面。最初曾是滇池中的一个湖湾，后来因水位下降而成为一汪清湖，占地面积仅352亩，也就是一个不大的水面和不大的公园。湖东北有"九泉所出，汇而成池"，故又名"九龙池"。

翠湖，原称"菜海子"，清初藩王吴三桂"填菜海子之半，作新府"，改名"洪化府"，后又改称"承华圃"。清康熙年间云贵总督范承勋、巡抚王继文于湖中建碧漪亭，俗称海心亭。1834年云贵总督阮元筑南北堤阮堤，1919年唐继尧筑东西堤唐堤，把湖一分为四。湖中有海心亭，西侧有观鱼堂，东南有水月轩。堤畔遍植垂柳，柳枝拂面，湖内多种荷花，藕花飘香，被誉为"城中碧玉"。翠湖面积虽然不大，但却是昆明本地人特别钟情的清静所在，所以坐在堤岸上看看昆明人的悠然自得也是一种境界。

交通：可乘1路公共汽车在云南大学站下车，或乘101路在翠湖下车，也可乘4路、5路、26路等公共汽车在百汇商场站下车，或乘K2路、54路、61路公交车在小西门站下车，步行前往。

特别提醒：

1. 每年冬天有成千上万只西伯利亚飞来的红嘴鸥在翠湖越冬，嬉闹戏水，争抢食饵，给翠湖增添了无限的情趣，成为春城一大景观。每当这时，逛翠湖赏红嘴鸥便会成为昆明人以及许多外地游客的一大乐趣。
2. 翠湖边上是云南大学校本部，很漂亮。

背包客收藏：西伯利亚红嘴鸥

身长40厘米左右。在东北、新疆为夏候鸟，其他地区系冬候鸟。结群活动，在空中或水上飞翔觅食。活动时常发出喧闹单调的"哈、哈、哈"的叫声。红嘴鸥越冬期间体羽以白色为主，眼后有黑斑，两翅和背部灰色，嘴红脚红。红嘴鸥是中国南部地区冬季最常见的鸥类。昆明自1985年秋季以来，每年冬天都有上万只红嘴鸥在市区内的翠湖公园、盘龙江、滇池等地觅食活动，形成昆明的特色景观。

翠湖红嘴鸥

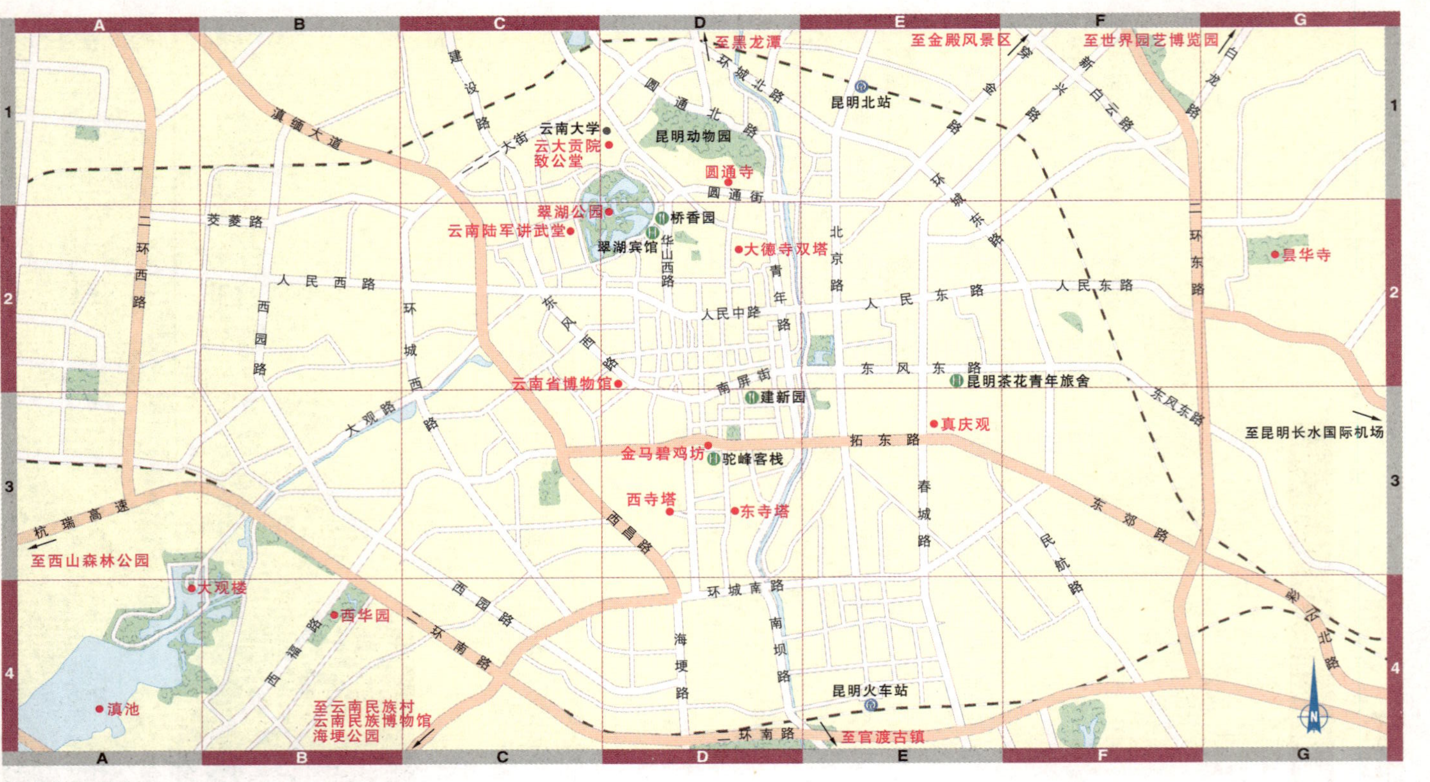

至黑龙潭
至金殿风景区
至世界园艺博览园
白龙路
环城北路
圆通北路
昆明北站
穿金路
新白云路
建设路
一二一大街
云南大学
云大贡院致公堂
昆明动物园
圆通寺
圆通街
滇缅大道
翠湖公园
桥香园
云南陆军讲武堂
翠湖宾馆
华山西路
大德寺双塔
北京路
环城东路
昙华寺
二环东路
茭菱路
二环西路
人民西路
西园路
环城西路
东风西路
青年路
人民中路
人民东路
东风东路
昆明茶花青年旅舍
云南省博物馆
南屏街
建新园
东风东路
大观路
真庆观
拓东路
至昆明长水国际机场
金马碧鸡坊
驼峰客栈
春城路
西寺塔
东寺塔
西昌路
东郊路
杭瑞高速
至西山森林公园
民航路
大观楼
环城南路
西园路
西华园
西福路
二环南路
海埂路
南坝路
彩云北路
滇池
昆明火车站
至云南民族村
云南民族博物馆
海埂公园
至官渡古镇

昆明城区示意图

云南陆军讲武学校

云南陆军讲武学校

【我国最早的培养新式陆军军官学校之一】

在昆明市翠湖西承华圃。创办于1909年，原系清王朝为编练新式陆军、加强边防、对付民族民主革命而设立的一所军事学校，既轮训在职军官，也招收一部分有中等以上文化水平的青年，教官多数留学日本士官学校。今保存的讲武学校主体建筑为走马转角楼式的2层砖木结构，东、南、西、北四楼对称衔接成一方形四合院，占地约1.44万平方米。该校是当时云南革命力量的摇篮，在推翻清朝统治的云南“辛亥重九”起义和粉碎袁世凯复辟帝制的护国起义中，起了重大的作用。历届毕业生中，有些后来成为杰出的无产阶级军事家，如第3期丙班的朱德和第15期的叶剑英、周保中等。

时间： 9:00 ~ 17:00

交通： 翠湖西路22号，公交车101路从火车站一直到翠湖公园。

门票： 免费，每天接待1000人次。

电话： 0871-65395952

特别提醒： 每天10:00和15:00为观展者提供两次免费解说。

金马碧鸡坊

【昆明市的象征——金碧交辉】

金马碧鸡坊位于昆明市中轴线的三市街与金碧路交叉口，是昆明最繁华的街道。金马碧鸡坊高12米，宽18米，具有民俗特色，雕梁画栋、精美绝伦，东坊临金马山而名为金马坊，西坊靠碧鸡山而名为碧鸡坊。北与纪念赛典赤的“忠爱坊”相配，合称“品字三坊”，成为昆明闹市胜景；南与建于南诏的东、西寺塔相映，显示了昆明古老的文明。金马碧鸡坊始建于明宣德年间，至今已有近600年的历史。两坊于“文化大革命”中被拆毁。1997年重建，给人的感觉是簇新而且金碧辉煌，少了些历史遗存的深厚气息，多了些新昆明的勃勃生机。

交通： 可以乘3路、4路公共汽车，在金马坊下车。

金马碧鸡坊

特别提醒： 周围都是步行街，有各种商铺和酒吧，值得顺便拍张照片。

背包客推荐：翠湖美食

昆明的西餐厅最集中的地方就是翠湖周边，大概占了昆明西餐的1/3。文林街、文化巷、青云街中，还有许多酒吧、茶馆、西餐厅、几家韩式小餐厅，石屏会馆、文化巷和文林街等50多家有特色的大小餐厅可选择。青鸟西餐厅、茴香酒馆、怡德饭庄、广益饭店、荷风轩中国菜馆、翠明园、红豆园、阿里郎韩国料理、赖着不走翠湖店、建业酒家、马来西亚茶餐厅等各种风味皆有。如从情调与美食的角度来说，可亲近翠湖的餐厅中最值得推荐的荷风轩中国菜馆和海逸酒店的顶楼旋转餐厅。

东寺塔和西寺塔

【明初史谨"城南双塔高嵯峨，城北千山如涌波"】

东寺塔位于书林街，云南人民出版社旁，高40.57米，13层，建于840年，清道光年间，因地震倒塌，光绪九年（1883）重建，其形制与大理三塔中的主塔相似。西寺塔高36米，13层，在东寺街南段西侧的部队营房中，塔旁原有慧光寺，俗称西寺，早毁。两塔一西一东，遥遥相对，显得古朴苍劲。

交通： 乘3路、4路公交车至金碧路下车，沿书林街向前步行10分钟左右即可到达。

门票： 免费

特别提醒： 东寺塔的塔顶四角立有4只铜皮做成的鸟，俗称金鸡，所以也有"金鸡塔"之称，4只金鸡口角处噙有一个两头有孔的铜管，管内有金属簧片，鸡头、脖子、腹部全是空心的。据说以前每当风吹过，簧片受到震动，便会发出悦耳的鸣叫声，但是后来由于日久天长的灰尘积塞，金鸡才缄口不鸣了。

古街古巷

【昆明市面积最大、保存清代和民国时期特色民居建筑、商铺建筑最多的片区】

北至翠湖、讲武学校，南至金马碧鸡坊，东到盘龙江、西至西昌路……这里是老昆明的心跳，至少由景星街、文明街、文庙直街、甬道街、光华街、凤翥街等10多条古老街道构成的昆明老街，是昆明市面积最大、保存清代和民国时期特色民居建筑、商铺建筑最多的片区。

昆明古街古巷，市井商业文化最为典型与鲜明，那些在老市场里经营了若干年的商户，尤其花鸟市场，它们是市井“业态的火种”，这些是老街的灵魂。其中像聂耳故居、马家大院等重点保护文物，也都掩藏于古街古巷中。

在这里散步、骑单车，看看花鸟鱼虫，买买干花，吃个豌豆凉粉……

这是昆明最传统的街巷，现代商业中心、美食街、素食斋、街头小吃，随处可见。

云南省博物馆

【全面了解云南的历史、民族、风俗之处】

位于昆明市中心东风西路，是一个综合性的博物馆，收藏陈列着云南各类历史文物、民族文物以及工艺美术等方面的展品5万余件，其中有相当一部分属于珍贵文物。其中著名的有距今约800万～400万年以前的禄丰、元谋腊玛古猿化石和170万年前的元谋猿人化石，有迄今年代最早的春秋中期铜鼓，晋宁石寨山、江川李家山、楚雄万家坝等地古墓群出土的春秋至西汉时期的富有地方和民族特色的青铜器，还有云南境内26个少数民族的丰富多彩的珍贵文物。

时间： 8:00～19:00

交通： 乘4路、5路、26路公交车在艺术剧院站下车。

云大贡院·致公堂

【云南学界的历史渊源，闻一多先生在这里作了《最后一次演讲》】

贡院，是我国古代科举制度各省举行乡试的考场。云南贡院就坐落在今云南大学校园内，现包含致公堂、东号舍、会泽院、映秋院、钟楼等建筑群，其中只有

云大贡院致公堂

致公堂和东号舍为贡院原物，其他为民国所建。云南贡院最早建立在云南府城东部，今长春路、威远街一带。明弘治十二年（1499），迁于今址，是全国现存的中国1300余年科举考试的实物之一。

云南贡院建筑布局严谨，中心的大堂为致公堂，致公堂前为明远楼，楼之东西为文场，南为龙门、仪门，左右有牌坊各一座，左为“腾蛟坊”，右为“起凤坊”，致公堂后面为衡鉴堂。民族英雄林则徐曾两次在这里主考。致公堂作为云南大学礼堂，是学术活动的中心，全国许多著名的科学家曾在这里集会、演讲。新中国成立前夕，致公堂是中国“民族堡垒”的著名论坛，闻一多先生著名的《最后一次演讲》就是在此完成的。

交通： 可乘1路公共汽车在云南大学站下车，或乘101路在翠湖下车，也可乘4路、5路、26路等公共汽车在百汇商场站下车，或乘K2路、54路、61路公交车在小西门站下车，步行前往。

背包客收藏：金马碧鸡坊

相传每隔60年会出现“金碧交辉”的奇景。夕阳的余晖从西边照射碧鸡坊，月亮从东方照射金马坊，两个牌坊的影子最后互相交接，这就是“金碧交辉”。相传清道光年间，中秋之日恰逢秋分曾经出现过这一奇景，而这种设计，反映了古代云南各族人民把数学、天文学和建筑学有机地结合在一起的高度智慧。

圆通寺

【一座融合了大乘佛教、小乘佛教、藏传佛教的千年古刹】

圆通寺位于昆明市区内的圆通路，与昆明动物园毗邻。建于南诏，已有1200多年的佛教建寺历史，为云南著名的古刹之一，也是现在昆明市内最大的寺院，云南省和昆明市的佛教协会都设在这里。

大门“圆通胜境坊”，为明黔国公沐英所建，明、清两代不断修葺。圆通寺以造园手法建寺，青山、碧水、彩鱼、白桥、红亭、朱殿、彩廊交相辉映，景色如画。整个寺院以圆通宝殿为中心，前有一池，两侧设回廊绕池接通对厅，形成水榭式神殿和池塘院落的独特风格。圆通寺以其精美的雕梁画栋和佛教造像而著称。殿内供奉有清光绪年间精塑三世佛坐像，大殿正中两根高达10余米的立柱上，各塑有一条彩龙，四壁还塑有五百罗汉像，均堪称中国佛寺中的上乘之作。圆通寺还有我国内地目前独一无二的一座上座部佛教佛殿——铜佛殿。殿内有泰王国佛教界赠送的铜质释迦牟尼趺坐像，与圆通宝殿的释迦牟尼塑像形态各异，显示了佛教两大部派间的差异。由大乘佛教（又称北传佛教）、上座部佛教（俗称小乘佛教）和藏传佛教（也就是喇嘛教）三大教派的佛殿组成，以大乘佛教为主。

时间： 8:00 ~ 19:00

交通： 从火车站乘101路，从市区乘4路、59路可达。

门票： 8元

圆通山动物园

【云南“动物王国”的缩影】

昆明市青年路北段的圆通山，素有“螺峰叠翠”的美称。动物园饲养珍禽异兽500多种，而最具云南特色的孔雀园格外引人注目。园中四时名花相继开放，争奇斗艳。特别是每年阳春三月樱花盛开之时，繁花似锦，游客如云。园内还保存着云南“辛亥重九”起义主要领导人唐继尧的陵墓。

时间： 8:00 ~ 18:00

交通： 乘坐4路、59路、74路、83路、101路等公交车，到圆通山站下。

门票： 15元

昆明圆通寺

滇池风光

特别提醒："圆通樱潮"是昆明最热门的景观。每当阳春三月，动物园北面上下三块樱花区内，数千株云南樱花、日本樱花和垂丝海棠竞相开放，红白交映、灿若霞海。

滇池

【云南的高原湖泊中最大的一个】

滇池位于昆明市的西南，古名滇南泽，又称昆明湖。是个烟波浩渺、风姿秀逸的高原湖泊，海拔 1886 米，湖面南北长 39 公里，东西宽 13.5 公里，在全国的内陆湖泊中，面积排第六位。

滇池四周有云南民族村、云南民族博物馆、西山华亭寺、太华寺、三清阁、龙门、筇竹寺、大观楼及晋宁盘龙寺、郑和公园等风景区。近年来，滇池因为营养化而造成的藻类过剩已经成为一大危害，虽经两次大规模治理却也未让隐患消除，这也是城市无限扩张与有限自然资源的严重矛盾，清治滇池依然是一项艰巨而漫长的工作。

目前，海埂湖边临城区一侧，则有海埂大坝、海埂湿地公园、五甲塘湿地公园，尚为有一定特色的去处。如海埂大坝在冬春季观鸟喂鸟，此时西伯利亚红嘴鸥南迁至此，非常之多。湿地公园有多处，也是散步、摄影的好去处。

海埂公园

【因红塔基地而闻名天下】

位于滇池北岸的海埂，是一条由东向西伸入滇池的狭长的半岛沙滩，俗称"海埂"。其占地面积 2 万亩，有国家体育训练基地和红塔集团修建的训练基地，这里也是中国国家足球队每年集训测评的重要基地。另外，这里也是入冬与红嘴鸥嬉戏的另一个地方。

交通：可乘 24 路、44 路公交车直达景点，车费 1 元。

门票：10 元

特别提醒：1. 这里是观看滇池的最佳地点。2. 海埂有空中索道连接民族村和西山公园，单程 40 元，往返 70 元。

云南民族村

【集中居住在云南26个少数民族的风情园】

云南民族村位于海埂，与西山森林公园、大观公园、郑和公园等风景名胜区隔水相望。有索道连接西山龙门，组成了民族村至西山风景区的旅游环路。这里有彝、白、傣、苗、景颇、佤、哈尼、纳西、傈僳、独龙等26个少数民族的村寨，并有民族歌舞厅、民族广场以及激光喷泉、水幕电影等旅游设施。村里不同风格的民族村寨分布其间，错落有致、各展风姿。云南不同的少数民族丰富多彩的村舍建筑，生产、生活、宗教习俗均如实地展示出来，是云南民族文化的缩影。

交通：乘24路、44路公交车可到。从市区内（如金马碧鸡）打车前往约18元。

门票：90元

特别提醒：在不同的时段，园中的各村寨有不同的表演，入园前注意了解。

云南民族博物馆

【集中展示云南少数民族历史的地方】

紧邻民族村，用图片、实物，调动了光、影、电等高科技手段，全面地展示云南省各民族的历史、文化、生活习俗，是对云南民族村的一个补充说明。

大观楼

【因180字的长联而名满天下】

位于昆明市区西南2公里的滇池岸边的大观公园内，距市中心约6公里，与西山森林公园隔水相望。大观公园有大观楼、楼外楼、花圃和柏园等游览区。园内花木繁茂，假山亭阁，小桥流水，景色极为幽美。入园后可游览涌月亭、凝碧堂、览胜阁、观稼堂等楼台亭榭。

园中最具观赏价值的大观楼临水而建，楼高3层，始建于康熙年间，因其面临滇池，远望西山，尽览湖光山色而得名。大观楼题匾楹联佳作颇多，最著名的当数由清代名士孙髯翁所作的180字长联，号称“古今第一长联”，垂挂于大观楼临水一面的门柱两侧。

民国初年，大观楼辟为公园，唐继尧曾拨款修葺；1940年，在楼前池中竖三个白石墩，仿西湖“三潭印月”之景。从大观楼东侧彩云崖前过长堤，沿堤南下，可看到造型如“船”的楼外楼，船身主建筑为2层歇山式古典建筑，仿佛一只巨型画舫，船底楼可小坐品茗。从此处乘小船西去，300～400米即可到达颇有江南园林风味的鲁园。若从楼外楼沿堤东行，穿过林荫道，便可至东园。每逢佳节，这里常举行游园联欢，载歌载舞，人山人海。有时还举办传统灯会，每晚游客不下数万。中秋之夜，在大观楼俯视楼前水面，便可得杭州西湖“三潭印月”之躯，本地人称“长联印月”，是赏月游湖的好去处。

交通：乘4路、22路、52路、54路、100路公交车可到；市区内乘出租车，大约15元。

门票：20元，登大观楼2元

大观楼

背包客收藏：大观楼长联

五百里滇池，奔来眼底。披襟岸帻，喜茫茫空阔无边！看：东骧神骏，西翥灵仪，北走蜿蜒，南翔缟素。高人韵士何妨选胜登临，趁蟹屿螺洲，梳裹就风鬟雾鬓；更苹天苇地，点缀些翠羽丹霞。莫辜负：四围香稻，万顷晴沙，九夏芙蓉，三春杨柳。

数千年往事，注到心头。把酒凌虚，叹滚滚英雄谁在？想：汉习楼船，唐标铁柱，宋挥玉斧，元跨革囊。伟烈丰功费尽移山心力，尽珠帘画栋，卷不及暮雨朝云；便断碣残碑，都付与苍烟落照。只赢得：几杵疏钟，半江渔火，两行秋雁，一枕清霜。

昙华寺

【昙华寺以夏秋的玉兰花、茶花海棠，冬春的仙客来花久负盛名】

昙华寺位于昆明东郊金马山麓，距离市区2公里，始建于明崇祯七年（1634）。据说建寺时一株从印度移植过来的古优昙花树，不慎被压死，寺建成后，这株婆娑老树又重新萌芽，因而寺名为昙华寺。如今昙华寺已成为一个僻静的园林建筑群，游客可在此赏奇丽的花卉，观昙花一现，登上瑞应塔，可饱览昆明景致。

交通：市区乘54路公交车可直达昙华寺，也可在市区乘4路、47路公交车。

门票：5元

官渡古镇

【昆明古八景之一的“古渡渔灯”就在这里】

这是昆明及云南本地人，相对喜好的一个古镇旅游景点。官渡曾是一个誉满滇中的古渡口，唐宋时已是滇池东昆岸的一大集镇，元代与昆明同时设县，明清已成为商业、手工业很发达的乡镇。古镇位于昆明东南郊8公里处，不到1.5平方公里的面积内就有唐、宋、元、明、清时期的五山、六寺、七阁、八庙等多处景观。古镇中那些用螺蛳壳和着黏土舂夯而成的院墙，依然在风雨中兀立。百年的土屋民居尚存，实属难得。

交通：乘坐169路、174路、232路、C74路公交车可到。

西山风景区

【古代时已有“滇中第一佳境”之誉】

西山位于昆明市西郊15公里滇池西南，由华亭山、太华山、罗汉山等组成。它峰峦连绵40多公里，海拔1900 ~ 2350米。西山森林茂密，花草繁盛，清幽秀美，景致极佳，在古代就有“滇中第一佳境”之誉。远眺西山群峰，宛如一位少女仰天静卧在滇池岸边，头、胸、腹、腿部历历在目，青丝飘洒在滇池的波光浪影之中，显得风姿绰约，妩媚动人，所以当地人也称它“睡美人”。

山上名胜颇多，有荫翠峡、太华寺、聂耳墓、三清阁、龙门等。若徒步登山，则沿途可观赏不同的景点。每年阳春三月，昆明人有“三月三，耍西山”的习俗，场面热闹非凡。

交通：1. 乘5路公交车到昆明城西的梁家河，转乘6路公交车在高峣下车，即西山脚下。高峣至公园管理处有5公里左右的盘山路，一路上山，中间会经过太华寺，香火很盛。有不少当地人选择步行上山，两地间有很多小面包车接送。从梁家河车场附近可坐101路公交车至翠湖公园继续游玩。

2. 从海埂公园也乘索道抵达龙门，票价单程40元。

■ 华亭寺

【云南省内规模最大的佛寺之一】

位于西山腹地，迄今已有900多年

聂耳墓

的历史。该寺曾几度毁建，现存的是1923年由虚云大和尚重修，故又名“云栖禅寺”。寺内有大雄宝殿、天王殿、观音楼、撞钟楼、雨花台、放生池等古建筑。大雄宝殿有高1丈6尺的3尊金佛像，塑工精细，仪态慈祥。另有五百罗汉栩栩如生。天王殿两侧塑有四大天王和金身弥勒佛像，生动传神。

门票： 40元

特别提醒： 自云南民族村至华亭寺有缆车索道，单程30元，往返50元。

■ 太华寺

【一座以古木繁花而著称的庙宇】

位于西山的最高峰太华山的山腰。太华寺始建于元代，由天王殿、大雄宝殿、缥缈楼、一碧万顷阁、水榭长廊及南北厢房组成。太华寺素以花木繁茂著称，寺内名花荟萃，争奇斗艳，尤以山茶、玉兰最有名。山门外有一株四五人才能合抱的老银杏，古干虬枝，健壮繁茂，民间传说是明惠帝朱允炆流亡云南时所植，距今已600年的历史。

交通： 交通同华亭寺

门票： 40元

■ 南洋华侨机工抗日纪念碑

【为纪念援建滇缅公路的华侨所建的纪念碑】

位于太华寺以南约1公里处的公路上方，1989年7月7日落成。碑高9米，大理石贴面，底座刻有“赤子功勋”四个大字。1937年抗战爆发后，旅居新加坡、马来西亚等国的3200多名华侨机工响应侨领陈嘉庚的号召，分批回国参加抢修滇缅公路，运送国际上支援中国的抗战物资，共有1000余人殉国，为抗战胜利作出了杰出的贡献。

■ 聂耳墓及纪念馆

【云南之子、音乐家——聂耳的衣冠冢】

位于南洋华侨机工抗日纪念碑与三清阁之间的山坳里。原墓于1938年春建在高跷山腰，1980年5月迁葬于此。聂耳墓呈钢琴形，庄严大方，7个花台表示7声音阶，24级石级表示聂耳享年24岁。聂耳纪念馆内陈列了聂耳的生平文物、照片等许多实物资料。

门票： 1元

特别提醒： 从这里可以乘高空缆车（40元）到民族村。缆车全程大概15分钟。从这个索道站下来，附近有海埂公园和民族村。

三清阁

【供奉道教神灵的道观】

位于聂耳墓以南1公里。三清阁内供奉着天宝君、太上道君、太上老君3个道教信奉的偶像，其他殿也各有所供奉。从罗汉崖山门向上有72级石级，象征七十二地煞星。由灵官殿西折而上，又有陡峭的36级石级，象征三十六天罡。在真武宫后有泉一方，泉内有一尊小牛像，俗称“牛井”或“孝牛泉”。相传明代曾有道士赵炼在此隐居，“苦无水，以牛载汲，垂二十余年矣，一日牛忽死，其处即陷为井，水味殊甘洌，虽盛暑不竭”。

门票： 20元

特别提醒： 从景观上看，华亭幽深，太华雄峻，而三清阁和龙门，则以险奇取胜。

背包客推荐：西山的户外休闲

西山森林公园的内外，皆有水泥马路、石级路、土路等数十公里，乃至往北侧到马街这里，整个西山是一个峰峦起伏、林木苍翠、白鸟争鸣、景色秀丽的森林氧吧。茂密的森林植被，常年郁郁葱葱，华亭寺、太华寺、三清阁等古刹殿宇楼阁掩映于茂林修竹深处。每天清晨，有不少老年人为主的市民，来此徒步登山。早晨或晚上，或周末时间，昆明的骑行者往往到吃爬坡骑车，是一个绝佳的昆明户外休闲地。

龙门石窟

【不游西山等于不到昆明，不到龙门只是白跑一趟西山】

位于西山风景区终端，北起三清阁，南至达天阁，是云南省最大、最精美的道教石窟。“龙门胜景”以“奇、绝、险、幽”为特色，居昆明西山众多名胜之首，在国内外享有很高的知名度。

龙门是杨汝兰、杨际泰父子组织70多户石工，花了22年才完成的，是整个龙门石窟之精髓所在。入口处有一圆柱石坊，上书“龙门”二字，并刻有“元宝”，据说能保佑人发财发达，吉祥如意，所以游人都喜欢用手摸一下。入门有一石栏转护的半圆形小月台，站在月台眺望，上迎天风，下临绝壁，五百里滇池烟波浩渺，云蒸霞蔚。

龙门石室门口雕有香炉供奉，正中雕魁星，是道教尊为主宰文章之神，又叫文曲星；北雕文昌帝君，为主宰功名和禄位之神；南雕关圣帝君（关羽），为主宰伏魔降妖的武功之神。两壁下刻有神骏奔驰图，天棚上刻着祥云缭绕，仙鹤双飞。龙门的整个工程都是在一块天然岩石上精雕细刻而成的，构思奇巧，工艺精湛。

从龙门可沿栈道到达西山山顶，可饱览龙门精湛的石刻艺术，穿过龙门隧道，沿石级而上，即达龙门新平台。

交通： 从西山脚下的高峣到龙门还有近7公里的路程，可乘面的直达聂耳墓。从聂耳墓到龙门石窟，步行约15分钟；也可以乘电瓶车（5元），或从云南民俗村乘高空缆车到达。

门票： 30元

特别提醒：

1. 龙门是西山胜境的精华所在，龙门至索道

龙门石窟

站小索道25元，乘坐15分钟左右。在上面看风景和拍滇池的照片都不错。

2. 有两条下山路，一条是经龙门景区下山（山上也有售票处，坐索道上山的在这里购票），多为游客所走；另一条是经小石林下山，不需要购票，多为当地人所走。

金殿

【平西王吴三桂重建的、中国最大的铜建筑】

位于昆明市东郊的鸣凤山麓，距市区8公里。金殿重250吨，这座中国现存最大的铜建筑，始建于明万历三十年

背包客收藏：魁星折断笔尖

龙门的整个工程都是在一块天然岩石上精雕细刻而成的，但魁星手上的笔尖是另外安上去的。相传，有一位参加雕凿石室工程的师傅，与伙伴们辛苦了10余年，最后在刻魁星手中的朱笔时，不慎将笔尖凿断，使本来很完美的一件艺术品留下了缺憾。他伤心至极，纵身跳下龙门。

（1602），明崇祯十年（1637）铜殿迁宾川鸡足山，清康熙十年（1671）平西王吴三桂重建重檐歇山式真武铜殿，铜殿被称为金殿。

现今此金殿保存得比北京颐和园万寿山的金殿完整；比湖北武当山金殿规模大。殿高 6.7 米，宽、深各 6.2 米，包括梁柱斗拱、瓦楞顶檐、神像罗幔、桌案瓶器、匾楹旌旗等都是用铜铸成。殿梁上还留有“大清康熙十年，岁次辛亥，大吕月，十有门日之吉，平西亲王吴三桂敬筑”等字样。

“中国金殿博览苑”，将湖北武当山、山西五台山、山东泰山和北京万寿山的铜建筑荟萃一园，形成了小巧玲珑的仿铜文化园林。钟楼悬挂明永乐二十一年（1423）所铸的大铜钟，钟高 3.5 米，周长 6.7 米，重达 14 吨，为云南省最大的古钟。

交通：可乘公交车 10 路、71 路前往。

门票：30 元

世界园艺博览园

【最先进的科学技术与园林艺术的完美结合】

99’昆明世界园艺博览会的主会址。位于昆明市区东北 4 公里，与金殿风景区毗邻。世博园占地 218 公顷，由国际馆、中国馆、人与自然馆、科技馆、大温室 5 部分组成，6 个专题展区、34 个国内展园和 33 个国际展园组成。

中国馆是 99’世博会最大的室内展馆，它和人与自然馆、大温室主广场（新世纪广场）构成世博会主场馆区，集中表现了中国园林园艺风采；国际馆位于博览园的最东端，世界各国的展室环绕中庭布置，充分体现了平等和睦的国际大家庭关系；人与自然馆表现了山、林、水、建筑融为一体的意境；科技馆以“园艺与科技”为主题；大温室分别是热带植物展区、温带植物展区、高寒植物展

世界园艺博览园平面示意图

世界园艺博览会花钟

区和图片展览馆。若要细致游览需5～6小时。

时间： 8:30 ～ 18:00

交通： 可乘10路、69路、71路公交车前往。

门票： 上午100元，下午两点以后70元。

特别提醒：

1. 进园后有人说全部游览下来17公里，会叫你坐电动车游览，电动车费+导游费180元。其实找个单独的导游（50元，可以砍价）带着你参观，能少走回头路，到终点站花10元，坐返程的电动车回到门口就可以了。
2. 游览完可在园内乘缆车（单程40元，往返60元）或登山上到金殿公园。

黑龙潭

【以溪谷幽潭和梅花古柏闻名的近郊美景】

位于昆明北郊龙泉山麓。相传，为汉黑水祀故地，称为“黑水祀”。园内山势挺拔，古木参天，殿宇依山势层层构筑，气势宏大。山麓涌出一泉汇为潭，碧绿清澈，故名“黑龙潭”。元代建有“龙泉观”，明、清以来建有祖师殿、玉皇阁、三清殿等道教建筑群。近年这里又辟出了一个占地达400多亩的“龙泉探梅园”，是昆明的赏梅胜地。园内的“唐梅”相传由南诏移植过来，同安宁漕溪寺的“元梅”被认为是云南最珍贵的古梅。

交通： 市区乘坐9路、79路、128路、159路汽车可达。

门票： 20元

特别提醒： 1. 园内古树尤以唐梅、宋柏、元杉、明茶最为有名，称为黑龙潭林木“四绝”。
2. 在黑龙潭内还有这样的奇怪现象，潭以中间的石桥为界一分为二，一清一浊，清浊之水互不相融，据说连鱼儿都互不过界，颇为神奇。

筇竹寺

【清代五百罗汉彩塑为民间艺术瑰宝】

昆明城西北的玉案山不仅风景秀丽，也是昆明的佛教圣地，旧有10余座佛寺，以筇竹寺为首。“筇竹”一词始见于汉代，张骞出使西域，在大夏（阿富汗）的市场上见到蜀布和筇竹杖。这筇竹杖被视为古代云贵高原出口的名产品。筇竹寺保留元仁宗颁赐的“圣旨”，钦命玄坚为该寺住持，圣旨镌刻为碑，现立于大殿左侧，是研究元代云南寺院经济、口语特点、佛教发展的重要实物资料。

筇竹寺最为著名的是彩塑五百罗汉像。清代四川民间雕塑家黎广修（字德生）和他的助手历经7年时间才完成，至今彩塑颜色造型保留完好，是难得的雕塑精品。

交通：在黄土坡西部公交客运站乘C63路、C61路可到筇竹寺。

门票：6元

特别提醒：筇竹寺到郊野公园，再从山顶返回宝珠寺，再下至马街，这是昆明另一条非常好的郊野山地公路骑行线路。筇竹寺因为是去团结乡要道，机动车辆较多，不作推荐。而马街到宝珠寺上山、乃至到五星湖等骑行，为昆明最好的郊区骑行线路。机动车辆少，树林植被丰富，空气好，爬坡距离4.5公里、海拔上升300米。筇竹寺往前出去4公里的小墨雨村的小墨雨洞，则为国内一流的自然攀岩场地。

安宁温泉

【有“天下第一汤”之称、云南省内最著名的温泉之一】

温泉位于安宁市北面，距安宁市区10公里，距昆明市区37公里。此温泉为弱碳酸水质，水温43℃，水清如玉，无硫黄味，流量大而稳定，四季可浴。水中含重碳酸钙、镁、钠等，对皮肤病和风湿性关节炎患者有一定的治疗作用，更能促进人的健康。明代大旅行家徐霞客当年就曾赞誉：“余所见温泉，滇南最多，此水实为第一，不可不浴。”

这里是云南省开发利用最早的温泉之一，最早的记载见于明代。在温泉风景区内看到的“天下第一汤”四字为云南名士杨升庵题写，景区内有各种档次的住宿地，均有温泉浴服务，价格从数十元至数百元不等。

交通：昆明市人民西路近郊班车客运站乘专线车前往安宁温泉。

门票：30～200元不等（已有诸多商业温泉点）

九乡

【世界上最大的溶洞群之一】

九乡溶洞群位于昆明东南90公里的宜良县九乡。由于强烈的喀斯特作用产生了大小溶洞100多个，并且不断有新溶洞被发现，这些庞大神奇的岩溶使九乡成为“溶洞之乡”。九乡风景区有荫翠峡、雄狮厅、惊魂峡、古河洞、神女宫、双飞瀑、“神田”、彝家寨、倒石9个风景区，风光奇特，给人以巨大的震撼。

要想进入溶洞首先要乘坐峡谷观光电梯，搭乘观光电梯（无须买票），可舒适快捷地直入游览景点，免去300级台阶的攀爬之苦。下到谷底，要坐船游览一段荫翠峡，600米，两侧陡峭，泛舟其中，天如一线；上岸后从观光电梯右面的路来到了惊魂峡，长700米，是目前国内所发现的最为壮观的地下大峡谷。峡底到洞顶将近百米，峡中最窄处仅三四米宽。走了一段路，来到了雄狮厅，总面积15000平方米，是世界上最大的地下广场大厅；走过雄狮厅、神女宫，过架在山涧上的攀虹桥，桥底涧旁的石壁上被水流冲出一个圆洞形的石窝，这就是“神田”所在的溶洞。如元阳梯田一般，由碳酸钙堆积的“神田”是九乡溶洞群最具特色的景观。九乡“神田”体量庞大，其中最大的一块，面积有数百平方米，最大深度为 3 ~ 4 米。其造型优美，错落有致。结合当地彝族风情举行的歌舞表演更是让游客流连忘返。

交通：从昆明的东部金马客运站坐车到宜良，车票 15 元，1 个小时即可到达。从宜良到九乡风景区车票 8 元，1 小时左右可到；或在昆明火车站或茶苑宾馆附近有中巴车直接到达九乡风景区，往返票价 30 ~ 40 元 / 人。走高速，车程约 2 小时；或包车前往 450 ~ 500 元（可一天游玩九乡和石林）。从九乡风景区没有直接返昆明的车，要到宜良转。

门票：120 元（含索道 30 元）

特别提醒：其他九乡溶洞，如三角洞，为未开发的自然岩洞，深 3 公里，洞口扎营、徒步等非常舒适，这里的科学生态、岩降等活动，具备了良好的自然资源。

石林

【喀斯特地貌呈现出的、大自然鬼斧神工般的美景】

位于距昆明市 100 公里的石林县境内，这里是我国岩溶地貌（也称喀斯特地貌）比较集中的地区，全县共有石林面积 400 平方公里。石林形成于 2.7 亿年前，石牙、峰丛、溶丘、溶洞、溶蚀湖、瀑布、地下河等景观错落有致，由大小石林（李子箐石林）、乃古石林、大叠水、长湖、月湖、芝云洞、奇风洞等风景区组成。峭壁万仞、石峰嶙峋，像千军万马，又似古堡幽城，如飞禽走兽，又像人间万物，惟妙惟肖，栩栩如生，构成一幅神韵流动、蔚为大观的天然画卷。其中，“阿诗玛”、“石林胜境”、“千钧一发”、“凤凰梳翅”等景点最为人们熟知。

交通：从昆明东部汽车客运站乘坐大巴到石林景区，车费 26 元，车程 1 个半小时左右。从昆明火车站乘火车到石林火车站，出火车站后转乘公交车到石林景区。昆明火车站候车室旁也可乘到石林的旅游直通车。

门票：175 元、导游费 60 元。

特别提醒：

1. 每年农历六月二十四的“火把节”是游览大、小石林的最佳时间，附近的彝族人都聚集在

石林

A
B
C
D
1
2
3
4
5
石林政府招待所
石林汽车站
售票处
出水观音
石林湖
石林宾馆
狮子亭
狮子湖
避暑园
重檐亭
小水井
青牛戏水
石屏风
灰熊迎客
金鸡啼晓
碧宫门
神骏
阿诗玛
幽池
簇石擎天
莲花池
小石林
大石林
唐僧石
空中菱角
步哨远眺
落雁峰
石林胜景
莲花峰
剑峰
千钧一发
剑峰池
且住为佳
仰天俯地
坐井观天
一线天
灵芝石
玉柱矗立
千年龟
犀牛望月
五老石
出征将军
鞭石
南天门
步哨松涛
仙人打坐
醉泉
将军靴
石海亭
至斗牛场
望夫石
仙子谷
石林岩画
观音石
苏武牧羊
摔跤场
旧相逢
石仙掌
绵羊石
骆驼骑象
猩猩戏狗
小比目潭
飞来灵鹫
李子箐石林
天鹅远瞩
母子偕游
鸳鸯亭
贪心洞
对剑赤天
漫步从容
李信与红娘子
万年灵芝
N

石林景点示意图

这里庆祝节日。白天举行摔跤、爬杆，晚上燃起熊熊篝火，还有舞狮耍龙、歌舞阿细跳月、大三弦舞等极富特色的传统活动。

2. 石林风景区的景点都较为分散，景区开通了“石林旅游公交专线车”，票价2元。

背包客收藏：喀斯特地貌

属岩溶地貌，因为南斯拉夫西北部喀斯特高原最典型，所以也被称作喀斯特地貌。是指地表可溶性岩石受水的溶解而发生溶蚀、沉淀、崩塌、陷落、堆积等现象而形成各种特殊、奇妙的地貌，包括石林、石峰、溶洞、地下河等。

大、小石林

【“天下第一奇观”，云南省内最著名的旅游胜地】

石林的主要游览区，距昆明市86公里，主要由石林湖、大石林、小石林和李子箐几部分组成，游路5000多米，大石林是石林风景区内单体最大，也是最集中、最美的一处。风景区只见奇石拔地而起，参差峥嵘、千姿百态、巧夺天工。这里不仅有优美的景色，同时也是彝族传说中阿诗玛的故乡，位于小石林中矗立在水边的“阿诗玛”是石林风景区里最著名的像生石。

乃古石林

【峰上望、林中游、地下钻】

乃古是彝族的撒尼语，包含古老和黑色的意思。乃古石林的白云湖湖水非常清澈，湖中有两座小岛，被称为“蓬莱”、“瀛洲”。登上石林峰顶，可以饱览一片黑色石海，特别有气势。更令人叫绝的是乃古石林地下处处有溶洞，至今已经探明的大小溶洞就有9个。

特别提醒： 现在，乃古石林已经不对外开放了。

背包客收藏：阿诗玛的传说

传说很久以前，彝族地区叫作阿着底的地方，一个穷苦人家的女儿阿诗玛爱上了诚实勇敢的彝族青年阿黑，霸道的财主的儿子抢走了美貌的阿诗玛。后被阿黑救出，就在这对彝族青年回家的路上，山洪暴发，卷走了阿诗玛。阿诗玛被传说中的应山歌姑娘救出，化成一座山峰立在石林中眺望远方，似在期盼着她的阿黑哥。如果你高呼她的名字，她就会回答你。

20世纪50年代，阿诗玛的传说被搬上了银幕，从此后“阿诗玛”的故事流传得更远，并为更多的人所了解。

大叠水瀑布

【云南著名的路南大叠水瀑布】

如果恰遇雨后初晴，瀑前、山畔双双现彩，就会形成“雨后双彩虹”的奇观。

长湖

【电影《阿诗玛》中的许多镜头便是在这里拍摄的】

长湖位于李子箐石林26公里处的维则乡维则村，平面形状如身材颀长的少女，这里是传说中阿诗玛的故乡。

长湖的景色是多变的。白天，阳光倾射，仿佛到处都披上一层淡淡的蓝光。晚上，幽静的丛林里，一对对撒尼青年男女，在这里弹琴、吹箫、唱歌。在长湖，可乘竹排漂流，或垂钓，或爬山。晚上还可租用帐篷，看看彝族人的歌舞表演，参加当地的火把晚会。

特别提醒： 如今的长湖，由于春季云南大旱，水量已经大减，且景区已完全被商业包围及开发，长湖的魅力失去了很多。

东川红土地独树

芝云洞

【这里的石钟乳不仅玲珑剔透，还能发出各种悦耳的声音】

在李子箐石林北面约 15 公里处。厅内怪石奇峰，各成奇观。石钟乳、石笋、石柱玲珑剔透。更妙的是，这些石钟乳击之有声，有的清脆悦耳，有的洪亮悠远，有的雄浑辽阔。大厅左右还有许多小洞，高低宽窄，各有特点，洞套洞，似断实连，丰富、奇巧，令人叫绝。

东川小江泥石流

【被称为“泥石流博物馆”，是大地上的一道划痕】

东川位于昆明市北约 150 公里处，小江是金沙江南岸支流，由于江两岸岩层结构松散、植被稀疏，因而这里极容易形成规模巨大的泥石流。每到洪水季节，泥石流来势凶猛，大大小小的石头被淤泥夹带着，伴随着粗粗细细的残枝断根形成了一条巨大的泥和石的“河流”，景象令人震撼。龙头山以下 90 公里范围内共有泥石流沟 51 条，其中以蒋家沟最为著名。大小白泥沟、芋头塘沟和老干沟等也为发育旺盛期泥石流沟。

交通：昆明乘车前往东川，东川城内可租车，价格面议。

东川红土地

【红土地，以其艳丽的色彩、磅礴的气势受到越来越多摄影爱好者的青睐】

七彩云南有一块神奇的土地，它以夺目的红色出名，因而叫作红土地。

红土地主要景色在东川的花石头

背包客推荐：东川小红泥石流摄影攻略

这里也是摄影的一个宝地，以及国内一流的机动越野赛的场地。是举世罕见的自然奇观，是科考圣地，也是摄影人的乐园。其泥石流分布之广，数量之多，发育之完整，为世界罕见。2005 年中国汽车运动联合会授予东川“中国泥石流汽车越野赛道”称号；2007 年东川泥石流汽车越野赛申报成为全国四驱拉力系列赛的分站赛，东川泥石流汽车越野赛已经跨进国内顶级车赛的门槛。在这里拍摄泥石流景观，以及越野比赛的运动题材，实为一流场地。

村（108 公里路碑处）附近。这里是云南红土高原上最集中、最典型、最具特色的红土地，被专家认为是全世界除巴西里约热内卢外最有气势的红土地，景象比巴西红土地更为壮美。

在东川，方圆数百公里都是红土，一部分的红土地翻耕待种，另一部分的红土地种上绿绿的青稞或小麦，远远看过去，就像上天涂抹的色块，色彩艳丽饱满。这里大大小小的各个山头、山坡，在漫不经心、随意的种植方式下形成五彩缤纷的图案。红色的土地、绿色的小麦青稞，再添上碧蓝的天以及明黄的麦浪，那种视觉最为丰富和震撼。

红土地以花石头村为中心，方圆几十公里的范围内，主要的景点有打马坎、七彩坡、锦绣园、乐谱凹、独树、月亮田等。打马坎是一个村子的名字，早晨日出前后在公路边的高坡上俯瞰打马坎村，红土围绕的村子里炊烟缭绕，一派宁静动人的田园风光。七彩坡和锦绣园是在不同的角度看大片起伏有致的山坡。不同季节山坡上不同的地块有不同的色彩，勤劳的农民在其中耕作或收获。丽日蓝天，白云红土，赤橙黄绿青蓝紫。

乐谱凹就在花石头村旁边 108 公里路碑，附近，其景色和七彩坡、锦绣园相近，但是视野里有近一半是树林和村庄。七彩坡、锦绣园以下午拍摄较好，在乐谱凹和花石头村附近可以拍到晚霞。独树又名神树，是一棵巨大古老的松树，在一个山头孤独地守护着这片土地。在 109 公里路碑附近的村子旁有一个三岔路口，一边通往打马坎，一边通往独树、月亮田。月亮田是这里周围仅有的一片可以种植水稻的梯田，有点像元阳梯田，但规模小。春天可以拍摄到水田灌水后的景象，秋天则是一片金黄。

交通： 1. 从昆明市北部汽车客运站乘班车前往东川区，票价 34 元。

2. 在东川区客运站乘坐前往法者的班车，途经红土地所在的花沟、花石头等主要旅游居住点，票价约 23 元。或者在东川区包车前往，轿车约 150 元，小面包车约 250 元。

3. 昆明汽车北站有上午发到法者的班车，到达花石头一般要五六个小时，这条路路况不太好。

4. 红土地面积非常大，需包车游览。在当地可找微型车包乘，大约 150 元 / 天。

住宿： 在花石头村也有不少家庭旅馆可供选择，或在新田乡当地农家食宿，每天约 25 元 / 人。规模比较大的有花石头村的红土地饭庄，在 109 公里碑处的亲情旅店等。住宿费每天 10 ～ 20 元，一般没有独立卫生间，冬天热水供应有问题，但还比较干净。吃饭每天 15 元左右（鸡 18 元 / 公斤，鱼 15 元 / 公斤）。旅店一般有车可供租用，司机兼导游。七彩坡和锦绣园要收 25 元的门票，但是并没有门，有一个骑着摩托车的人负责卖票。如果是当地人当司机（导游），可以少买点票（如 5 人买 3 张票）。张开权的红土地摄影之家接待站，食宿 30 ～ 50 元 / 天。

电话： 0871-6901339

餐饮： 1. 东川的牦牛干巴肉质细腻，不膻不腥，满口溢香，牦牛火锅鲜香异常。

2. 荞粑粑蘸蜂蜜是非常珍贵的一道山野风味的名吃。苦荞的苦，配上蜂蜜的甜，味道自然独特。

3. 东川物产丰富，在这里能品尝到珍贵的山茅野菜。龙爪菜、石榴花、核桃花、苦刺花、花椒叶，应有尽有，吃法更是特别。

4. 东川有种酒叫“闷倒驴”，口感很好，绵长醇厚，后劲十足。

特别提醒： 1. 最好的摄影季节是 5、9、11 月份。有时间的话最好在这里住上 1 个星期慢慢拍，因为这里的景点比较多，不同的光线有不同的效果。土地最红的时候是在下过大雨后的一两天。

2. 目前，东川红土地摄影推荐——打马坎观赏、七彩坡、锦绣田园、乐谱凹、神树、落霞沟。最美的当数落霞沟。

轿子雪山

【云南境内纬度最低的冬季积雪山峰，初级登山爱好者的基地】

位于昆明市北禄劝县务蒙乡境内，距离昆明约200公里，全山方圆百余里，最高点海拔4223米，是昆明地区的最高峰。

轿子雪山山势险峻，有数座山峰远看犹如轿子，故名轿子雪山。整座山相对高差3000多米，加上特有的地形，形成独特的立体气候，从山脚垂直向上气温逐渐下降，有着独特的自然景观。每年春季有几十种杜鹃花盛开在山间，加之山上大小不等的高山湖泊、高山草甸，使得轿子雪山璀璨多姿。冬季，山间白雪皑皑，冰湖、冰瀑布、雾凇、雪原等景观又装点出另一番景色。

云南境内雪山很多，和玉龙雪山、梅里雪山这样的旅游热点地区相比较，轿子雪山在交通和舒适度方面确实差强人意，但因为这里是离昆明最近的雪山，所以成为初级登山爱好者的天堂。

交通：在乘到转龙镇的中巴车，每天7:30一班，12:00多就到了，票价15元，再从转龙镇乘发往务蒙乡或雪山乡方向的中巴车至老垭口，步行经四方井（约10公里），至大黑箐营地。

门票：40元，索道70元。

住宿：雪山乡小旅店，5～10元/床。转龙镇很小，有简陋政府招待所可住宿。务蒙乡小旅店，5～10元/晚。花溪大本营食宿接待基地，住宿50～800元/间，帐篷20元/人。

特别提醒：轿子雪山海拔高，早晚气温低，自带御寒衣物及高热量食品。登山需请向导，费用在15元/小时或50元往返，这些导游对山上的气候和地形都很熟悉。登山时遇到气候变化一定要及时返回，千万不可冒险登山。

背包客推荐：轿子雪山游览环线

花溪——线天—天池—死亡林—木般海—神仙田—高山草甸—轿子山顶峰—精怪塘—月亮岩—大冰瀑—花溪。花溪大本营（海拔3550米）至主景区环线游览约5公里，游览（加上往返路程）需2～3天时间。

玉溪

红塔山

【为身价最高的红塔烟的标志性景观】

红塔山因山体顶部耸立有元代所建白塔而得名，该塔始建于元代，清道光十九年（1839）重建。1958 年将白塔涂为红色，更名为“红塔山”，其景亦由“红塔朝晖”所取代。玉溪烟厂所产名烟以红塔山为名。

交通：从玉溪市内可步行前往。

聂耳公园

【为纪念聂耳建成的公园】

我国著名的音乐家聂耳的祖籍便在玉溪。玉溪市内辟有聂耳公园，内有琴台雕塑、聂耳铜像、聂耳纪念馆、“音乐魂”石浮雕等景点。

交通：在市区内，步行就可以到，或者乘 2 路公交车在凤凰路下车。

帽天山古生物化石群

【20 世纪最惊人的科学发现之一】

1984 年古生物研究专家在此挖掘出寒武纪早期无脊椎动物化石，为 5.3 亿年前寒武纪早期动物暴发性出现提供了科学依据——地球生命在“渐变”过程中也有“突变”。澄江古生物化石群成为当今世界古生物之最，澄江也因此被誉为“世界古生物胜地”。联合国教科文组织将澄江古生物化石群列入东亚优先甲等第 4 号古生物遗址，并编入《全球地质遗址预选目录》。

交通：在玉溪城西客运站乘到澄江县的空调班车，每半小时一趟。

门票：20 元

抚仙湖

【仅次于长白山天池的、我国已知的第二深水湖】

位于澄江县南 5 公里处，距昆明 60 多公里，湖岸线长达 93 公里，乘车需要 3 ~ 4 个小时才能环湖行驶一周。湖面积 212 平方公里，仅次于滇池和洱海，最深处为 155 米。抚仙湖湖水因为湖深水清而呈蓝绿色，透明度可达 7 ~ 8 米。明末徐霞客在日记中写道：“滇流多浑浊，唯抚仙湖最清。”湖畔沙滩洁净细软，是极好的游泳之地，也可以在湖畔露营，在湖中泛舟。湖内出产 20 多种经济鱼类，其中尤以抗浪鱼最负盛名，它也是抚仙湖的名贵特产。抚仙湖区域的景区以禄充和孤山最为集中。

澄江莲藕、抚仙湖的 20 多种鱼，还有农家的洋芋焖饭都是当地的特色食品。特别值得一提的是抗浪鱼，渔民们喜欢把鲜活的抗浪鱼放进装有泉水的铜锅里去煮，鱼随着水温的升高煮熟。一二十分钟后香味四溢，加入特制各类作料，吃起来味道特别鲜美爽口。

抚仙湖

背包客推荐：抚仙湖的户外运动

随着户外及休闲运动在国内的普及，环抚仙湖的户外运动资源，逐渐被云南及国内爱好者利用起来。环抚仙湖的跑步、单车骑行、抚仙湖的潜水、皮划艇、绳降等活动，环绕抚仙湖处处皆有可选之地。尤其在西岸的禄充、孤山等地，是环抚仙湖的休闲美好之地。靠近澄江的奢华商业地产，在夏季水温较高、风小的季节，也是不错的选择。而皮划艇的最好之地为湖西岸及南侧一带，当地风小水清。单车则环湖 110 公里，可 1 ~ 2 日内完成骑行。潜水尤其考古，在集中在澄江侧及孤山、尖山一侧。最好的季节是夏、秋季。

特别提醒： 抚仙湖湖水清澈，水下有 1800 年前古城遗迹，非常适合潜水爱好者。而对于外行和初学者也可以体验简单的浮潜，150 元 /30 分钟，外加 10 分钟一对一培训。

禄充村

【渔民们保持着车水捕鱼的传统方式】

禄充村位于抚仙湖西岸，景区中央的笔架山和两侧的麒麟山、尖山，山势挺拔、造型奇特。湖水风平浪静，由此得名波息湾，是游泳和开展水上运动的最佳场所。景区内有禄充大洞，位于村南，地下泉水水温常年保持在 24℃左右，源源不断流入抚仙湖。夏秋时节，渔民们用水车车水捕捞成群结队逆水而上的抗浪鱼群，是这里的一大奇观。

交通： 从昆明东部客运站乘开往澄江县的中巴车，每 15 分钟一班，车程 2 小时。澄江县每天都有发往禄充村的往返中巴车，20 分钟就可以到达。

门票： 10 元

特别提醒：

1. 车水捕鱼：抗浪鱼是云南最著名的土著鱼种之一，是世界上独一无二的鱼种。湖边的鱼洞可以看到很多捕鱼的水车，这是当地渔民“车水捕鱼”的绝活。

2. 每年 3 ~ 9 月，是抗浪鱼争相到湖边产卵的季节，渔民们用木质水车把泉水抽出，经过沟道流入湖内，泉水与湖水的温差和流速恰好适合抗浪鱼的特性，鱼儿便群集而上，钻入沟道里的竹笼。这种独特的捕鱼法世代沿袭，抗浪鱼的数量已今非昔比，现存的捕鱼水车主要是供游人参观。

孤山岛

【抚仙湖上唯一的一座小岛】

位于湖中西南面，面积约 6 万平方米，岛上山峰比湖面高 40 多米。孤山南面与海门公园相隔，距岸边约 1 公里。岛上孤山寺为明清古迹，其他亭台楼阁为后人重建。

交通： 昆明至江川班车，约 2 小时到江川码头乘船上孤山岛。当地为了保护抚仙湖水，禁止使用快艇。所以去孤山岛只能踩脚踏船前往。

门票： 15 元

界鱼石、隔河

【神奇的界鱼石将抚仙湖、星云湖的鱼儿世世分离】

界鱼石位于江川县海门，海门为星云湖的出水口，星云湖水经此流入抚仙湖。连接两湖的这条河又称为隔河，仅 2 公里多长。在隔河中段一石碑上刻着一首诗：“星云日向抚仙流，独禁鱼虾不共游。岂是长江限天堑，居然咫尺割鸿沟。”这就是“界鱼石”。因星云湖的大头鱼和抚仙湖的抗浪鱼以此石为界，抵石而返，不相往来而传为佳话。

交通： 昆明东站乘开往江川的班车在江城下。再从江城乘开往明星、澄江的客车，约 19 公里，到界鱼石下车。

门票： 2 元

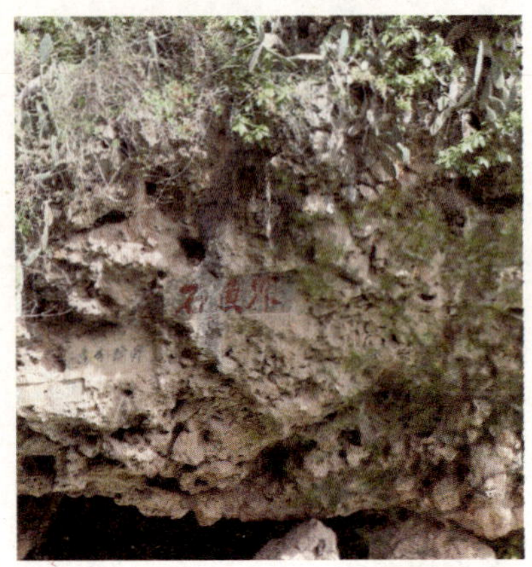
界鱼石

明星景区

【每年捕捞抗浪鱼的季节，这里都能品尝到铜锅煮鲜鱼的风味美食】

明星景区位于抚仙湖的西岸，江川县与澄江县的交界处，距离禄充12公里。在澄江至江川公路西侧百米处有座碧云山，山上有碧云寺，寺内大多是道教仿古建筑。每到农历三月初三，是碧云寺的庙会日。

碧云山下往北1.5公里，有一个明星鱼洞，每年3～9月，是捕捞抗浪鱼的主要季节，可品尝到铜锅煮鲜鱼的风味小吃。

交通：从昆明东站乘开往江川的客车，行车2.5小时，到江城下车，再转乘开往澄江的客车，到明星下车。

门票：碧云寺2元

李家山青铜器博物馆

【中国第一座青铜器博物馆】

位于江川县城，1993年8月建成开放。里面陈列着20世纪70年代出土，并轰动世界的“牛虎铜案”等珍贵文物，是一个功能较齐全的青铜器博物馆。其中有两个青铜文物展室，共展出2790件文物，除“牛虎铜案”外，所展文物均为真品，“牛虎铜案”真品现存于云南省博物馆。

交通：从昆明东站乘开往江川县的中巴，到了县城以后，步行前往即可。

背包客收藏：牛虎铜案

1972年于牛家山出土的牛虎铜案由一虎二牛组成，案主体为一立牛，大牛腹下横立一小牛，立于大牛前后腿的横梁上，尾端一虎四爪抓住大牛后胯部，虎口紧咬大牛之尾。大牛颈部粗壮，肌肉丰满有力，神态安静稳重；虎则撕咬攀抓。铜案整体造型奇特、工艺精湛，是云南青铜文化的杰出代表，被誉为国宝级文物。牛虎铜案到美国巡回展出时，保险金额高达1000万美元，堪称无价之宝。

通海秀山公园

【风光被称为“秀甲滇南”，人文有“匾山联海碑林”】

秀山公园位于通海县城南，与城相连。通海北有杞麓湖波光澄碧，南有秀山群峰列翠，颇具江南景色。通海秀山在明朝时曾与昆明金马山、碧鸡山，大理的苍山共称“云南四大名山”，素有“秀甲滇南”的美誉。汉代在此辟山林、建古刹、立亭园，元、明、清为佛教圣地，民国时期置为公园。经历代修建，构成了前山普光寺、清凉台，山顶涌金寺，后山白龙寺等古建筑群。历代墨客骚人、学者名宦为秀山所作200余处“匾山联海碑林”至今保存完好。

时间：7:00～18:00

交通：从昆明东站乘开往通海县的班车，行车138公里。秀山就在城边，到了通海，沿南街步行就到了。或者从玉溪客运中心乘到通海的班车，行车45分钟。

门票：50元

那诺哈尼云海梯田

【早春三月，烟雨迷蒙，一派水墨画似的田园景象是那诺梯田最为美妙的时刻】

在元江的南岸，毗邻红河县的地方，有一片以梯田云海、哈尼文化闻名于滇中的热土——那诺。

梯田鳞次栉比，循坡面布置连片。从山脚至山顶，埂回沟转，层层叠叠。梯田的背景是墨绿色的山林，梯田中间夹杂着小小的村落，山村旁的田埂上偶尔可见哈尼农家妇女背着背篓走过，一派静谧的田园风光。

每年的冬春季节，茫茫云海中的梯田忽隐忽现，初升的红日映照着云海、梯田、蓝天、青山，形成一幅宁静的彩墨山水画。

那诺的哈尼人勤劳善良，在与自然千百年的抗争中创造了许多人文奇迹，雄伟壮丽的梯田稻作景观与“十月年”、“黄饭节”、“苦扎扎节”等一系列多姿多彩的民族民俗节日便是其杰出代表。

元江梯田主要集中在羊街、那诺两地，其中以那诺梯田为最。那诺梯田反映了哈尼族历史悠久的农耕文化，那诺梯田每一个季节都很美：夏日梯田绿油油、生机盎然；秋日稻谷成熟，一派黄澄澄、铺天盖地的丰收景象；而到了冬天，梯田云雾缭绕、变幻莫测。

神奇壮观的哈尼梯田已成为那诺乡特有的一张名片。不少游客慕名而来，一睹天地一绝的云蒸霞蔚的壮丽景致，体验人与自然的和谐统一，感受哈尼族创造的梯田文化。这里是第二届云南（元江）民族风情国际旅游摄影艺术节的主会场。

交通：昆明到玉溪 80 公里，玉溪到元江每半小时一班车，2 小时。元江县客运站每天早上有车到那诺，需 3 个多小时。

磨盘山国家森林公园

【一派清新、自然、真实的生态环境】

磨盘山，距昆明、玉溪等最近的中山半湿性常绿阔叶林原生和次生原始森林区，因山体形如磨盘而得名，随海拔的增高，而呈现出植物垂直分布带，有森林湖、月亮湖、悬崖幽谷、观景台、敌军山、赫白租大王脚印、含笑王、石毡帽、杜鹃花海、山茶花林、岩羊擂鼓等 50 多个景点。

因为人为活动少，地形和气候对动物生活有利，所以鸟兽种类十分丰富，有近百种之多，有国家级保护动物绿孔雀、熊、锦鸡、岩羊等，现在山间常有野兔、麂子、野猪等出没。

时间：夏季 8:00～18:30；冬季 9:00～17:00

地址：位于玉溪的新平彝族傣族自治县东南部。

门票：60 元；儿童票 30 元。

元江世界第一高桥

【昆曼（昆明至曼谷）高速公路第一景】

该大桥结构为五跨连续钢构，有两座主墩超过 100 米，主墩高 123.3 米，超过此前世界连续钢构桥最大墩高 107 米的世界纪录，从江面到桥面高 168 米，为世界第一高桥，主跨 265 米，为世界同类型桥梁第二大跨度，四桥墩全长 801 米，加上延长部分总桥长 1000 米。

风景区除世界有名的现代高科技建筑“连续钢构世界第一高桥”外，有著名的“中国大陆最后一战”就发生在景区内，现保留有当时的作战战壕及因明朝末代皇帝而得名的大明寺。

交通：地处国道 213 线高速公路旁，离县城 3.8 公里，从省城昆明到元江 2 个半小时可到达。

楚雄

彝人古镇

【荟萃彝族文化，展示彝族风情】

位于楚雄市经济开发区永安西路，地处城西的龙川江畔。彝人古镇的主要景点有望江楼、桃花溪、德运广场、古戏台、咪依噜广场、梅葛广场、火把广场、彝人部落、土司府等。这里不仅能够感受彝族文化风情，还有众多的演艺和娱乐项目。其中彝人部落景区安排的“天天长街宴，夜夜火把节”活动，是专为游客体验彝家风情而准备。

交通：位于楚雄市区。楚雄2路、5路、9路公交皆经过彝人古镇。

门票：彝人部落120元，其余景点免票游览。

住宿：镇内充满彝族风情的彝人会馆可提供住宿服务。此外，镇上还有10余家风味各异的餐馆。

餐饮：楚雄是滇菜的发源地之一。在彝人古镇，可在这里品尝到彝家特有的民族餐饮，从习俗与特色风味两方面亲身体验到彝家的饮食文化，还能同时在这里感受到不同地方的美食佳肴。

黑井古镇

【昔日富甲云南的盐都古镇已归于沉寂，只留下幽谷蹄音】

黑井自汉朝起开井煮盐，曾是产盐重镇，称为“盐都”。早在2500年前，居住在这里的彝族先民就开凿了盐井。明朝，黑井盐赋税占云南总赋税的67%；清朝，占云南总赋税的50%；民国初年，占云南总赋税的46%。后因烧卤水的木材日渐短缺，加之东部廉价海盐的冲击，黑井制盐日渐衰落，成为“失落的盐都”。

古镇完整保存有明清时期城镇格局，沿龙川江两岸，五马桥把古镇东西相连，盛时的13条坊（街道）、3万多人口把黑井渲染成灯火辉煌的不夜城。沿街、沿江的建筑“一楼、一底、

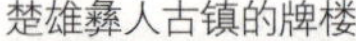

楚雄彝人古镇的牌楼

楚雄州旅行交通示意图

一铺台”，既可家居亦便经商。后街依山，避开喧嚣，建有盐商、进士的深宅大院及文庙、书院。

这里至今仍尚存元、明、清石塔，碑刻，文庙，大龙祠，古戏台，光绪皇帝钦赐修造的“节孝总坊”、“武功将军墓”等20处文物。具有浓郁地方民族特色的民居古宅，风格古朴、稳健。三坊一照壁、四合五天井、走马串角楼、一颗印以及颇具西方建筑风格的深宅大院比比皆是，其中最有代表性的便是独具匠心“王”字形结构的武家大院。

交通： 1. 火车：从昆明南窑火车站乘坐昆明—

禄丰县黑井镇武家大院

四川西昌、昆明—四川攀枝花的列车，几乎都会停靠黑井站。到达黑井站后，距离古镇还有四五公里，可乘坐当地的小面包车或小马车前往。

2. 汽车：昆明南坝路口的新南站客运站有直达黑井的客运汽车，每天 14:00 从昆明发车，次日 6:30 从黑井返回，单程票价 37 元。

门票：32 元（如果不去武家大院、大龙祠、古盐坊的话，可以不用买票）

住宿：黑井的旅店以家庭旅馆为主，有床位和标间两种，洗澡一般是太阳能（阴天或者下雨天比较麻烦），床位 10 元左右，标准间 15 元 / 间，旺季上浮 50% 左右。镇上住宿规格最高的是武家大院，标准间 180 元 / 间以上，普通间 80 ~ 180 元 / 间，武家大院是在原有的古建筑上改建的，可以体味一把大户人家的居住享受。

特别提醒：

1. 旅游接待中心（会客堂）位于镇内利润坊，也是进出城镇的马车集散地，可以在这里跟随导游游览古镇，全程 1.5 小时。在接待中心还能免费品尝当地的特产——小锅酒和梨醋。

2. 黑井特色小吃为炒石榴花，晒干的石榴花浸泡后，同韭菜一起拌炒；盐焖鸡，是用黑井盐熏的，味道独特，武家大院制作最出名，价格是 30 元 / 份。

3. 黑井没有汽车售票站，可以先问清楚返程的车都有几点的，一般住宿的旅店老板都知道，然后再根据时间安排行程。

节孝总坊

【一座牌楼式全红砂石质牌坊】

在五马桥头镇口所立的著名“节孝总坊”牌坊。建于清光绪二十七年（1901），据说是慈禧太后下旨建的，牌坊不是为某一女子所立，而是为几十个女子所共立。

武家大院

【空留下败落庭院，却依稀可见当年风光】

武家是清代黑井第一大盐商，为黑井镇首富。武家大院始建于清道光十六年（1836），至咸丰七年（1857）扩建完毕，历时近 20 年。大院坐西向东，依山就势而建，顺江呈“王”字形，纵一横三，布局独特。整个建筑由4个天井组成，共有99间房、108扇门，四通八达，规模宏大。大院的装饰颇具特色，大门为龙头、凤、象斗拱组成的三重檐，四柱三门门楼，砖柱上绘有山水和花鸟，木柱由石狮驮撑。站在武家大院南厢房三楼，可鸟瞰黑井镇全貌。

黑牛盐井

【黑井镇财富的源泉】

黑牛盐井在武家大院一侧，经一小巷前行不远即到。盐井为斜井，井口有石砌券门，高2.2米、宽1.2米，洞前是一个废弃的卤池。入洞门，顺石级而下，几米深处便见卤水。盐井深达百米，石级路左弯右拐，可供两人擦肩而过，灶丁背卤水而上，以供熬盐。

大龙祠

【明代风格的、云南境内最大规模的古戏台】

兴建于黑井盐业最为兴旺的明代。三大看点：一是保存有现今云南境内规模最大的古戏台。二是大龙祠呈明代建筑风格，其房顶木架呈“米”字形，柱头雕有以龙为主的十二生肖动物图样，雄浑精巧。三是大龙祠内悬挂着雍正皇帝题写的牌匾，上书“灵源普泽”4个大字。

庆安堤

【云南省古代水利工程之最】

黑井镇深居一线天的峡谷中，处于龙川江与龙沟河的交汇处。古人在龙沟河一侧修筑庆安堤，经上百年的施工形成现今规模。大堤长387米、宽7米，最高处达15米，全是用规则的红砂条石砌成，其设计之好、工程之大、质量之高，堪称云南省古代水利工程之最。

古盐坊

【曾是黑井造盐的核心之地】

保存有水车、晒卤台以及煎盐的工棚，现在依然在进行制盐演示，也可以自己动手制作，可自制或购买小包装土色土香的黑井小锅盐作为纪念品。

背包客收藏：黑井镇由来

传说盐井的发现得益于一头黑牛，它每天腹饱之时，便从山上溜到这里喝盐水，主人寻觅到此，发现这一秘密后，制盐业得以兴起。人们把此井取名“黑牛盐井”，地名也称为“黑牛盐井镇”，后来简称为“黑井镇”。黑井贡盐——黑井的盐渗透力特别强，著名的宣威火腿曾经就必须用黑井盐腌制。

元谋土林

【黄土堆就的密布森林，空寂而多姿】

元谋土林与西双版纳热带雨林、路南石林并称为“云南三林”。元谋土林在元谋县有多处分布，面积约50平方公里，其中最为壮观的是物茂、班果、浪巴铺3处。目前在虎跳滩土林进行旅游开发，其他两处尚保留原始状态，居国内土林奇观之首。

充满神奇魅力的元谋土林还吸引了众多的摄影家、地质学家、知名导演前来参观取景，元谋也成为影视、摄影的天堂。在这里拍摄的电影有《无极》、《千里走单骑》等。

交通：1. 汽车：楚雄市客运西站每天都有发往元谋的班车，楚雄市到元谋约140公里，行车4小时即可到达元谋县城。抵达元谋县城后，有土林旅游专线车（中巴车）直达物茂土林景区，行程约30分钟。如果没有赶上旅游车，可以在元谋县城的“红绿灯”处打车前往土林景区（在元谋县城可让当地人指路“红绿灯”）。

2. 火车：昆明—元谋：昆明发往成都、西昌、攀枝花的火车基本都会在元谋火车站停靠，多数车次4小时左右可到元谋。昆明长途汽车客运站（南窑）和昆明西苑汽车客运站都有到元谋的汽车，票价25元左右，也需约4小时的行程。

3. 元谋—楚雄：元谋客运站从7:20开始，每40分钟一趟去楚雄的车，票价18元，行程约4个小时。

门票：物茂土林80元，浪巴铺土林70元。

特别提醒：

1. 土林的风光非常奇特，湛蓝的天空、黄色的沙土森林在相纸上会呈现出绝妙的效果。如果专门为摄影而去，建议在楚雄住一夜，或者直接住在土林景区内。早晚的土林另有一派神秘景象。但是那里沙尘较大，要注意保护相机。此外，土林地形复杂，照相的时候千万要小心脚下，注意安全。到土林拍摄最好选择春、秋、冬季。不同的季节能拍摄出不同的视觉效果。

2. 土林景观壮丽，但是路程距云南其他传统景区较远，且附近没有顺路的大型景点。因此在计划旅行线路时，可将土林与大理—丽江之行联结起来，即走昆明—元谋—楚雄—大理—丽江一线。楚雄位于昆（明）大（理）高速路的1/2之处，结束元谋的行程后转行到此，再中转去大理丽江，非常便利。

3. 对于喜欢摄影的朋友来说，浪巴铺土林是目前最合适的选择。其一是因为这里的土林景观最壮美，其二是因为这里有很理想的拍摄全景和日出日落的平台，其三是因为除了土林，附近的浪巴铺村还非常适合喜欢拍摄人文的朋友。

物茂土林

【最适合旅行摄影的元谋土林】

位于元谋县城西北32公里的物茂乡，又称虎跳滩土林、芝麻土林，总面积2.3平方公里。物茂土林形状以城堡状、屏风状、帘状为主，高度一般10～15米，最高27米。从远处眺望虎跳滩土林，沟壑纵横，荒凉粗犷，犹如一座废弃的城堡。而近看则像一组组工程巨大的艺术群雕。物茂土林的景点分布在主沟和支沟两侧，土林佳景大多集中在支沟两侧。

元谋土林

物茂土林东南600米处有虎跳滩瀑布，落差不大，但为土林增添了动感。

班果土林

【元谋面积最大的土林】

位于元谋县城西18公里平田乡南400米沙河处，总面积14平方公里。由于班果土林是老年期残丘阶段的代表，景观远没有虎跳滩土林集中。

浪巴铺土林

【土林类型、形态和高度都居元谋土林之冠】

位于元谋县城西33公里处新华乡境内，距班果土林15公里。景区总面积8平方公里，由华丰、浪巴铺和河尾3片土林组成。浪巴铺土林高大密集，类型齐全，圆锥状土林发育良好，一般高8～25米，最高达42.8米。

武定狮子山

【游荡狮山观花季，遥想古刹僧帝隐】

因山形似雄狮伏卧，岩石也像狮首而得名，山顶最高海拔为2419.8米，素有"西南第一山"之称。狮子山融山水秀美、古典文化为一体，山内正续禅寺始建于元代至大四年（1311），视为正寺；后经印度名僧指空扩建，视为续寺。寺内大雄宝殿雄伟耸立，在大雄宝殿前，生长着数株千年古松柏，据传自明建文帝于此寺隐居后，声名倍增，成为一方丛林，更为这座古刹增添了神秘的色彩。

山中峡谷幽深，林木葱郁，在壁立的悬岩中，一条石级沿山势曲折而上，沿途有迎客松、观日亭、蛇头岩、双笋峰、观音洞、"九曲黄河"、"曲水流觞"、礼斗阁、月牙塘等景点。正续禅寺建有牡丹园，每逢牡丹盛开的季节，众多游人纷纷前来赏花。

交通：从昆明潘家湾长途汽车客运站乘班车前往，票价15元，行程100公里。也可从楚雄先到武定，票价20元，行车约5个小时，再从武定县城乘中巴前往狮子山，票价5元。

门票：60元

特别提醒：每逢牡丹盛开的季节，狮子山牡丹便成为一大胜景。

禄丰恐龙博物馆

【被称为"恐龙故乡"的世界之最】

坐落于禄丰县县城，距离昆明市102公里，恐龙博物馆陈列有禄丰龙、巨型禄丰龙、许氏禄丰龙、中国双脊龙等恐龙的复原骨架以及若干新近发现的恐龙骨骼化石，如大型的川街龙等。其中许氏禄丰龙和巨型禄丰龙化石是迄今为止最古老、保存最完整的恐龙骨架标本。

禄丰恐龙化石于1938年在位于县城4.5公里处的山上被发现，当时发现了24属30多种，分别属于两栖动物、爬行动物、哺乳动物三大类，统称为"禄丰蜥龙动物群"，是当今世界恐龙化石保存数量最多和最集中的地方之一。其中尤其以许氏禄丰龙的发现震惊全球，这种恐龙的体积不大，距今已有1.8亿年，属于最古老的种类，但保存得却十分完整，对于人类对恐龙早期进化的研究，有着非常重要的意义。

交通：从昆明西苑汽车客运站乘开往禄丰的班车，下车后步行。

门票：15元

特别提醒：禄丰县城以南23公里处川街乡阿纳村恐龙山建有禄丰世界恐龙谷（120元），是一个融遗址保护、观光休闲、科普科考等为一体的恐龙文化旅游主题公园，分为"恐龙遗址科考观光区"、"侏罗纪世界旅游区"两大区域。

禄丰恐龙博物馆

元谋人遗址

【目前已知最早用火的人】

元谋人遗址位于元谋县大那乌村北约500米的山腰，距元谋县城7公里。元谋人，全称“直立人种元谋新亚种”，俗称“元谋直人”。1965年在元谋县大那乌村发掘出人体化石，形态特征与北京人相似，时代比北京人更早，距今170万年。

元谋县建有元谋人陈列馆和纪念碑，馆藏文物千余件。陈列馆展厅分三个部分：人类起源、元谋古猿、元谋史前文化。第一部分以全国出土的古猿、古人类化石资料为主，展示人类起源与演化的相关科学知识。第二部分以远古猿、禄丰古猿、元谋古猿化石资料为主，反映古猿演化成人的过程，以及云南特别是元谋在人类起源与演化历史中的地位。第三部分以旧石器时代文化、细石器文化及新石器时代文化的遗物、遗迹为主，反映了人类社会史前历史发展的各个阶段。

交通：楚雄市客运西站每天都有发往元谋的班车，楚雄市到元谋约140公里，车程4小时左右。抵达元谋县城后，步行即可到达。

紫溪山

【彝族的风情和山花的灿烂辉映名山古寺】

位于楚雄市西南15公里的紫溪山自然保护区北部。紫溪山最早开发于汉代，三国时期和唐代都在此建过营盘和佛寺，明清时期成为佛教名山。紫溪山又是一个大花园，有诸多观赏植物，如红花木莲、滇藏木兰、茶花、杜鹃、云南含笑、滇瑞香、山樱、桂花、兰花等47种。其中百年以上的云南山茶有100余株，人工嫁接茶花古树43株，数目之多、树龄之高为全省之冠、世界之冠。

交通：楚雄市内搭乘专线旅游车前往景区，票价5元。或沿320国道西行至13公里处左转，进山以后15公里即可到达，这段路全部为沥青路。

门票：15元

特别提醒：1. 每年农历二月初八举办彝族插花节。

2. 该景区尚有部分林间、山间小道土路，也为强度不大的休闲型徒步线路。但应注意方位，景区不大，但迷路终究不是好事情。

太阳历文化园

【充分体现中国彝族文化之精髓】

位于楚雄市北郊太阳历大道，距离市中心约3公里，是我国唯一的中国彝族文化园。园内以彝族文化瑰宝十月太阳历雕塑广场为标志。

彝族十月太阳历文化园的主要景点有十月太阳历雕塑祭坛、火把广场、葫芦海、葫芦长廊、民族体育竞技场等。园内每天有迎宾、婚嫁等彝族民俗风情及歌舞表演。在这里可以欣赏不同风格的彝族民居，追寻彝族远古文明，感受奇异的少数民族风情。

交通：从昆明西苑汽车客运站乘车到楚雄市，车程2小时，然后乘坐公交车，或乘出租车前往。

门票：节假日15元，平时10元。

背包客收藏：彝族十月太阳历

彝族是一个历史悠久的古老民族。彝族先民创造的一部伟大、精湛的天文历法，就是十月太阳历。它把1年等分为5季10个月，每季度两个月，每个月36天，合计360天，余下的5～6天为过年日。它精确地计算出地球绕太阳运行1周的时间为365.25天，1年的季节准确到1天不差，到目前为止，任何一种古历法都无法与之相比。

永仁县方山

【奇石古木，幽涧鸣泉】

位于楚雄州永仁县城东北。方山山形独特，山顶宽阔平缓，边缘悬崖陡立，四面视之皆平整方正，因此而得“方山”之名。

这里年平均气温12℃，最高温度也不超过24℃，在夏季尤显清凉。方山地处滇川交通要道，曾是僧侣往来于鸡足山与峨眉山之间的咏经之地，所以历史上曾经是佛教圣地。元代的静德寺、观音寺，2001年修复的活佛寺，古香古色的庙宇楼阁掩映于古木苍翠中。

方山为川滇要冲、金沙江渡口关卡，从三国至1400多年后的清朝道光年间，作为军事要地，曾经驻兵近10万。位于方山东麓的诸葛营遗址，以及方山南顶和西侧的营垒遗迹至今仍在。

交通：昆明南窑汽车客运站有发往永仁县城的客车，永仁县城内有班车前往。

门票：10元

大姚石羊古镇

【云南省第一批公布的三个历史文化名镇之一】

大姚县城西北部35公里处。石羊有古老的宝塔、整洁的街市与淳朴敦厚的民俗。而镇上辉煌的孔庙建筑群和庙内端坐了数百年的孔子铜像则让人们沉思惊叹。

石羊孔庙，始建于明朝初年。另有朱子阁、诵经阁、乡贤祠、月拱桥、大理石壁画、石刻等。庙内的孔子铜坐像，铸于康熙年代，历经9年完工，高2.3米，净重2.5吨，是中国最大的孔子铜像。

交通：昆明西部汽车客运站有发往大姚县城的客车，县城内有班车前往。

大姚三潭瀑布

【古代大姚八景之一】

位于赵家店乡境，距县城约30多公里。三潭瀑布是一个瀑布群，因地质运动，河谷形成断层，在不足4公里长的河道内共有33级瀑布，以上游至下游为次序，第一级高19米，一潭水雾

石羊古镇

迷漫，形态优美；第二级高 121 米，第三级高 82 米，二潭、三潭终日水球飞舞，薄雾笼罩，丝雨绵绵、瀑声盈耳。

潭边的岩岸古藤缠绕，百年老树傲然兀立，树根盘节蔓延。与古藤老树相映成趣的，是幽深的溶洞和钟乳石。在春、夏、秋三季，瀑布上空终日有数不清的雨燕盘旋缠绵，鸣声不绝于耳。

交通：昆明西部汽车客运站有发往大姚县城的客车，县城内有班车前往。

武定己衣大裂谷

【滇中第一大裂谷】

在武定县境内，距己衣乡 3 ~ 4 公里，从己衣乡主街的尽头顺道过己衣大村，沿着山谷小道即可进入大裂谷。

长约 12 公里的大裂谷，最宽处约 200 米，最窄处约 6 米，裂谷两侧鸡犬相闻，却难以相通，裂谷最深处 300 余米，深不见底，形成了惊险奇特的崖壁奇景。

因山高谷深，交通不便，大裂谷一直是藏在深山人未识，自然生态环境保持良好。己衣大裂谷是一道天然奇观，是地质变化的结果，更是大自然奉献给人类的一个幽秘仙境，被称为“滇中第一大裂谷”。

交通：昆明西部汽车客运站有发往武定县城的客车，县城内有班车前往。

实用资讯

交通

滇中地区是省内交通最为便捷的地区之一。作为全国闻名的旅游大省，省会城市昆明自然是旅行者进出云南的主要集散地，昆明市的外部交通非常发达，交通服务设施完善，玉溪与昆明之间 87 公里的双向六车道高速公路被称为“西南第一路”，可见玉溪交通的便捷。楚雄位于昆明西 160 公里，路况在云南境内也算相当不错。

昆明

航空

昆明新国际机场，从之前旧的巫家坝机场搬迁至官渡区长水，是目前我国第四大机场。目前开辟国内航线 48 条（通往国内大中城市），数条国际航线（至曼谷、仰光、吉隆坡、万象、清迈等地），地区航线 2 条（昆明至香港、澳门）。同时，也开通了至省内大理、丽江、中甸、西双版纳、昭通、芒市、普洱、保山、腾冲地区的航线。

交通：昆明轨道交通 6 号线（空港专线）、机场专线大巴、公交车 919 路往返于机场与市区之间。

电话：民航信息查询台 0871-7113231

铁路

虽然“火车没有汽车快”，但是对于大多数钱比时间更金贵的大众玩家，火车依然是进出昆明的首选。贵昆铁路、成昆铁路、南昆铁路把云南与全国铁路网连接起来。待沪昆高铁全线通车后，将大大缩短云南与全国其他地方的交通时间，省内有昆明至石林、河口、玉溪、大理的铁路。

昆明火车站（南窑火车站）

位于市区环南路附近，离市中心不过 2 公里。每天都有到大理、玉溪等地的火车。

交通：乘 23 路、68 路、80 路公交车可到火车站，票价 1 元。从市中心打车前往火车站一般 15 分钟，10 元左右。从火车站要到市中心可坐 2 路在正义路站下车，可逛金马碧鸡坊和景星街花鸟市场、西南商业文化一条街；坐到小西门站下车可逛翠湖。

电 话：0871-3162321（8:00 ~ 12:00，14:00 ~ 17:00）

昆明北站

位于市中心以北 3 公里处，也可乘公交车前往，25 路、64 路、78 路均可到达。北站以货运为主，但昆明北站经河口至越南河内的铁路是全国唯一一条窄轨铁路，“云南十八怪”中讲的火车不通国内通国外，指的就是这趟火车。

昆明火车站

公路

云南省的公路形成了以昆明为中心，四条主要国道（108 国道、213 国道、320 国道、324 国道）纵横贯穿，辐射全省，并连接邻省、邻国的公路交通网。昆明与省内主要城市间基本贯通高等级公路，为旅行者提供了极大的方便。

东部客运站

发往石林、宜良、红河、文山、陆良、师宗、罗平等地的班车。

地址：位于东三环虹桥立交和东绕城高速面寺立交之间

电话：0871-3833680

北部客运站

发出开往曲靖、昭通、寻甸、嵩明、禄劝、东川等地的班车。

地址：位于沣源路龙头街以北 1.5 公里处

电话：0871-8373009

西北部客运站

发出经开往武定县、元谋、永仁、华坪、富民、禄劝、安宁、易门、楚雄班车。

地址：位于普吉路昆明市公交车维修厂旁边

电话：0871-8265359

南部客运站

发出开往普洱，西双版纳、玉溪、红河等地的班车。

地址：位于彩云北路广福立交以南 2 公里，新螺蛳湾旁边。

电话：0871-7361722

西部客运站

发往大理、丽江、保山、临沧、怒江、德宏、迪庆、上允镇等地的班车。

地址：位于马街

电话：0871-5326258

市内公交车

昆明城区有上百路公交车覆盖全城，并有部分路段已修建公交车专用路。所有公交车都是无人售票，前门上后门下，票价为 1 元投币不找赎，首班车 6:30，末班车 22:00。

因为无人售票，所以驾车和报站名均由司机承担，语速和发音初到昆明的人可能不适应，旅行者乘车最好确定目的地前一站地名，以便提前做下车准备，以免坐过站。

出租车

昆明出租车 3 公里起步价 11 元，3 公里后 1.8 元 / 公里，另加 3 元燃油附加费。晚上起步价 11 元。

昆明的出租车车窗上有动物图案和一个号码，一个动物代表一个车队，如果忘了东西在车上，只要记住是什么动物，找起来方便。

自行车

昆明可以提供租自行车业务的地方不少，如火车站附近的昆湖宾馆、山茶宾馆有出租自行车的业务。一般 2 元 / 小时，15 元 / 天，押金 200 元，可提前电话联系。

玉溪

铁路

昆明到玉溪有一条铁路，昆明每天 16:45 有一班火车开往玉溪，大约 2 小时 50 分钟后到达玉溪。玉溪开往昆明的火车发车时间为 8:00 左右。

公路

昆明到玉溪的汽车很多，高速公路只要一个小时就可以到达。

玉溪客运中心站

地址：位于珊瑚路立交桥，前往昆明和省内各市的长途汽车在此发车。

电话：0877-2022807

城西客运站

地址：位于七星街，有到玉溪各县班车。

电话：0877-2026592

市内交通

市内出租车，不打表计费，市区内一律收费 5 元；公交车 1 元。

楚雄

铁路

楚雄通火车，昆（明）大（理）铁路贯通楚雄。昆明有直达楚雄市的火车，车程约 4 小时。昆明到大理的列车也经停楚雄，每天一班，4 小时左右到达楚雄市。从楚雄市到禄丰县也可以乘坐火车。

楚雄火车站位于楚雄市北的开发区，车次很少，每天仅有到昆明、大理的火车。出省北上的火车要到车次比较多的广通去坐。

公路

楚雄州位于云南中部、昆明以西，距离省会昆明 160 公里。有 320 国道（滇缅公路）和安楚高等级公路连接昆明与州府楚雄市，同时有其他多条省道，以及各县乡公路覆盖下辖各县市，并延伸至周边州县。

昆明—大理的高速公路经过楚雄，到楚雄车程约 2 小时。从昆明长途汽车客运站、昆明西苑汽车客运站每天有多次班车往返楚雄州各地。

楚雄州内客运站众多，全州各客运站每天均有多趟发往昆明、大理、曲靖、宣威、玉溪、双柏、罗茨、姚安、大姚以及周边县市的客运班车。

楚雄客运东站

主要发往武定、双柏、黑井、鄂嘉、

昆明的小公交车

昆明的豪华酒店

富民、大庄、羊毛岭、禄劝、云龙、子午、广通，每 15 分钟发一班车到昆明。

地址：楚雄市雄宝路雄宝酒店对面

楚雄西路客运站

主要发往三街、新村、大地基、西舍路、八角、树苴、紫溪山等地。

地址：楚雄市鹿城西路

楚雄北客运站

主要发往昆明、禄丰、罗川、川街、大平坝、罗茨等地。

地址：楚雄市开发区紫溪大道

楚雄客运站

主要发往昆明、曲靖、宣威、玉溪、下关、腾冲、盈江、元谋、攀枝花等地。

楚雄南客运站

主要发往昆明、姚安、大姚。

地址：楚雄市府后街口

市内交通

城内坐出租车一律只收 5 元，乘坐公交车只收 1 元。

住宿

昆明是整个云南省的中心，住宿条件相当不错，整个昆明市拥有各类宾馆 200 多间，从高档的五星级宾馆到低档的普通招待所一应俱全。玉溪城内有各档次星级宾馆，如红塔大酒店、玉溪宾馆等，价格比昆明便宜。而前往抚仙湖可以在湖畔的禄充或江川等地住宿，环境远比城市舒服多了。楚雄城内景点有限，风景区有各种档次宾馆。

昆明

昆明的住宿条件很成熟，各种星级宾馆，以及旅馆、招待所都有。房价情况一般是四星级宾馆，标准房在

600元/间以上；三星级宾馆，标准房在180元/间以上；一星级宾馆，标准房100元/间左右；招待所、旅馆中带卫生间的客房，40～200元/间不等，普通床位5～30元/床。

昆明火车站（南窑火车站）周边的酒店是游客不错的选择，这里交通便利，不仅毗邻长途汽车客运站，而且有不少公交站点，出行非常方便。另外，也可以选择住在昆明的市中心区域，市中心相对繁华一些，距离翠湖、圆通寺等城区景点都不远，周围的商业街区很多，也集中了不少云南当地的小吃，购物和餐饮都非常方便。

昆明明通印象青年酒店（北京路店）

房间采用竹子作为装饰材料，很有傣家特色。标准间80元/间，公共卫生间。

地址：北京路明通巷94号，如家旁边

电话：0871-63128858

昆明茶花青年旅舍

价位适中的旅行者之家，距离昆明火车站3公里，距离昆明国际机场28公里，有穿梭巴士去旅馆，乘坐5路公交车到云南体育馆站下车。

地址：东风东路96号

电话：0871-68374638

昆明市国际青年旅舍

位于翠湖边，环境优美，最能体现昆明的宜居特点。环翠湖是昆明著名的酒吧、餐馆及旅游商品一条街，去周边景点极为便利。距离火车站6公里，从火车站乘2路公交车在小西门站下，步行3分钟可达旅舍；距离飞机场31公里，在小西门站下，步行3分钟可达旅舍。标准间约160元/天。

地址：翠湖南路114号省图书馆侧楼云图宾馆

电话：0871-65318981

驼峰客栈

典型的青年旅舍，三楼有一个大阳台，摆着许多实木桌椅，可以晒太阳、聊天。住的大多数是老外，可以找到很多实用的旅游信息。标准间很有特色，约210元/间，有免费简单早餐。

地址：金马碧鸡坊旁边，金碧路与书林街的交叉口

电话：0871-63640359

总装备部招待所

在昆明火车站附近，步行三四百米就能到达。从机场打车过来，85元。招待所在一个大院里面，比较安静。单间80元/间，标准间120元/间。

地址：昆明火车站北边正对面的马路，路东

电话：0871-64778666

玉溪

玉溪城内有一些星级宾馆，如红塔大酒店、玉溪宾馆等，不过价格较高。可以到城区的一些小旅社，价格较便宜，卫生也不错。

气象宾馆

比邻红塔大酒店，房间很干净。标准间80元/间。

地址：玉溪市东风广场旁

电话：0877-2016888

通海县熙苑宾馆（三星级）

位于“云南四大名山”之一的秀山

昆明水果摊

西侧，宾馆被山环抱，环境幽雅。

地址： 通海县秀山接缘小坝

电话： 0877-3021123

笔架山庄

抚仙湖西岸禄充旅游度假风景区的花园式建筑，可享受天然湖滨浴场、沙滩日光浴，山庄的湖面游泳场对住店客人免费开放。

地址： 澄江县禄充景区

电话： 0877-6610014

楚雄

云南楚雄州是一个经济相对欠发达的地方，但是发展很快，在楚雄各地住宿都比较方便。目前楚雄还不算云南旅游的热区，所以各档次的酒店和旅馆房价也相对便宜。楚雄市内多数星级宾馆的普通标间价位一般为 100 ~ 200 元，条件在当地算比较好的。楚雄也有不少中低档的招待所和旅馆，价格比较低廉。除了专程游览楚雄之外，到滇西旅游的游客也可以考虑尽量住在楚雄。

住在楚雄市的东长途站附近，对游客来说也是不错的选择。因为有的长途车每天只有早上一班，错过就有可能耽误一天的行程，所以住在这里的主要好处就是方便乘车。这里的普通宾馆标准间 100 元以内即可入住。

禄丰和元谋县城较小，但宾馆、招待所较多，普遍在 100 元 / 间左右，可以多看几家的房间选择条件合适的，也可以适当讲价。不过许多小旅馆卫生条件不是太好。选择县城当地的政府招待所入住，条件稍好，而且安全。

楚雄州宾馆（三星级）

这家由州招待所改造而成的星级宾馆，位于市中心，方便的交通是投宿此处的主要理由。

地址： 龙泉路 102 号

电话： 0878-6129999

土林宾馆

元谋土林中条件比较好的宾馆。

地址： 元谋物茂土林风景管理所

电话： 0878-8352077

元谋县招待所

元谋县城是去往楚雄州各景点主要的中转地，县招待所的价格与环境和安全方面都比较有保障。

地址： 元谋县五街118号

电话： 0878-8212929

餐饮

云南少数民族众多，地理气候差异很大，各民族各地区餐饮都有自己的特色。而以昆明为核心的滇中地区汇集了全省所有美味，即便到云南只在昆明住着就可以品尝彩云之南的各种珍馐。不过要是追求地道的原汁原味自然还是得到美食的源头，就像玉溪的烤鸭，抚仙湖、星云湖的铜锅煮鱼，元谋的凉鸡。

昆明

昆明市内几乎每种有代表性的小吃都有一个标志性的地点可以品尝。

若想品尝地道的云南菜，可以去后街巷的"1910火车南站"以及其隔壁的"上河会馆"，这两处的云南美食味道醇正，口感十分地道。此外，北大门食府的汽锅鸡以及昆都的傣族风味菜也都很有特色，不可不尝。

南屏步行街、祥云街是小吃汇集处，地处昆明的市中心，在昆明百货大楼附近。这个片区的美食以风味小吃为主，南强街和祥云美食城中，包容了几十家滇味小吃。昆明许多传统的老牌小吃店都在这里开了门面，包括南来盛越南小吃、建新园过桥米线等。这里有昆明最著名的云平罐罐米线、罐罐脑花。有一家叫"庆云街老牌烧烤"的倒是相当不错，这个店有很悠久的历史了。

南强街口的南强卤面卖了几十年，生意爆好。这里的火锅以上九河火锅最为著名，它的火锅卖了七八年，以包浆豆腐最好吃。另外，还有胖子火锅比较出名，它在这个片区开了3家店，以便宜实惠取胜．每天都有大量的年轻人光顾。新近开的祥云会馆、霭若春生意非常好，老昆明家常菜备受欢迎。

市内西南商业大厦附近是大多昆明人常去的品尝小吃的地点，味道正宗。宝善街的美食城内小吃种类丰富，价位偏中，非常适合自助游的人群。关上路野生菌一条街在昆明非常出名，几乎人人都知道。

背包客推荐：云南米线

"过桥米线"已经成为云南的标志性小吃，如同兰州拉面一样。其实在云南米线有很多种，"过桥米线"只是做工比较复杂和考究的一种，先用滚鸡汤泡熟配菜（按价位不同配菜不同，上百元一碗的过桥米线也有）再泡米线。其实大多数"过桥"的食客都是外地旅游者，如同拉面整个大西北都有，谈不上哪里更正宗，个人口味不同罢了。云南知名的米线还有"小锅米线"、"肠旺米线"、"臭豆腐米线"、"豆花米线"、"凉米线"、"牛肉米线"、"罐罐米线"、"鳝鱼米线"等。

一颗印老房子餐馆

招牌菜是天麻汽锅鸡。野山鸡用汽锅焖十几个小时而成，原汤原汁全在里面。此外，瓦盏鸡胗、景颇小辣鸡、菌菇炒饵

米线

块、酸汤鱼都是非常具有滇味特色的菜，人均消费大概在 50 元。从金马碧鸡坊对面的那条路走下去，走到跟南屏步行街交界处，绕到中国银行后面。

地址：东风西路吉祥巷 18 号

电话：0871-63644555

野菌园（关兴路总店）

云南美食除了过桥米线外大概就数这里的野生菌最出名了。特色菜：松茸鸡；人均消费 92 元。

地址：官渡区关兴路 185 号（银海花园门口）

电话：0871-67167476

吉鑫滇味城

在东风东路上，是昆明最大的风味饭店，在这里您可以品尝到各种风味小吃以及云南名菜。还有民族表演，就是消费比较高。

地址：盘龙区东风东路 102 号（拓东体育馆对面）

电话：0871-63178538

老滇味饭店

位于金碧路，外观为典型的中国传统建筑风格，一楼可以品尝各种傣家风味的名点，如滇八件糕点等，楼上可品尝到各种云南名菜，如汽锅鸡、宜良烧鸭等。

地址：西山区金碧商城 JB3-1-5 号

电话：0871-63640836

端仕小锅

民国年间，玉溪人翟永安在昆明端仕街开了家永顺园，永顺园以小锅氽肉米线、氽肉饵丝著名。一日，翟师傅因劳累过度，氽肉饵丝下锅后，他跑到外面抽水烟筒，当回到厨房时，氽肉饵丝里的汤全干了。恰逢顾客催得急，翟师傅只得忙下卤水和红油，翻颠几下后端上桌，顾客一吃，大为称绝，问这是什么饵丝？翟师傅急中生智答道“卤饵丝”。就这样，“卤饵丝”成了昆明著名小吃。而端仕小锅就是以前的永顺园，是最能代表昆明小吃的地方。

地址：文林街 74 号
电话：0871-65312908

德鑫园

德鑫园始建于 20 世纪 30 年代，是昆明市第一家经营过桥米线的老字号名店。原址在云津市场，后迁至羊市口。“文化大革命”期间，曾更名为“云南过桥米线”，但昆明人仍习惯称为德鑫园。

地址：青年路 91-97 号（圆通大桥旁）
电话：0871-65133985

建新园

建新园是昆明饮食行业的老字号企业。以滇味煮品著称，经营的什锦凉米线、过桥米线、肠旺米线自成一家，被誉为宝善街“第一金字店”。

地址：宝善街 195 号；金碧路金碧广场（近正义路）

桥香园

以专营米线为主的连锁店，在全市的主要街区都有分店，经营所有的米线制作类型，只要是吃饭时间，总是人满为患。

地址：翠湖南路 4 号附 3 号；东寺街东方广场步行街 A 座 01 号

玉溪

玉溪有很多像田螺、石蚌、蚂蚁卵之类的菜，还有元江的瓜鱼、干黄鳝，以及甜菜花、鱼腥草、甜蕨菜等野生的花和叶做的菜，菜的口味偏酸，但原料绝对是无污染绿色食品。

青松烧鸭（玉溪烤鸭）

玉溪烤鸭同北京烤鸭的制作流程基本相同，只是因为选用以青松针叶晒干扭成的“草团”为燃料烧成的，又叫作“青松烧鸭”，质味鲜嫩清香，肥肉鲜而不腻，精肉软而不黏，骨脆汁甜，具有独特的玉溪风味，清朝就有诗人赋诗盛赞玉溪烤鸭。

玉溪油卤腐

相传始制于明清之际，油卤腐的腌渍，以黄豆制成的臭豆腐为主料，要求质地细腻，块状均匀，厚薄一致。臭豆腐经阳光照晒，排去外层水分，再配以适量的粮食白酒浸裹，再卷入白糖、精盐、辣椒、八角、花椒粉等，并渗以炼熟的上好菜油，腌渍而成。

玉溪酸汤米线

玉溪农村人有一种说法，赶街，不吃碗杨才科的酸汤米线，等于没上过街。酸汤米线以杨才科家的最出名。雪白的米线、金黄色的凉粉、翠绿的韭菜、乌黑的酱油和鲜红的辣椒油，整碗米线色彩艳丽，入口凉爽、清香。

地址：新兴路北门街口

鳝鱼米线

玉溪鳝鱼米线最出名，鳝鱼米线以鲜鳝鱼为主料和猪皮熬汤。然后将米线烫一下，放入热鳝鱼及汤，加调料即可食用。

星云湖银鱼片

用星云湖所产银鱼晒干后，磨成细粉，加入一定比例上等淀粉，干燥去水，制成薄片，油炸食用。

抚仙湖铜锅煮鱼和洋芋焖饭

铜锅煮鱼为专制铜锅取鱼洞深处

昆明鲜花市场

清泉“真水”，原来是放入巴掌大整条活抗浪鱼，现在多改为鲇鱼和草鱼，适配作料，把握火候煮制而成。铜锅煮活鱼细嫩鲜美，再配以明星蘸水和洋芋焖饭，是当地最著名的特色菜。

楚雄

楚雄民族众多，各民族饮食种类繁多，口味各有不同。彝族的饮食以米和杂粮面为主，肉食以猪、羊、牛肉为主。彝族人爱饮酒、善酿酒，热情豪爽，饮食风味亦别有特色，烤乳猪、全羊汤锅、酸菜鱼、青椒香肠、洋芋猪血肠、骨头饭、坛子牛肉、臼捣子鸡凉辣汤等彝族风味佳肴，味美讲究，饱含民族文化。民间流传有“汉人贵茶，彝人贵酒”的说法，彝族人好酒，常以酒待客，饮茶则在老年人中较为普遍，以烤茶为主，但饮法颇具特色，每次只倒半杯，慢慢品。

鸡纵

一种菌类，被誉为“菌类中的珍品”，是云南省著名美食。通常的吃法是把鸡纵稍微晾干，用菜油煎炸，再加入辣椒、花椒、生姜等调味品，熟后，再连油一起装入坛罐内封存或将熟鸡撕成细丝，拌入腌菜中。油鸡纵呈深色，散发着一股自然的清香，而且是一种颇具营养价值的美味佳品。相传明熹宗朱由校，曾指定驿站飞骑将它传递入宫。

元谋凉鸡

为元谋饮食风味中的名牌产品，具有近百年的历史。凉鸡的选料考究，以未生蛋或未啼鸣的子鸡为主料，凉鸡既有浓厚的川菜风味，又具有地方特色，是到元谋一定要品尝的美味。

烤小猪

烤小猪是元谋一带具有地方风味

的传统佳肴，原材料上，它选用瘦肉型小猪，把它弄干净以后，涂上各种作料，放在木炭火上烘烤，直至皮黄肉熟。

特别提醒：元谋和禄丰一带的烤小猪口味最正宗，路过此地，一定要点这道菜。

全羊汤锅

这是彝族人待客的一道名肴，将宰杀后肥羊的所有部位全部切成块，放在一锅煮，煮的时候除了放盐外，不再放任何作料，当食用的时候再放花椒、辣椒粉、薄荷等。

购物

昆明作为云南省省会城市，全省的特产均有销售。一般地方特色风味食品可以在大超市购买，价格与到旅游地购买没有太大差异，而且品种更丰富。而各民族工艺品在手工艺品店和大商厦也可以购买到，价格比旅游地购买稍贵，但质量有保障。玉溪以卷烟最为著名，不过和全国烟草统一定价也就没有什么特别之处。玉溪和楚雄紧邻昆明，所以购物还是推荐在昆明，可供选择的品种更多。

昆明

鲜花

昆明被称为“花都”，曾经赫赫有名的尚义街花卉市场已经被拆了。如果想在昆明逛花市的话，可以去景星花鸟市场，在景星街（正义街附近）。市场大楼里一楼卖水族和鱼，二楼是珠宝玉器，三楼有很多和云南接壤国家的小物品。

还有就是东站附近岔街花市（苏宁电器旁）或者是佳盟花市（日新中路银苑小区旁）。这两个花市距离市区较近，原来的尚义花市的商贩有好些是搬到上述地方继续经营。参考价格：普通玫瑰2元/束（20枝开价8元）、香槟玫瑰2.5元/束、黑玫瑰5元/束、满天星5元/斤（一斤好大一束）。

斗南花卉市场是亚洲最大的批发市场，很壮观。但交通较远，这里买花及观看花卉批发交易，也是难得的一景。

特别提醒：如果乘飞机可以带点鲜花，即便只是在市场里逛逛，闻闻花香也是享受。

茶叶

云南多山，气候湿润，是产茶的好地方。大块小块马粪饼一般的普洱茶就是滇茶的特色。2005年由云南大理、贡山等地组成的100多人的马帮将普洱茶驮运到北京，是云南茶叶特别是普洱茶的全国巡演。

云南茶叶批发市场

地处昆明市郊接合部，是昆明北市区的中心地带。

地址：二环北路金实小区南

交通：北市区客运站到火车站、机场等地的25路、61路、67路公交车的起点站都在这里，到市内的23路、79路、92路、114路公交车都在市场及周围设有站点。

斑铜工艺品

斑铜是用铜和其他金属混在一起经处理而出现“有斑之铜”。斑铜工艺品是昆明享有盛名的特色商品之一，其中变形处理后的牛虎铜案、孔雀、虎斗象等更属其代表之作。在大商场和工艺美术店有售。

昆明市工艺美术服务部

地址：青年路200号

干巴菌

是云南省特有的珍稀野生食用菌，是野生食用菌中的上品。用干巴菌炒青辣椒或鸡蛋，其味妙不可言，新鲜上市价格：100元/公斤左右。各副食品店、商场有罐头出售。位于正义路165号的昆明百货大楼就有出售。

路南挑花

路南挑花是聚居路南彝族自治县的撒尼人的传统工艺，历史悠久。挑花是刺绣的一种，以挑花装饰挎包、衣物。位于南屏街的昆明民族贸易大楼有销售。

玉溪

通海豆末糖

通海县传统名牌产品，至今已有200多年的历史。豆末糖以优质黄豆为主料，加工精细，层次均匀，具有“香、甜、酥、脆、入口无渣”的特点。

通海银饰

在玉溪街头有很多出售银饰的摊位和商店，通海的银饰品名气最大，有200多个品种，可以买一些耳环、戒指、项链之类的饰品。在玉溪的家佳超市、百货大厦可以买到正宗通海银饰，明码实价。

芝麻片

传统名特食品，采用上等白芝麻、优质白糖、葡萄糖、精炼油等为原料，以独特工艺精制而成。具有色泽光润、迎光透明、片薄均匀、酥脆爽口等特点。

华宁干米线

华宁干米线选用优质大米为原料，经九道工序加工而成。米线丝质细腻、筋骨好、柔软可口。可以存储很长时间，可以煮了吃，也可凉拌或炒着吃。

哀牢三珍

新平县哀牢山主峰地带的特产。三珍分别是甜菜、茨头菜、羊奶菜，这三种都是野菜，又在春季采摘，所以又叫“哀牢春三珍”，味道鲜美，还可以清火。

锭子眼药

通海县城“老拨云堂”药店创制的“锭子眼药”，至今已有200多年的历史。有清热解毒、消炎镇痛的功效。尤其对爆发火眼、目赤肿痛等眼部疾病疗效显著。

楚雄

菖河蜂蜜

楚雄州姚安县适中乡、菖河行政村和前场镇“野坝子”植物分布广、数量多、花期长、蜜质优良。菖河蜂蜜尤其别具一格的是，一般蜂蜜均呈液态，不能凝固成块，而菖河蜂蜜则与众不同，可结成块状，如同蔗糖块一样，不用盛器，用绳索捆扎便可远销外地，食用时需用刀砍开或用水煮化。

梨醋

分禄丰和黑井的。买的时候要问清

楚，10 元 1.5 升，冰镇后特别好喝。

袖珍绣花鞋

黑井的袖珍绣花鞋非常精致。每只鞋子只有手指甲盖（大拇指除外）大，单独的或成双的都有，一两块钱一个。

娱乐

昆明的酒吧分类，闹吧大都集中在昆都、金马坊一带。静吧大致都集中在翠湖一块儿。校园酒吧，集中在121 文化巷附近，以云大、师大、昆工等大学为依托，建设路与钱局街的岔口为中心，如“红蓝白”、“老夫子”、“西街”等，最大的特色就是前卫，以摇滚音乐和蹦迪为主。柔和酒吧，这类酒吧主要讲究气氛情调和音乐效果，金马的“绝对留听坊”可以说是昆明音乐酒吧的典型代表。

翠湖边的餐馆酒吧

DIANXIBEI
滇西北地区

迪庆

走遍中国·云南

DIANXIBEI
滇西北地区

大理段王爷被金庸先生封为天下武功前六强的故事大多武侠迷都知道了，点苍山的点苍派金大侠在江湖上也流传颇广。大理国22位皇帝中有9位皈依佛门，这份境界颇有些超凡脱俗的意味。也许是大理古城的“风花雪月”实在太过柔情，苍山洱海太过体贴，所以随便一个大理的过客在静夜时分，必然都会有一种“菊花、古剑和酒”的侠骨柔情。

丽江大研古镇在木氏土司将近500年的运作中慢条斯理地完善着，茶马古道连通北方的西藏和东方的大理、昆明，南方的保山、德宏。丽江就是这自古至今贸易网的枢纽，从绵延无尽的玉龙雪山、哈巴雪山上下来步入丽江古镇，迎面而来的是竟然是一脉小庭小院的水乡风情。听丝竹悦耳、古道牧铃、小桥流水，看东巴美文、庭院花景、白水池台，饕餮三叠水、举杯邀明月、逛街到脚软、暴走虎跳峡、饮马玉龙山、骑行拉市海、荡舟泸沽湖，在丽江你总能找到一处天堂。

不管当年詹姆斯·希尔顿写《消失的地平线》的时候是否神游了迪庆的香格里拉县，但不是每一个人都能看到梅里雪山太子十三峰的真容，可每一个看过的人却都为之震撼。有情人在卡瓦博格和缅楚姆夫妻神山面前许个愿，是否真有神佑天长地久不敢说，至少那份爱意的升华值得留恋终生。

不说了，云南很美，滇西北更美，如同一本精选的风景民俗相册，随便翻开一页就足以让你两眼放光。

前世今生

滇西北之大理，在元代之前，一直是西南边陲云南的政治经济中心。大理一向被称为“亚洲文化十字路口的古都”。所谓茶马古道，是滇川藏进行商业贸易和文化交流的通道。隋末唐初，天下大乱，云南大部分部落支离，各据一方。此时洱海地区有蒙诏（今漾濞）、邓赕诏（今洱源邓川）、

滇西北地区旅行交通示意图

浪穹诏（今洱源）、施浪诏（今洱源东北）、越析诏（今宾川）、蒙舍诏（今巍山），先后崛起，史称“六诏”。南诏共13代王，历时165年。937年，“白蛮”段思平联合滇东“三十七部蛮”进军大理，推翻了大义宁国，建立了大理国，定都羊苴咩城。大理国共传22代，历时316年。明代实行改土归流，废除世袭土官，在大理设置大理、鹤庆、蒙化（今巍山）府。

丽江古城在南宋时期就初具规模，已有八九百年的历史。自明朝时，丽江古城称“大研厢”。清为丽江府。雍正元年（1723），改土设流，结束木氏土司自元代以来的世袭统治。乾隆三十五年（1770），置丽江县。1997年12月，丽江古城申报世界文化遗产获成功，填补了我国在世界文化遗产中无历史文化名城的空白。

迪庆自古就有藏族、纳西族、傈僳族等民族居住。雍正二年（1724）归版设治后，移剑川州判分驻中甸，遂属云南省辖。

在今天，滇西北地区已俨然成为云南的名片，成为云南乃至中国的最引人注目的旅游地区。

旅行与季节

春天的大理尚有苍山积雪、洱海之风，可谓“大理三月好风光”，在仲春之际，无论是前往大理古城，或是登苍山、游洱海，都再适合不过了。白族的很多节日和盛会多集中在每年的三月前后，如著名的“三月街”，此时来游，可以感受到浓郁的民族风情。而夏天，坐在大理的茶馆听雨打洱海，此时，夏日的洱海开始出产银鱼。风季已过，洱海更多时候是一面平波。环着洱海骑行、徒步、划船、拍照，夜晚如喜好热闹，可选择喧嚣的大理古城或双廊古镇，如喜好清净，苍山脚下，尤其环洱海边，有许多安静的客栈。 当夏秋之交的雨后，气温下降很快，可谓“一雨成秋”，此时旅行大理最好能带上几件秋衣。

富有经验的旅行者，多在国庆大

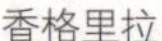
香格里拉

假之后、元旦之前去丽江。6～9月是丽江的旺季，此时的丽江古城、束河古镇，还有虎跳峡、玉龙雪山，确切是其一年四季最美丽和最舒适的季节。无论是悠闲地躺在客栈的沙发上，还是高原草地上，丽江的夏天，把每个人似乎都带回了真正的夏天。但是游客太多了一些。所以当入秋之后，秋高气爽的时节去丽江，天会格外蓝．游客相对少，到11～12月的冬天，晴朗的日子很多，晚上在当地人家烤火也是一种享受。树叶孤淡，草地枯黄，一种忧伤的美。而阳光金灿灿、暖洋洋，拉市海的候鸟成群地飞。泸沽湖的秋天及冬天，绝对是人间最美的秋天和冬天。

如果不是为看神山卡瓦格博，那么7月是到迪庆旅行的最佳时间，此时为高原雨季，草甸上繁花似锦，景致格外迷人。这里的秋天也格外美丽，虽然仅是初秋的那短暂时光里的灿烂，但也是迪庆高原精彩的瞬间。当此时，金沙江峡谷、雪山高原的红黄颜色开始大笔绘画。到了深秋和冬天，这里则是一片萧瑟。此时却是瞻仰神山的好季节。梅里雪山的雨季过了，天空如洗，能看到世界上最纯净的雪山和蓝天和圆月安静照在卡瓦格博的景象。当然，前提是，从香格里拉前往德钦的白马雪山垭口没有因大雪封路。

焦点

■ 徒步和骑行在大理洱海

今天的大理，以风花雪月闻名，洱海是云南省第二大内陆淡水湖泊，春光明媚。环洱海徒步与骑行，是如今时尚、悠闲、有味的旅游方式，不经意去白族人家做客，可看到这个古老民族的文化韵味。

■ 寻找酒吧之城外丽江

如今的丽江，尤其在古城，除了清晨外，其他时间都是游客盈盈。那个真正味道的丽江在哪里？在早晨8点前的丽江古城，在旅游淡季的束河，在文海、

大理洱海

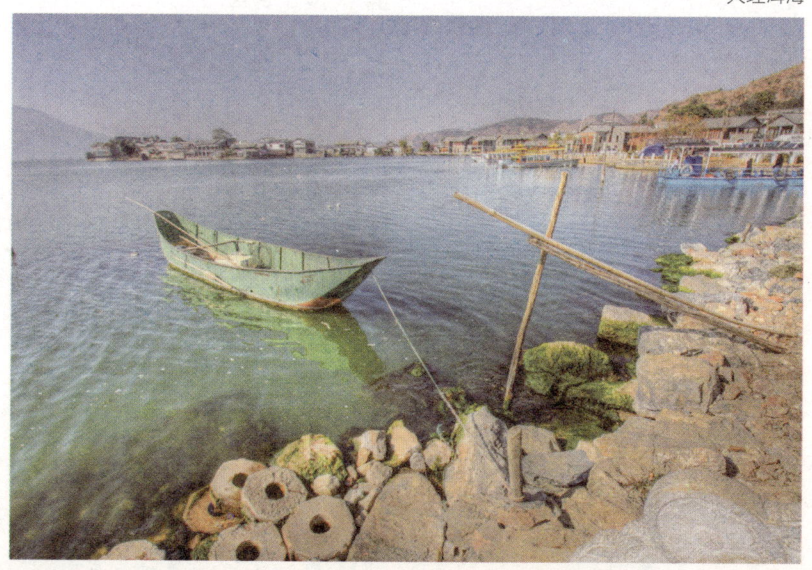

在文笔峰，在白沙古镇及下面的乡村。人们总说“漫步古城感受闲适光阴里的一花一木，让午后的一米阳光一下子照进心中”。但真正的丽江，不是酒吧客栈中的丽江，而是那个宁静的丽江。

最后的朝圣，在梅里雪山徒步

梅里雪山，具备了独一无二的特质。主峰卡瓦格博，被尊奉为“藏地八大神山之首”，自古以来受藏民崇拜。在这里，徒步藏族村庄，冰川边缘徒步，都是世界级的高山大川的体验。这条700年来至少有数百万人次走过的转经路，在现今渐渐被外来旅行者“开发”，在今天已成为自助旅行的胜地。梅里徒步的较有难度的但极度体验的线路，则以转经线路标志，分内转经线路和外转经线路两种。

徒步虎跳峡

虎跳峡是世界上落差最大的峡谷之一。这里的徒步，也是世界级别的。峡长17公里，谷地海拔1800米，江面落差200多米。有18个险滩，两岸雪山峭壁笔立于江面之上3000多米。这里徒步线路有多种选择，而half way—tina's—张老师家—张老师小路—中虎跳—一线天—核桃园—新渡口过江—停车场坐车回丽江，顺道去玉龙雪山的牦牛坪或云杉坪，则是最经典一个徒步线路。中虎跳是徒步的关键所在。

独克宗古城追寻藏族传统

这是原本拥有中国保存得最好、最大的藏民居群，也是茶马古道的枢纽，是一座具有1300多年历史的古城，也曾是雪域藏乡和滇域民族文化交流的窗口，川藏滇地区经济贸易的纽带。可惜大半个古城毁于火灾，什么时候恢复到原来的模样，谁也不知道。

徒步虎跳峡

行程推荐

大理3日游

必游景点：喜洲、大理古城、小普陀岛、感通寺

可以尝试：逛逛大理城赏赏苍山洱海

D1 大理古城—三塔—喜洲—周城—洋人街酒吧

D2 苍山一日游：玉带云游路—中和寺—龙眼洞凤眼洞—七龙女池—清碧溪—感通寺

D3 洱海一日游：洱海码头—小普陀岛—南诏风情岛—双廊风光

特别提醒：第一天活动则为传统人文旅游，如大理古城、三塔（崇圣寺），中午建议在蝴蝶泉吃饭，但蝴蝶泉景点已多年无蝴蝶了。或喜洲也为午餐之地。这趟行程建议

参加旅游团，或自驾（大理租车包车也比较方便）。第二日则在苍山公园内，但注意切勿离开主线路，每年都有游客走进密林迷路失踪的事情发生。洱海乘坐游轮，要注意发船的时刻表。

丽江 6 日游

必游景点：大研古城及木府、束河古镇、中虎跳、玉龙雪山冰川、泸沽湖

可以尝试：在丽江晒晒太阳、拍摄玉龙雪山、泸沽湖

D1 丽江古城内半日闲逛—黑龙潭—木府—晚上去听大研纳西古乐会

D2 上午去拉市海，可以骑马、划船，下午去束河古镇，夜宿古镇

D3 早上返回丽江，包车游上虎跳—中虎跳，下午返回丽江，在四方街闲逛

D4 早上乘 7 路公交车去玉龙雪山，下午前往泸沽湖，夜宿泸沽湖

D5 泸沽湖一日游，夜宿里格

D6 返回丽江

特别提醒： 这线路设计比较紧凑，建议包车旅行，但此地山地多、山路危险，因此自驾不是太推荐。其中亮点为虎跳峡徒步，但在中虎跳徒步时，应很谨慎，注意安全。

香格里拉 5 日游

必游景点：松赞林寺、梅里雪山飞来寺、明永冰川、雨崩尤其神瀑

可以尝试：朝拜梅里雪山，观赏普达措国家公园

D1 上午去纳帕海、依拉草原—下午返回香格里拉县城，乘 3 路公交车参观噶丹松赞林寺—返回县城，参观中心镇公堂

D2 普达措国家公园（属都湖—碧塔海）—下午乘车前往德钦飞来寺，夜宿飞来寺

D3 如果天气好的话，早上在飞来寺观景台可以看到梅里雪山。然后租车去明永冰川。傍晚返回

D4 从飞来寺前往雨崩

D5 雨崩—飞来寺—德钦—香格里拉

丽江大水车

特别提醒： 看纳帕海，应注意季节，夏天湿地面积大，冬天则缩小很多。如时间紧张，建议第一天可匀更多的时间，放在松赞林寺，这是云南藏传佛教第一寺庙。普达措，则为国家公园，尤其蜀都湖值得一去，但普达措门票收费高达258元。去往德钦及梅里雪山，季节性比较强。建议包车前往。

■ 滇西北 7 日游

必游景点： 苍山洱海、大岩古镇、中虎跳、松赞林寺、梅里雪山飞来寺、明永冰川、雨崩尤其神瀑。

可以尝试： 感受香格里拉的大美

D1 上午游苍山—下午去洱海游船—晚上在洋人街闲逛

D2 大理—丽江—参观木府、黑龙潭公园，晚上去听大研纳西古乐会

D3 早上起来，乘车去玉龙雪山—下午去束河古镇，夜宿古镇

D4 包车游上虎跳—中虎跳，然后在桥头搭丽江前往香格里拉的顺风车前往香格里拉，住香格里拉老城区

D5 普达措国家公园—下午游览噶丹松赞林寺—前往德钦飞来寺住宿

D6 如果天气好的话，早上在飞来寺观景台可以看到梅里雪山。然后租车去明永冰川。傍晚返回飞来寺

D7 返回香格里拉，顺便游览纳帕海、依拉草原

特别提醒： 本条线路，由于海拔落差大、地域广阔，所以应计划好时间、车辆的安排。

预算

滇西北线路是云南旅游最具吸引力的线路，每个人的兴趣爱好不同，有的人可以在丽江或者大理就这么喝酒、晒太阳、闲逛过好几天，也有的人愿意在虎跳峡、雨崩村这样人迹罕至的地方流汗独行，更极端的人会随着藏民一起内转山、外转山。滇西北足够大，可以把每一个人的兴致发挥到极致。从大理出发到德钦一个贯穿主要景点的 7 日游，最贵的两项支出就是车费和门票，总共门票开支超过 1200 元。为了赶时间，香格里拉和德钦这一段都可以包车，两天平均每人 300 元，其他地区平均也要 80 元 / 天左右。住宿每天 100 元就差不多了。再加上每天有 80 元的餐饮。不算购物的话，滇西北 7 日 3200 元左右。

大理

大理州博物馆

【云南省第一家州立博物馆】

滇西最大的文物收藏、展览和科研机构。展厅建筑具有鲜明的“三坊一照壁”、“四合五天井”的白族民居建筑风格。布局采用了对称形式，中轴线上的大门、石拱桥、客厅、照壁和中心展厅等，以楼台殿宇的格局、宏伟壮观的气势展示与各院之间以长廊相连。整个建筑群浑然一体，与四周苍松翠柏、绿叶红花交相辉映，本身就是一座庞大的白族建筑艺术景观。

这里常年也有各种类型的摄影、书画或文化展览。

时间： 9:00 ～ 17:00(周二至周日)；周一闭馆，节假日照常开放。

交通： 云南省大理市下关洱河南路 8 号，从下关可乘 6 路公交车或步行前往。

门票： 10 元

大理古城

【南诏国、大理国都城，无人不晓】

大理古城简称榆城，位居风光秀丽的苍山脚下，距大理市下关 13 公里。下关为州府所在地，自古就是交通枢纽，现在也是大理火车站和客运站所在地。

大理州旅行交通示意图

大理古城南城门

而旅游者的目的地通常是大理古城以及周边景点，而且住宿和餐饮也可以在大理古城内解决，下关和大理古城之间有公交车往来，强烈建议住宿在古城内。

大理古城始建于明洪武十五年（1382），是明朝攻占大理后修建。大理曾经是南诏国、大理国的都城，是全国首批历史文化名城之一。大理古城东临洱海，西枕苍山，城楼雄伟，风光秀美。古城外有条护城河，城内街道都是南北、东西走向，是典型的棋盘式布局。古城的建筑为清一色的青瓦屋面，显得十分的古朴。现在仅存南“承恩”、北“安远”两门，南城门可以登临远眺。

连通两门的是贯穿古城的南北大街——复兴路，这条大街两侧有各种专卖大理石制品、扎染、草编等名特产品的店铺和白族饭馆，已经成为完全针对旅游者服务的旅游商业步行街。复兴路西侧与之平行的大街是博爱路，是大理古城和下关之间公共汽车或旅游交通车通行的道路。

大理古城内遍布各种档次的宾馆、旅社、客栈、酒吧、餐厅、小吃店，白天无数旅游团在街上喧嚣而过，热闹得和北京王府井、上海南京路相仿。晚上成团成队的人少了，住在古城内的旅行者、散客开始到处溜达。总之，想在大理找一刻清静很难，天高云淡、洱海苍山的大理确实对旅行者充满诱惑。

交通：1. 下关人民北路有 4 路车往返大理古城的 60 医院，可在 60 医院或古城南门乘车。2 路、8 路车，从大理苍山门开往下关大理火车站，经大丽路，可在苍山门或洱海门乘车。崇圣寺专线车，从崇圣寺开往下关大理火车站。

2. 游客也可乘位于建设路和文化路上的小巴前往，约 30 分钟可到达古城。游客在大理古城内游览，主要靠步行。

住宿：大理、丽江开客栈已经被戏称为“四大俗”。但细细在这里辗转，古城内外，还是有不少相当有味道的客栈，有的是传统风格白族建筑，有的是西式，有的为自助旅行爱好者汇聚地，有的为文化名人客栈……

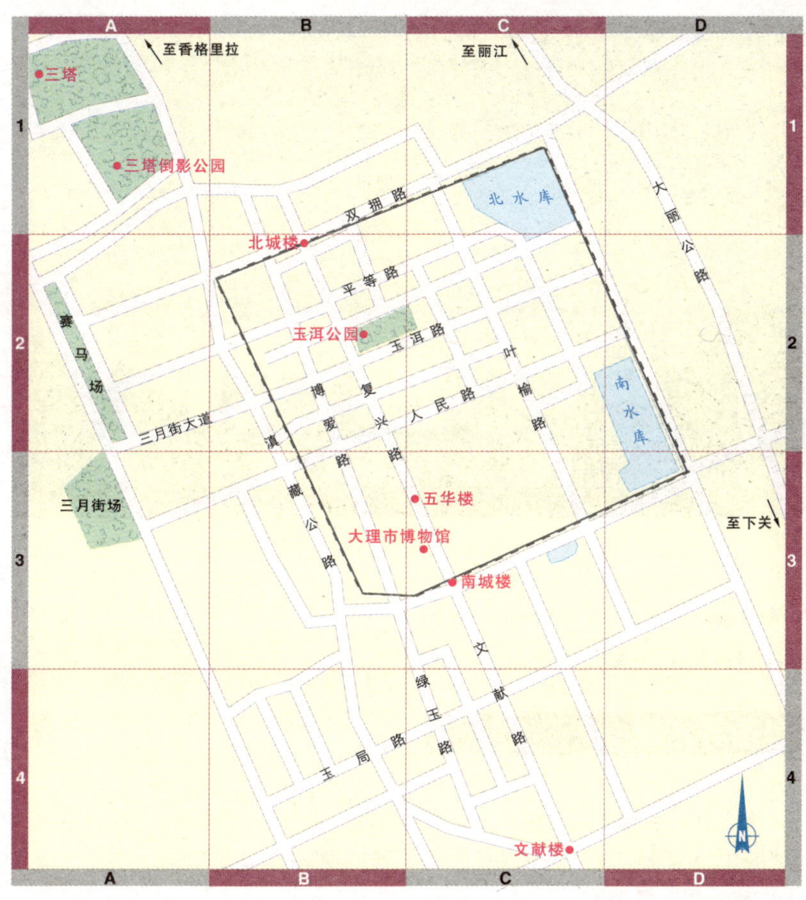

大理古城城区示意图

餐饮： 大理古城及周边，藏有各类客栈、美食的大家或小家。尤其在古城南门，及洋人街附近，中西餐饮等一应俱全，有数十种选择。

特别提醒： 大理人爱花，每户都有花园，名贵的大理山茶花、杜鹃花、素馨花争奇斗艳。

■ 洋人街

【因外国旅行者多逗留于此而得名，现为古城重要的游览点】

大理洋人街原名“护国路”，意为民国初云南人民反对袁世凯称帝，起兵护国而得名。护国路东西走向，长1000 米，宽 7 米，青石板铺就。20 世纪 80 年代，到大理古城旅游的海外游客经常住宿在护国路西段的大理市第二招待所，现在已经改为红山茶宾馆。因此招待所附近逐渐集中了餐厅、酒吧、商店、出租自行车、彩扩等店铺，而且经过外国旅行者口口相传和旅游书推荐，招待所和这条街名声在外，成为大理古城一大特色，因此被称为“洋人街”。越来越多的中西风味店、珠宝店、古董店、扎染店、画廊铺面林立两侧街道，是大理旅游购物、餐饮泡吧的重要场所。

崇圣寺三塔

特别提醒：从古城西门一侧下来即为洋人街，或从古城南门往北行600米。

崇圣寺三塔

【宏伟的三塔是大理最上镜的代表景观】

位于大理古城北约2公里处，三塔修建于南诏国第十代王时期。三塔的主塔名叫千寻塔，高69.13米，为方形16层密檐式塔，与西安大小雁塔同是唐代的典型建筑。塔的基座呈方形，分3层，下层边长为33.5米，四周有石栏，栏的四角柱头雕有石狮；上层边长21米，其东面正中有石照壁，上有黔国公沐英之孙沐世阶题的“永镇山川”4个大字，庄重雄奇。崇圣寺已于2005年4月修复，重现了往日的金碧辉煌。

崇圣寺始建于唐开元年间，经历代扩建，到宋代大理国时期达到了巅峰，有“基方七里，为屋八百九十间，佛一万一千四百尊，用铜四万五百五十斛，有三阁、七楼、九殿、百厦”之规模，享“佛都”之美誉。金庸先生所著《天龙八部》中所描绘的“天龙寺”即指古时候的崇圣寺。大理国有“佛国”之称，22位帝王有9位出家为僧，所以崇圣寺及三塔所享有的地位可想而知。

崇圣寺及三塔建成后寺院曾一度香火旺盛。历经千年沧桑和风雨剥蚀，崇圣寺毁于清咸丰年间。恢复的大理崇圣寺又名“三塔寺”，这里依山傍水、层峦叠翠、环境清幽，真不愧为“灵鹫圣地”，融合了“禅宗”、“密宗”特点，融大乘佛教、大理阿吒力佛教、藏传佛教为一体，重现古代“皇家园寺”辉煌，鳞次栉比，气势磅礴。

当然，相对来说这一主流景点，现在也是最热门的寺院，更多时候游客如云，建筑也基本为翻新。对于喜好清净、文化溯源的游客，可推荐去无为寺。

交通：游客可在下关乘班车至崇圣寺三塔，票价3元。如果从大理古城前往景区，可选择步行，只需半小时；也可乘小马车至三塔，费用4元，或者坐私人巴士直达，票价1元。

门票：121元

特别提醒：

1. 大理古城西门外还有一座造型与三塔相似的弘胜寺一塔，晚上灯光亮起时非常漂亮，可以拍照，也可以在傍晚时，从古城墙上拍过去，非常迷人。

2. 如果要照三塔可在下山的缆车上照，或者骑车去东边的田地里照，或在新大丽公路三塔另一侧的广场上拍摄，或从苍山上向下拍也不错。

三塔倒影公园

【适于拍摄苍山背景的三塔全景】

位于崇圣寺三塔南、北各有一座三塔倒影公园，背靠三塔，以园内的潭水能倒映三塔而得名，南边的公园靠近古城所以比较有名气，至于风光纯属个人喜好。因为三塔门票比较昂贵而且人潮汹涌，所以在这里借着水面拍摄三塔是偏爱摄影的人的乐趣，四时风光不同。倒影公园池水碧绿如玉，清澈见底，浪不惊，平如镜。随着观赏的角度不同，倒影形态也随之各异。每当冬季，整座苍山银装素裹，三塔倒影更加迷人。

交通：在崇圣寺三塔的左侧，如在大理城内，步行半小时即到；如从下关车站下车，乘私人巴士1元即到。

门票：与三塔公园联票

特别提醒：公园门口一侧有家饮食：风味庄，传统白族风味，值得推荐。

背包客收藏：大理的“风花雪月”

大理是一座很美、很有韵味的古城，它的风光可以用四个字来概括：“风花雪月”。即“下关风、上关花、苍山雪、洱海月”。

风：下关风。相传在苍山斜阳峰上住着一只白狐狸，和一个白族书生相爱。洱海罗荃寺的法师罗荃不容他们在一起，施法将书生打入洱海。狐女为救书生，去南海求救于观音，观音给她六瓶风，让她用瓶中的风将洱海水吹干救出书生。当狐女带着六瓶风回到下关天生桥时，遭到了罗荃法师的暗算，跌倒在地，打碎了六瓶风，于是大风全聚集在天生桥上，故下关风特别大。其实下关的风之所以这么大，是因为苍山十九峰挡住了东、西两面的空气对流，而下关天生桥峡谷成为空气对流的出口，所以风特别大。尤其是在冬春季节，行走在天生桥峡谷对着的街道上，大风吹得人站立不住。

花：上关花。又称木莲花，上关自唐代以来就是拱卫大理的要塞。在关外花树村，有棵名为“十里香”的花树，传说为仙人吕洞宾所种，花大如莲，平年开12瓣，润年开13瓣，花色黄白相间，美丽诱人。花后之果壳黑硬，可做朝珠，因而又叫朝珠花。

雪：苍山雪。相传在古代，有一批瘟神在大理坝子中横行霸道，使人们“十人得病九人亡”。有白族两兄妹在观音的指引下学法归来，将瘟神都撵到了苍山顶上，用大雪冻死。为了让瘟神永不复生，妹妹变作雪神，永远镇住苍山上的瘟神，于是苍山雪人峰就有了千年不化的白雪。

月：洱海月。每到农历八月十五中秋节的晚上，居住在大理洱海边的白族人家都要将木船划到洱海中，欣赏海中的金月亮，天光、云彩、月亮和海水相映在一起，形成一幅优美的图画。传说天宫中有位公主羡慕人间的生活，下凡到洱海边上与一渔民成婚。公主把自己的宝镜沉入海底，把鱼群照得一清二楚，好让渔民们能打到更多的鱼。从此，宝镜就在海底变成了金月亮，于是成了“洱海月”，供人观赏。

苍山

【十九峰十八溪俯瞰古城洱海】

苍山又名点苍山，是云岭山脉南端的主峰，东临洱海，共有雄峙嵯峨的十九峰，海拔一般都在3500米以上，最高的为4122米，“风花雪月”中以“苍山雪”最为著名。相邻山峰之间都有一条溪水流淌一直注入洱海。十九峰十八溪构成了苍山独特而多姿的景观。苍山中以中和寺、七龙女池、清碧寺三潭、感通寺等最为著名，现在已经修建的苍山玉带云游路，将这些著名景点连接起来，并有两条索道方便游客上下山。

交通：古城内有公交车（4路）或出租车可到苍山脚下（感通寺），然后从山脚有缆车上山。苍山索道（小索道）60元，苍山感通索道110元。

门票：30元。

特别提醒：

1. 可以在古镇上租马上山，费用约55元（包括上、下山）。骑马还可以随时拍照，最重要的是不必走一段相当长的上坡路去索道站，而且马夫会带你从小路上山，不用买门票。马夫直接牵马到宾馆，然后走公路到感通寺那里的小路再走山路到清碧溪，来回至少4个小时。
2. 建议坐感通索道上去，不要坐小索道，而且只坐单程上去就可以，苍山有两条索道，分别是靠近古城的小索道和靠近新城的大索道。建议坐感通索道（也称大索道，是厢体式全封闭的）上去，然后沿着玉带云游路走到小索道处，步行下山，下山的路上还能看见天龙八部影视城。景色也很好，能远远地看见大理古城和洱海。
3. 在古城内买缆车票比较便宜，在洋人街和主干道交界处的客运票务中心，感通索道往返110元，另外20元车费可以送去索道入口。

玉带云游路

苍山玉带云游路

【路在云上走，人在画中游】

从大理古城乘苍山索道到中和寺后，可看到有一条青石板路从中和寺背后横行穿过，这便是苍山玉带云游路。这条路宽2米，长约18公里。

玉带云游路南起苍山马龙峰，经过龙溪、玉局峰、绿玉溪、龙泉峰、中溪、中和峰、桃溪、观音峰、梅溪，止于应乐峰。苍山玉带云游路把云南最高的苍山电视转播台和半山的风景点桃溪、中和寺、龙眼洞、凤眼洞、七龙女池、清碧溪、感通寺连接起来。大理古城至中和寺徒步约3小时，中和寺至龙眼洞、凤眼洞向南步行约40分钟，龙眼洞、凤眼洞至七龙女池约1小时，七龙女池至感通寺步行约1小时，感通寺步行下山约2小时或乘缆车，也可以反方向穿行。一般体力者走完全程约1天时间，需自备食品饮用水。应注意季节变化，同时务必注意勿穿越两侧小路以防走失。

特别提醒：玉带云游路是一条专为步行者设计的游路，因为，只有步行才能欣赏到苍山的如画美景。

中和寺

【大理古城和洱海之上的风水宝寺】

因位于苍山中和峰而得名，庙宇建在中和峰半山腰上，曾被清朝康熙皇帝赐匾“滇云拱极”，是大理著名的道教寺观之一。中和寺始建于唐南诏国时期，明清时重建后又被损毁。现在仅存的凌霄宝殿和聚仙楼是清光绪二十六年（1900）重修中和寺的建筑物。近年又陆续重建了王母殿、南北灵官阁和观海长廊等景观。在中和寺南面的山涧里有两块巨大的岩石，两块岩石相对峙，形状像石门，溪水从两块岩石中间流出来，被称为“双石门”。中和寺供奉佛、道、儒三种宗教，体现了少数民族地区几种宗教融合的民间宗教信仰。

时间： 8:00 ～ 20:00

交通： 位于大理古城之西苍山半山处，顺洋人街西行即可到达索道下站，从这里可以乘索道或徒步攀登。

特别提醒： 虽然中和寺门口写着香钱自便，但是进寺后，寺中的道士会非常热情地邀你进香祈福，然后让你捐香火钱。

七龙女池

【相传是龙女洗澡的秀美神潭】

位于马龙峰与玉局峰之间，是游览苍山玉带云游路上的重要景点。马龙峰是苍山十九峰中最高的山峰，海拔为 4122 米，山势雄奇；玉局峰则是传说中望夫云升起的地方。七龙女池被这样两座富有奇幻色彩的雄峰所夹峙，再加上周围巨石千奇百怪，溯溪而上，池水一潭比一潭小，景致一潭比一潭精致，传说这里是七位龙女沐浴之地。

特别提醒： 上七龙女池的路需在一个一个大岩石上不断向上攀爬。如果想到七龙女池的最上端观赏，又不想攀爬的话，从苍山防火站往七龙女池走约 600 米，右边有一条岔路，可以直接通到七龙女池上端，只是沿路风景没有那么美。

感通寺

【享有“西南览胜无双寺”的小寺】

位于苍山圣应峰南麓，大理古城和下关之间，距大理古城约 5 公里，距离下关约 11 公里。感通寺始建于南诏初年，背靠苍山，面对洱海。以环境清幽、殿宇轩昂、香火旺盛而被誉为“西南览胜无双寺，苍洱驰名第一山”。

时间： 8:00 ～ 18:00，视旅游淡旺季变动。

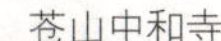

苍山中和寺

特别提醒：感通寺与清碧溪相近，附近有下山的索道站。

清碧溪

【苍山十八溪中名声最大的一条】

是苍山十八溪之一，在苍山马龙峰与圣应峰之间，是苍洱间一处独特的幽谷胜景，被公认为是苍山十八溪中风光最美的一溪。也称“青龙潭”，潭边峭壁上，有“禹空”两个大字，几株杉松挺立两旁，似乎真有龙藏于水中。

溪水在山腰汇为上、中、下三潭，然后流下成溪，蜿蜒曲折流入东面洱海。清碧溪山脚出水口为七里桥。清碧溪自下而上第一潭是一个半圆形的小潭，池水碧绿。第二潭位于三面峭壁中，面潭而立，可见山上溪水沿石壁落入潭中，大旅行家徐霞客在他的《滇游日记》中还记载了在这里跌入潭中的经历。第二潭与第三潭之间须由马龙峰绕行四五百米，道路艰险。第三潭泉水汇聚而成一个稍大的圆池，水清见底。

交通：乘中巴到七里桥后（距大理古城5分钟车程），沿清碧溪步行上山（全程10公里）。回来的时候，可以沿苍山玉带云游路至中和寺，乘马车或索道下山，需要一天时间。

特别提醒：游览清碧溪，一般是先游下潭和中潭，再游上潭。也可从七里桥沿溪水而上，小路时隐时现，终将你引入深谷。

天龙八部影视城

【金庸天马行空的想象落户苍山洱海】

大理天龙八部影视城坐落于苍洱景区的中心。背靠秀美的苍山，东临碧波万顷的洱海，东距大理古城1.5公里，距崇圣寺三塔2公里，是为《天龙八部》影视剧拍摄投资兴建的一个大型影视拍摄基地。主体建筑有城墙、城门、皇宫、王府、大理街、辽街、辽城、女真部落、西夏城等。《天龙八部》拍摄后，这里又接拍了《倩女幽魂》、《福星高照》等电视剧。

穿着古装行古礼，在圣慈宫、镇南王府、瑞福宫、南院大王府、灵鹫宫里走走，甚至有专业演员扎寨大理城内，泡在“洋人街”，全天候演绎历史、再现电视剧中的精彩片段。到圣慈宫和“宋城”市井街，还可以观看南诏宫廷乐舞及皮影戏、踩高跷、抛绣球等民俗文艺展演。参加一年一度的大理“三月街”等民族节日和赛马、灯会等活动。

交通：位于大理古城西面的苍山山麓，距古城2公里。从古城出发：骑马15元，乘出租车15元，马车5元。步行约30分钟。

门票：52元

背包客收藏：苍洱观云

大理苍山西耸，洱海东卧，在苍山洱海之间云海变幻。最有名的有苍山佛光、望夫云、玉带云、火把云等云景。苍山佛光具备的条件是雨后放晴，有云雾缭绕，有太阳折射，只要条件具备，人们在苍山顶就可以见到。望夫云一般在正午左右生成，是大理指示性气候的云，一旦出现就预示洱海地区将有大风。玉带云多出现在夏秋之交的雨后初晴之时。火把云一般出现在农历六月二十五日前后，因这期间的白族人民传统的火把节而得名。

洱海

【云南省第二大淡水湖泊】

洱海是一个风光明媚的高原淡水湖泊，在古代文献中曾被称为“叶榆泽”、“昆弥川”、“西洱河”、“西二河”等。水面海拔1972米左右，

洱海

北起洱源县江尾乡，南止于大理市下关镇，形如人耳，故称“洱海”，南北长41.5公里，东西宽3～9公里，周长116公里，面积251平方公里。洱海西面有苍山横列如屏，东面有玉案山环绕衬托，洱海中有金梭岛、小普陀、南诏风情岛3座岛屿。洱海不仅是大理风景区的主要风景资源，也是白族祖先最主要的发祥地。迄今为止，在洱海及其周围的山坡台地上所发现的新石器时代遗址共达30多处。

交通：从古城去洱海很方便，步行可到，也可乘2路公交车到才村码头（终点站），是洱海的游船码头，还可以打的或乘马车（事先与车主谈好价钱）。从下关到洱海码头，可乘6路车或的士。

门票：洱海公园免费，洱海游船142元，含南诏风情岛门票、洱海资源保护费和白族三道茶歌舞表演。

住宿：建议双廊的蓝影等客栈，以及下拨棚村的“云醉海堂”客栈，后者号称大理十大客栈之一。

特别提醒：

1. 正规的洱海游船就是一条线路：洱海码头—小普陀岛—南诏风情岛—洱海码头，每天8:30和13:30两个出发时间。如果是旺季的话，建议提前一天购票，以便第二天早晨可以直接上船。

2. 在洋人街的客运票务中心购买的洱海游船票价为120元。游船全程约4个小时。

3. 才村码头的游船票价为150元，但到下午游人少时可试试谈价，一般能谈到8折；如果找检票口的船老大谈，运气好的话也许能谈到6折。游洱海时，船停2个岛，上岛后的其他景点另收门票。相对来说，洱海码头的游船性价比更高。

4. 目前大理政府在洱海公园周围，依据自然条件，做了一些科学规划，其中比较有吸引力的则为洱海湿地公园，尤其冬春候鸟较多，湿地生态的科学旅游系统比较完备。

■ 洱海公园

【是观赏苍山洱海景色的好处所】

洱海公园在下关之东、洱海的南岸，它由团山和毗邻的洱海的滩涂组成。古代，团山是一座海水环绕的岛屿，南诏时期为养鹿场，当时山上建有海阁，是洱海的四大名阁之一。后水位下降，团山成为陆上小丘。1975年年初，下关市人民政府扩建团山公园，改名为洱海公园，公园门楼具有白族建筑特色，著名书画家吴作人题书“洱海公园”园名。

背包客推荐：洱海户外运动

如今，环洱海已经有一条完整的环湖路贯通。沿着环湖路的村庄、洱海边，在双廊、才村、大小白族村庄，有上百家有特色的中高低档客栈。而环洱海，及其湿地，也是中外户外旅行者的天堂所在。

在古城或双廊或其他地方租赁单车，环湖为120公里左右，体力一般的可分两天环湖骑行，体力好的可单日环湖骑行。而住在洱海边，清早起来沿着环湖路跑步、摄影，则是最佳的选择。

■ 小普陀

【面积只有一个足球场大小的普陀仙境】

在洱海东部海中的一座小岛上，相传观音开辟大理坝子时，在这里的海面上丢下一颗镇海大印，即为小岛，以镇风浪，保护渔民。因此，渔民们在小岛上建观音阁，纪念观音，并把小岛东部的一个渔村取名海印村，将小岛叫作小普陀。小普陀始建于明代，1982年重修，为亭阁式两层建筑。小普陀地处下关至双廊和蝴蝶泉的海面旅游线上，游船到此，都要停靠海岛。

特别提醒：岛上全是卖小鱼小虾烧烤的摊贩，山麻雀、海螺肉、小鱼均为3元/串、大鱼10元2串。

■ 南诏风情岛

【现代艺术和民族风情相结合的小岛】

洱海三岛中给游客印象最深的通常就是南诏风情岛。位于洱海东北部的双廊村对面，往返交通十分便捷。为了展示南诏文化艺术的博大精深，以及雕塑特有的艺术语言，岛上由沙壹母群雕码头、海景别墅、阿嵯耶观音广场、南诏避暑行宫、白族本主文

洱海中的小普陀

化艺术广场、海滩综合游乐园、太湖石景群落及渔家傲别景共八大景观组成，与独具特色的园林艺术融为一体。登上小岛，一入眼便是一组巨大的石雕，叫作沙壹母群雕。这是根据《后汉书·西南夷列传》中记载的有关大理地区一则神话雕刻而成的。岛上标志性建筑是17米高的汉白玉观音拜弥勒佛的雕塑，观音最大的特点是“蜂腰观音”，这是根据当地出土文物而塑，富有民族特色。

背包客收藏：沙壹母

相传，南诏的祖先是一个名叫“沙壹”的女性，她以捕鱼为生，在捕鱼的过程中，触沉木而受孕，于是生下10个儿子，后来，哀牢山下有一对夫妇生下10个女儿，这些兄弟就娶了这些女子为妻，繁衍至今。这一传说被雕塑家赋予了生命，而且刻绘得出神入化，栩栩如生。

双廊风光

【置身双廊，远眺苍山雪，近览洱海月】

位于洱海东岸，距下关35公里，古称“栓廊”。双廊之南有长约7公里的弧形海岸称为“莲花曲”；北有长约5公里的海湾称为“梦莳曲”，二曲形如长廊，是洱海有名的九曲之中的“二曲”。秀丽的玉玑岛（南诏风情岛）、小金梭岛犹如两只戏水的鸳鸯，拴于两廊之间的丽玲峰下。双廊是东部海岸眺望苍山洱海的最佳位置，这一带的白族村落也远较西岸的清静。

如今，宁静的双廊是发展建设中的客栈大工地，无论白天或夜晚，游客、本地人、施工的，熙熙攘攘。当然，即使如此，双廊也有不少有特色的去处。

其次，双廊此地，也有大理比较多（15条线路）的自然攀岩线路，当然，游客必须有一定经验，或在有经验的中外攀岩向导带领下，才可体验。

背包客收藏：白族三道茶

指的是“苦茶”、“甜茶”、“回味茶”，含义上寓意人生为“一苦”、“二甜”、“三回味”的哲理。头道苦茶又称“烤茶”或“百斗茶”，先苦后甘，能提神补气，使人神清气爽；三道回味茶，放有花椒等作料，喝了能满口清香，回味无穷。白族三道茶起源于唐初，到了唐南诏国中后期，佛教在大理兴起，寺庙里倡导坐禅饮茶，使茶道广为流传，至今在白族婚事、节庆期间专饮“三道茶”。

南诏德化碑

【南诏和中土渊源的见证】

大理苍山佛顶峰下，1200多年前曾是南诏国的国都所在地——太和城，而今还留下了依稀可见的城墙。遗址西起佛顶峰，以南延伸至洱滨村，长3350米，向北延伸至洱海岸边，长3225米，全城面积约3平方公里，一直到明朝后才逐渐荒废。在遗址处有一块南诏时留下的大碑，叫“南诏德化碑”，是国家重点文物保护单位，也是研究南诏历史的重要文物。南诏德化碑立于766年，原立在太和城门旁，碑高3米，相传为南诏清平官郑回所撰，唐流寓南诏御史杜光庭书写。全文约3800个字，行书。碑文主要颂扬了阁罗凤的文治武功，并叙述了南诏、唐朝和吐蕃间的关系，以及历次战争的缘由和经过，表明了叛唐的不得已和希望与唐和好的愿望。该碑对研究云南民族史、西藏地方史都是宝贵的实物资料。

交通：可从下关或大理古城乘中巴前往，票价2元。

门票：8元

南诏风情岛上的沙壹母雕像，周围是她的10个儿子的雕像

喜洲

【保存最多、最好的白族民居建筑群】

喜洲位于大理古城以北18公里处，东临洱海，西枕苍山，喜洲是重要的白族聚居的城镇，这里保存着最多、最好的白族民居建筑群，这些民居雕梁画栋，斗拱重叠，翘角飞檐，门楼、照壁、山墙的彩画装饰艺术绚丽多姿，充分体现了白族人民的建筑才华和艺术创造力。喜洲村头有两棵枝叶繁如伞盖的大青树，俗名万年青，学名高山榕树。白族人认为，大青树是一个村庄兴旺的象征，因此又把它称作“风水树”。

比较著名的有杨品相宅、严家大院、侯家大院等，既保持了白族传统民居特点，又结合了中西建筑手法。杨品相宅现在也叫喜林苑，由一个来自美国的林登博士改成一家主题式文化会所。里面有图书馆、博物馆、咖啡酒吧、坐禅室、中西餐厅、健身室，每个房间都有不同的设计。可以住宿，就是房费有点贵。

喜洲严家大院是参观白族民居的一个重要景点，大院始建于清光绪三十二年（1906），一进大院，有典型的“三坊一照壁”、“四合五天井”的白族民居特色。一个典型的儒商院落，是大理较经典的文化历史景点。

交通： 从古城或下关乘坐开往喜洲的中巴，沿滇藏公路招手即停，票价5～8元；也可在大理租辆自行车骑车去喜洲（距古城13公里），沿途的建筑比古城有趣。如从周城去喜洲需先乘中巴（2元）到喜洲上面的大马路上，然后乘马车（1元）到喜洲镇里。

门票： 严家大院（宝成府）48元（包括门票、导游费、三道茶费）

背包客收藏：白族民居

白族民居是典型的“三坊一照壁”及“四合五天井”的庭院格局。特别重视照壁、门窗花枨、山墙、门楼的装饰。照壁是一主两厢三主庭院的必要建筑，多为一高两低的挑檐飞角青瓦盖顶的墙体；居主房正前，连接两厢山墙，使三方形成封闭庭院。门窗特别是主房堂屋的格子门，多为云木、红椿、楸木、云杉等名贵木材，雕上金鸡富贵、喜上眉梢、麒麟呈祥等吉祥图案。大门座选用海东青山石精凿成芝麻花点、砌出棱角分明的基座，上架结构严谨、雕刻精细、斗拱出挑、飞檐翘角的木质门楼。

周城

【大理州内最大的白族村镇】

位于大理古城北 23 公里，全村居住 1500 余户白族居民，这里曾是大理国王的御花园。村内有古戏台、本主庙、文昌宫等古建筑。在这里可以看到典型的以“三坊一照壁”、“四合五天井”封闭式庭院形式构建的白族民居。周城的扎染制品也是相当出名的。扎染是周城白族人民明末清初以来的民间传统工艺。扎染布由手工针缝线扎，反复冷染浸制而成，显色青里带翠，凝重素雅。用扎染布制作的工艺品充满特色的民族风味，旅行者大多会有兴趣挑选一块留作纪念。

交通：与喜洲同方向，与蝴蝶泉相距较近。从古城可乘来往的中巴或班车前往。从蝴蝶泉到周城可乘三轮车或路过中巴，车票 2 元。

蝴蝶泉

【只剩下美丽传说的旅游景点】

蝴蝶泉位于苍山云弄峰下，泉水清澈如镜。曾经每年到蝴蝶会时，成千上万只蝴蝶从四面八方飞来，在泉边漫天飞舞。无数蝴蝶首尾相衔，一串串地从大合欢树上垂挂至水面。现今蝴蝶会已经成了传说的一部分，很久没有蝴蝶成串地垂挂合欢树了，而蝴蝶泉因为电影《五朵金花》中金花和阿鹏在此定情而闻名遐迩。所以成为旅游者大理之行的重要景点，游人如织。

交通：从大理古城西门外或博爱路拦乘沿线中巴，约 40 分钟即可到达，票价 4 元。也可从下关乘坐开往洱海方向的班车，约需 50 分

蝴蝶泉

钟。或者从洱源码头下船后，沿门口大路直行约 2 公里就是。码头附近有马车、小面包车等多种交通工具可选择，3 元。

门票：60 元

特别提醒：

1. 原本，蝴蝶会于每年农历四月十五日举行，届时，成千上万只蝴蝶从四面八方飞来，在泉边漫天飞舞，首尾相衔，蔚为奇观。但是随着生态的恶化，如今蝴蝶泉的野生蝴蝶几乎没有多少，因此，游客到这里只能看一下蝴蝶博物馆等人工景观了。
2. 公园内建有一个国内最大的蝴蝶繁殖基地与蝴蝶博物馆。

背包客收藏：蝴蝶泉的传说

蝴蝶泉原来叫无底潭，潭边住着一个女孩叫雯姑，聪明美丽如一朵金花。雯姑长大后和猎手霞郎定下终身。后来雯姑被地主抢走，霞郎打猎回来后拼死将她救出。不料官兵追来，二人走投无路，双双跳进无底潭，顿时电闪雷鸣。待雨过天晴，潭中飞出一对美丽无比的大彩蝶，后面还跟着无数的小蝴蝶。从那以后，每年农历四月十五日无数蝴蝶就会聚集在这里，这就是有名的“蝴蝶会”。

花甸坝

【每到春夏之际，这里便成了马缨花的海洋】

在苍山云弄峰和沧浪峰之间，海拔 2900 米。花甸坝奇花异卉争奇斗艳，每到春夏之际，漫山遍野都是马缨花，纵横 20 多里，汇成花的海洋，成为花的世界。

花甸坝南北走向，由大、小花甸组成，长满了花色鲜艳的矮小草类（如龙胆、报春花等高山植物）。西面山峰耸立，如同苍山一样，山峰之间也有条条溪流。山上遍布杜鹃花树和野竹丛，其中以“映日烧林”的马缨花和优雅华贵的黄杜鹃著名。冬天，这里群山银装素裹，是赏雪景的好去处。

交通：从喜洲到花甸坝有两条线路可走：一条从周城出发，西行至沧浪峰山麓，再顺旗鼓山盘山路至小花甸坝，然后到达花甸坝中心，约需 6 小时；一条是从喜洲镇出发，西行到五台峰的宏圭山，再攀登至山顶，然后往北行至山口，平路到达花甸坝中心，也需 6 小时。

特别提醒：

1. 到花甸坝的路很辛苦，可以找马帮租马上山。
2. 具备一定户外旅行经验的游客，可推荐在花甸坝露营，在这里能看到繁星满空。

漾濞石门关

【温柔的溪流将大山拦腰劈开】

位于大理白族自治州漾濞彝族自治县境内，苍山龙泉峰与玉局峰西坡脚下，距大理市区 20 多公里，距漾濞县城 10 多公里。有两座高数百米的断崖峡谷，形如两扇巨大的石门，清流飞瀑，奔泻而出，是一处神奇的景观。石门关如同一座大山被硬生生从中断开，气势险峻。1994 年 10 月发现一处面积约 16 平方米的大型崖画，有动物、人物、果树、房屋、追猎等 200 余幅图。经专家鉴定为青铜器时代的作品，并定名为“漾濞苍山崖画”。

交通：下关西站客运站有班车到漾濞，车费 10 元。但没有直达景点的班车。

门票：20 元

特别提醒：大理攀岩自然岩壁：石门关这里有大理线路最多的攀岩线路选择，当然，这只能针对有一定攀岩训练基础的旅游者。

鸡足山和楞严塔

鸡足山

【五大佛教名山之一】

位于宾川县城牛井镇西北约 30 公里的炼洞乡境内，距大理市 100 公里，是我国的佛教名山，与四大佛教名山峨眉、五台、九华、普陀齐名，在中国和东南亚国家享有盛名，同时又是著名的风景名胜区。鸡足山，山势形如鸡足，故名鸡足山。鸡足山共有 40 座奇山，30 座险峰，34 座崖壁，45 个幽洞，泉潭百余处。相传，鸡足山为释迦牟尼的大弟子迦叶的讲经道场，后来他入定华首门内，等待弥勒佛的降生，遂成了著名的朝佛圣地。山脚祝圣寺是鸡足山最大的寺院，从这里可以骑马上山。在森林中骑马旅行，别有一番情趣，慧灯庵、迦叶殿是两个重要的游览点。鸡足山最高处是金顶，海拔 3240 米。明代大旅行家徐霞客至此观后，叹为观止，云“此不特首鸡山，实首海内耳”。

交通：游客可先从下关乘班车到宾川县，票价 12 ～ 16 元，从宾川县城可以乘中巴到达鸡足山前（灵山一会坊），车费约 15 元；从灵山一会坊到祝圣寺有中巴车前往，盘山公路 3.2 公里，票价约 5 元。到祝圣寺后可骑马或步行 4 公里左右到鸡足山索道，可乘坐全长 1811 米的索道，也可徒步登山直达天柱峰巅的金顶寺。

门票： 60 元，鸡足山索道上行 45 元，下行 35 元

住宿： 可以考虑住在山顶，约 30 元 / 晚。早上在山顶看日出。

大理地热国

【目前亚洲最大的露天温泉浴场】

洱源县是中国地热温泉资源最丰富的一个城市，有地热温泉出水点 88 处，出口温度为 70℃ ~ 90℃之间，被称为“温泉之乡”。位于洱源县的大理地热国建筑特征是仿中国版图建造而成，温泉景区占地 200 亩，全部建在芦苇丛中，在小桥流水的映衬下，30 多个大小不一的温泉池薄雾萦绕，一个直径 29 米、水深 4 米、容量 400 立方米、锅底有 3 个出水口的大滚锅矗立在景区中央。

整个地热国被圆形上的红土矮山包围着，使得这里四季如春，冬无严寒、夏无酷暑，年平均气温在 15℃。

交通： 大理到地热国车程仅 1 个多小时（全程为水泥路面）：从大理北面上大丽路，经喜洲—邓川—洱源大约 1 个小时。在邓川分岔，沿路半小时就到达洱源县城，即可到达地热国温泉，沿途有指示牌。

门票： 泡温泉 98 元

住宿： 白族民居苑 288 元 / 间，豪华标准间 398 元 / 间。本地也有其他 3 ~ 4 家客栈、宾馆作选择。

洱源县西湖

【顾名思义，洱海之源，以水上风景著称】

位于洱源县佛钟山麓，距大理 60 多公里，处于从大理去丽江的途中，为高原平坝淡水湖。由西湖、江尾、罗平山 3 个片区和螺蛳江游览线组成。西湖湖面 3.3 平方公里，系高原断陷湖泊，平均水深 1.8 米，最深 3.3 米，是洱海的重要水源之一。洱海源头清澈明净的湖泊水质，是洱源西湖的资源优势，被称为“高原水乡”的泽国。湖中有六村（ 张家登、清水塘、东登、中登、南登、海塘）一岛，构成村内有湖、湖中有村的天然村湖画景，环山倒影，碧水翠苇，风景如画。

交通： 在大理可搭乘到洱源县玉湖镇的班车，在途中的右所镇下车向北徒步 1000 米即到西湖，票价约 5 元。

门票： 68 元

茈碧湖、梨花村

【洱海之源，清泉如花】

茈碧湖位于洱源县东北部，距洱源县城约 3 公里，距大理以北 73 公里，是洱海水源的主要湖泊。茈碧湖又名宁湖，因湖内生长茈碧花而得名。茈碧花属睡莲科，花茎有筷子那么粗，长 10 米左右，叶子呈心脏形。每年农历七八月茈碧花开，但仅在每天太阳刚出及午后，分别开放半个小时左右，所以又称“子午莲”。梨花村南临茈碧湖，三面环山，以满村梨树风景秀丽而得名，距洱源县城仅 10 公里左右。梨花园村不大，只有 100 多户人家。建筑秉承白族传统风格，无不显现出白族人精巧细致的性格。茈碧湖及周边村落没有苍山洱海那么大气，也没有那么嘈杂，更加清静宜人。

交通： 从大理乘坐石宝山方向的班车可达。

剑川石宝山

【尤以石窟和摩崖造像而声名远扬】

包括海云居、宝相寺和石钟山石窟

三部分。其中以石钟山石窟最为稀罕，它因山坡上有一大石形如大钟而得名，享有“西南敦煌”的美誉。

石窟与摩崖造像分布在石钟寺、狮子关、沙登 3 个片区，计有 16 窟，136 尊造像。雕像构思别致，雕刻精美，堪称艺术瑰宝。石钟寺因山内寺院中巨石如钟而得名。被称为“南国瑰宝”的石钟山石窟群就雕琢于此。石雕共 16 窟，全部雕琢于石钟寺附近方圆十几里内的悬崖峭壁上。石窟造像的题材有佛像类、南诏王造像类、外国人像类几大类，其造型和风格均带有强烈的少数民族气息，是佛教造像艺术中的奇葩。而保存有母性崇拜性质的第八窟佛龛正中莲花座上，雕着一具巨大的女性生殖器，当地白族语称为“阿盎白”，更是大异于中原寺院。

时间： 7:00 ~ 20:00

交通： 剑川县城西南 25 公里处。大理汽车客运站有班车前往剑川。或从下关乘车到剑川县城，行车时间约 2 小时，班车费约 30 元。由剑川县甸南向岔路至沙溪石钟山可乘沙溪方向的班车。

门票： 50 元

特别提醒： 每年农历七月底八月初为剑川石宝山朝山庙会，到时游人络绎不绝。届时，还有一年一度的传统歌会令人流连忘返。

沙溪古镇

【茶马古道唯一幸存的古集市】

沙溪原是茶马古道上的一个重要集市。沙溪环绕在青山绿水之中，自古就是个有名的鱼米之乡。沙溪较大理、丽江小了很多，但因为游人较少保存较好。

2001 年世界纪念性建筑基金会在茶马古道上对澜沧江水系黑惠江畔的沙溪古镇进行考察和体验，最终一致认为：沙溪还保存有的古戏台、古马店、古店铺、古寺庙、古寨门、古四方街，是滇藏茶马古道上保存最为完整的古集市。它真实反映了茶马古道集市是什么模样，是茶马古道唯一幸存的古集市，并将沙溪古镇与万里长城等一同入选 2002 年世界濒危建筑保护名录，可见它的特色和保存价值。

交通： 剑川有车到沙溪古镇，5 元；如果从大理去的话，可以在下关乘到剑川的班车，

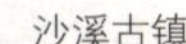

沙溪古镇

在甸南下车，在那里等候去沙溪古镇的车。从沙溪到石宝山，走小路的话，徒步距离有2公里左右，车路有8公里左右。

门票：茶马古道陈列展10元

特别提醒：除去大假、春节等常规旅游时期，其他时间的沙溪如多年前的大理、丽江，是人间最后的宁静时光。

巍山古城

【在这里，无论是品尝饵丝还是点火把，都有一股不可多得的安静】

巍山古城又称蒙化城，为古代南诏国的发祥地，距大理市61公里。据记载，早在汉武帝时，这里就已经开始设县。现存的巍山古城建于明洪武二十二年（1389），至今已有600多年的历史。整个古城比较完好地保存着明清时期的棋盘式建筑格局。城中有大量历史遗迹和古建筑。

鸟道雄关在巍山东北20公里处，是冬季候鸟迁徙的必经之地。那里是一处悬崖，树木森郁。早在明清时期就有相关文字记载，因各种原因来此处过冬的候鸟越来越少，为一大遗憾。

巍宝山离巍山有30分钟的路程（小面包车），是一座道教名山。山上道观林立，松树繁茂，有万顷松涛之称。山上的道观大多可借宿。

交通：从下关至巍山县城，班车票价12～16元。县城至巍宝山，中巴票价5～8元。

门票：巍宝山60元

住宿：在巍山县城居住。此地很少有外来的游人，旅馆只有两家，一是县城宾馆，一是粮食局的招待所，标准间50元/间左右。

餐饮：当地的饵丝相当有名，吃法很多，是当地人主要餐点。城楼下有位老婆婆做的凉虾非常好吃，糖料里有玫瑰，芬芳异常。这里的乳扇价钱便宜，只有大理的1/4。

永平霁虹桥

【我国最早的铁索桥之一，南丝路博南古道上现存最早的渡口桥】

霁虹桥飞架于永平县岩洞乡和保山市平坡乡的澜沧江上。南诏时渡口已建有竹索吊桥，明成化年间改建铁索吊桥。今天的铁索桥为清康熙二十年（1681）建造，光绪年间重修。桥长115米，宽3.8米，净跨56.2米，由18条铁链组成。桥南普陀岩壁上刻有“西南第一桥”、“悬崖奇渡”、“要塞天成”、“壁立万仞”、“沧水飞虹”、“天南锁钥”等题字。霁虹桥被大旅行家徐霞客誉为“迄西咽喉，千载不能改也”，在我国桥梁建筑史上有着重要地位。

交通：没有直达的班车，只能租车前往。到霁虹桥，有东、西两路。东路由大理至永平杉阳，然后沿博南山盘旋而下直至江边；西路从保山经水寨，至桥边。二者相较，东路较平，且古迹较多，“古道”风味较浓。

丽江

丽江古城

【世界文化遗产，小资的天堂】

丽江古城又名大研镇，位于丽江坝子中部，北依象山、金虹山，西枕狮子山，东南面临数十里的良田沃野。丽江是第二批被批准的中国历史文化名城之一，也是联合国世界文化遗产古城之一。丽江古城因四面环山，形如一方大砚，所以取名大研镇。始建于宋末元初，距今大约有800年的历史，连接西北藏区和南部大理以及北部四川盆地，是茶马古道上的交通要冲，所以明清以来日渐繁荣。

丽江城的建筑方法是依水傍河地进行城建规划，是中国古代城建方法的“活化石”。古城保留了大片明清时期的民居建筑，均是土木结构瓦顶民居，布局形式既有“三坊一照壁”的少数民族风格，也有四合院式的汉族风格，融合了纳西、白、汉等民族建筑艺术的精华。民居建筑布局灵活，注重装饰，精雕细刻。在它们的门窗上多雕饰花鸟图案，并且色调浓烈。城内小溪流水沿街纵横，城内庭院广植花木，形成了“家家流水，户户垂柳”的高原水城风貌，被誉为“高原姑苏”。

古城流水密布，约2平方公里的城区内，架有大小桥300多座，被称为“东方威尼斯”。最著名的要数大石桥、万子桥和南门桥。三桥皆为明代所建的石拱桥。大石桥为古城众桥之首，位于四方街东向100 米，由明代木氏土司所建，因从桥下河水中可看到玉龙雪山倒影，又名映雪桥。该桥系双孔石拱桥，拱券用板岩石支砌，桥长10余米，桥宽近4米。万子桥为单孔桥，长9米，高3米，宽4米，万子桥是古时有钱人家为了祈求子孙满堂而特意修建的，桥面由布满石子的沙石岩铺成，取“万子”子孙万千的意思。南门桥为单孔石拱桥，砌有石雕龙头。

门票：80元（古城维护费）

丽江古城

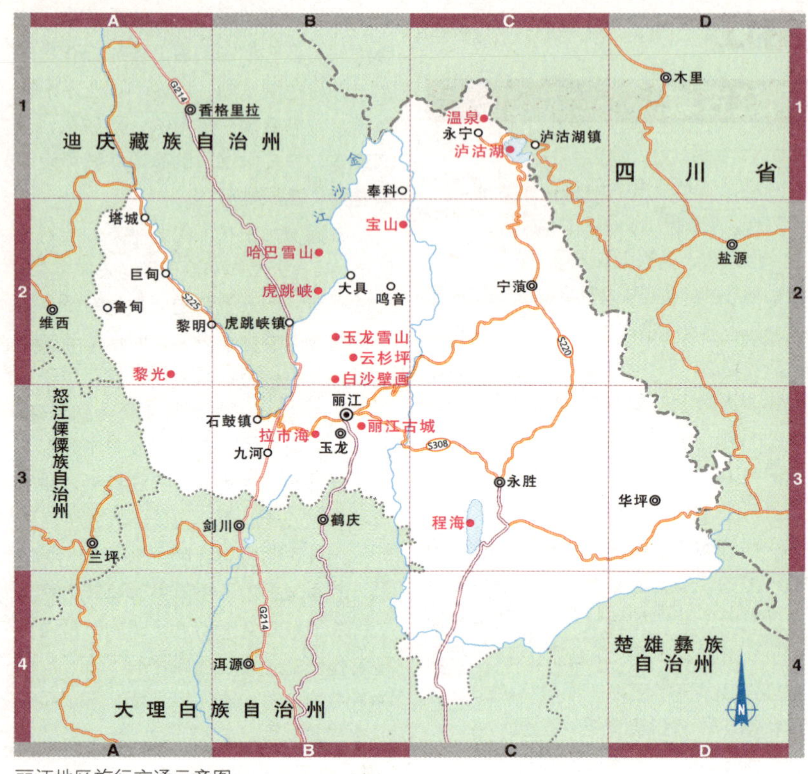

丽江地区旅行交通示意图

大水车

【丽江古城的标志性建筑】

一进古城，首先看到的是两座水车，有人说它们是子母水车，也有人说它们是情人水车，几乎所有来丽江的人都会在这里拍照，所以大水车常年都很热闹。往右是写有江泽民主席题词的照壁。在古城入口的右边是水龙柱。龙是管水的，古城里的土木建筑最怕火，但水能克火，所以立了这个水龙柱，以表达古城人民免除火灾的愿望。

大石桥

【古城中最大的石拱桥，是古城东、西两个部分的交通要道】

建于明代，已有五六百年的历史。它是古城中最大的石拱桥，是古城东、西两部分的交通要道。大石桥又是四方街集市的延伸，曾经是麻布的专卖地，所以又叫卖麻布桥。

背包客收藏：世界遗产委员会给丽江古城的评语

1997 年 12 月丽江古城被列入《世界遗产名录》文化遗产类。世界遗产委员会评价：丽江古城把经济和战略重地与崎岖的地势巧妙地融合在一起，真实、完美地保存和再现了古朴的风貌。古城的建筑历经无数朝代的洗礼，饱经沧桑，它融汇了各个民族的文化特色而声名远扬。丽江还拥有古老的供水系统，这一系统纵横交错、精巧独特，至今仍在有效地发挥着作用。

特别提醒： 古城里，卖小吃的大部分都在大石桥附近的一条街上。

四方街

【游古镇的必经之路】

四方街是古城的中心广场。广场的形状很像方形的知府大印，由土司取名四方街，取“权震四方”之意。也有人说是因为这里的道路通向四面八方，是四面八方的人流、物流集散地，所以叫四方街。

四方街并不水平，而是向东稍有倾斜。因为四方街是个除了“鸡蛋头外，什么都有卖”的热闹集市，没几天就会有许多垃圾，古代没有固定的清洁工，古城人民就根据地势，巧妙地利用西河水自流冲洗广场。做法是：下午集市散了，人们就用三块铺板在卖豌豆桥下（现改为卖鸭蛋桥下）一闸，西河水就漫上河岸流向广场，四周店铺的主人则用棍乘水势挑拨，污水流入东河，去灌溉千顷农田。利用河水自流洗街，既干净，又免了扫地之劳，这在我国的城市中恐怕是绝无仅有的。

四方街还是藏区集丽江的马匹、毛皮、藏药等特产和南方的茶叶、丝绸、珠宝等商品的一个贸易中心。古往今来，白天，这里商贾云集，买卖兴隆，并自然地归行划市，连周围的几座桥都成了一些商品的专卖地，如科贡坊前的这座桥叫“卖豌豆桥”，西南角的那座桥叫“卖鸭蛋桥”。到了夜晚，特别是节日的夜晚，这里又成了各族儿女的歌坛舞池，人们燃起篝火，在这里对山歌，跳起锅庄、芦笙舞，通宵达旦。明代木氏土司的诗句“一匝芦笙吹未断，踏歌起舞月明中”，就是这种盛况的真实写照。

丽江木府

【纳西古风、丽江古城的文化渊源】

木府是木姓纳西族土司府邸。纳西族首领木氏自元朝世袭丽江土司府以来，历经元、明、清三代二十二世470年，在各土司中以“知诗书好礼守仪”而著称。因为土司姓“木”，所以在建设丽江城时特意没有建设城墙，以免“木”字被围成“困”字。木府历经几百年的整修扩建，规模越来越大，明代徐霞客曾感叹地记载：“宫室之丽，拟于王者。”可惜大部分建筑毁于清末兵火，幸存的石牌坊也毁于“十年动乱”。1996年大地震后，世界银行贷巨款相助重建木府。

现在矗立在丽江古城中的木府是仿照当年制式用了3年时间重建的，占地46亩。木府建筑艺术反映了明代中原建筑的气魄，同时保留了唐、宋中原建筑中的古朴风韵。而木府坐西朝东，府内玉沟纵横，活水长流的布局，则体现了纳西传统文化之精髓。

交通： 可沿四方街西侧小河步行前往木府，10分钟即可到达。

门票： 60元

背包客收藏：天雨流芳

木氏家族一直严格要求子弟读书识礼，木府门外牌楼上“天雨流芳”四字是纳西语“读书去吧”的汉语译音，也就是时刻提醒着子弟要读书进取。这是因为纳西族位于北方藏族、南方大理白族两大势力之间，木氏家族要想保有自己的领地必须依赖于中央政府的支持。所以纳西族男子一定要读书做官，也正是如此居安思危的良苦用心，才使得木氏历经22世，共470个春秋。

丽江木府

背包客推荐：丽江自由生活驿栈

凡是来丽江自助旅游的朋友，在百度或者 Google 上搜索或丽江自助游的，一定会知道 www.lijiangdiy.com，网站自助游资料很齐全，并拥有自己的 bbs.lijiangdiy.com 论坛，会员达到 6 万人以上，成了自助游朋友的聚集地，由此就有了丽江自由生活驿栈的诞生。他们的客栈和他们的网站一样做得很好，典型宽大阳光充足的纳西庭院，能一整天晒到暖暖的太阳的客栈，这是在古城里数一数二的，房间装修得很有特色，干净卫生舒适，给人宾至如归的感觉。二楼标准间 120 ~ 150 元 / 间，一楼 100 ~ 120 元 / 间。

地址：在古城西南位置，木府附近，古城区光义街忠义巷 125 号。

电话：0888-5185778

大研纳西古乐会

【已经成为一道经典风景的古城音乐会】

前些年，某音乐杂志和专家关于纳西古乐以及宣科老先生的真伪一事在传统音乐界真是热热闹闹地打了一场官司，至今也得不出一个最终定论。但不可否认的是，宣科老先生确实为丽江的夜晚增添了一道风景。无论这一有作秀倾向的演出是否为有代表性的音乐遗产，至少大部分旅行者都很喜欢，特别是宣科老先生亲自主持演出，幽默、爽朗的主持风格堪称出色的主持人和经理人。所以推荐在丽江应该听一场大研纳西古乐会。

纳西古乐由白沙细乐、洞经音乐和皇经音乐组成（皇经音乐现已失传），融入了道教音乐、儒教音乐，甚至唐宋元的词、曲牌音乐，被誉为“音乐化石”。纳西古乐有一套严格的传承方式，演奏者多为年老艺人，乐器也很古老。纳西古乐会融古老乐曲、古老乐器和高寿艺人为一体，被誉为稀世“三宝”。

地址：古城东大街

门票：分为160元、140元、120元，时间 20:00 ~ 21:30，旅游旺季需提前订票。

特别提醒：四方街上有许多纳西古乐团，例如东巴宫，票价比较便宜，但名声都没有宣科的大研纳西古乐会那么大。

万古楼

【中国木结构建筑第一楼】

位于丽江县城狮子山顶，总高度30多米，飞檐翘角共有13个，比喻玉龙雪山十三峰。楼体雕饰披星戴月等2300个吉祥图案，象征在丽江居住的23个民族。以龙为装饰雕刻形象者，共有9999个，合楼顶藻井一龙，则成万龙万古之盛。楼高33米，象征着33万丽江民众。是中国木结构建筑第一楼。万古楼可以看到古城全景和玉龙雪山。往下走到一半时有个观景台，那里有10元一杯的现榨果汁，坐在那边喝边看古城全景很惬意。

交通：可从四方街沿翻越狮子山的石级步行攀登至万古楼，30分钟即可到达，这样可以一边攀登，一边观景。

门票：15元

特别提醒：万古楼有三个门，从其中一个门下去可以到木府（门口有售木府门票）。

黑龙潭（玉泉公园）

【古城边历史悠久的园林公园】

黑龙潭又名玉泉公园，位于城北象山脚下，从古城四方街沿玉河溯流而上，约行1公里有一处晶莹清澈的泉潭，即为黑龙潭。黑龙潭始建于乾隆二年(1737),其后乾隆六年(1741)、光绪十八年(1892)均有重修记载。黑龙潭内随势错落的古建筑有龙神祠、得月楼、锁翠桥、玉皇阁和后来建于此的原明代芝山福国寺解脱林门楼、五凤楼、原知府衙署的明代光碧楼及清代听鹂榭、一文亭、文明坊等建筑。

交通：从大研四方街步行前往景区，15分钟即可到达。

门票：免费，但需要出示古城维护费缴纳凭据和身份证。

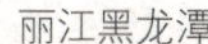

丽江黑龙潭

特别提醒：

1. 进门后经过一座廊桥后，有个观景台，这里是拍摄玉龙倒影的最佳地点，很多旅游团都在这里拍照留念，但是有风的时候水面会起涟漪，就拍不到倒影了。

2. 黑龙潭公园里有一个东巴古籍文献园，专门介绍纳西族的文字以及东巴纸的制作过程，还有免费的讲解。

龙神祠

【为黑龙潭主要建筑】

含戏台、得月楼。得月楼基座呈八角形，高约 4 米，通高 20 米，阔深皆三间。得月楼匾额及正面两副楹联为郭沫若先生亲笔所书。

五凤楼（原名法云间）

【木土司曾在寺内会见过明代著名旅行家和地理学家徐霞客】

位于黑龙潭公园北端福国寺内，始建于明万历二十九年（1601）。五凤楼高 20 米，楼台三叠，屋担八角，三层共 24 个飞檐，就像五只彩凤展翅来仪，故名五凤楼。五凤楼格局、装饰具有汉、藏、纳西等民族的建筑艺术风格，是中国古代建筑中的稀世珍宝和典型范例。

玉龙雪山

【北半球最靠近赤道的山脉】

在丽江城西北，距县城 15 公里。玉龙雪山是纳西人心中的圣山，是纳西人世代流传的民族大英雄和保护神“三多”的化身。玉龙雪山是北半球最靠近赤道的雪山，山势南北走向，高山雪域风景位于海拔 4000 米以上。这里终年积雪，雪山山体高耸，横亘排列着十三座山峰。玉龙雪山主峰扇子陡海拔 5596 米，为诸峰之最，位于玉龙雪山南麓，当地人称为“拖斯般满动岩”，意为“卜松毛卦峰”，也称白雪山。整个雪山集亚热带、温带及寒带的各种自然景观于一身，构成独特的“阳春白雪”主体景观。玉龙雪山主要有云杉坪、白水河、甘海子、冰塔林等景点。

雪山有三条缆车线，第一条是冰川公园缆车，俗称大索道，上到海拔 4506 米处的冰川公园，自冬天到次年的 5 月左右，可直接到雪地玩雪，6 月后雪渐渐消融，只能见到冰川和裸露的大岩石，使观景逊色不少。第二条是云杉坪缆车，俗称小索道，上到海拔 3240 米处的云杉坪。这是云杉林中的一个面积约 1 平方公里的草坪，背景是玉龙雪山终年积雪的主峰扇子陡，天晴时景色很美，天阴则只能见到草地和森林（在旅游旺季中大部分是这种情况）。第三条是牦牛坪缆车，俗称中索道，上到海拔 3100 米的牦牛坪高原牧场，这里冬天下雪后的景色很美，背景是蓝天下耸立的雪峰。

交通： 1. 可乘坐索道公司的巴士上山。

2. 也可从古镇包车来回接送，约 60 元。如果是选择古城到玉龙雪山，约 200 元 / 天。景区大门继续车程 15 分钟后到达游客接待中心（购买大索道票、冰川公园环保车票）。环保大巴从游客接待中心开往冰川公园大索道下部站（购买换乘的大索道票），车程 20 分钟左右。

3. 也可在古路湾宾馆门口乘索道公司的快速巴士直接到达大索道售票点。

4. 也可通过客栈包车（费用是 80 ~ 120 元 / 天）。包车的话，司机只能送到甘海子和《印象·丽江》舞台附近的停车场。

门票： 进山费 105 元（需出示古城维护费）；玉龙雪山门票 + 大索道 240 元；“大玉龙”景区门票 190 元（包括玉龙雪山、玉水寨、东巴谷、玉柱擎天景区、东巴万神园、东巴王国、玉峰寺）。建议只买雪山的门票就好。

玉龙雪山

特别提醒：

1. 大索道（又叫“冰川索道”），票价162元（往返），冰川公园环保车20元；小索道（也叫“云杉坪索道”），票价57元（往返），环保车20元；中索道（牦牛坪索道）82元（往返），环保车20元。

2. 去牦牛坪最好找旅游公司联系，三四个人组成一个小团即可出发，独去相对来说会花更多的钱。

3. 游客接待中心购买的环保车票包括游客接待中心至大索道的往返环保车票（白色大巴）和游客接待中心至白水河、蓝月谷、云杉坪和牦牛坪的往返环保车票（绿色大巴）。因此，只要购买一张20元的环保车票，就可以在景区内任意乘坐环保车前往各个景点。

甘海子

【通往玉龙雪山公路旁的大片草甸】

玉龙雪山东面的一个开阔草甸，全长4公里左右，宽1.5公里，海拔约2900米。风景秀丽的大草甸是仰望玉龙雪山的最佳位置，从这里横看玉龙雪山13座山峰历历在目。从甘海子草甸到4500米的雪线，草甸子上的花草到山间雪松林再到依附在岩石上的高原苔藓，均可一览无余。这里是一个天然大牧场，每年春季附近的藏、彝、纳西族牧民们都要带上毡篷，骑着高头大马，驱赶着牧群来此放牧，一片草原春色。

交通：从甘海子的游客接待中心步行到3号停车场，这里有发往云杉坪和牦牛坪的环保车。

白水河

【据说用河水洗手可以带来好运】

白水河位于甘海子到云杉坪之间的山谷丛林内，海拔约2850米。白水河因河床、台地都由白色大理石、石碳石碎块组成，呈一片灰白色，清泉从石上流过，亦呈白色，因此得名。从白水河开始可以沿林间铺设的“云杉栈道”步行或骑马登上云杉坪，约需1小时。在白水河附近的停车场，游人可以搭乘索道缆车至云杉坪，索道落差300多米，运行十几分钟。

交通：在河边可以随意搭乘小巴到大索道处，只需2元。从大索道处可以坐免费巴士往周围的白水河及蓝月谷游玩。

背包客收藏：约瑟夫·洛克

1922年美籍奥地利人约瑟夫·洛克来到丽江以后在此生活了27年。他受到《美国国家地理》杂志资助，对丽江及周边地区的地理、植被、民俗进行了深入的考察，并留下了大量的图片、文字资料。著有《中国西南纳西古王国》、《纳西语英语百科全书》。他的作品和图片将丽江这一雪山环绕的偏远地区介绍给世界，而他收集整理的资料是研究了解丽江地区文化历史宝库的第一手资料。正是因为有了洛克的推荐，丽江从一个静寂的小镇变成今天的旅游胜地，每年不断有来自世界各地的游人来这里探寻洛克笔下的纳西古王国。

现在村中依然保留着洛克旧居，旧居内陈列着洛克的一些用品和他书中的图片、资料。

蓝月谷

【与四川九寨沟的海子相似，水色五彩缤纷】

位于白水河下游，共有三个湖，上下水位落差行程类似于白水台的景观，非常迷人。站在湖水边，远处被白雪覆盖的山峰在云雾中若隐若现。蓝绿相间的湖水有如九寨沟海子般美丽，有“小九寨”之称。高山湖泊、钙华池、小瀑布、林木，映衬雪山，很美，很静谧。美中不足的是，本处景点为人工依据原来的自然地貌改造，人工痕迹比较明显。

交通：蓝月谷不长，可自行徒步前往，也可乘电瓶车。

玉柱擎天

【玉湖倒影为玉龙雪山十二影之首】

位于玉湖村（玉龙第一村），海拔2800米左右，主要景点有巨石壁字、太子洞、观音岩、雪松庵、千年古树、上下深潭瀑布、美籍奥地利学者洛克旧居

东巴万神园

（是他居住和生活 27 年之久的地方）等。

玉峰寺

【丽江著名藏传佛教寺之一，寺里有一株花开万朵的茶花树】

位于丽江市区北 13 公里。玉峰寺建于清朝康熙末年，寺内有 3 个院落，最著名的就是号称“万朵山茶”的一株茶花树。这棵山茶树种植于明成化年间，树龄 500 多年。每年立春，花蕾初绽，直至立夏，历时七个节令，100 多天，先后开花 20 余批，一批未歇，一批又含苞待放，每批开花千余朵，总共要开两三万朵，故称“万朵山茶”。茶花盛开期是每年 3 月，这个时候人山人海共赏茶花。

文海

【洛克曾居住的地方】

每年的春夏季节，文海就是花海，是丽江旅游最值得去的一个景点。其在丽江玉龙县白沙乡的文海村，海拔 3100 米。文海由古老的冰蚀湖演变而成。湖水从其南侧的数个落水洞下泻后不知去向。秋冬季节为丰水期，有候鸟栖息。玉龙山倒映湖中，静谧如仙境；春夏为枯水期，鸢飞草长。旧时这里是滇藏线茶马古道的要道之一，马帮常在此逗留，放养骡马。文海（湖）南有一石柱，相传是藏传佛教领袖大宝法王噶玛巴的神杖所化。

草原边的山脚下散落着一百多户民居，这里就是文海村。每年的 4 ~ 11 月草原上放养着成群的牛羊，而当七八月雨水最多的时节，这大片草原才成了一个湖泊。

特别提醒：

1. 洛克故居的村庄时有旅游风气不好之传闻，游客可谨慎与旅游商家交往。
2. 推荐线路：丽江—白沙—玉湖村—洛克故居—文海。

东巴万神园

【有趣的东巴神鬼雕塑群】

位于玉龙雪山南麓的玉峰寺旁，背靠玉龙雪山，万神园建在草甸上，虽然有点造作但确实有神秘味道。万神园正门两个巨型图腾柱与雪山主峰形成一条主轴线。轴线中依次排列分布着 3 个巨型法杖，长 240 米，宽 6 米的神图路，两道神门，3 个东巴至尊神。轴线两边广阔的区域，左为神域，右为鬼域，分别雕有 300 多尊自然神、

云杉坪远眺玉龙雪山

护法神、家畜神及各类风流鬼等巨型木雕。如果时间充裕倒也可以来看看东巴人的奇思妙想。

玉水寨

【纳西族中部地区的东巴圣地，是丽江古城的溯源】

玉水寨东巴文化传承基地保留了纳西族传统古朴的风貌，与周围优美的自然景观交相辉映。现景区内有三位著名的东巴大师主持日常事务，有数名东巴学生，在玉水寨学习东巴经文、东巴舞蹈、东巴祭祀仪典、东巴艺术等。每年农历三月初五，整个纳西族地区的东巴聚集在玉水寨，在东巴什罗庙举行一年一度的东巴什罗会。

美国大自然保护协会甚至将玉水寨指定为东巴文化传承基地和白沙细乐传承基地及勒巴舞的传承基地，进行纳西民族古文化的挖掘、整理、传承、研究、展示等工作。

云杉坪、牦牛坪

【晚春初夏的高山草甸最美】

云杉坪是玉龙雪山东面的一块林间草地，约1平方公里，海拔3240米。雪山如玉屏，高耸入云；云杉坪环绕如黛城，郁郁葱葱。牦牛坪风光和云杉坪类似，海拔3700米，也有索道连接。无论从哪处景点都能看到风光无限的玉龙雪山。从云杉坪观玉龙雪山，在云杉、绿草、蓝天、白雪之中，玉龙雪山峻美异常。而在牦牛坪上，站在青青草原上，玉龙雪山近在眼前，连一道道冰川留下的痕迹都清晰可见。

特别提醒：

1. 云杉坪离古镇比较近，开发也较早，而牦牛坪的海拔较高，开发时间晚于云杉坪，加上路途较远，所以到达的游人相对要少很多。
2. 据说从云杉坪拍玉龙雪山是最好的角度。
3. 5月份乘到牦牛坪的中索道穿梭在玉龙雪山的原始森林中，满眼都是火红的杜鹃。

冰川公园、大索道（冰川索道）

【我国纬度最低的雪山，海拔最高的旅游客运索道】

玉龙雪山是欧亚大陆纬度最低的一座有现代冰川分布的雪山。东麓分布在南北长15～16公里，东西宽4～5公里的冰川公园范围内，有一个面积不大但类型多样的现代冰川和古冰川遗迹，可以说是浓缩了全球中低纬度山岳冰川的主要精华。出大索道上部站就步入了玉龙雪山冰川公园。玉龙雪山索道长2911米，高差1150米。索道最高处海拔4506米，索道上方冰川观景台海

《印象·丽江》

拔 4680 米，因为海拔较高，所以较为辛苦，路程约 1 小时。

特别提醒：

1. 大索道受风力的影响很大，风力一旦过大就会停运。
2. 山下索道站有氧气瓶（空气清新剂瓶子大小），50 元 / 瓶。
3. 氧气瓶更多起到安慰作用，建议游客多喝水、前夜早休息勿喝酒，这样高山适应会好很多。

《印象·丽江》

《印象·丽江》是张艺谋继《印象·刘三姐》之后推出的又一部大型实景演出，上篇为“雪山印象”，下篇为“古城印象”，以雪山为背景，以民俗文化为载体，在海拔 3100 米的世界上最高的玉龙雪山的甘海子蓝月谷剧场，来自 10 个少数民族，16 个乡下村庄的普通农民，用他们最原生的动作、最质朴的歌声，表达了丽江与自然浑然天成的美。整个演出全长一个半小时，启用了最先进的造水工程和烟雾效果工程，营造出令人赞叹的视觉效果。尤其是音乐，特别煽情。

时间：每天 10:30 及 13:30 各演出一场，演出时间一个半小时。

门票：190 元。提早一天让客栈代买，可以便宜到 170 元。

文峰寺

【滇西北地区噶举派藏传佛教最高学府】

位于丽江古城西南文笔峰山麓，始建于清雍正十一年（1733）。藏语名“桑纳迦卓林”，意为“幸福乐园的喇嘛寺”。文峰寺原有大殿 5 院，僧房 24 院，建设规模居丽江寺院之首。现存主体建筑大殿和僧房 2 院，大殿为三重檐楼阁式建筑。顶层屋顶为四角攒尖顶，形如四方亭阁，位于大殿最高层。文峰寺是滇西北噶玛噶举派藏传佛教的最高学府，它在西藏、青海、四川、云南等地的宗教界有重大影响。

文峰寺后的文笔山腰，有一灵洞，洞旁建有静坐堂，当年各寺都选派有水平的藏传佛教教徒来这里学经深造，历时需 3 年 3 月 3 日 3 时 3 刻，在此期间，与外人隔绝。据称佛门钥匙存放于灵洞侧的一道岩缝中，藏族信徒每到鸡足山朝拜，都先到这里叩拜，以表求借钥匙之意，归来往岩缝中放下1粒小石，以示送回。

交通：丽江电影院门前新大街可乘专车往返。车费6元。

门票：15元

特别提醒：文峰寺的山下，为黄山镇文笔村，这里有丽江古城高尔夫场。毗邻文笔海，是相当一流的高尔夫球场。文笔村，是20年前的丽江古城风味，非常安静，推荐这里的"喆里"客栈，这是一家相当高档、极有文化特色的客栈。

拉市海

【候鸟钟爱的高原湖泊】

位于丽江城西13公里的高山湖泊，去往玉龙雪山和虎跳峡时都可以和它擦肩而过。纳西语中"拉市海"的意思是"新荒坝"。湖的一边是山，一边是草原，一路上风景都好美。湖底长满了草，有些还开了小白花，还有野鸭在湖面上游弋觅食。这里湖泊宁静，人烟稀少，水草丰美，每年初冬都会有上万只候鸟迁徙至此直到第二年春天。这里也是丽江周边骑车闲逛的去处之一。

交通：可以在古城南段忠义市场南门搭经过拉市海的车辆。那里有挂着"拉市、海南（海北）"牌子的小面包车，到海南5元，海北4元。

特别提醒：

1. 拉市海周围的村子现在都把湖边的地圈起来做马场，你如果不骑马、划船，他们不让你走到湖边去。
2. 在拉市海骑马、划船，根据线路的不同，价格从180元到660元不等。其中480元的套票，划船加骑马绕湖半圈，然后再走茶马古道到束河古镇的线路比较好。还有就是180元的纯粹拉市海划船、骑马比较实在，可以砍价。不过之前一定要明确所走的线路，不然可能会偷换减线路和景点。
3. 拉市海一周有好几个马队。一个马队就是一个门票点。不同的马队门票砍价的余地也有一定差异，只是差别不大而已。

指云寺

【丽江地区藏传佛教五大寺院之一】

指云寺位于拉市海西部秣度山麓，距离丽江18公里。始建于清雍正年间（1728），后几毁几建。其实寺院本身不大，比较清静。寺前湖光山色，农舍田畴，错落有致，景致极佳。

交通：位于拉市海附近，如果骑车去拉市海游玩可以顺路一游。

门票：10元

束河古镇

【被称为最适合"发呆"的茶马古道上的小镇】

位于丽江市区北7公里的束河古镇，距离白沙镇3公里。纳西语称"绍坞"，意为"高峰之下的村寨"。是纳西先民在丽江坝子中最早的聚居地之一，是茶马古道上保存完好的重要集镇。开通于唐代的茶马古道，从滇南经丽江直达西藏拉萨，经千余年的贸易往来，促进了沿线各族人民的经济文化交流。束河即是丽江坝子中保存完好的驿站，1997年被列为世界文化遗产，是丽江古城的重要组成部分。

束河古镇背靠玉龙山脉余脉，被风水家称为"丹凤含书之地"，是丽江木氏发祥之地。束河地处茶马古道之上，自明朝木氏土司聘请江南工匠，定居束河为往来马帮以及当地人制作皮具，历代相传使得束河成为滇、川、藏交界地域著名的"皮匠村"，束河的皮具和皮匠随着马帮走遍茶马古道的每一个角落，有“束河皮匠一根锥子走天下”之说。

束河规模小于丽江古城，但是完好地保留了石桥、石板路、上马石、“马锅头”的庭院以及龙泉寺明代壁画。束河，即是丽江古城的重要组成部分，它所拥有的自然风光、民俗风情、历史遗迹以及多元文化景观，都是丽江古城的补充与延伸，束河没有丽江繁荣却要清静许多，所以被旅行者称为“可以发呆的地方”。

束河镇边缘还修建了西部最大的束河影视基地，影视基地与束河古镇边缘交错在一起，使得整个束河成为一个集古镇、影视基地的景区，2005 年年底张艺谋导演《千里走单骑》80% 的外景就是在束河古镇拍摄的，为束河扬了名，从此束河古镇的“可以发呆”的时光将成为回忆。

交通：从丽江坐出租车 15 元可到，时间大约需要 20 分钟；新城丽客隆超市边上坐小面包车可去束河，2 元 / 人，坐满就走。或者乘 11 路公交车到束河岔路口站下车，往西（下车面对玉龙雪山的左手方向）沿路步行 500 米左右即到。返程时可在马路对过儿的车站坐车。

门票：50 元，如有古城维护费缴纳凭据，则不需购买。

背包客推荐：束河古镇特色客栈

束河古镇候鸟客栈

离束河古镇四方街不远，有家候鸟客栈，穿过不大的院子，走上楼梯，上面有个硕大的露天平台，几张桌子不规则地摆着，在这里喝茶聊天晒太阳，也可以一览古镇全貌，更可以眺望远远的玉龙雪山，这是老板最值得夸耀的地方。许多人还纷纷慕名前来。前院标准间约 150 元 / 间、后院标准间约 200 元 / 间。

地址：束河古镇街尾村清泉路 43 号

束河古镇龙门客栈

一走过束河的青龙桥，就是“派头”很大的龙门客栈。龙门客栈原本是村子里的晒谷场，院子里都是晒谷的架子。龙门里有着各式各样让人惊奇的物件，随意就可翻出好玩的东西，一把大刀、一个斗笠、一件大衣、一条腰带……在门口的越野跑车和古代装饰还真模糊了自己的视线，在这里仿佛可以拍摄自己的武侠片。标准间 150 元 / 间左右。

地址：束河古镇青龙桥旁

三眼井客栈

三眼井是一方小池，隔成三份：第一作为喝的水，第二洗菜，第三洗衣服。背后是家“三眼井”客栈，门前两只大红灯笼，木质的栅栏里晾晒着过冬的谷物。客栈里

束河古镇

是全新的设施，有点度假的感觉，对于那些吃不了苦又想体验客栈的朋友是个不二的选择。双人间 80 ~ 120 元 / 间。

地址：束河古镇烟柳路三眼井旁

电话：0888-5136923

束河 K2 国际青年旅舍

纳西大院，可以晒太阳；所有家具都是实木的，古朴简洁。标准间 138 元 / 间。

地址：束河古镇康普路拐柳巷 1 号

电话：0888-5130110

白沙古镇

【丽江最古老的集镇之一】

位于丽江县城以北约 8 公里，北临玉龙雪山，南至龙泉，西依芝山。

白沙古镇是丽江最古老的集镇之一，是纳西族在丽江坝子的最初聚居地，也是丽江木氏土司的重要发祥地。现在闻名遐迩的丽江古城中四通八达的水系布局即是以白沙古镇的流水为原型的。现存有明代建筑大宝积宫、琉璃殿、文昌宫等，著名的白沙壁画就在大宝积宫内。

丽江 1997 年申报世界文化遗产由 3 个古镇组成，大研古镇（即丽江古城）、束河古镇（自古为茶马古道上一个商业重镇）、白沙古镇。这里有长达 2 公里的千年白沙老街古村落，还有明清建筑群和部分古老建筑物内壁的白沙壁画。千百年来一直保持的纳西族人传统的劳作和生活方式。

交通：从丽江打车往返 40 元左右。从丽江金甲市场对面的联通大厦西侧可坐小巴直接到达白沙古镇，大概是一刻钟一趟。每人 3 元。也可从丽江租自行车前往，从丽江到白沙骑自行车大约 1 小时，从白沙返回丽江大概 30 分钟。

特别提醒：白沙古镇相对较推荐，这里是 15 年前的丽江古城，束河是七八年前的大研古城。

背包客推荐：白沙古镇特色餐馆

白沙 HERE（喆里）披萨店

2013 年 4 月，被纽约时报成为“中国最好的比萨”。

地址：白沙村白沙街东侧

电话：0888-5306668

白沙壁画

【纳百川精神的壁画精品】

明洪武十五年（1382），纳西族首领阿甲阿得率众归附明朝，得明太祖钦赐姓“木”，木氏土司秉“纳百川精神”、“窥中原之脉”的思想，积极引进内地先进文化和技艺，在白沙大肆修建庙宇 20 余处，并邀请汉、藏、纳西族画师在这些殿宇四壁作画，而大宝积宫和琉璃殿及大定阁是保存明代壁画较集中之处。大宝积宫有壁画 12 幅，上面绘有 167 个形象。第一大特色是多种宗教文化融汇兼收，壁画上有佛、道、藏传佛教多种宗教画像。第二大特色是世俗化生活繁多，有耕织渔猎、田园村舍等内容。第三大特色是多民族艺术荟萃，从壁画中可以看到有自明代到清初 200 年间无数汉、藏、纳西等民族画师的丹青气度。

交通：就在白沙古镇里，可步行前往。

门票：30 元

虎跳峡

【世界上最深的峡谷之一，也是中国最著名的徒步线路之一】

虎跳峡是世界著名的大峡谷，分上、中、下三段。江水在玉龙、哈巴两

虎跳峡

座雪山的夹峙下奔流向前。公路左边是玉龙雪山，右边是哈巴雪山，公路旁陡峭的峡谷下就是蜿蜒的金沙江水。

虎跳峡位于丽江市区西北面，路程105公里，在迪庆藏族自治州和丽江市之间，从香格里拉或丽江均可前往。虎跳峡起自香格里拉桥头村，止于丽江大具村，在金沙江上游，全长18公里，分上虎跳、中虎跳、下虎跳3段，迂回道路25公里，峡谷垂直高差3790 米。江流最窄处仅30余米，相传猛虎在江中的礁石一跃而过至对岸，故称虎跳峡。峡内礁石林立，有险滩21处，高达十来米的跌坎7处，瀑布10条。20世纪30年代，美国著名人类学家洛克曾3次游历虎跳峡，并租用飞机从空中拍摄照片，获得大量资料，使虎跳峡闻名于世。

交通：丽江客运中心站每天有2班车发往桥头镇。大多数游客来虎跳峡多半游览的是上虎跳。也可以从四方街包车前往，往返约100元，半天即可。一定要提前和师傅讲好，必须让他把你送到景区任何地方，因为有的

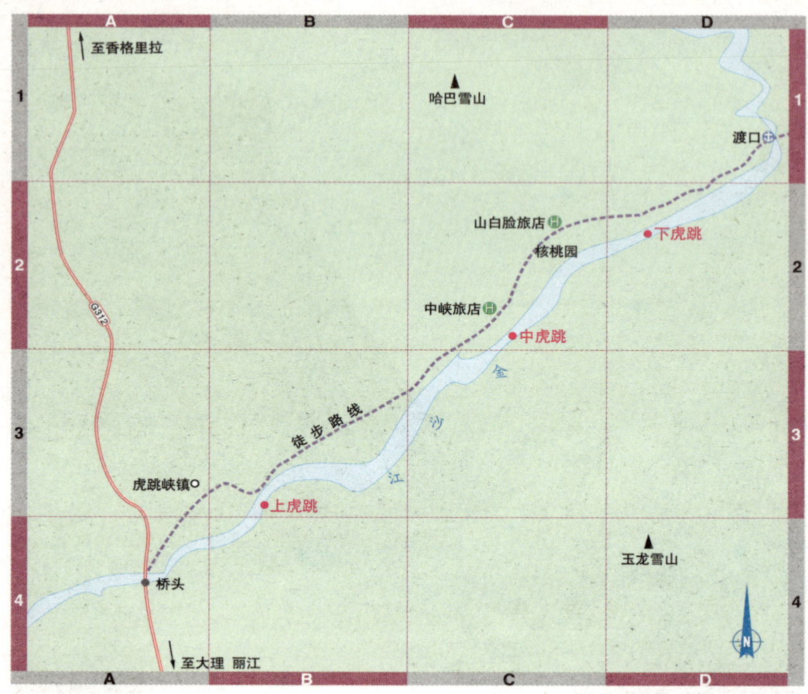

徒步虎跳峡线路示意图

司机包车价格只到景区门口，而里面又要另外租车。

门票：50元，包括上虎跳和中虎跳。

特别提醒：

1. 从虎跳峡乘车去香格里拉，一般的乘车点是在虎跳峡桥头。但实际上，桥头离上虎跳有12公里，上虎跳也有很多私人小巴，可以拼车出来。上虎跳有很多旅行社的车，一般不会刚好车满，所以建议大家搭他们的车（25元左右），又安全又舒适。

2. 出大具村向东沿公路（白水台方向）步行约45分钟可抵观景台，这里可以眺望哈巴雪山全景。5～6月份这里满山杜鹃，景致颇佳。

3. 峡谷内住宿条件一般，但卫生环境很好，而且视野极佳，声名远扬世界。平均客房15～20元/床，用餐10元/餐。纳西雅阁客栈，院落整洁；中途客栈Halfway，视野极佳；中峡旅店Tina's，世界闻名，新建了楼房旅社；山白脸Woody、核桃园、雪花旅馆Snow Flake等。丽江和香格里拉背包客旅社内均有徒步虎跳峡手绘地图，也可以找到峡谷内旅馆电话。

上虎跳

【普通旅行者最容易到达的景点】

金沙江在长江第一湾石鼓一带，江面宽达150～350米，水流平缓，在往桥头村约35公里江面上可通行300吨的机动船，而从桥头村下行6公里至上虎跳峡口，金沙江被两大雪山挤压，江面急骤缩到30米，加上江心巨石的阻挡，江水狂驰怒号，激起排空浪花，发出阵阵轰鸣，成为虎跳峡最壮观的景点。上虎跳是虎跳峡中江水最为汹涌的所在，交通也方便，是普通旅行者和团队客人来此游玩的著名景点。

进虎跳峡镇后往右不远就到了景点售票处，这里距离上虎跳景区还有9公里。可租用在景区门口往丽江方向50米左右公路两边停靠的旅游车进入景区，往返60元。外来车辆也可以直接进入，除了门票外没有附加费用。

上虎跳的路都是木板做的台阶路，还是很好走的。返回的路程有另一条石级路可走，就是稍微陡峭一些，不过感觉路程更近。整个上虎跳游览时间在1.5小时。上虎跳的主要看点是虎跳石，这里是整个虎跳峡较窄的地方，两岸相隔30多米，但不是虎跳峡的最窄处，最窄处在中虎跳的“一线天”，两岸间距离只有20多米。

特别提醒：
上虎跳入口处有行李寄存处。

中虎跳

【比上虎跳艰辛，却是徒步爱好者乐此不疲的线路】

中虎跳距离上虎跳直线距离5公里，中虎跳公路至江边由当地人修建了陡峭简易土石路，中虎跳边也由当地人修建了一座简易小桥抵达虎跳石。需要分别支付10元左右的修路维护费。其中最有名的就是张老师客栈。这里不仅可以住宿，也是下天梯的路口，在热爱虎跳峡徒步的人中间非常知名。中虎跳比上虎跳险峻，但没有上虎跳的视野开阔，中虎跳向下游有原来沿江开凿的甬道“一线天”，也可从此通向下虎跳。

交通：前往中虎跳必须换乘当地车辆，桥头镇—中虎跳峡张老师客栈，往返20元。

特别提醒：中虎跳的徒步上下山线路，很是险峻陡峭，每一两年都有旅游者摔伤甚至遇难。在此徒步，应格外注意安全。

下虎跳

【有新老渡口渡过金沙江，连通丽江和迪庆】

下虎跳老渡口距离中虎跳约3公里，新渡口则更远一些，这里江面较上、中虎跳缓和。江水流出巨大的令人震撼的是滑坡区后江面开阔平和。下虎跳渡口可以在大具村或者峡谷内旅社确认一下时间，摆渡人不一定在河岸的哪一侧，不过这里常年培养出来针对背包客的服务意识相当体贴，可以放心前往。

哈巴雪山

【与玉龙雪山一左一右地拱卫着金沙江虎跳峡】

位于香格里拉县城东南部，主峰海拔5396米，隔虎跳峡与玉龙雪山相望，因为虎跳峡徒步线路其实是经过哈巴雪山余脉而行。从虎跳峡可以绕过哈巴雪山东侧经迪庆哈巴乡至白水台和碧塔海，行程分别为50公里和100公里。

哈巴雪山

哈巴雪山至今还保留有许多古冰川遗迹——角峰、刃脊、U形谷和羊背石。此外还有许多冰碛湖，湖水因湖底石色而异，水温极低，无水藻和鱼类生存。雪山上动植物种类繁多，常见到滇金丝猴、野驴、猕猴等各类珍稀动物出没其间，有“天然动物园”的美誉。

特别提醒：哈巴雪山乃云南的第一入门雪山，哈巴村的本地向导也在多年的培训和服务中，有不少本地人能提供比较到位的技术服务。因此，建议游客不要在这里擅自登山，哈巴雪山攀登历史上已有多起滑坠遇难事件。建议聘请本地向导提供技术服务。

背包客推荐：虎跳峡徒步线路

中虎跳公路周边有几家当地人开的客栈，在20世纪90年代初外国背包旅行者就以徒步哈巴雪山、虎跳峡作为丽江旅游的一大乐趣，所以当地指示牌均有中英文标志。

原来的徒步线路是以丽江为起点，乘车穿越玉龙雪山风景区，抵达雪山背面靠近金沙江岸的大具村，从大具村经下虎跳乘船渡江抵达迪庆一侧。登岸后需要1小时攀登才能抵达山腰简易公路，下虎跳公路徒步至中虎跳住宿。由此可以选择顺公路继续前行，至上虎跳或离开公路开始登山上行，绕过上虎跳游览哈巴雪山美景，此为徒步最知名线路。现在因为乘车穿过玉龙雪山景区要收玉龙门票、虎跳峡需虎跳峡门票，为了节约玉龙门票钱，所以徒步线路也可以从桥头镇开始反向穿越至大具村。

D1：丽江—大具Snow Flake—下虎跳—渡江—公路—核桃园—Tina`s客栈—下中虎跳江边往返—Tina`s住宿。

D2：观景：中虎跳—公路—上虎跳。

D3：登山：中虎跳—Halfway客栈—千岩房（最高点海拔2670米）—二十八道拐—纳西雅阁—桥头镇—丽江或香格里拉。

石鼓镇长江第一湾

【俯瞰万里长江第一湾的江边小镇】

石鼓镇位于丽江西70公里，因镇上有一块据传为诸葛亮“五月渡泸”、“七擒孟获”在这里渡过金沙江而留下的鼓形石碑而得名。石碑直径1.5米，诸葛亮没题碑文。明嘉靖年间，丽江知府将其抵御南下吐蕃的功绩刻在了上面。

金沙江在石鼓镇脚下急转一个“V”形大弯，折头向东北流去，这个“V”形大弯就是闻名的万里长江第一湾。这里水流很急，但由于江面宽阔，看过去江水平缓如镜。江湾两岸绿柳依依，白云蓝天下群山隐隐，不远处就是整齐划一的田原、炊烟袅袅的村镇，在这样一片高原上竟有如江南水乡一般的景致，让人啧啧称奇。

观赏长江第一湾全貌可以攀登上石鼓镇背后山坡。

交通：丽江客运站有发往石鼓镇的班车，全程3.5小时，票价15元。

特别提醒：在去石鼓镇的路上也有一个所谓的“长江第一湾观景台”（2元），但站在这里什么也看不到，司机有时就把客人带到这个“观景台”。一定要提前和司机讲清楚，要到石鼓镇去。但即使在石鼓镇的观景台也不能领略到长江第一湾的全貌。看全景，必须登到它后面的一座小山上去，在标有“长江第一湾”的标志牌左边前行30～40米的地方有一条简易小路通往山顶（30元）。

宝山石头城

【修建在巨石之上的村镇】

石头城位于丽江北约110公里处。村镇坐落在金沙江边，一块约0.5平方公里的巨大石头，三面悬崖峭壁，只有一面石坡斜入金沙江。全城有南、北两道石门可供进出，从石头城对面的停车场望去，石头城其实就是江边三面陡壁的平顶小山上一片几十户人家的村落。村落所在地形易守难攻，是旧时防御盗贼入侵的安全绝地，山顶还遗存山门、垛口。过去居民家居很多均借用当地石料雕琢而成，现在保留的并不多见。石头城建成时间为元朝至元年间，当年忽必烈亲率大军由此“革囊渡江”攻入大理，统一全国。

1996 年 2 月 3 日丽江境内发生了 7 级地震，石头城座下的巨石被震出 200 多米长、40 多厘米宽的大裂缝，现在竟已自行愈合，只剩下一条浅浅的痕迹。城内食宿可在木家客栈解决，是旅行者中口碑不错的客栈。

交通：可搭乘前往宝山乡的班车，车程 4 小时，再由宝山乡租车前往，宝山乡到石头城约 1 小时。也有丽江直达石头城的私人班车，不一定准时。

老君山风景区

【以春季满山杜鹃花最为出名】

位于丽江市区西南面 110 公里，大理和丽江之间。

老君山以植被丰富而闻名。参天巨树、灌木野藤、苔藓地衣将整座山包裹得严严实实，被称为“天然的植物王国”。这里一年四季都有鲜花盛开，最有特色的是春季老君山杜鹃花。老君山杜鹃有红、粉、白、黄多种颜色，不但品种奇多，而且家族相当庞大，几乎覆盖了整个山区。

九十九龙潭是老君山内除杜鹃花之外的一个主要景观。据了解老君山的人数过，老君山中的确有 99 个冰蚀湖，而且每个湖又呈现出不同的色彩和姿态，与童话般的“九寨沟”相比，它则多了一分大气、少了一分矫情。特别在每年的 5~6 月，漫山的花在纯净得几乎透明的天空下开放了，远远看去，就像是一张五彩的草甸。

交通：要游老君山最美的九十九龙潭就不得不从丽江境内出发。可从丽江或石鼓镇乘班车前往景区。

门票：80 元

特别提醒：老君山的砂岩地貌，游客应遵循环保守则，万分切记勿乱涂乱画。

泸沽湖

【因走婚而引来四方游人的高原湖泊】

泸沽湖位于四川和云南交界处，所以从云南丽江、四川攀枝花、西昌三个方向都可以抵达。距离云南丽江 230 公里。

泸沽湖是云南海拔最高的大型高原湖泊之一，深度在云南排第二。湖面积 52 平方公里，平均水深 45 米，最深处达 93 米。湖水清碧，最大能见度为 12 米。晨曦初露，湖水如染，一片金红；朝阳徐徐上升，则为翠绿；待夕阳西下，又成一片墨绿。风静时，平滑若镜，积万顷碧玉；微风起处，波光粼粼。

因为山高水深，泸沽湖水清透如浴水宝石。泸沽湖的秀美自然风光孕育了摩梭人，他们依然保存着一些母系氏族特点，例如独特的“阿夏”婚——走婚，被称为神奇的东方女儿国。而泸沽湖的一方灵秀水土也养育了美丽大方的摩梭女孩，名声最响的就是杨二车娜姆，她在泸沽湖小落水村的家乡垭口修建了一个“杨二车之家”旅馆和一个个人图片展室。

泸沽湖沿岸都有村庄，也可以解决住宿餐饮。常规旅行集中在西岸和北岸，这一带也是摩梭人聚居的地方。落水和

环泸沽湖线路示意图

里格是旅行者到达得比较多的地方，也是泸沽湖商业气氛最浓、消费最高的地方。特别是里格，几乎全部都是住宿和餐饮店。

泸沽湖中共有5个小岛，黑瓦俄岛、里务比岛位于西侧湖心，可以从西岸落水或西北岸的里格划船登岛；里格岛比前两个都小，位于西北侧湖岸边，靠近里格村、小落水村；大嘴岛靠近北岸，从大嘴村可划船登岛。

欣赏泸沽湖另有两个好地方，一个在泸沽湖的观景台；另一个在四川地界的小落水村和大嘴村，这里是站在湖边，体验濒海临风感觉的最好地点。

交通：1. 丽江客运站每天9:00和10:00有两班发往泸沽湖客运站（大落水村）的汽车。另外，丽江古城停车场每天8:00有旅游专线车去泸沽湖，先到落水，后到里格。如果从泸沽湖返回丽江，需要到泸沽湖客运站（大落水村）订票。每天上午两班，分别是10:00和12:00。

2. 从昆明和丽江都可乘班车前往宁蒗，抵达宁蒗后，转乘宁蒗开往永宁的中巴前往泸沽湖，可在落水村下车，车费20元，约3小时。

3. 到泸沽湖（大落水村）后，如果要去里格，可乘面的，10元/人。

门票：78元+3元保险费

背包客收藏：泸沽湖的民居

泸沽湖民居一般为“三坊一照壁”或四合院，分正房、经堂或厢房，宿舍楼，也有人叫花楼、门楼，也称草楼。内部结构为适应其母系原则而组成家庭特点，有火塘所在的正室，为全家的中心。旁有老人及未成年孩子住的地方；另一幢二层楼房为“客房”，上为青壮年妇女与他们的“阿注”的居室，保留着母系民族公社时期的一些特点。

正房供家庭集体活动，是议事和炊事及祭祀场所。厢房或称经堂的楼，楼上为喇嘛住房或供佛像，楼下住单身男子或为客人住房。宿舍楼或花楼，主要供女子居住。门楼上放草，楼下大门两边是畜厩。民居大多为方木垛成的井干式木楞子房，以木板当瓦，每块长约1米，宽0.17～0.26米不等。

特别提醒：

1. 从丽江出发40公里左右，就是著名的“丽宁十八弯”。站在高处看这些盘盘绕绕的山区公路，你就会理解什么叫“游走龙蛇”。“丽宁十八弯”就有些“108道拐”的影子，只是“108道拐”比它要危险得多。

2. 位于泸沽湖西北方向25公里的永宁曾经是茶马古道的一个重要驿站，那里的扎美寺和永宁温泉比较出名，也可以顺路一游。

3. 在泸沽湖可租借摩梭人的猪槽船游览湖心岛（50元）。为了不污染湖水，他们是不允许用电用油的，都是人工的，3个人划一只船。多半是女性。

扎美寺

【云南摩梭人和普米族地区最大的藏传佛教（俗称喇嘛教）寺院】

位于永宁乡皮匠街，建于明嘉靖年间，整个建筑雄伟壮丽，藏式庙宇分正殿、偏殿、禅房等。寺内壁画极富艺术性，各种宗教题材的绘画令人目不暇接，虽年代久远，但色调仍然浓烈，充满了浓郁的印藏风格。

交通：就在永宁城边，步行15分钟可到（每天早上有多辆中巴从宁蒗开往永宁，从泸沽湖边的公路拦乘中巴，40分钟可到）。

门票：20元

背包客推荐：泸沽湖游览线路

里格—尼赛（情人树）—格姆女神山（女神洞）—尼赛吃中饭—小落水—泸源崖—大嘴村—左所（泸沽湖镇）—草海、走婚桥—赵家湾（女神湾）。

大落水最商业化，晚上灯火通明。如果去过丽江，大落水可以不用去了。

里格半岛位于格姆女神山下，三面环水，仅一条小路与里格村相连。这个岛面积很小，也只有几户人家。因为游离于村子之外，所以平静、悠然。

里格到尼赛之间的环湖公路大部分离湖较远，是属于全景型地势。但是到了尼赛村后，公路开始向下，接近湖边。到小落水后，公路就在湖边了。泸沽湖浩瀚无涯，而远处的大嘴岛就像一条归家的帆船漂浮在水天相接的地方。

尼赛和小落水就在格姆女神山脚下，风景不错，还基本保留着原有的风貌，而且民风淳朴。情人树与格姆女神山索道（90元）都在尼赛村，其实就是伫立在湖边的两棵树，一个高大魁梧，一个亭亭玉立，风雨相伴，不离不弃。

小落水很小，房子不是很好，也不临湖。因为是杨二车娜姆的家，所以出名。在小落水的一个小山腰上，是杨二建的博物馆，住宿很贵。

小落水不远处有个竖着的牌坊，那里就是云南和四川的分界点。小落水和大嘴村中间的泸源崖是整个泸沽湖的水源地。

大嘴村已经是四川管辖，村落很大，纳西人居多。湖上是美丽的大嘴岛，晨雾中的大嘴村是最美的。大嘴岛附近可以停车拍照。泸沽湖镇不沿湖，没有景点，可以坐车直接经过。

草海在四川境内，是泸沽湖的出水口，天然形成一片巨大的湿地，生长着大片的芦苇。草海上有一长长的木桥，连接两岸，又叫走婚桥。草海4～5月份的时候最漂亮。草海上可以划船（10元），和泸沽湖划船相比是另一种风格和滋味。从停车场沿小路步行至走婚桥大约1公里。

女神湾是正对格姆女神山的一个湖湾，是整个环湖景点中最经典、景色最好的地方。女神湾非常漂亮，居住的人很少，很安静，湖光山色，尽揽在怀，绝对是拍照摄影的最佳地点。

背包客推荐：泸沽湖特色客栈

泸沽湖浅忘小筑

在去泸沽湖的游人之中享有很高的名气。装修比较欧式，墙壁刷成粉红、深紫、墨绿等颜色，配上黑色或白色的欧式铁艺床，有一种完全不“摩梭”的洋气。一楼大床房200元/间，二楼大床房260元/间。

交通：位于里格半岛上，到达里格村后，顺着村里的大路径直往村子深处走，走到头后经过一条比较显眼的临湖小路上岛，经过一个白色转山包后沿着左边的路前进10米就可以看见客栈。

电话：0888-5822400

泸沽湖彼岸客栈

一家舒服又有名气的客栈。一楼大床房220元/间，二楼大床房260元/间，大套房580元/间。

交通：位于里格半岛上，到达里格后，应在石板路的最尽头，当地人叫“湾子”的地方下车。然后再沿着湖边的小路进半岛，过了嘛呢堆沿着半岛的左边，走到最后一家，就是彼岸。需要3～5分钟。

电话：0888-5881885、5820050

泸沽湖93米里格春天

里格春天的装修很有特色，房子全是木头盖的，简单，古朴，价格便宜，对着湖景的蜜月套房，环境特别好，带观景阳台，开放透明淋浴按摩房，榻榻米座等，还包含早餐，200元/间左右。里格春天是当地最好的酒吧，里面的价格都比古城便宜很多，酒吧老板是台湾人，很绅士，英文也不错。景观房160元/间，或者280元/间。

地址：位于里格半岛

电话：0888-5881466

泸沽湖陌上花开国际青年旅舍（老谢车马店）

湖景大床房120～150元/间。湖景房房间不错，大床房，还是喜庆的红床单，阳台上还有小椅子和茶几，阳光好的时候在这喝茶聊天眺望美景相当不错。楼下的接待室可以烤炉火，可以免费上网、看书、喝茶。

地址：位于里格村上段

电话：0888-5881111

泸沽湖国际青年旅舍

泸沽湖第一家青年旅舍，湖景阳台，阳台上放着躺椅，舒适安宁。标准间180元/间。

地址：宁蒗县泸沽湖里格村中段

电话：0888-5881555

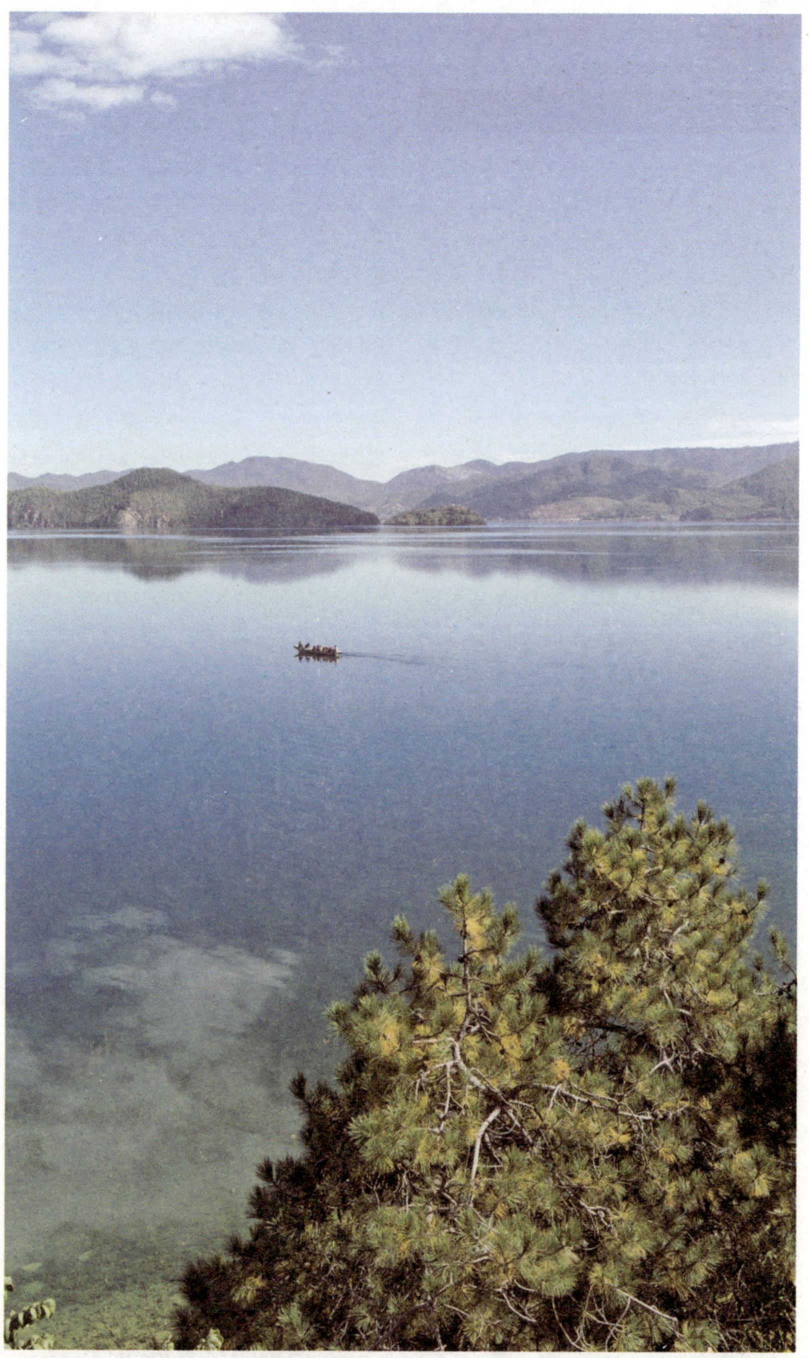

泸沽湖

迪庆

独克宗古城

【每个人心中都有一个香格里拉，看一看这里是不是你心中的那一个】

香格里拉位于迪庆藏族自治州，原名中甸，海拔 3280 米。“迪庆”藏语意为“吉祥如意的地方”。地处青藏高原东南边缘、横断山脉南段北端，“三江并流”之腹地。

1933 年，英国小说家詹姆斯·希尔顿（James Hilton，1900 ~ 1954）出版了他的著名小说《消失的地平线》（*Lost Horizon*）一书。从此香格里拉名扬天下，世界各国无数的旅游者与探险者在喜马拉雅山脉周边探索寻访香格里拉。云南中甸、德钦、丽江、丙中洛以及四川稻城均称自己是香格里拉的背景所在地，并且有无数专家学者参与论证探索。直到 1997 年 9 月 14 日，云南省政府正式批准中甸改名为“香格里拉”。这无疑是为旅游资源造势的行动，但是迪庆高原绚丽的自然风光和民族风情却是毋庸置疑的。希尔顿的“香格里拉”是在描绘心中的净土，那么迪庆的“香格里拉”风光就是世间的净土了。

香格里拉以团结路为界分为新城和旧城，北为新城，南为旧城。旧城也就是独克宗古城，它是中国保存得最好、最大的藏族民居群，而且是茶马古道的枢纽，有着非常强烈的藏域风情，安静淳朴，蜿蜒狭窄的街巷、鳞次栉比的店铺，以及足音铿锵的石质路面，临街的建筑保存着百年前的样子，古旧而又清新。可惜的是，2014 年 1 月的一场大火烧毁了大半个古城。重建需要很长一段时间。

交通：古城距离香格里拉县城很近，从县城步行，乘车或骑马均可到达。

松赞林寺

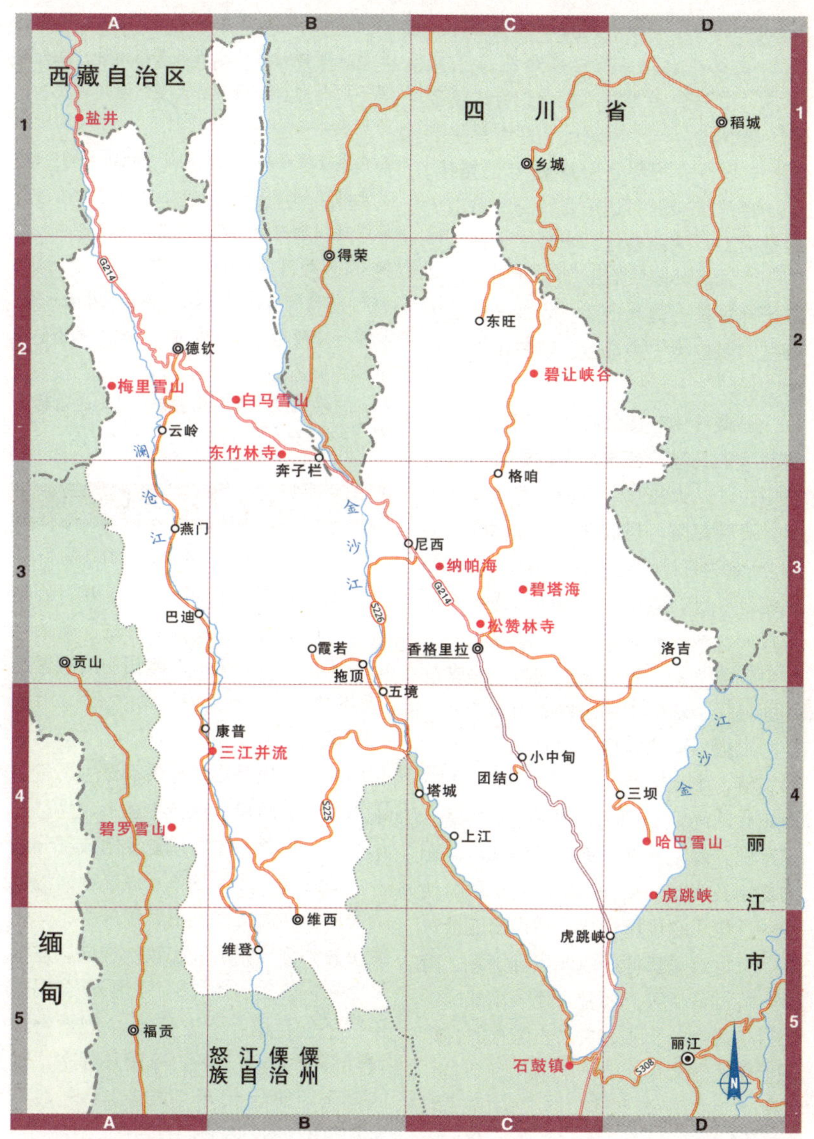

迪庆州旅行交通示意图

噶丹松赞林寺

【有“小布达拉宫”之称的云南最大的藏传佛教寺院】

噶丹松赞林寺又称归化寺，海拔3270米，建于1679年，由五世达赖奏请清康熙皇帝后，亲自选址，并赐名为“三神游息之地”、“噶丹松赞林”。清雍正二年(1724),清王朝赐定名为“归化寺”。之后，噶丹松赞林寺又得到云南巡抚及清朝历代皇帝的一再赏赐，取得了极为崇高的地位，拥有众多的信教群众，成为云南最大的藏传佛教圣地。1936 年夏，贺龙、萧克率领红二方面军长征经过香格里拉，也得到寺内僧侣的支援帮助。“十年动乱”中寺院受到破坏，现存寺院部分为 1981 年后重建。

全寺仿拉萨布达拉宫布局，依山势层叠而上，气派非凡，素有“小布达拉宫”之称。外围筑有椭圆形城垣，主殿威严而华美，殿内壁画色彩鲜艳，笔法细腻，以描述史迹典故、弘扬佛教教义为主。

与藏传佛教建筑样式相同，噶丹松赞林寺的扎仓、吉康两座住殿高高矗立在中央，八大康参、僧舍等建筑簇拥拱卫，高矮错落，层层递进，立体轮廓分明，充分衬托出了主体建筑的高大雄伟。主建筑扎仓，藏语意为僧院，是僧众学习经典、修研教义的地方。康参是一个个小的寺院，分布在主殿周围，是来自不同地区的僧侣修炼居住的地方。

后殿供有宗喀巴、弥勒佛、七世达赖铜佛，高 3 丈有余，直通上层。中层有拉康八间，分别为诸神殿、护法殿、堪布室、静室、膳室等。前楼客厅供贵宾宴会及观赏“羌姆”（面具）舞时使用。顶层正楼设精舍佛堂，供奉五世达赖、七世达赖佛像，以及贝叶经卷、唐卡、传世法器等。佛堂正南为高耸的钟鼓楼，清晨、正午、黄昏击鼓报时，声闻十里。

交通：位于香格里拉县城北 5 公里。从香格里拉县城有巴士直达景点，票价 2 元。也可乘 3 路公交车直达景区，停车场就在寺门对面。在香格里拉县城打的去 10 元。

门票：110 元

特别提醒：

1. 除厨房外，景点的其他地区对女性游客并无禁忌。因为寺内佛殿众多，如果想布施香火钱的话，建议多备些零钱，也可以拿整钱自行在布施箱内找零钱；未经允许，在大殿里不能拍照。殿顶常有大量红嘴乌鸦徘徊，为当地神鸟，不得惊扰。
2. 售票点至寺庙大门之间还有段很长的土路，外来的车辆是不能进入的，在售票处附近的停车场换乘内部大巴（黄色）到达寺庙大门处（3 路车可以直达寺庙大门）。大巴 18:00 结束，注意游玩时间，错过了只能自己走出来。
3. 站在寺庙高处的平台上，可以鸟瞰整个香格里拉县城。
4. 门口的藏族妇女、儿童会热情地邀请你合影，务必记住，是要收费的，5 元 / 人。

普达措国家公园

【不同季节景致不同，夏、秋两季最美】

位于香格里拉东 22 公里处，公园的大门设在“香格里拉第一村”霞给村的村头。“普达措”在藏语中的意思是“普度众生、到达苦海彼岸的湖”，“普达”是梵文音译，是“舟”、“船”的意思。其实由碧塔海与属都湖生态旅游区组成（后有单节进行描述），为“三江并流”风景名胜区的重要组成部分。

普达措由北面的属都湖、南面的碧塔海以及两湖之间的洛茸民族生态文化旅游村和弥里塘亚高山牧场构成。连接贯通它们的是一条“8”字形 69 公里的单行环保车道，沿途有 16 个观景台和 19 个停靠车站，运行 45 辆环保车（景区停车场前行 50 米可乘坐），一般用时 4 ~ 6 小时。内有明镜般的高山湖泊、水美草丰的牧场、百花盛开的湿地、飞禽走兽时常出没的原始森林，平均海拔 3500 米，最高海拔 4159 米。景区雨量充沛、气候宜人，植物生长茂盛，植被丰富。景区内还有多处断层崖、林间小涧、深沟峡谷等独特小景交错分布，情趣盎然。

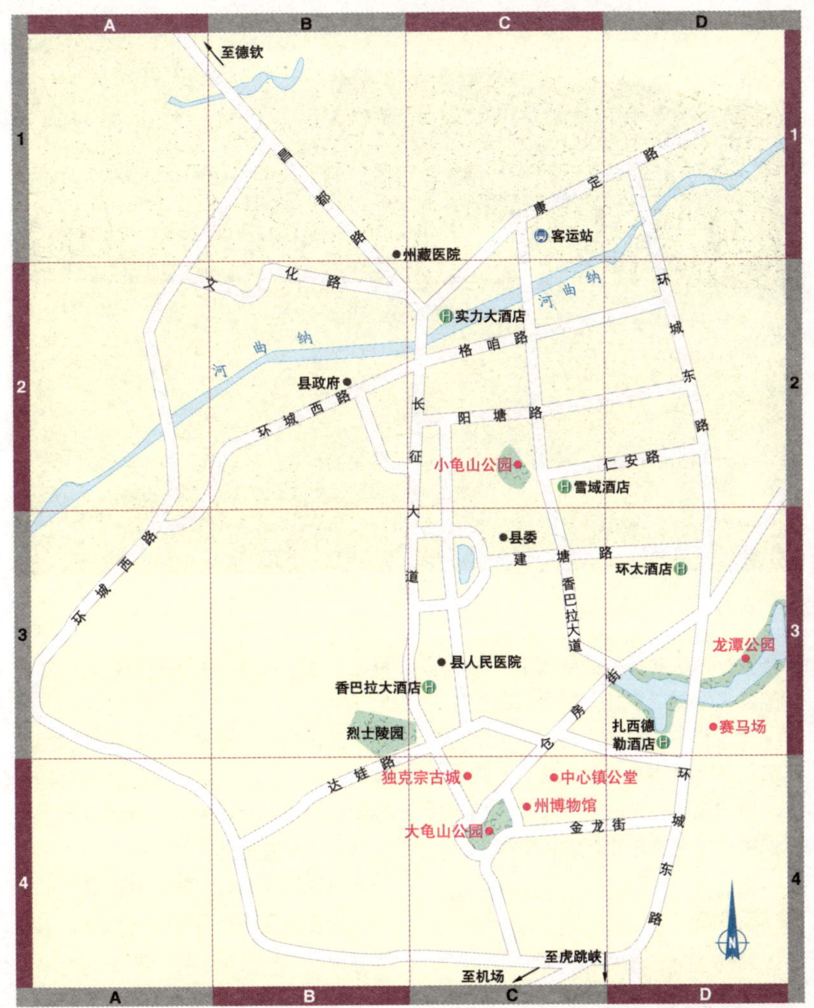

香格里拉城区交通示意图

时间： 8:00 ~ 17:00

交通： 从香格里拉县城去普达措没有班车，需要自己包车，参考价位 180 元 / 天。也可直接打车，参考价位单程 80 元，往返 150 元，但需注意去时最好和司机约定来接的时间，并留下司机电话，以免回程时打不到车。景区内有环保车连接碧塔海和属都湖。

门票： 200 元，包含普达措景区门票 110 元、霞给温泉藏族文化生态村 10 元、观光游览车 80 元。

特别提醒： 公园边上的霞给村里有土陶坊、唐卡坊、木器坊、牛角雕刻坊、藏香坊、民居博物馆、藏银坊等各式各样的民间作坊，摆满了制作精美的各式各样藏族手工艺品。

霞给村

【香格里拉第一村，香格里拉最典型的藏族村寨】

霞给村依山傍水，风光旖旎，民风

普达措公园碧塔海

民俗浓郁，是典型的藏族村落。村子的周围是天然原始森林，风景如画。

漫游村中，有唐卡坊、木器坊、牛角雕刻坊、藏香坊、藏银坊、土陶坊、民居博物馆等各种藏族手工艺作坊，可以说集中了解香格里拉地区的藏文化。

■ 属都湖

【以宁静、自然为特色的高原湖泊】

叫属都岗湖，藏语意思是“这里的奶酪如石头般坚硬”，据说是一位云游高僧起的名字。属都湖湖面为长条形，看上去似乎并没有碧塔海大，却是香格里拉县最大的高原湖泊。属都湖畔是香格里拉有名的牧场，这里草场广阔，水草丰茂，每年春夏之际，成群的牛羊游移于湖畔，牧棚星星点点，置身湖畔，背负青山，面临绿水，牛群点点，牧笛声声，让人深切地感受到高原人闲放、优游的生活情趣。湖中有“属都裂腹鱼”，鱼身金黄，腹部有一条裂纹，鱼肉细腻鲜美。湖上还栖息着大量的野鸭、黄鸭等飞禽。

属都湖以天高云近、草低水远的仙境风光为特色，修建了2.7公里的栈道。栈道是沿着湖边缘依水而建的一条木头小路，一侧是原始森林，一侧是湖。有些地方比较空旷，厚厚的水草漂浮在水面，野花星星点点地布满了原野，仿若在画中。

特别提醒： 如果不是特别赶时间的话，一定要走走环湖栈道，属都湖最美的景色几乎都集中在这里。

背包客收藏：杜鹃醉鱼

湖的四周，生长着浓密的杜鹃花林，每年农历五月端午前后，杜鹃吐艳。据说，常有游鱼游戏于湖边、溪流浅滩之中，吞食杜鹃花的落英，因其含有微毒，鱼食后，如醉了一般漂浮在湖面上，这便是碧塔海景观一绝——“杜鹃醉鱼”。

■ 碧塔海

【在香格里拉众多湖泊之中景观最独特的湖泊】

藏语称为“碧塔德错”，意为“栎树成毡的地方”。湖面海拔 3538 米，碧塔海长约 3 公里，宽约 1 公里，此地有许多珍禽异兽。主要有国家一类保护动物黑颈鹤，有被生物学家称之为“碧塔重唇鱼”的鱼类，属第四纪冰川时期遗留下来的古生物。

游览碧塔海有两种线路可以选择，一种是乘车翻越 4100 多米的山顶，观看碧塔海的全貌，然后顺原木栈道下行穿越原始森林步行 1 个多小时可以抵达碧塔海湖边码头，沿途森林竹海伴随丰茂植被下到 3000 多米，到达碧塔海海头。接着再走 1.2 公里栈道游览，最后走原路返回下车的地方。或者是选择开到不远处的碧塔海海尾的双桥下车，然后沿着湖走 4.6 公里的栈道游览，到达终点后乘车返回公园入口。沿途有很多看上去很像榕树的树木，姿态优雅地越过栈道，水岸边零星几棵红枫和不知名的长着粉红色小果子的树，长在绿色针叶树的中间，恰似一幅幅江南园林小品。

碧塔海中有一小岛，可以乘船环岛一圈，岛上为鸟类保护区，禁止上岛，湖面清静。年农历五月杜鹃花开的时候，碧塔海的小溪中和湖岸边还会出现“杜鹃醉鱼”的盛景。

白水台

【中国最大的泉华台地之一，纳西文化的发祥地】

位于香格里拉县东南三坝白地行政村境内，距县城 101 公里，海拔 2380 米。白水台是由于水中的碳酸钙经阳光照射发生分解反应，形成碳酸钙白色沉淀物，不断覆盖地面而形成的千姿百态的岩溶地貌。纳西语称白水台为“拜卜芝”，意为“逐渐长大的花”。白水台又有“仙人遗田”的美称。远处看去，青山掩映中的白水台造型就像层层梯田。一脚踏在白色的石级上，说不出的清凉畅快。

在白水台左侧有一泉台形似一弯新月，清泉盈盈四溢，相传是仙女梳妆的地方。泉台左边下侧，一石穹隆，洁白如玉，形如一怀孕女子，是当地人供奉生殖神的地方。白水台还是纳西文化的发祥地。据称，纳西族东巴

白水台

教的第一始祖西巴会罗从西藏学习佛经回来，途经白水台，被其美景吸引，留下来设坛传教。白水台由此成为东巴教徒的神圣圣地。白水台对面上柏峰下有一溶洞，古时为祭祀龙神之地，后因东巴教第二始祖“阿明什罗”在此修行，遂称为“阿明明卡”，又称“阿明灵洞”。相传，东巴文，即“阿明什罗”就是由此而来的。

交通：香格里拉每天早上有一班发往三坝乡的大客车，4小时可到，节日期间会增开班车；也可坐出租车前往，往返约200元。丽江古路湾车站和丽江客运总站都有丽江—白水台班车。

门票：30元

住宿：山下有旅店可以入住，有中文和东巴文两种语言。时间正巧的话，你还可以赶上少数民族和老东巴们的狂欢。

特别提醒：

1. 每年二月初八，是纳西族一年一度的“朝白水”活动，四面八方的纳西族民众会聚到这里，歌舞、野餐，向神灵祈求来年的丰收。
2. 白水台、哈巴雪山、虎跳峡三地之间有公路相通，游玩非常方便。

纳帕海、依拉草原

【雨季看海，旱季看草地】

纳帕海自然保护区位于县城西北部，距县城8公里。保护区面积31.25平方公里，海拔3266米，湖泊积水面积660平方公里。保护区地势平坦，三面环山，冬夏季节，山岭积雪，那曲河、奶子河等10余条河弯弯曲曲，流经草原注入纳帕海。

纳帕海是高原季节性湖沼。夏末秋初，雨水频降，湖面增大，秋末至次年夏秋，湖水下落。10月，秋风渐起，成群的黑颈鹤、斑头雁、白鹤、黄鸭、麻鸭如期而至，在沼泽边觅食、嬉戏。纳帕海是黑颈鹤最理想的栖息地。因为纳帕海随季节变动很大，所以除了雨季外大部分时间都是一片湿地和草原形式，湖水面积并不大。

湖水周边草原就是依拉草原。依拉草原是香格里拉地区最大最美的草原，依拉藏语意为“豹山”，因传说中依拉草原门户内北边坐落的豹山是一座“神山”而得名。这里既可领略藏区草原一派牧歌式风光，又可切身感受迪庆香格里拉藏民族神秘人文风情。

交通：距离县城很近，在长途车站有开往纳帕海方向的班车，8元即可到达。租车前往，往返50元左右。

门票：40元，骑马120～360元。

特别提醒：

1. 身在纳帕海和依拉草原之中看不到什么大气的风光，但在草原西侧的山峰上俯瞰海子和草原是摄影的最佳角度。从香格里拉至德钦的路途也经过山上，可以远观。
2. 骑马只走10分钟的路程，如果不是为了感受草原上骑马的乐趣的话，其实完全可以步行。
3. 很多人到了这里会糊涂，因为会听到很多名字，如依拉草原、纳帕草原、神泉草原、错给草原……其实，只不过是不同的入口不同的称谓罢了，到达的都是同一个地方。

蓝月山谷景区

【香格里拉的特色自然风景这里都有】

又名石卡雪山景区，景区汇集了雪山、峡谷、森林、湖泊、花海、草甸等香格里拉特色的自然景观和生物及民俗宗教文化。全长4157米旅游观光索道由下而上，分为两段，贯穿整个景区。第一段索道到达亚拉青波牧场，第二段索道上到海拔4449米的石卡雪山山顶。

香格里拉蓝月亮大峡谷

线路：索道大厅—（索道，15分钟）亚拉青波牧场—（索道，20分钟）石卡雪山山顶（4450米，可远眺梅里、玉龙、哈巴、亚丁三神山等雪山）—（徒步，20分钟）万亩杜鹃林（夏天有）—（徒步，25分钟）远眺灵犀湖—（徒步，30分钟）亚拉青波牧场或（索道，20分钟）亚拉青波牧场—（索道，15分钟）索道大厅。游览时间约为4小时。

交通：没有直达班车，需包车前往。位于香格里拉县城西南部，距香格里拉县城7公里，交通便捷，有一条四级柏油路直达景区，车程约15分钟。

门票：免费，索道220元。

香格里拉大峡谷

【被当地人称为"蓝月亮峡谷"原型的峡谷】

位于香格里拉县城西北部80多公里处，因峡谷一头名"香格"，另一头名"里拉"，故名香格里拉大峡谷，据说在《消失的地平线》一书中所说的"蓝月亮峡谷"就是这里。峡谷内植被丰富，目前开放游程约8公里，上村河在峡谷中流淌，据说谷内岩壁上有远古摩崖石刻。走进峡谷，天蓝、林密、水清，花香扑鼻，不时还会有啁啾的小鸟一掠而过，清灵秀气，犹如一片未受污染的"净土"。其实德钦、丽江、怒江地区是"三江并流"地区，横断山脉在这里被压缩得褶皱百出，随便一条峡谷就是落差上千米，雪山草地原始森林，尤其是看过了金沙江、澜沧江、怒江这3条世界级的大峡谷之后，香格里拉峡谷就没有什么可震撼的了。

交通：峡谷口位于格咱乡的翁水村，距香格里拉103公里。在香格里拉县客运站乘坐开往四川乡城、稻城方向的班车，约4小时可到大峡谷。右拐步行约百米，就是峡谷的售票点。

门票：186元，学生证半价（但是必须2个或4个学生同行才能享受半价）。

特别提醒：

1. 每年11月左右，由于大雪封山，开往峡谷的班车均被取消。

2. 与纳帕海和依拉草原是同一个方向，可以安排成一条线路游览。

3. 可骑马进出峡谷，牵马人和游客谈的价钱以若干座桥为标志，峡谷口到第三座桥骑马往返每人60元，到第四座桥往返80元（淡季可还价，到第四座桥往返60元）。一般游客只是从入口到第四座桥后就往返了，这段路徒步来回约需2小时。第四座桥后就将进入一片不大的原始森林。

4. 如果想在游玩峡谷后当天返回香格里拉，一定要在单号的 14:30 前后在峡谷口等候（游玩峡谷两个小时够了），因为稻城—香格里拉的班车逢单号的 14:30 ~ 15:00 的时候里经过峡谷口返回。误了这班车，你就要在峡谷口的旅馆过夜了（除非你搭到顺风车）。

5. 如果你的下一站是乡城、稻城，你可以在峡谷口的旅社入住一晚。第二天中午搭经过峡谷的班车前往乡城或稻城。

6. 你也可以包车到大峡谷：从香格里拉县城包车。去 3 ~ 4 小时，进出峡谷 2 小时，回 3 ~ 4 小时，可以尽量走深一些。

天生桥、温泉

【传说和温泉一孔涌来】

天生桥位于香格里拉东 10 公里处，为属都岗河上游自然形成的一座石灰岩桥，高 70 米，宽 10 米，长 50 米，藏语直译成汉语为“莲华生走过的天桥”。相传当年莲华生大师被吐蕃请到西藏后，翻译佛经，弘扬佛法。他路过属都岗河畔时被河水挡住了去路，山神从山上搬来一块巨石，在河上为莲华生大师造起一座桥。过桥后，莲华生又在众山神为他开的温泉池子里沐浴净身。这个传说在藏区广为流传，所以天生桥和温泉也是当地藏族人崇敬的地方。

属都岗河穿桥而去，景致奇特壮观，岩壁满布蜂窝状洞穴，栖居岩鸽、红嘴鸭等高原禽类。周围方圆 2 公里内分布着多处高原温泉，水温 40℃ ~ 50℃。在天生桥附近住宿可以免温泉、桑拿费。

交通：目前没有直达的公交车，需要从香格里拉县城的长途汽车站乘班车前往。

门票：温泉 80 元

尼汝

【让人愿意醉死在那里】

瀑布、牧场、乡间，这里其实是香格里拉的香格里拉，一个经典的世外桃源。这里保存着完好的暖温带、温带、寒温带、寒带等多种气候生物群落，是世界生物多样性最丰富的地区之一。也是徒步、静修的胜地。

尼汝村四周青山郁郁，原始森林遮天蔽日。白桦林在秋天一片金黄。山中云杉、冷杉高大精壮，直指云霄，树冠浓绿繁密，可遮风避雨，被誉为“世界第一生态村”。帕木乃仙人洞、七彩瀑布、关门山、尼汝河，这些都是尼汝的经典标志。

交通：目前没有直达的公交车，需要从香格里拉县城的长途汽车站乘班车前往。尼汝到洛吉大约 30 公里，已经通了公路，在这里可以搭顺风车去洛吉乡，到了乡上就方便了。洛吉到中甸 80 公里，每天从乡政府招待所早上 8 点都有一班班车前往中甸，大约时间为四个多小时就到中甸了。

特别提醒：春季和秋季是这里的最佳旅游时间。

德钦大宝寺

【曾经闻名于康藏地区的佛寺】

位于香格里拉县城东 15 公里处一座小山峦上。寺名藏语称“乃钦吉哇仁昂”，意为“五佛圣地”，是较早的香

德钦大宝寺

白茫雪山

格里拉藏传佛教寺庙之一。此寺原为藏传佛教噶玛噶举派寺院，清康熙时被强令改宗格鲁派，划为噶丹松赞林寺属寺。大宝寺的寺名因大宝法王亲自选址修建而得，建寺时间为明永乐年间。在大宝寺改宗格鲁派、成为噶丹松赞林寺属寺以前，噶玛噶举派高僧都曾到此修炼。大宝寺由此闻名于康藏地区，在"文化大革命"中拆毁。1984年，政府拨资重建，仍由噶丹松赞林寺派僧人管理。香客们也恢复了去往大宝寺烧香拜佛的活动。

大宝寺四周古树葱郁，山下两条清溪环绕，被称为"智慧泉"。

大宝寺的周围风景清幽，在它的山脚下有长约 2 公里的巨型嘛呢石堆，石上镌刻着各种精美的佛像、八宝图案和各种经文，都是难得一见的石刻精品。

交通：从香格里拉可雇车前往。每逢春季庙会时也有专线车直达。

白茫雪山

【云南面积最大、海拔最高的自然保护区】

白茫雪山位于云岭山脉北段东坡，是金沙江与澜沧江的分水岭，景区分布在香格里拉至德钦 214 国道的两侧，有"寒温带高山动植物王国"的美称。保护区内地势由西北向东南逐步倾斜，山峰海拔高度多在 5000 米左右，气候垂直差异很大，呈典型的立体气候。这里有面积最大的原始森林和完整的自然生态环境，是高山寒带植物最丰富的天然园地。滇藏线香格里拉至德钦方向、贡嘎垭口 117 公里处可参观植物标本园，128 公里一带可观看冷杉群落及杜鹃花卉。冷杉林是保护区的精华，林海茫茫，树冠苍翁，闻名于世的云南八大名花也生长在这里。峰顶终年积雪不化。保护区腹地冬季冰封雪阻，12 月 ~ 次年 4 月大雪封山，一般不能通行汽车，每年夏、秋季才能通车，此时，公路沿线，冰雪消融，到处溪水潺潺，因此，夏季是游览白茫雪山的最佳时节。一般从金沙江峡谷的奔子栏开始登山，至 4500 米处风雪口开始下山。

交通：过去，白茫雪山保护区腹地冬季冰封雪阻，12 月 ~ 次年 4 月大雪封山，一般不能通行汽车，每年夏、秋季才能通车。2013 年或 2014 年，白茫雪山的隧道将正式通车，今后从香格里拉往德钦的公路，则将一年四季无阻。

东竹林寺

【康区十三林大寺之一】

东竹林寺坐落在德钦县奔子栏乡书松村南永干顶东坡上，海拔 3000 米，是康区十三林大寺之一。该寺始建于清康熙年间，原名“冲冲措岗寺”，意为“仙鹤湖畔之寺”。

交通：距香格里拉县城约 105 公里。滇藏公路从寺后横穿山腰而过，汽车可直达寺内。从香格里拉县乘开往德钦的客车，在东竹林寺下车。游客游完东竹林寺后，第二天可乘班车继续前往德钦。

金沙江第一湾

【没有改变江流方向，却平添无尽美感的第一湾】

过奔子栏往德钦方向可以路过金沙江第一湾，公路旁边有观景台，当地司机都知道在此停留供游客拍照。金沙江第一湾非常壮丽，因为公路在半山腰，所以整个“C”形大弯从脚下远远流过。江对面属四川得荣，江边公路就是通往得荣方向。这里也被称为“长江第一湾”，从地理角度讲确实要比“石鼓镇第一湾”靠近上游。但从江流角度和方向来说，石鼓镇的第一湾整个将江水转变方向确实是长江所拐的极大的第一湾。不过单从摄影和视觉效果来说，奔子栏的第一湾更具美感。

飞来寺

梅里雪山

飞来寺、梅里雪山

【至今无人征服峰顶的雪山，观赏“日照金山”的最佳处】

飞来寺是面对梅里雪山的一座小寺，寺中供奉有太子雪山神、莲华生、觉卧纳卡扎西佛。因为飞来寺附近的观景台是观赏梅里雪山最佳地点，所以摄影发烧友们从香格里拉县城来到德钦并不作停留，而是直接乘车前往飞来寺。这里也就成了一个旅行者观雪山的聚居地，方圆几公里的飞来寺，现在密集了众多的客栈。很多人就是为了一睹这座藏族心目中的神山的真容，特别是日出时的一刹那，被称为“日照金山”。另外，飞来寺也是前往雨崩村和明永冰川的重要中转站。

梅里雪山是滇藏界山，共有13峰，主峰卡瓦格博峰是一座金字塔形的雪山，俗称“雪山之神”，有“世界最美的山”之誉，主峰海拔6740米，是云南第一高峰，迄今仍无人登顶。1991年中日联合登山队17名队员在攀登卡瓦格博峰途中全部遇难，纪念遇难者的石碑安放在神山脚下。

藏传佛教中，“冈仁波齐”与“卡瓦格博”是最神圣的两座神山。卡瓦格博自古以来受藏民崇拜。在藏民的心中，卡瓦格博峰是他们保护神的居住地，是千佛之子岭尕制敌宝珠雄狮大王格萨尔的守护神，称为胜乐宝轮圣山极乐世界的象征，多、康、岭（青海、甘肃、西藏及川滇藏区）众生绕匝朝拜的胜地。取登贡寺、衮玛顶寺是藏民朝拜神山的寺宇。

每年的秋末冬初，西藏、青海、四川、甘肃的大批教徒千里迢迢赶来朝拜，虔诚艰辛的场面令人叹为观止。梅里雪山属羊，若逢藏历羊年，“转经者更是增至百十倍。”这条700年来至少有数百万人走过的转经路现今仍处于原始状态。

如果想玩得尽兴一些，从香格里拉到梅里雪山最好是包车，途中经过尼西、奔子栏、东竹林寺、白茫雪山、德钦县城、飞来寺，最后可到明永冰川，一路上景致非常好。包车前要和司机谈好价格，注意事先要把目的地和行程线路确认清楚。

交通：从香格里拉县城每天有班车发往德钦；也可包一辆夏利车从德钦到飞来寺，车程约2小时。

门票：飞来寺不是一个景点，没有门票，但从飞来寺再往明永冰川和雨崩村，到达澜沧江大桥处雪山保护区设有景点售票处，60元，保险费3元。

住宿：1. 梅里往事客栈：这是一家装修小资的客栈，电话：0887-8416617。

2. 梅里山庄：标准间100～150元/间，普通间为2～25元/床，“摄影者之家”是“梅

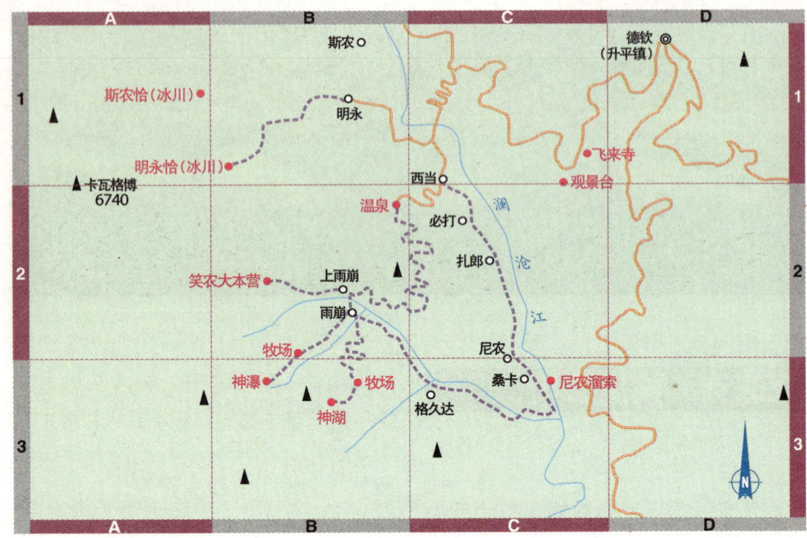

梅里雪山景点示意图

里山庄"的旧楼，三层小楼是旅行者喝茶、聊天、上网，更是远眺梅里雪山的地方。以会聚各路摄影爱好者而成为主题酒吧。电话：13988717636。

3. 守望6740客栈：老板小武是昆明人，因为正好面对梅里雪山，所以得名6740。这里比较清静，而且是眺望梅里雪山最好的客栈之一。电话：0887-8414933。

背包客收藏：无人能征服的神山

从1902年开始，先后有美国、英国、法国等数个国家的多个登山队数位登山家，沿着茶马古道深入梅里，无数次想要征服这座与人为亲、与人相近的山，但都一一失败。

1989年9月，中国和日本组成联合登山队，第一次尝试攀登，结果到海拔5500米左右因天气突然转变不得不撤离。1990年11月～1991年1月，中日联合登山队经过精心准备第二次进行攀登。登山队经过艰苦的努力，终于到达海拔6470米的地方。然而，1991年1月1日，宁静的梅里雪山天气突变；1月3日22:00，登山队与大本营通话后像往常一样为节约用电关闭了对讲机；1月4日凌晨，大本营的登山队员打开对讲机开始与山上联络，但山上17人的对讲机全部静默，至此与大本营中断联系。从1月到6月，大本营多次组织包括直升机、西藏登山队等在内的多种方式搜救，但无任何结果，一夜之间，他们甚至包括那些登山的物资装备，消失得无影无踪。消息传来，震惊世界。

这是人类登山史上最大的山难之一。1996年人类再次企图征服卡瓦格博，山顶突然发生雪崩，巨大的气浪把大本营附近数百米宽、几公里长的高大原始冷杉林齐刷刷斩断。1997年，当地放牛的村民在离当年登山队宿营地数公里远的明永冰川融化的冰层中，发现了星星点点失踪队员们的遗物。

也是从那时开始，当地政府明令禁止任何登山队伍再攀登这座永远的神山，这恐怕是中国乃至全世界唯一一座因为神圣、神秘而禁止人类攀登的山。

特别提醒：

1. 观赏梅里雪山的最佳季节是 1～5 月的冬春季，夏秋季经常云遮雾罩，很难看到雪峰的全景，一般在清晨太阳刚出来的时候，更容易看到雪山。两座旅馆之间新修了季候鸟酒吧，可以提前打电话咨询天气。电话：0887–6895030。
2. 从香格里拉方向进入德钦的 214 国道上，原有 13 座白塔，为了修建便于游客观景的观景台而拆除，现仅剩一座。
3. 从飞来寺进入雪山保护区后，有两个方向，一个是去雨崩村，另一个是去明永村看明永冰川。在体力和时间都允许的情况下，从明永到雨崩，然后回到飞来寺。或者只去雨崩，因为那里也有冰川，风景更好，但对体力要求较高。
4. 到了柏树桥下车买门票时，记得要捡一块路边的石子放在寺庙旁的嘛呢堆上，这是获得进入神山的钥匙。
5. 每年冬天都有来自香格里拉各地以及来自西藏、四川甘孜的朝圣转经藏民。

卡瓦格博峰

【云南第一高峰，是藏传佛教的朝觐圣地】

是梅里十三峰中最高峰，海拔 6740 米，在藏语里是“白色雪山”之意，被称为“雪山之神”。传说是宁玛派分支伽居巴的保护神，位居藏区的八大神山之首。每年藏区大批信徒千里迢迢到梅里雪山转山，少则 7 天，多则半月，风餐露宿却无比虔诚。据说藏历羊年为卡瓦博格的本命年，若逢藏历羊年，转山者人数剧增，山间道路上都是一步一叩磕长头的信徒。朝拜线路分为内转和外转两种。外转线路为顺时针方向绕卡瓦博格神山一周，内转者先到白转经堂，视为拿到入神山宫殿的钥匙。然后到飞来寺、太子庙等，最后到雨崩瀑布。

神女峰（缅楚姆峰）

【卡瓦博格的妻子，大海神女峰】

神女峰是梅里十三峰中最漂亮的一座，海拔 6054 米。缅楚姆，意为“大海神女峰”。传说是卡瓦格博的妻子，当年卡瓦博格随格萨尔王远征恶罗海国，恶罗海国想蒙蔽他们，将缅楚姆假意许配给卡瓦格博，不料缅楚姆对英俊高大、忠勇豁达的卡瓦格博一见倾心，卡瓦格博也对美丽善良的缅楚姆深爱不已，两人发誓永不分离。所以如果恋人们能够在见到卡瓦格博峰时互相倾诉心中的情意，就会得到卡瓦格博和缅楚姆的共同祝福。

背包客推荐：飞来寺、梅里雪山住宿

梅里山庄

正对梅里雪山，是观赏雪山的好地方。标准间 180 元 / 间。

地址：飞来寺观景台旁

电话：13988717636

季候鸟酒吧

二楼的阳台是观赏梅里雪山的好地方。标准间 100～120 元 / 间。

地址：飞来寺观景台，梅里雪山山庄对面。

电话：0887–8416636

明永冰川

【日渐缩小的冰雪巨龙】

梅里雪山上，冰斗、冰川随处可见，最有名的要数明永冰川。明永冰川从卡瓦格博峰往下呈弧形一直铺展到海拔 2660 米的森林地带，绵延 11.7 公里，是我国纬度最南、冰舌下延最低的现代冰川。

明永冰川

明永冰川山顶冰雪终年不化。由于它所处的雪线低，气温高。每当骄阳当空雪山温度上升，成百上千巨大的冰体轰然崩塌下移，响声如雷。到冬天，冰舌可以从海拔 5500 米往下延伸到海拔 2800 米处，离澜沧江面仅 800 多米。明永冰川险峻无比，因此上明永冰川需要借用藏民的骡子等牲口帮助载上去（只能载一程路）。游客可以在修建的栈道上近距离地观赏冰川。

冰川栈道由太子庙后不远开始，全长约 1 公里，冰川最下端的冰雪沙砾混合物，仿佛一条灰色巨龙凝结在山谷中，栈道上、中、下分别修建了 3 个观景台，到栈道最上端观景台冰川已经清亮了许多，带着淡蓝色的光泽。如果天气晴好，从观景台可以就近仰望卡瓦博格峰的英姿。

交通： 1. 香格里拉县每天早上发四班车到德钦，时间为 7:20（中巴），8:20（一般大客），9:20（中巴），12:00，建议早点乘车以便能赶上德钦到明永的班车。德钦汽车站每天 16:30 左右有班车到明永村，1 小时左右便可到达永宗、明永、斯农等村寨。若上山观赏冰川，可雇骑马匹。每天 8:00 有从明永村返回德钦的班车。

2. 包车线路：从德钦县城出发，沿滇藏公路从德钦县城西行 10 公里可到飞来寺，这里可以看到梅里雪山群峰耸峙。从飞来寺乘车再西行 20 多公里，就到达明永村。全程约需时 1 个半小时。

门票： 63 元，在过金沙江之前的澜沧江大桥那里有个水泥房子，是卖门票的地方；骑马往返 120 元。

特别提醒：

1. 到冰川脚下的太子庙后仍需步行约 1 公里。
2. 随着全球气候变暖，明永冰川底部逐年缩短。如果运气好，还能看到雪山上的雪崩。在这里最好不要用喊叫宣泄心情，一是学习藏族人对神山的尊敬，二是不要人为破坏雪山的安宁。
3. 明永村有很多农家乐，为当地村民所开办，游客可自行与他们商量价格，一般几十元即可入住。明永冰川旁边的明永山庄住宿参考价位 60 元 / 人，为明永藏式风情园。在攀登冰川的中途有寺庙，也可以借宿。冰川假日旅店，电话：0887-8229666。

■ 明永村

【登临明永冰川的起点】

明永村与德钦之间公路行程 47 公里，位于卡瓦格博峰脚下，海拔 2230 米，是进入明永冰川的入口。这里有餐饮、住宿、停车场，旅游服务管理比较到位。从明永村景区入口进入，可以选择步行或骑马上山，山路为土石修建的旅游路径，人行道在左侧，马道在右侧，各行其道，部分坡陡路段骑马者须步行上下。马匹和牵马者都由明永村统一管理，明码标价，由管理机构按顺序轮派，所以不存在砍价和挑马的问题，骑马可抵达山腰太子庙 60 元，太子庙下山 20 元。途中穿越峡谷森林，溪流依路而下，骑马至太子庙约 1 小时。

■ 太子庙

【栈道、马道、便道、岔路的交会点】

冰川脚下雪山山麓腹地是太子庙。太子庙又称“太子殿”，藏语称“乃弄庙”，是朝拜神山的香客煨桑之地，分“衮堆”（上太子庙）和“衮美”（下太子庙）两部分。其中以衮美最为有名，故通常以“衮美”下太子庙为太子庙，海拔 2720 米。

太子庙常年香火旺盛，转经者络绎不绝于途。香客朝山转经时，依照先下寺（衮美）后上寺（衮堆）的顺序转经拜佛。藏民在太子庙转经朝拜后则徒步攀爬圣洁的冰川，他们视此为吉兆。

太子庙背后的冰川岸边有个圆形广场，外边有树林，广场中间是很大的嘛呢堆，上面所插风马旗多是白色的，堆上到处撒满骨灰，或放着盛满骨灰的坛子，这就是传说中的大尸林，是转山人把亲人的骨灰带到这里的。

特别提醒：游客所达为衮美寺，庙不大，由此左侧岔道为栈道至冰川观景台，右侧岔道前往莲花寺。

■ 莲花寺

【亲近雪山的寺院】

太子庙至莲花寺徒步上行需 1 小时左右，海拔 3100 米。史料记载莲花寺始建于元太宗时期（1233），现存寺院为后世重建。这里是登山路径最高点，寺院规模稍大于太子庙，位于山脊上，视野比山谷中的冰川栈道要开阔。寺内供奉有释迦牟尼和护卫他的卡瓦格博神像。

雨崩

【也许是最接近《消失的地平线》中描述的景致的地方】

雨崩是一个由神山的三座雪峰簇拥的小村子，全村只有二十几户人家，仅通过一条人马驿道与外界相通。雨

雨崩

背包客推荐：明永冰川游览线路

上山有两条道，一条是步行道，一条是骑马上山走的道（只在入口和太子庙有马，中途累了没有马可乘）。两条道都是平整的煤渣路，很好走。上山时，步行道在山左，骑马道在右边。步行大约一个半小时就能到达观看冰川和梅里雪山第一个地方——太子庙。这是个很小的寺院，有很多赶来拜山的藏族人，在院内烧香挂祈愿经幡。太子庙左边的路可以去观景台，右边的去莲花寺。走不远就开始是铁架木板搭的栈道，在栈道中途有一处很宽的平台，在那里可以观赏卡瓦格博峰。从右边去莲花寺，大约 1 个小时，这个寺院比太子庙规模要大一些，来的人相对较少，但是晴天的时候，这里是看卡瓦格博峰绝佳之地。

转山：转山之路一般游人是不会走的，每到藏历羊年，附近的藏民来此转山拜山，花近一个月的时间。从太子庙直下冰川边缘，一直沿着冰川左岸山脚上行，然后顺山谷爬上去，过了一片终年不化的冰雪层，就来到了真正的卡瓦格博峰的山脚下。

崩村有上、下村之分，上村可以通往攀登卡瓦格博峰的中日联合登山大本营，而下村通往雨崩神瀑，沿途可以看到石篆天书、五树同根的奇景。这是一个神奇美丽的地方，行走其间让人有旷世桃源之感。雨崩村因充沛的降雨量及特殊的地理环境和气候条件，植物的生态长势茂密而又奇异，在一些老树的主干上往往可以看到寄生的许多其他植物，这种奇特现象被人们称为“五树同根”。另外，又因为村子坐落在神女峰——缅楚姆、五冠峰等高大的山体脚下，加之古冰川、冰阶等的演化作用，在雨崩村里就可以看到U 形谷和大小各异、重达千斤甚至上万吨的“漂历石”，形成了独特的地质景观。在通往雨崩的路旁一块“漂历石”下，可以清晰地看到几个深黑色、形体纹理走向犹如藏文的字母，人们称其为“石篆天书”。

交通：德钦县城每天 15:00 有一班中巴车前往西当村，也可租车前往。西当村至西当温泉约 8 公里，可租车。西当温泉至雨崩村只有一条人马驿道，只能骑马或徒步：马费参考价格 160 元；中等徒步速度五六个小时可到达，骑马时间也差不多。西当温泉也可食宿。

门票：80 元，另加 5 元保险。

餐饮：饭食比较简单，一般为酥油茶、粑粑、土豆等。

特别提醒：

1. 去西当村之前最好先预订好马，以免到了那儿等时间。
2. 大本营可以安排和冰湖一同游玩，湖水幽蓝。
3. 前往雨崩旅游应避开雨季和冬季。在 4 ~ 6 月、9 ~ 11 月前往较为合适。
4. 近年来，雨崩村雪崩时有发生，一定注意安全。出行前，应注意了解当地的天气情况。在雨崩村游玩也最好请位向导，可以请客栈老板帮助聘请一位。

背包客推荐：雨崩住宿

上雨崩村和下雨崩村都有村民接待站可供住宿；也可以选择中日联合登山大本营住宿。徒步者之家客栈位于上雨崩，通常在谈骑马的价格时都是指到这里的价钱，如果到下雨崩还要加钱。老板是雨崩村村长，是个有故事的人，这里是一个游客最集中的地区，安全方面没有问题。电话：0887-8411173。如果住下雨崩，推荐神瀑客栈。这里有标准间和床位两种选择，可以洗澡，同时也是到神瀑的必经之地。老板是本村的村民，人很好。

雨崩神瀑

【可以净化心灵的神瀑】

卡瓦格博峰南侧，有从悬岩倾泻而下的瀑布，被称为“雨崩神瀑”，藏族人以到雨崩神瀑下沐浴作为一种洁净心灵的修炼。雨季瀑布较为壮观，平时只是山上垂下如哈达般千丝万缕的水线。

特别提醒：藏族人到这里都要举行转神瀑的仪式。

大本营

【这里很美，却是一场灾难的见证地】

梅里雪山登山大本营从上村后面布迥松阶吾学峰和吉娃仁安峰（五冠峰）之间的山谷进去，大约有 13 公里，需要翻越一个海拔 4000 米左右的雪山垭口。

大本营在布迥松阶吾学峰下，是个高山牧场，海拔只有 3600 米左右。牧场的风光极美，到处是整齐的冷杉林、冰川，三面雪山环绕，牧场中还有不少小木屋，是牧民夏季放牧时用的。这就是 1991 年曾经发生梅里雪山山难的中日登山队大本营。当日发生雪崩时，大本营虽然没有遭此劫难，但雪崩发生时的气浪将大片的树木掀倒，现在还残留着大片的树根和倒地的树干，似乎在向人们诉说着山难发生时那惊心动魄的一幕。

这里可能是世界上冰雪崩最频繁的地方之一，到大本营的乐趣之一就是看冰雪崩，感受大自然的威力，平均不到 20 分钟就有一次晴空惊雷。在布迥松阶吾学峰左侧的一条悬冰川下，是通向 C1 营地（海拔 4900 米）的线路，它的坡度在 60 ~ 70 度之间，而且还要横切冰川，非常危险难行，攀过冰川就到达卡瓦格博峰右肩，也就是 C1 营地，从 C1 营地沿着卡瓦格博峰右肩前进可以到达海拔 5300 米的 C2 营地，这里可以清楚地看到主峰卡瓦格博。

特别提醒：现在，在梅里雪山下各个旅馆和寺庙中，常能见到藏族同胞呼吁禁止攀登雪山的倡议书，其行文简洁，话语犀利，却实有深意。

尼农村、尼农峡谷

【一条惊险却又让人前仆后继的徒步线路】

从雨崩到尼农是很多徒步爱好者去雨崩的必然之行。不仅因为它沿途风景美丽，线路极具挑战性，还因为从尼农可以直接去西当村，然后返回飞来寺，不用重复走雨崩到西当村的线路。

尼农线雨崩段非常美。顺沿雨崩河，在静寂的峡谷中穿行。峡谷空气湿润，山峰中云雾缭绕；以雪山融化形成的雨崩河，中途汇聚了众多支流，在雨崩下段蜿蜒穿出，水声如雷；两旁杂树丛生，山谷叠翠。

在将要临近澜沧江河段，雨崩河被分成两截，主流往出口和澜沧江汇合，一红一白形成对比；往上被引入尼农引水渠，一直在山头盘绕行到尼农村。去往尼农的小径就贴着崖壁，狭窄逼仄，许多路段都被水冲得面目全非，下面就是深不见底的深涧，依稀还能听到雨崩河咆哮的回声。这一段就是整条徒步线路中最惊险的部分。

出雨崩河往左，逆流沿澜沧江而上，呈现出来的是典型的干热河谷地貌，两旁矗立的山峰寸草不生，满目荒凉。顺着水渠而行，就能到达尼农村。

粗犷外表下的尼农村朴素自然，清水绕宅，绿树成荫，民风非常淳朴。村落的房方方正正的，看起来像是土石结构，村落的外墙刷得雪白。十数栋方方正正的小房子错落有致地散落在浅褐色的山谷间，远远看起来分外干净、简洁、明快。

从尼农往西当村，还有 8 个小时左右的路程。不过比起前一段来说，除了一些被泥石流和滑坡冲毁的路段，基本上都没有什么危险系数。风景依然美丽。

特别提醒：走尼农峡谷的时候，一定要请向导，因为这条路平时是很少有人走的，很多杂草，也有些岔路，容易迷路；尼农峡谷那段路非常狭窄，拍照的时候一定要注意安全，曾经就有一个外国人在拍照的时候掉进河里被水冲走了。

梅里雪山转山

【虔诚的藏传佛教信徒就是沿着崎岖的山路去朝拜心目中无比神圣的梅里神山】

梅里雪山地区是徒步者的天堂，共有这样几条徒步线路：梅里雪山内转山、梅里雪山外转山、从梅里到怒江丙中洛等。

内转山：内转山总的来说不是非常辛苦，适合一般的驴友；但遇到下雨或下雪天气，道路会非常泥泞曲折。线路为德钦县城—白转经塔—飞来寺—澜沧江边—雍宗村—西当温泉—南宗垭口—

去梅里雪山转山

雨崩上村—雨崩下村—神瀑—明永冰川朝拜梅里雪山的卡瓦格博峰，再原路返回。全程徒步，行程 4 ～ 5 天。

外转山：外转山的线路相对较长而艰苦，要绕整个梅里雪山一周。从澜沧江边的羊咱大桥出发，向西翻越梅里雪山川南侧近4500米的多克拉雪山垭口，顺河谷下到怒江边，再沿江北上至察瓦龙，然后向东翻越梅里雪山北侧，海拔约 4800 米的说拉山口，按顺时针方向转回澜沧江边。外转山通常需要 13 天，其间需要住在无人区，适合经验丰富且户外装备较齐全的驴友。

从梅里到怒江丙中洛：有两条线路。一是从德钦县城乘车到云岭的永芝，在永芝雇马，经走索桶，徒步翻越孔雀山垭口，经新棵，到迪麻洛，之后就有公路了，全程要两天。二是从德钦县城乘车到茨中，在茨中雇马，经白汉洛到迪麻洛，途中要翻越海拔 5000 米的垭口，徒步行程为两天，从迪麻洛到丙中洛，乘车只需 1.5 小时。反之，也可通过此线路从怒江地区进入梅里地区，该线路风景秀丽，徒步的人较多。

特别提醒：

1. 内转山无须地图，外转山可在香格里拉县拿到地图。
2. 全程均为土路，7 ～ 8 月有时会遇到塌方，1 ～ 3 月会封山。
3. 如果体力不佳，租马行进是不错的选择。
4. 建议雇个当地的向导，品措（13988736982）是一个退伍军人，因为有过在汉族地区的生活经历，所以跟游客沟通比较容易，人也很热心。可以找他做向导，包括转山和徒步雨崩都可以。

茨中教堂

【德钦地区保存最完好的天主教堂】

茨中位于德维公路距德钦县城 80 公里处。“茨”，藏语，“村庄”的意思；“中”，藏语，六的读音。民国时期该村火头管辖六个村庄，故名。

茨中居民主要为藏族、纳西族。该村梯田重叠，绿树成荫。茨中气候温和，水源丰富，素有“德钦粮仓”之称。每年春季以后，茨中便是满山茶果争奇斗艳，空中香气馥郁清爽，沁人心脾。茨

德钦县茨中教堂

中天主教堂就位于茨中村。

茨中天主教堂原设于茨中村南约15公里的茨姑村，于清同治六年(1867)修建。清光绪三十一年(1905)德钦县境内发生驱洋教运动，德钦县及西藏盐井、芒康的僧俗各界群众对帝国主义列强觊觎中国藏区，以及清朝政府丧权辱国崇洋媚外义愤填膺，他们放火焚烧了茨中教堂。这就是史称的“阿墩子教案”。教案结束后，教会提出划茨中土地作为赔偿的要求，清政府迫于压力而应允。

清政府屈服于帝国主义压力，于1909年破土动工修建茨中教堂，历时12年方竣工，建成后即成为天主教云南铎区主教礼堂。教会还曾在此办过一所学校和一所修女院，这些房舍至今保存完好。

茨中教堂的建筑布局是以教堂为中心配套组合的，可谓中西兼容，主次得体。这些建筑包括大门、前院、教堂、后院以及地窖、花园、菜园、果园等，称得上结构紧凑，独具匠心。原大门还筑有外围墙，院内辟花坛，植果木，风雅别致。

从空中俯瞰，这座哥特式建筑为十字造型。教堂正面的钟楼为三层，屋顶有着典型的中国式传统飞檐，钟楼的最高处竖立着十字架。楼顶为亭式攒尖顶木结构，用4根内柱和12根外柱承托，内外柱间砌有石栏杆，登上顶楼，茨中景色尽收眼底，遥望江水匆匆向南流淌。

教堂的大门入口处和教堂内部有着不少内容也已经中国化了的对联，大多是“极仁极爱，至善至谦”这样的词语。正中的耶稣像左右分别挂的是：“宣仁宣义聿昭拯济大权衡，无始无终先作形声真主闻”。

“文化大革命”期间，教堂因为被用作小学课堂，才免于被捣毁的厄运。墙上的《圣经》故事壁画已经脱落殆尽，但是，斗拱上方的花卉依然清晰可见，天花板上的植物图案色彩如新。红色的地毯上有板条钉成的座椅，周末的时候村民们都会前来行礼拜。茨中除了天主教教徒之外，还有佛教、东巴教的信徒，并且各有宗教活动场所。

教堂的后院有两座并排的坟墓，墓穴均为圆拱造型，墓上有十字架，北侧墓穴的墓碑上刻着法国传教士伍许冬神甫的名字，他死于1920年。另外一座已经没有姓名的墓穴埋葬的是瑞士传教士于伯良，于伯良来茨中不久，就因脑膜炎去世。茨中的传教士在1949年以后都返回了欧洲。

后院有两棵枝叶茂盛的大树，一棵是桉树，一棵是月桂树，都是传教士当年为聊解思乡之愁，用欧洲带来的树种种下的，至今已近百年，高大的桉树要4个人才能合抱。

大树四周是大片的葡萄园。茨中的葡萄比常见的葡萄要小得多，仅指甲盖大小，颗粒小而饱满，口味甜中带酸。这种名叫玫瑰蜜的法国葡萄，是传教士从法国带来的，他们还把酿制葡萄酒的器皿和技术带入迪庆并将酿制技术教给当地的信教群众。

茨中人是好客的，晚餐喝得最多的是当地产的葡萄酒。茨中的山坡上到处种满了葡萄，家家户户都有制作葡萄酒的器具。老百姓从传教士那里学会的葡萄栽种和酿酒技术承袭至今，村里每年酿制的葡萄酒由酒商包装后运到市场上销售。

交通：包车往返200元左右（面包车），也可以乘坐：德钦—巴迪或德钦—维西在茨中吊桥下车，过桥即可到达。

住宿：茨中客栈，主人刘文高，客栈干净，舒适，是茨中条件最好的家庭旅舍，25元/人。

实用资讯

交通

滇西北是云南最重要的旅游区。在这个包括大理、丽江、迪庆三个地区的旅游区内，分别有三个航空港与昆明通航，形成了一个快捷的交通网。另外，除大理与昆明、丽江有铁路相通外，其他地区最普遍的交通方式就是公路交通。

大理

航空

大理机场位于凤仪镇和海东乡交界处，距离大理市区 12 公里。大理机场每天还有通往昆明、西双版纳，以及经停昆明到广州的航班。大理—昆明飞行 30 分钟。大理—西双版纳，飞行 50 分钟。

交通：从下关到大理机场可乘 7 路公交车，如果乘坐出租车约需 80 元。在下关建设路上的一些大宾馆和旅行社内都可以购票。

铁路

从昆明乘火车可到大理，车程 8 ~ 10 个小时，火车站旁有 8 路公交车直达大理古城。昆明—大理的火车每天有 5 趟，其中白天 2 趟，其余 3 趟都在晚间行车。

从大理至昆明的火车票，在建设路（近关平街）35108 军队招待所的大厅内可以买到，售票时间：9:30 ~ 17:30。大理至省内其他地方的火车票可到建设路 21 号的售票点购买，售票时间：9:00 ~ 18:00。

大理—丽江的火车，行程约 4 小时。

特别提醒：大理火车站附近很多出租车揽客所说的 3 块钱到大理，是到新城即下关，而不是大理古城。下关—大理古城出租车一般不打表，议价 25 ~ 40 元，可多人拼车。

公路

大理州有 214、320、323 三条国道贯穿全境，高速公路连接昆明、保山，通往丽江、临沧等地的公路路况非常好。

大理下关有三大长途汽车站，这三大汽车站都集中在建设路，其中有两个车站在街的同一侧，距离非常近。

大理客运总站

大理最大的汽车站，大部分的高快车都从这里出发，车站中有一个独立的高快车（豪华长途汽车）候车室。

地址：下关建设路 21 号（民生购物广场对面）

电话：0872-2135303

下关客运站

主要运营发往大理所属郊县以及昆明、丽江、香格里拉、六库、腾冲等省内地区的长途客车。发往丽江的长途汽车每半小时一班，最晚一班发车在 18:30，3 个半小时到达丽江。

地址：下关建设路

大运车站

这里到昆明最便宜的长途汽车车费为 50 元。

地址：位于建设路，大运宾馆旁，大理客运总站对面。

大理客运站古城发车处

位于大理古城内，有开往昆明、丽江等地的长途车，途经下关。

大理—昆明

大理距离昆明300多公里，两地由高速公路连接，从昆明的各大汽车站每天都有发往大理的长途车。昆明火车站旁不远的南窑汽车站就有很多班车到大理，最早一班是8:00，车型沃尔沃，票价112元，大约4个小时可到。此外，有很多私人车去大理，车型一般是依维柯。昆明到大理的最晚发车时间21:30，票价85元。

特别提醒：

1. 昆明到大理的车，终点站是到下关（下关是新城区），不是大理古城。出了下关车站可以乘4路公交车直达大理古城（距下关约20公里），票价2.5元，车程40分钟。打车的话，约35元。
2. 客运中心下车的话，可以直接坐到大理古城的小巴，2元/人。

大理—丽江

从大理开往丽江的高快车每天4 班，发车时间为8:30、10:20、14:00、19:00，车程3个半小时，车费60元。下关苍山饭店门口有车到丽江，豪华大巴（沃尔沃、大宇等），最晚一班是14:20。

在大理下关客运站（高速路）有国产中巴班车（短途运输、速度慢、环境差、中途停留频繁），最晚一班是14:00，40～50元，车程4小时。

大理客运总站（建设路21号）最晚一班是19:00，车程3小时，车费50元。

大理市下关新城区至丽江的最后一班车是19:00，过大理古城是19:20，豪华大巴，票价50元。

大理—香格里拉

位于护国路口的大理客运站有车去香格里拉，大理至香格里拉300公里，开往香格里拉的高快车9:00发车，15:00即可到达，车程6小时，车费约100元。

大理—保山

下关车站有车到保山、腾冲、瑞丽、景洪等地。此外，每天7:30、11:30 有到六库的长途车。

大理古城酒吧

出租车

大理市内的出租车起步价5元/3公里，之后1.4元/公里，桑塔纳起步价为6元/3公里，之后1.6元/公里。

公交车

大理市内目前有十多条公交线路，能够到达市内各个地方。其中4路、8路能从下关直达大理古城。票价分别为1元、2元。

自行车

在博爱路和人民路交叉的路口处有骑行大理单车俱乐部，可向老板咨询当地骑行的线路和注意事项。俱乐部有各种自行车出租，租金是10～12元/天，需要押金。车况最好的GIANT ARK旅行车30元/天（路上基本没有修车的）。

丽江

航空

丽江机场距离县城28公里，从昆明飞丽江，空中行程约40分钟。北京、上海、成都、广州等地均有直飞丽江的航班丽江机场有民航专线车往返于机场和县城之间（高速公路连通），15元/人，约40分钟送到市区终点站香格里拉大道上的民航售票处（民航蓝天宾馆），但离古城还有3公里的路程，打车起步价7元可到古城停车场。如果直接打的到机场的话，一般车费是90元，约半小时可到。目前高速公路已经全程通车。机场售票查询电话：0888-5173081

铁路

丽江火车站

目前已开通有昆明和大理往返丽江的车次。

地址： 丽江古城区金山乡

交通： 可从古城乘坐13路公交车到达。打车约15元。

公路

丽江汽车客运中心（新客运站）

有到香格里拉和德钦的班车，也有到昆明的夜班卧铺车。丽江—香格里拉，40～60元，4～5个小时。

交通： 古城西南角长水路上，云杉旅游开发总公司旁边，乘1路车直达。

电话： 0888-5121106

丽江古城口玉缘桥停车场

主要发往大具、下关、香格里拉、攀枝花的班车以及到昆明的夜班卧铺。

地址 古城北面黑龙潭公园附近（红太阳广场）

丽江高快客运站

主要发往昆明的班车。丽江—昆明：票价185元，9:00～17:35发车。

地址： 香格里拉大道

电话： 0888-5169758

丽江旅游客运站

主要发往昆明、下关的班车。

地址： 长水路纳西大酒店旁

电话： 0888-5125492

特别提醒： 到丽江的汽车是到新城的汽车站的，下车打车到古城7块钱就够了。

市内交通

公交车都是中巴车，上车每条线路一般为1元。

丽江马路上到处都是3～8路的小面的，这些是民营线路，公交车3～8路的线路它都走，1元车费。

出租车多为夏利，起步价为6元，一般仅城内游览，不超过8元。

自行车

各青年旅舍有自行车出租，但以租给住店客人为主。新城民主路的红太阳广场也有租赁自行车的点。红太阳广场租赁自行车分两种，单人骑15元/天，两人骑的情侣单车30元/天。需交纳200～300 元押金。租车者免费获赠矿泉水1瓶，丽江旅游地图1份。

特别提醒：但古城内不能骑自行车，出城或去较近的景点才需要租自行车。

迪庆

航空

迪庆香格里拉机场距离香格里拉县城约5公里，目前与昆明、成都、拉萨都开通了航班。昆明到香格里拉几乎天天有航班，成都与香格里拉一般在旅游季节每周有2个航班，拉萨与香格里拉每周有一个航班。通常要先飞往昆明，再从昆明转飞香格里拉。全国主要城市均有飞往昆明的航班。

特别提醒：机场到县城3公里，打车15～20元。

铁路

香格里拉的铁路正在修建中。但周边的昆明、大理和丽江通有铁路，可以先乘火车至昆明、大理或者丽江，再选择乘坐飞机或汽车前往香格里拉。

公路

公路是进入香格里拉的主要交通方式。香格里拉所在的迪庆藏族自治州连接滇、川、藏三省区，形成了以滇藏公路、川藏公路、康藏公路为干道的交通网络。

昆明—香格里拉

里程720公里，途中经过楚雄、大理等地。旅游者可由昆明西部汽车客运站（昆明西山区马街镇春雨路与益宁路交叉口东北侧。）乘高速客车直达香格里拉，一般需12小时车程。昆明每天9:00发车一班，每天18:30～20:30 的夜班车，每隔半小时发车一班。上午的班次票价约210元，下午的班次票价约180元。

丽江—香格里拉

里程约为174公里，大约4小时车程。每天7:30~17:00 每隔40分钟一班。视车型不同，票价42～59元不等。

大理—香格里拉

大理汽车客运北站有发往香格里拉的班车。每天6:30～12:00 每隔半小时一班，车程7～8小时，视车型不同，票价为66元、70元。每天20:00开行一班卧铺大巴，车程8～9小时，票价约84元。

四川攀枝花—香格里拉

里程约498公里，从攀枝花（金江）长途客运车站每天13:00有一辆班车发往香格里拉，卧铺票价137元。

四川稻城或乡城—香格里拉

从稻城到香格里拉300多公里，途中要翻越大雪山及小雪山，途中可观看香格里拉大峡谷。四川段内的路况较云南段内的路况要好一些，但是冬季时会积雪封路。

香格里拉—乡城，现在班车每天一班，7:30从香格里拉发车；香格里拉—稻城，隔天一班（逢双号），7:00从香格里拉发车，旅游季节基本上每天都有

丽宁十八弯

班车，行程12小时，参考票价103元。从乡城到稻城基本每天都有班车，行程7～8小时，参考票价55元。

西藏拉萨—香格里拉

途中要经过昌都、芒康、德钦才能到达，非常辛苦，全程1700公里左右，要5~6天的路程才能到达。但是这条路是很多探险旅行者所喜爱的。

香格里拉客运站

有发往省内主要城市及迪庆州其他地区的班车。每天早上有四班车到德钦，时间为7:20（中巴），8:20（大客），9:20（中巴），12:00，票价33元，建议早点乘车以便能赶上德钦到明永的班车。

地址：位于县城内长征路中段。

电话：0888-3501822、8223501

特别提醒：因为香格里拉各景点间距离较远且班车时间会有改变，所以去景点之前，一定要向当地车站问清楚交通情况，包括有无班车，道路是否好走等。

德钦客运站

地址：德钦县城唯一主要街道中段

电话：0888-8413322、8412115

租车

香格里拉周边景点比较分散，如果时间紧可以考虑包车。越野车450～550元/天，另外还要包停车费和司机住宿吃饭。（当地有一半的出租车司机是成都人，藏民司机性子直，说一不二，不容易中途变更行程，也不容易中途停车照相。）

市内交通

市内出租车起步价5元。县城内一般不打表，到哪里基本都只要起步价。香格里拉县城内有一些小型的公交车，主要开往香格里拉周边的一些小城镇。

住宿

滇西北地区是云南旅游最热点的线路，大理、丽江、香格里拉、德钦一线如同云南的项链，每一处都有醉人的美景和浓郁的民族风情。而这里的旅游服务发展速度也是日新月异，不同层次不同兴趣的旅行者都可以在这里找到满意的住宿地。“客栈”一词在滇西北使用频率最高，这些富有特色和想象力的客栈将自身和旅游资源完美地融合在一起，不但提供舒适的休息房间，而且热心地帮助旅行者解决交通、旅行信息、结伴等各种问题。如果说滇西北是美景天堂，那么客栈就是天堂里笑眯眯的小天使了。

大理

作为旅游名城，大理的住宿是比较完善的，可以满足不同层次的旅游者的需要。大理的住宿可以分为下关和大理古城两部分。

如果对住宿条件要求较高，并且资金充足的话，可以选择住下关。下关是大理现在的政治、经济中心，旅游接待设施也相对完善。这里有很多星级宾馆。如果想体验大理的民族文化，那么住在大理古城是很好的选择。大理古城有传统的白族民居，古城护国路（洋人街）上的许多私人旅馆、招待所，都是由旧时民居改建而成，古色古香，很有韵味。住在这里别有一番情趣，而且古城的住

滇西北客栈内景

宿价格比较便宜。中低档的宾馆、招待所的标准间一般在 50 ~ 150 元 / 间之间，床位为 10 ~ 20 元 / 床。

相思旅舍

旅舍的二楼餐厅和三楼观景平台做得很有特色，甚至超过了旅舍的客房内部设施。洗澡用的是木桶，可以在木桶中泡澡或淋浴。免费早餐是皮蛋瘦肉粥。标准间 100 元 / 间左右。

地址：古城南门文献路 85 号

电话：0872-2680688

风情大理客栈

距离著名的南门古城楼 100 米。标准间约 130 元 / 间。

地址：位于古城南门外文献路 81 号

电话：0872-2699761

天崖驿站

一个小小的院子，安静悠然。很多驴友的最爱。标准间约 140 元 / 间。

地址：大理古城南门绿玉路 5-1 号

电话：0872-2680873

MCA

一家个性化的国际乡村型人文经济型酒店，庭院深深，鸟语花香，经常举办各种艺术展览、酒会、Party。标准间约 150 元 / 间。

地址：大理古城文献路 700 号（距南门 150 米）

电话：0872-2673666

桃源人家青年酒店

一座典型的白族院子，院子里是小桥流水，院子外是田园渔歌，中间隔着的是清一色的青瓦白墙。推开窗户就能看到洱海。标准间 148 元 / 间，床位 30 元 / 床。安全、环境、卫生都非常好。它周围 50 米内有好几个大理很有名的青年旅舍。

交通：大理蝴蝶泉桃源码头。在大理古城苍山西门路口或玉洱门东门路口（风花雪月酒店）搭乘下关—蝴蝶泉、沙坪、江尾的客车，在蝴蝶泉下车（6 元），往洱海桃源码头方向走 120 米，即可到。

电话：0872-2431148

大理四季客栈

约 80 元 / 间。

地址：大理古城人民路 428 号

电话：0872-2674507

大理三塔青年旅舍

在大理火车站转三塔专线可以直达。偌大的屋后阳台足够你每天在阳光下看书，听音乐。小桥流水，古典园林的设计，感觉十分惬意。标准间 120 元 / 间。

地址：大理古城北门，三塔倒影公园旁。

电话：0872-2666398

大理古城国际青年旅舍

可以上网、租自行车，有咖啡厅、酒吧。

地址：大理古城人民路 58 号

电话：0872-2662418

大理云醉海棠客栈

面临洱海，春暖花开。这是一家奢华级客栈，具备单车、皮划艇服务。非常清静。标准间 780 元 / 间。

交通：大丽公路 23 公里处的下拨棚村，乘坐大理古城往北走大丽公路的中巴此处下即可。

电话：0872-2380808

丽江的古城庭院青年旅舍

丽江

望古楼青年客栈

在客栈的二楼可以眺望全古城，景色很美。房间装修很有特色，干净舒适。卫生间用的是透明的玻璃设计。客栈里随处都可以无线上网，也可以免费使用洗衣机。老板是个云南通，对丽江更是了如指掌。和他聊天，能获取很多有用的信息。这里的床位很抢手，最好预订。大床房 100 ~ 300 元 / 间，标准间 120 ~ 200 元 / 间，家庭房 120 ~ 200 元 / 间，三人间 180 元 / 间。

地址：新华街黄山下段 50 号

电话：0888－5129773

丽江古城庭院青年旅舍

一家有些年头的老客栈，人气很旺。

地址：丽江市大研镇光义街忠义巷 46 号

电话：0888－5102339

丽江古城老街青年旅舍

旅舍的建筑属于典型的纳西族的“四合院”，离古镇标志的“大水车”很近，很容易就能找到。

附近有很多具有当地特色的纳西小吃店，而且离古城的酒吧街——新华街非常近。晚上可去欣赏有名的“纳西古乐”及丰富多彩的东巴歌舞表演。标准间 100 元 / 间起。

地址：大研镇新华街双石段 61 号

电话：0888－5188611

丽江古城国际青年旅舍

地址：丽江市大研镇新义街密士巷 44 号

电话：0888－5180124

老谢车马店青年旅舍

丽江最早的国际青年旅舍，典型的纳西族庭院，Lonely Planet 推荐的丽江旅店。标准间 200 元 / 间。

地址：丽江古城区新义街积善巷 25 号

电话：0888-5881555

MCA

漂亮的纳西族小院，却到处点缀着异国风情，芳香庭院，幽静浪漫，在旅行者中口碑非常好。标准间约 160 元 / 间。

地址：丽江古城北门街市委党校上段 44 号（供电所旁）

电话：0888-5183699

橡树园客栈

客栈房间非常漂亮，是藤条床，卫生间用的是透明的玻璃设计。观景房 200 ~ 280 元 / 间。可提供 22:00 前的汽车站接站服务。

地址：丽江市长水路忠义西村 100 号（古城南，离四方街不远）

电话：0888-5105320，15012222130（24 小时），联系人：小李。

木瓜客栈

木瓜客栈恰好位于上坡，看似简单的门面，没想到客栈内别有一番天地。宽敞的四合院布置得井井有条，住在上层还能俯瞰古城的全貌。标准间 100 ~ 150 元 / 间、普通间 15 ~ 30 元 / 床。

地址：大研镇新华街双石段 70 号

花马国客栈

走过大研古镇标志性的大石桥，就能见到河边一座很有情调的客栈，叫“花马国客栈”。传说中的花马国就是纳西人心中的天堂。网上所谓“阳台架在河面上，房间门永远开着供人参观”指的就是它了。客房离河很近，白天风景固然很美，但晚上才意识到潺潺水声的吵闹。客栈分为两层，标准的白族风格。室内装修得也很讲究，在房间布置上也花了一番心思，看上去很舒服。标准间约 260 元 / 间。

地址：大研古镇四方街大石桥旁

电话：0888-5129099

大石桥客栈

因为《一米阳光》的走红，这里变得声名显赫。据说，大石桥客栈有古城里唯一直接靠河的房间，打开门

花马国客栈

丽江古城客栈

窗就能直接看到小河从眼皮底下流过，这也是当年《一米阳光》在这里取景的原因，而这间“特殊房间”也开价200～300元/间。标准间150元/间、普通间80元/间。

地址：大研镇五一街兴仁下段71号，古城大石桥边。

电话：0888-5184001

李家大院

听说李家大院有着300多年的历史，曾经是滇西茶马古道商贾来往的重要驿站。李家大院分前、中、后三院，很典型的古代纳西大户民居。院内鸟语花香，盆景林立，到处都弥漫着古朴的气息。老板也姓李，是李家大院的继承人。标准间80～150元/间。

地址：新华街双石段64号

电话：0888-5128556

老磨坊客栈

门口贴着邓达智的推荐文章。小河边，绿树下，闹中带静，房间很干净。

地址：剑南春文苑猜字壁对面

文笔海喆里客栈

传统纳西大院，保留一栋纳西古房，其他都设计为地中海风格。风景无敌，背靠文笔峰，前临高尔夫球场及文笔海。装修奢华，环境极为清幽安静。这是国内户外、音乐的几个名家开的客栈。标准间880元/间，复式套房2000元/间。

地址：丽江黄山镇文笔村

电话：0888-5306668；13977318835

迪庆

香格里拉的旅游开发虽然较晚，但是目前各个档次的宾馆和招待所都有，价位也不同。县城内团结路、北门街一带是旅馆比较集中的区域，原来的古城区基本改造成了旅馆、酒吧地带，与丽江相似。

县城内的星级酒店，标准间价格从300元到上千元不等。此外，在香格里拉还有一些普通宾馆价位稍低，而政府机关的招待所也适合游客下榻，如迪庆宾馆（州政府接待处）、县政府招待所、党校招待所、粮食局招待所、商业局旅社等。这些宾馆和招待所标准间的价格根据客房档次不同在50～200元之间，旅游旺季尤其是秋季会有一定上浮，条件比星级酒店稍差。

香格里拉也有许多旅馆、客栈适合背包族。比如位于中心镇古城内的永生旅馆，是迪庆高原第一家私营涉外旅馆，极富藏族风格，价格在 40 ~ 80 元之间。青年旅舍也是不错的选择，不仅价格不高，还能碰到许多志同道合的驴友。香格里拉迪庆藏地青年旅舍位于香格里拉县和平路 98 号（县城南端），距香格里拉中心客运站仅 1 公里，视房型不同，床位价格在 25 ~ 80 元之间。

如果在德钦地区游玩，可以就近住在德钦，这里也有多家宾馆、招待所供游客选住，价格比较适中。到德钦的人通常都是为了去看梅里雪山，去明永冰川和雨崩，所以大部分人都会选择住在飞来寺。这里的藏式旅馆 25 元 / 晚；飞来寺旁的旅行者之家和摄影者之家也可以住宿，一般 20 元 / 床。到明永村可以住在明永山庄，60 元 / 晚。

特别提醒：在香格里拉，多数客栈都可以洗澡，一般采用太阳能热水器，所以最好在 18:00 左右就洗澡；如果到了晚上热水会被用完，就没有热水洗澡了。

迪庆藏地国际青年旅舍

地址：香格里拉县和平路 98 号

电话：0887-8228671 6878210

香格里拉国际青年旅舍

地址：香格里拉县城建塘东路北侧

电话：0887-8226948

德钦藏家楼

三人间 150 元 / 间。

地址：出客运站左行 100 米左右，德钦敦和社区大街 13 号

电话：0887-8412031

餐饮

大理

特色美食

乳扇

大理洱海周围以乳扇闻名。乳扇类似于干奶酪，分烤和炸，烤的是生的放在炭火上慢烤，熟后抹上玫瑰蜜，松软香甜，还带点奶酪的酸。大理古城随处可见小摊摆着卖。建议到人民路中心工行对面那家，现烤，大而且玫瑰蜜正宗，

曾经的独克宗古城

5 元 / 个。其他地方虽然只要 2 元，但都是之前烤好的，冷的加热味道就一般了。炸的乳扇则是焦黄香脆，一般是撒上白糖，可以当零食吃，在饭馆也可以是一道菜。

饵块

看起来像个大饺子，当地人把它当早餐烤着吃或者再卷上点蔬菜酱什么的，很禁饱的大米制作的食品。

凉鸡米线

人民路中段，工行往东门方向，有一家连锁店“再回首凉鸡米线”，味道很不错，只是分量少了点，分大碗和小碗，还有很多凉菜可以搭配，4 元 / 碗。吃凉鸡米线也可以在小摊上吃，复兴路上的树人书店旁边就有一家。摆在巷子里，但吃的人特别多。味道也很好，还有就是分量足。价格相对要便宜点，游客 3 元，本地人 2 元。

凉虾

街头摆着的一种大米制作的，白色如小虾，松软，加上当地半透明如果冻般的凉品，舀上一勺玫瑰糖，尤其夏天喝，特别舒服。小碗 0.5 元，大碗 1 元。

砉肉饵丝

以巍山砉肉最有名。饵丝在白族相当于汉族的面条，每天都要吃，饵丝相对面条来说就是比较有黏性，有嚼头，配腌菜是他们的最爱。约 5 元，在绿玉路和绿洱路都有卖的。

六盘水羊肉米线

羊肉米线之所以好，是汤好，新鲜的羊骨头用来熬汤，羊肉做成肉片铺在米线之上，加上薄荷、葱、香蒜等。绿玉路和人民路下段，北门附近都有，连锁经营。

梅子饼

鲜梅和紫苏叶捣碎后呈自然的紫红色，再用整张的紫苏叶子包裹，酸中极品，绝对开胃。

赵记梅子

赵记梅子的梅子品种很多，吃过的人都赞不绝口，是大理古城的老字号了，果脯也很好吃，但品种就少一些了。

总店

地址：大理古城复兴路 288 号

电话：0872-2670823

分店

地址：大理古城复兴路 250 号

电话：0872-2661896

云兴果脯

这家的果脯很美味，饱满润泽，酸甜适宜。除了果脯外，还卖果子泡的酒，也有梅子，但是品种少一些。

地址：大理古城复兴路 225 号

特色餐馆

苍洱春

老字号，开店比益恒还早，菜的味道相当不错，而且很实惠。推荐：酱爆螺蛳、炝螺蛳、麻辣肥肠等。

地址：工商银行往人民路苍山方向走 15 米，路左边。

益恒饭店

白族老院子，蔬菜新鲜，量足实惠。推荐：砂锅豆腐、砂锅鱼、香草排骨、雕梅扣肉、海菜花、金雀花煎蛋等（人少的话砂锅鱼可点小份）。

地址：人民路中段的工商银行往东门方向 20 米

丽江粑粑

益华园

玉洱路上不起眼的小店。酸辣鱼一绝，泡萝卜一绝，还有特色的酸蚂蚁泡酒、酸蚂蚁鱼火锅。小店的泡酒相当好，好几壶都是3年以上的，一般客人老板舍不得卖。

地址：兰林阁酒店再往东200米，路左边。

酸萝卜鱼

位置有点偏，但价格实惠，小份的鱼28元，里面有2斤半的一条整鱼，鱼是剔成鱼片后以整鱼的形状端上桌，小菜可以另下。绝对新鲜。

地址：玉洱路下段

绿桃饭店

招牌菜是红烧驴肉，鱼也做得很好，有时候还能吃到麂子肉。绿桃的院子也是非常舒适惬意的。大池塘、秋千，阳光充足，推开窗户就是田野。一定要打车去，而且要和师傅说好回头还要接。

地址：大理三塔附近。总店和分店隔着马路对开着。

一壶春

老牌庭院式餐馆，大理风味。这里能尝到红烧兔子肉和地道的白族菜。大部分客人都是本地人，环境不错。

地址：大理古城北门街22号。洋人街过复兴路往北门方向300米路口再拐进150米。

一园春

以烤乳猪为特色菜，但需预订。

地址：大理古城博爱路北端

梅子井

店名因院中梅树和井而来，自家酿制的梅子酒一绝。

地址：大理古城人民路138号

丽江

古城中心的四方街是有名的小吃一条街，短短窄窄的街道两侧排列了数十家小餐馆，基本上每家餐馆都有云南特有的米线，种类有沙锅米线、煮米线，因此这条街又有“丽江米线街”之称。另外，要想吃得便宜或吃风味

汽锅鸡

小吃可到各农贸市场去吃，新大街的（百信商场、七星街附近）华都商贸城里面也有很多的各地小吃，营业到次日 2:00 多。

三叠水

因使用三套大小不同的餐具，共十八道菜肴，所以又称作“三叠水”。在有贵客来访的时候，纳西人的最高礼仪就是“三叠水”。第一叠甜点，如米糕、蜜饯、果脯、时鲜的果类食品；第二叠凉菜，其中包括丽江特产，吹肝、凉粉，还有火腿、豆腐干等；第三叠熟食，主要以蒸菜为主，又根据季节出产的物产不同有所不同。这三叠水中包括山珍海味，纳西族地方风味和特产小吃，可以说是纳西人的“满汉全席”。丽江纳西族大饭馆都可以做，但基本得 10 个人左右才能吃下一桌。

丽江粑粑

分为甜、咸两种口味，香脆可口。木府大院附近有一家专做丽江粑粑的小店口碑不错，从招牌可以看出是一家老字号。

鸡豆凉粉

鸡豆凉粉是丽江古城特色小吃。用丽江特产的鸡豆做成的凉粉就称作鸡豆凉粉。其实就是凉粉，分为凉吃和热吃两种吃法。百岁坊附近有一家小店比较出名。

冰粉凉虾

丽江著名小吃，香甜可口。冰粉是特殊的小小的果实用纱布包了揉出来的半透明晶体，玫瑰糖是红糖和玫瑰花瓣做的，而小小的凉虾则是用米粉做的，制作的方法很有特色，味道也很特别。在四方街有卖，1 元一份。

吹肝

吹肝是取新鲜猪肝，经过吹胀、腌渍、自然风干而成。其易于存放，可保存一年左右。吹肝经洗净、煮熟、切成薄片，加上芫荽、芝麻油、酱油、醋、葱花和姜末等作料凉拌吃，其味香鲜，食而不腻，凉爽开胃，是极好的凉菜。

米灌肠

丽江特有的一种风味食品，由猪血、米饭及各种香料，按照一定的配比拌在一块，灌入加工过的猪肠衣而制成的米灌肠。食用时切成圆片，或用热油煎炸，或用蒸锅蒸热。米灌肠色泽油亮，香味浓郁，营养价值高，是补血、补气之佳品。

黄豆面

在又滑、又筋道的面条中放入被油炸得喷香酥脆的黄豆，然后加上葱、辣子、油和香醋。汤底酸酸辣辣，非常开胃。不过最初的配料并不是黄豆，而是几块油炸的猪皮和两三尾小鱼，加黄豆是长期演变而来的做法。许多人还喜欢加入一些炸得脆香的花生米，削上几片咸而不腻的火腿片，就着一些嫩绿的葱末，就成了这一碗喷香的火腿黄豆面。

甜米酒

用米饭和甜酒药（或称酒曲）混合，保温一定时间而制成的。其中起主要作用的是一种称为根酶的微生物。能把淀粉分解成葡萄糖的根酶可用于做甜米酒。根酶能利用各种谷物原料生长，使淀粉糖化，所以不管是江米或大米煮熟就是做甜米酒的好原料。一般在30℃，48小时左右，根酶即可旺盛生长，菌丝布满米饭，由菌丝中分泌的酶起糖化作用，米饭变软变甜，即成甜米酒。

土豆粑粑

将土豆洗净、煮熟、剥皮、捣成泥状，加入适量面粉制成糊，放在勺中浸泡在油锅里炸至焦黄、定型，取出后即成一圆勺状，边上较薄，中间稍厚，上面撒上椒盐和辣椒面，吃起来清香可口、微辣，兼有花椒的香味。

虫草汽锅鸡

汽锅鸡是云南的名菜之一，由蒸汽

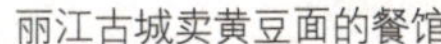

丽江古城卖黄豆面的餐馆

通过汽锅中间的汽嘴将鸡逐渐蒸熟。由于汤汁是蒸汽凝成，鸡肉的鲜味在蒸的过程中丧失较少，所以基本上保持了鸡的原汁原味。如果在汽锅中分别加入云南出产的珍贵药材虫草，就叫虫草汽锅鸡。这不仅增加了营养价值，能滋补强身，而且对体弱、头昏等症还有一定作用，对冠心病、神经衰弱等具有疗效。

永胜油茶

永胜油茶是名扬四方、风味独特的茶饮品，因创制流传于永胜而得名。永胜油茶味道浓烈，清香满口，妙不可言，用它佐白面馒头而食，其味更佳。

唠叨坊私房菜

地址：古城区五一街大石桥布农铃旁巷子内

电话：0888-5180439

阿妈意纳西美食

地址：古城区五一街小石桥旁

电话：0888-5309588

啊哩哩

地址：古城区光义街忠义巷7号（近木府）

电话：0888-8885885

“老丽江”餐馆

是当地人爱去的，菜也很便宜。那里的特色菜很好吃。

地址：位于象山市场，从古城的“大水车”步行过去只是10分钟，当地人都知道。

大石桥火腿炒饭店

老字号。小吃一流，无论是本地的还是外地的人都爱吃。

地址：城兰花街口玉元桥

药膳餐厅（妈妈府）

丽江最早的西餐厅，独家经营玉龙雪山名贵药膳。

地址：位于丽江古城新义街纳西古乐宫对面，欧式的露天茶座与纳西民居相结合。

电话：0888-5124631

迪庆

香格里拉县城的餐饮以藏族风味为主。藏式菜以当地出产的牛肉为主，还有各类藏族小吃，如糌粑、酥油茶、青稞酒、大饼等。香格里拉县城内找吃饭的地方没有什么大问题。这里主要出产青稞和小麦，只有少数的河谷地区产稻谷和玉米。酥油茶和糌粑是这里的主要食品。香格里拉县的酥油茶比丽江的味道更重。牦牛是藏族人民的主要牲畜，牦牛奶可以做成奶渣奶酪，牦牛肉可以红烧清炖，十分鲜美。

酥油茶

酥油茶是藏族日常生活不可缺少的必需品。酥油茶既能产生很大的热量，喝后可御寒，又能补充游牧民族以肉食为主所缺乏的维生素。旅行者不一定都能适应酥油茶的味道，而且短期在高原旅行也不容易适应藏民浓重的饮食口味，所以第一次喝先少量品尝一下，不必勉强。

酸奶

酸奶是香格里拉藏族制作的奶制品，藏语叫“说”。用提炼过酥油的奶制作，具有丰富的营养价值，有助于消化，生津止渴，最适合老人和小孩吃。藏区的酸奶和城市里出售的酸奶味道类似，但是更黏稠、更浓郁， 随个人口味酌量加上砂糖，味道很不错。

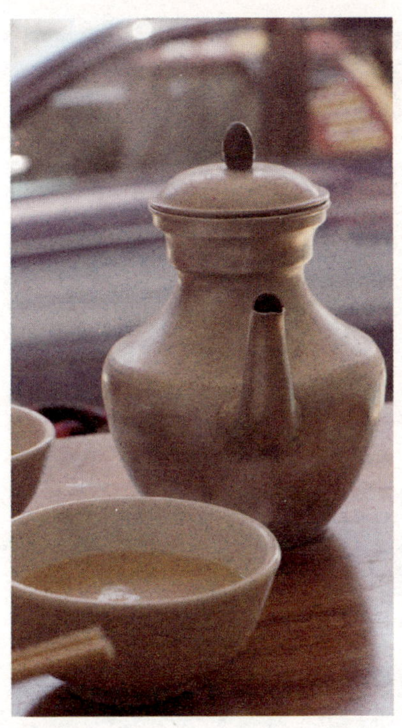

酥油茶

糌粑

糌粑是藏区的主要食品之一。磨制糌粑以青稞为主，将青稞晒干炒熟，磨成细面，就成为类似炒面的糌粑。藏族食用糌粑通常就着酥油茶，把糌粑撒入酥油茶中，用手搅匀捏成一个个的小团，即可食用。这是游牧民族最方便的主食，其实味道没有什么特别的，爱喝酥油茶的旅行者通常也就能吃糌粑，否则谁也咽不下干炒面。

购物

大理

扎染布

周城几乎每家都有染坊，当地人以卖扎染为生，所以都很会做生意。价格要靠自己一点点磨，这里布的价格肯定比大理古城的要便宜。所以可以先在古城了解一下行情，确定心理价位再来砍价。

下关沱茶

形如蘑菇帽，碗口大小，耐藏，经久不变味，汤色橙黄明亮，香气独特，耐泡，长期饮用对降低高血脂有效。各土杂店有售。沱茶、云烟、白药被称为“滇中三宝”。

剑川木雕

原为剑川民间工匠制作的家具、门窗、屏风等，近年开发了一些工艺品小雕件，供游客携带，在工艺品店有售。

大理石工艺品

以天然大理石制作的文房四宝、花盆、花瓶、灯具等，下关、大理古城及各风景区均有售。

丽江

布农铃

丽江历史最短却最红火的生意，一个叫布农的人 20 年前随着马帮走茶马古道进藏，一路听着铃声冥想。回到丽江他把古朴的铜铃系上画着家乡的水墨画挂在店里卖，店门的对联“叮叮叮叮叮漂泊漂泊，当当当当当回家回家”让多少年轻游子怦然心动。虽然陆续有店铺也在出售各种铃铛，但布农铃堪称丽江最具温情的商业创意。

东巴文化衫

就是将东巴文字印在圆领衫上，东巴文字是象形文字，颜色鲜艳活泼，而

东巴文

且富有想象力，是"到此一游"的一件很直白的纪念品。

银饰

纳西风格、藏族风格、白族风格在这座古集镇上融汇，于是各种形式的首饰特别是银饰作坊荟萃，款式多样，基本所有年轻女子都会戴上几条，属于心情大餐的一道调味品。

迪庆

藏饰

它总是具有诱惑力，因为其自然、原味、奔放，香格里拉和德钦都有这样的藏饰小店。柜台里摆满各种五彩石头，一粒粒随你选择串在一起。现在大城市都有了一些藏饰店，但城市里的过于精致，价格也远较这里贵。

特别提醒：在香格里拉购买藏饰要注意分辨真假。如果只是想图新鲜买几款玩玩，就不用在意这么多，但是要多砍价。

藏刀

男人都喜欢刀具，而藏刀的造型就透着质朴剽悍。香格里拉最有名的藏刀是卡卓刀，名声传遍整个藏区，卡卓刀的价格 70 元（最小的 30 厘米左右，刀口上有卡卓字样）。店主可以帮你邮寄回家。

特别提醒：买藏刀的时候最好让店家开一张发票，发票注明是"工艺品"，可以解决一些麻烦。藏刀是绝对不让带上飞机的，从邮局寄回的方法最为保险。

松茸

据说中国只有云南迪庆和四川稻城的山林里出产松茸，松茸的生长期很短，每年也就 8 月的雨季，松茸生长在松树下面的千年落叶里，有很重的松针味。原本当地人并不爱吃松茸，但日本人从松茸中提取出了一种可以抗衰老的药物，于是大量收购。顶级松茸价格最高时被炒到几千块钱一公斤，现在也在几百元左右。顶级松茸就是蘑菇的伞盖尚未打开的时候，一旦伞盖打开就没有了药用价值，这样的松茸也就只能卖到一个炒菜蘑菇的价钱。

当然，于云南本地人来说，松茸味道一般，只是因为营养及市场、产量原因，松茸价格被炒得很高。

娱乐

大理

大理酒吧集中在洋人街，也就是护国路一线。白天这里是团队游客参观线路，洋人街太有名了，可是酒吧街只有入夜了才恢复活力。无论什么季节、什么时候，大理总会聚集着一批闲散的外国人、中国人，人来了又走了，又有人来了。每一家客栈里又是自己的一个小世界，成伙的人坐在庭院里聊天喝酒，单个的或者讲究情趣的就跑到酒吧喝酒。只有在一种稍许混沌的状态下才能体会这儿的古城老巷中弥漫的稍许自在。近年双廊俨然成为另一个版本的大理古城或洋人街。

如果喜好自然清净，苍山脚下、无为寺、环洱海诸多湿地，则是骑单车、静坐、瑜伽练功的好去处。

丽江

酒吧在新华街一带云集，这里青石板路、小桥流水沿街而过，家家户户都摆着芳香的花。树叶沙沙声中一对对、一群群、一个个饮酒聊天。小声说话的是情侣; 大笑大嚷的是朋友，或者就在老巷中溜达。古城里大石桥和四方街都有小吃摊和另外的酒吧，古城外新大街三岔路口一带的夜市则更平民化一些。丽江之所以被称为“小资的天堂”，在这里所有你的懒惰梦想中小小的渴望都能唾手而来，而且价格刚好可以承受。

当然，夏天、春节、国庆大假时期的四方街，俨然是酒吧之都，空气中漂浮着肤浅、不安、暧昧的艳遇味道。这其实已经不是那个真实的丽江，而是这个时代外地游客们的丽江。

迪庆

如果住在飞来寺观景台附近，天气好的时候坐在季候鸟酒吧的露台上，拿一瓶啤酒对着月光下的卡瓦格博峰发发呆，你充盈的大脑中如同装下了一个世界，你的心灵却一世难求地平静如夜。同样地，在明永村、西当温泉，夜晚也是在雪山的怀抱中让身体的静寂娱乐心灵。或者去雨崩，那里在大多时候，能轻松找到草地、森林，有一个属于你的大山大川的自然空间。

DIANXI
滇西地区

德宏·瑞丽

走遍中国·云南

DIANXI
滇西地区

整个滇西地区其实就是怒江在云南版图上的历程。

怒江从西藏雪山流下来，进入云南地界的一刻就被高黎贡山和碧罗雪山狠狠地挤了一下。就在丙中洛这个被当地人称为“香格里拉”的世外桃源，两道大山造就的石门关如同一双巨手死死地卡住喧嚣奔腾的怒江。而后怒江如同被击昏的蛟龙在山谷中盘了一道又一道美丽的河湾，而后复苏在两道大山的逼视下，奔腾而去，从而造就了世界上最长的峡谷。这条峡谷中孕育着十几个少数民族，人与自然和谐相处，是中国原生态保存最完整的地方，高黎贡山也被称为“世界的自然基因库”。走进怒江峡谷，就像在聆听一堂大自然的教诲。

伴着怒江进入保山的高黎贡山也渐露温柔之色。人类的坚韧和智慧从未屈服过，西南古丝绸之路就是在怒江、高黎贡山这少许的温柔垭口开辟出来的。于是历史不再寂寞，抗日战争中保山旧城被战火摧毁，而腾冲却幸运地保存下来，“国殇墓园”就是我们对先烈的追思。腾冲坐落在火山口上，火山、湿地、热海，俨然一个地质公园的模样。除此以外，还可以去看看和顺侨乡的耕读美图，体会一下远离家乡的人寄情于文化传承的深意。

德宏是一片美丽的坝子，没有怒江峡谷的刚烈，没有保山东西交融的含蓄，这里是绿孔雀的家乡。金塔、奘房、竹楼、榕树、温泉造就了一片祥和乐土，

滇西地区旅行交通示意图

瑞丽在傣语中是“晚霞”的意思，据说佛祖就是在晚霞中从这里走过的。这里有傣族、景颇族风情，也可以去缅甸领略一下异国风情，瑞丽也是中国最大的宝石集散地之一。

怒江也是在晚霞中走向远方，并且改变了名称，成为了萨尔温江。

前世今生

滇西，含怒江州、保山、德宏州。自古这里地处边疆一隅。这里的人文历史比较单一，这里的大峡谷、大山，是一部自然变迁史。但让人们能凝集不忘的，还是近代滇西的历史，即滇西抗战。

1942年春，日军进犯缅甸。中国政府为保滇缅公路的畅通和战略物资的运输，应英国政府之请，派遣十万远征军，疾驰援缅，重创日军。4月，战局逆转，中国远征军一部分西撤印度，一部分辗转回国。日军犯畹町，占芒市，陷龙陵，狂炸保山，占据腾冲。怒江以西国土，相继沦陷。日军在沦陷区内，烧杀淫掠，平民惨死九万余人，房屋被毁28000多间。

此后，远征军重整旗鼓，在盟国顾问团和陈纳德飞虎队空军支援下，策应我驻印军缅北作战，兵分两翼，大举反攻。最终，滇西战役，历时8个月16天，共歼日军2.26万多人，我军伤亡6.48万余人。1943年3月，中国驻印军六万将士，一面筑路，一面进攻缅北之敌，亦大获全胜。1945年1月27日，中国远征军与中国驻印军、盟军胜利会师于缅境芒友。滇缅、中印公路胜利打通。到今天，国殇墓园、和顺古镇等地，尚有最后的滇西抗战史遗迹。

国殇墓园

旅行与季节

11月的秋天到翌年的4月，是怒江最适合旅行的季节。其实也就是这里的旱季。夏天的怒江，山路泥泞，诸多地方也常有塌方和泥石流，只适合做地质研究或自虐旅行的人们。处于干热河谷的怒江，春节期间是四季中最美的时节，怒江颜色青碧、白滩密布，两岸山花烂漫。当然，秋天漫山遍野层林尽染也很美。无论摄影还是自驾，或是徒步，或是漂流，或是去天主教堂，在这云南最边远的峡谷，一切都是如此不同。

如果只挑一个月的话，每年2月的腾冲是最美的。正逢冬天之尾，在这里浸入热海泡温泉当乃人生之绝佳享受。冬春交替时，保山、腾冲乃至高黎贡山，杜鹃花开，农历二月初八的刀杆节更是万人空巷。三四月时，去看国殇墓园，花开灿烂，但历史的伤痛和痕迹，会给人一种冲击，这是一种心理历史的旅行。

以一二月的春节为起始，到4月的泼水节，德宏迎来它最适宜来旅行的季节。此时出行，既可躲过德宏炎热潮湿的雨季，又可远离北方严寒而漫长的冬季，置身于四季如春的亚热带绮丽风光之中，可以尽情领略绚丽多姿的西南少数民族风情。夏天的德宏瑞丽地区的雨量丰沛。此时到这里，也别有风味。莫里热带雨林、瑞丽独树成林，游客稀少，生命在雨水中丰满地生长。初秋季节，这里不会太热，空气也不会很干燥，也是一个舒适的季节。

焦点

和顺古镇，边陲的汉文化传承

腾冲县城西南3公里处，古名阳温墩，因境内有一条小河绕村而过，更名“河顺”，后取“士和民顺”之意，雅化为和顺乡。纯汉族古镇，其封闭、传统、安定的环境，完整地保留了中国明清汉族文化的特色，被誉为中国古代建筑的活化石。当地汉族大多是明初到云

和顺古镇的宗祠

怒江第一湾

南从事军屯和民屯的四川人、江南人、中原人的后代。“远山茫苍苍，近水河悠扬，万家坡坨下，绝胜小苏杭。”

腾冲热泉，自然的神奇造化

腾冲县城西南 20 公里处，面积约为 9 平方公里，较大的气泉、温泉群共有 80 余处，其中 10 个温泉群的水温达 90℃以上，到处都可以看到热泉在呼呼喷涌。世界上有温泉的地方很多，但像腾冲热海这样面积之广、泉眼之多实属罕见。现在热海周围建有多家疗养院、浴室、娱乐设施，前来旅游、治疗者每日不断。

高黎贡山：动植物的博物馆

怒江的西岸，坐落着高黎贡山国家级自然保护区。保护区东西宽 9 公里，南北长 135 公里，总面积 12 万公顷。山势陡峭，峰谷南北相间排列，有着极典型的高山峡谷自然地理垂直带景观和丰富多样的动植物资源。六库（怒江州州府），从六库坐班车去泸水县，再从泸水坐去片马（边境小镇）方向的班车（六库每天也有直达片马的班车），山路崎岖，无穷无尽地盘旋，一路经过的就是高黎贡山自然保护区。

国殇墓园：不能忘记历史

腾冲县城西南 1 公里的叠水河畔小团坡下，建有滇西抗战期间中国远征军第二十集团军腾冲收复战阵亡将士的纪念陵园，辛亥革命元老、爱国人士李根源先生取楚辞“国殇”之篇名，题为“国殇墓园”。国殇墓园可说是腾冲军民以鲜血写成的一部活的史书，9168 名牺牲者，以宝贵的性命谱成了爱国篇章。

怒江大峡谷：最后的奔腾的大河

怒江州境内，是从雅鲁藏布大峡谷继续向东南，在云南境内又是一处地理奇观之所在。是世界上最长、最神秘、最美丽险奇和最原始古朴的东方大峡谷。到怒江峡谷旅游最好是10月至次年4月，尤其是春季山花烂漫之时，可考虑乘班车到贡山，然后沿江徒步前往丙中洛。各景点交通不便，最好自驾车，并有登山装备。

■ 芒市：边陲的造化

德宏傣族景颇族自治州州府所在地，是一个典型的以傣族、景颇族、德昂族、阿昌族、傈僳族为主的少数民族边境县市。芒市与缅甸毗邻，国境线长68.23公里，是我国通往东南亚、南亚和西亚的重要门户之一。这里民族风情浓郁，自然景色秀丽，被国内外誉为“孔雀之乡”、“黎明之城”，是历代皇宫贡米“遮放米”的故乡。

行程推荐

■ 怒江3日游

必游景点： 石月亮、怒江第一湾、丙中洛

可以尝试： 怒江自驾游

D1 六库—贡山，沿途游览怒江风光、远眺石月亮、江中松

D2 贡山—丙中洛，徒步重丁村，逛教堂、石门关、怒江第一湾、怒江第二湾，体力好可以往返秋那桶，住宿重丁村

D3 重丁村返贡山，贡山返六库

特别提醒： 怒江旅行建议包车，如自驾经验丰富，可沿峡谷自驾。

■ 怒江4日游

必游景点： 石月亮、怒江第一湾、丙中洛

D1 六库包车前往匹河老姆登基督堂、“废城”知子罗，经福贡看石月亮到贡山

D2 贡山—丙中洛一日游，住宿重丁村

D3 重丁村—迪麻洛，住宿贡山

D4 贡山返六库

■ 保山3日游

必游景点： 和顺古镇、国殇墓园、腾冲火山公园

可以尝试： 逛和顺古镇

D1 保山太保公园，前往腾冲，可选择住在城里或者直接前往和顺住宿

D2 游览和顺、热海、国殇墓园、叠水河瀑布，住腾冲县城

D3 游览腾冲火山公园、北海湿地

特别提醒： 保山旅行建议包车，或自驾。

■ 德宏3日游

必游景点： 大金塔、边贸街、友谊桥

可以尝试： 逛边贸街夜市

D1 上午从昆明乘早上的飞机到芒市，然后游览树包塔、菩提寺，下午乘班车前往瑞丽，游览瑞丽珠宝城，逛边贸街夜市

D2 莫里热带雨林—畹町桥—姐告边贸区、国门、中缅一条街、中缅友谊桥

D3 上午游览姐勒大金塔—喊萨奘房，下午返回芒市，乘班机去昆明或者乘班车去腾冲或大理

特别提醒： 芒市为边境风情旅游，佛教文化、边贸景点等皆为可去之处。

■ 保山、德宏6日游

必游景点： 瑞丽、腾冲、大金塔、边贸街、友谊桥

可以尝试： 泡泡腾冲的温泉

D1 乘飞机到腾冲，然后坐面的去和顺，游览和顺德古民居、和顺图书馆、艾思

奇故居，中午前往，夜宿和顺

D2 上午前往腾冲火山公园、北海湿地游览，下午去热海泡温泉，夜宿热海或腾冲县城

D3 腾冲—瑞丽，夜游瑞丽边贸街，去华丰夜市吃夜宵

D4 包车前往姐勒大金塔、莫里热带雨林、畹町桥、姐告边贸区、国门、中缅一条街、中缅友谊桥，包车费用约120元。找一家旅行社办理缅甸一日游手续。傍晚逛逛边贸街

D5 跟随旅行社出发，上午游览木姐市容、金皇宫、金鹿寺。下午乘车至南坎，游独立碑、云峰塔、大佛寺，在边城夜市享用风味晚餐。夜宿瑞丽

D6 乘车到芒市（潞西），游树包塔、菩提寺，乘车至昆明或大理

特别提醒： 如从昆明往返，建议乘飞机，在保山、腾冲、瑞丽则选择包车。芒市为边境风情旅游，佛教文化、边贸景点等皆为可去之处。

预算

滇西旅游热点集中在怒江、腾冲、瑞丽几个地区。怒江路途较远，以自然风光为主，如果只是怒江峡谷常规线路旅行，没有多少门票花销，通常4天就够了，每天花费也就150元，主要花在交通上。

保山地区的腾冲周边景点门票较高，而且往返车费、泡温泉费用、品尝地方特色，每天平均至少300元，3天左右即可。德宏地区消费水平虽然不算高，但傣族、景颇族、阿昌族各个特色景点、村寨、餐饮都要品尝，再有兴趣去缅甸一日游。而且瑞丽购物是肯定的，至于翡翠珠宝价格就没办法衡量了。所以德宏地区每天的消费水平不算购物约600元/3天左右。如果将整个滇西玩遍，需要至少10天，总开支在5000元左右。

德宏勐焕大金塔

怒江

怒江大峡谷

【世界上最长、最神秘、最美丽险奇和最原始古朴的东方大峡谷】

巍峨高耸的碧罗雪山、高黎贡山、担当力卡山与奔腾的澜沧江、怒江、独龙江相间构成了地球上最美丽的一个"川"字,这里也是三江并流的一个区域。

怒江州的怒江、澜沧江、独龙江三大峡谷中，怒江大峡谷最为壮观。被称为世界之最的美国科罗拉多大峡谷全长不过440公里，而怒江大峡谷不算上游西藏山谷长度，单只云南段就有600公里，所以峡谷长度堪称世界之最；不但如此，怒江大峡谷的峡谷深度也远大于科罗拉多大峡谷，科罗拉多大峡谷最深处才1830米，而怒江大峡谷谷深都在2000米以上，大多数地段突破了3000米，海拔超过6000米的太子雪山和梅里雪山拔地而起，两岸尽是高山夹峙、峭壁千仞、危岩嶙峋，不少江岸都是垂直的石壁。沿怒江的泸水、福贡、贡山等几县境内生活着傈僳族、怒族、独龙族、白族勒墨人、藏族等少数民族。

怒江大峡谷这种全球独一无二的地理环境造就了特殊的自然生态环境，巨大的落差和复杂的气候也影响了当地的交通建设。这里江水湍急，不能行船，所以江上一座座铁索吊桥便成为独特的景观。怒江上至今仍保留着不少溜索，溜人溜物也溜牲口。不过交通的不便却在一定程度上保护了丰富而脆弱的怒江生态环境，减少了人为破坏。有幸来到怒江的人都会为怒江大峡谷山高、谷深、水急，大山中保存完好的原始自然环境而感叹。

交通：怒江州以怒江峡谷为主形成南北走向数百公里的狭长山谷，以南端州府所在地六库为起点，北端贡山为终点，乘车进入必须原路返回。这条线路目前只能搭长途车自助背包游，或者通过旅行社租辆越野车，约450元/天。从六库到丙中洛都有柏油路，但因为山体塌方的事情常有发生，驾车一定要小心，慢速，注意力集中，最好请一个当地陪驾。

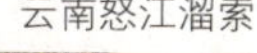
云南怒江溜索

A
B
C
D
1
2
3
4
5
西藏自治区
四川省
德钦
秋那桶
丙中洛
怒江第一湾
独龙江
独龙江
捧当
怒江
贡山
迪庆藏族自治州
香格里拉
普拉底
马吉
高黎贡山
S228
维西
鹿马登
碧罗雪山
福贡
丽江市
澜沧江
横断山
缅甸
知子罗
匹河
G312
S311
兰坪
大理白族自治州
片马镇
S316
泸水
(六库)
S230
云龙
保山市
N

怒江州旅行交通示意图

特别提醒： 因为长期有人类居住开垦，近六库段没有什么特别之处，但大山深处和公路尽头的丙中洛地区、独龙江峡谷却因为交通不便自然生态保存较好，是怒江旅行的亮点。所以推荐怒江为深度旅游地区，适合徒步登山和体验民族风情。10 月～次年 4 月是最好的旅游季节。

背包客推荐：怒江漂流

从六库到丙中洛的 200 多公里怒江河段，为世界级的漂流线路，比科罗拉多大峡谷还要壮丽。近几年，中外漂流爱好者逐渐来此漂流，商业漂流内容比较少。游客如在每年春节前后，则往往会碰到中外漂流高手在此探险旅行。

高黎贡山自然保护区

【被称为“世界物种基因库”的怒江臂膀】

高黎贡山共有 3 个自然保护区：怒江自然保护区、铜壁关自然保护区和高黎贡山自然保护区，其中高黎贡山自然保护区是 1983 年成立的国家级自然保护区，地处保山市、腾冲县、泸水县交界处，西北部与缅甸接壤，南北长约 400 公里，是云南省最大的森林和野生动物类型自然保护区，最高海拔 5128 米，最低海拔 720 米，以其独特的地理地貌、丰富的动植物资源而著称于世，被誉为“世界物种基因库”、“自然博物馆”和“世界雉鹊类的乐园”。1992 年，世界野生生物基金会（WWF）把高黎贡山自然保护区列为具有国际重要意义的 A 级自然保护区。2000 年经联合国教科文组织批准加入“人与生物圈”。

高黎贡山国家级自然保护区属森林与野生动物类型保护区，主要保护我国纬度最南端较为完整的高山、亚高山生物气候垂直带谱自然景观和异常丰富的生物多样性、类型多样的森林生态系统和种类繁多的珍稀濒危野生动植物物种，分布有羚牛、孟加拉虎、白眉长臂猿、白尾梢虹雉等 82 种国家重点保护野生动物；分布有树蕨、云南红豆杉、秃杉、长蕊木兰等国家和省级保护野生植物 58 种。其东侧是世界第二大峡谷——怒江大峡谷，山势陡峻，江河奔腾，气势雄伟。

交通： 从六库坐班车去泸水县，再从泸水坐去片马（边境小镇）方向的班车（六库每天也有直达片马的班车），一路经过的就是高黎贡山自然保护区。

住宿： 自然保护区的中心地带建有姚家坪森林旅游度假村，在大库至片马的必经之路。

特别提醒： 如果要进入保护区纵深山区，一定要请向导和骡马队。多带些治外伤的药和清热药；不要穿短袖；带足清水，尽量不要喝生水；紧跟马帮，不要擅自乱走，不然非常容易迷路。

六库（泸水县）

【怒江州州府所在地，进入怒江峡谷的一个重要旅行交通集散地】

六库镇位于怒江峡谷最南端，坐落在怒江东岸，有跨江大桥连通西岸公路。乘车进入六库前会有边境检查，理论上说去往片马和贡山等边境城镇均需办理边防证。但在六库查车武警只是检验身份证，最多开包检查违禁物品，对于旅行者不会多加为难。六库南侧临江修建了一座几十米高的弥勒佛，是一位台湾商人筹资修建的。六库西岸南行 5 公里左右有几家规模颇大的傣家餐饮住宿点，六库人经常光临，价格尚可，如需餐饮可以询问当地人。六库的“澡堂会”非常出名，正值春节大假，所以每年都会有游客慕名前往。

听命湖

【在湖畔感受呼风唤雨的神奇力量】

听命湖位于泸水县（六库）与片马之间，距离高黎贡山风雪垭口600米的地方。听命湖为一小型高山湖泊，处于雪山怀抱中，海拔约3540米，湖面呈圆形，平静而安定，四周植被丰茂，环境优美。

听命湖最神奇的地方在于，一旦有人在湖边呼喊，数分钟后山间就会凝结小片云雾，然后将飘过来淅淅沥沥下一场小雨，即便日头当空也必然如此。很早以前发现这个秘密的人以为自己是神仙可以呼风唤雨，于是下山告诉乡里人，大家亲自随他而来看他施法，百试不爽。为了弄清这个听命湖的神奇所在，科学家和记者亲自前往，果然灵验、有求必应。气象学家解释说听命湖能灵验的原理有三：周边水汽充沛、山谷有拢音作用、声波引起空气震荡导致水汽凝结而下雨，同时具备这3个条件的只有高黎贡山所青睐的听命湖。

交通：在六库乘至片马的班车，到高黎贡山风雪垭口边防站（72公里）下车，虽然距离不远，但需要攀爬峭壁、穿越丛林，需找当地向导带路，步行需3～4小时。

特别提醒：听命湖随季节、气候状态不同，听声下雨也存在偶然性。

背包客推荐：高黎贡山徒步

高黎贡山国家级自然保护区由南、中、北3个不相连部分组成，南区以六库、保山、腾冲山区组成，中区以六库、福贡山区组成，北区由贡山、丙中洛、独龙江山区组成。沿怒江高黎贡山脉将南、中、北3区相连的山区划作“生物走廊带”。保护区周边是多民族聚居区，居住着汉、傣、傈僳、怒、回、白、苗、纳西、独龙、彝、壮、阿昌、景颇、佤、德昂、藏共16个民族。傣族主要分布在南区，怒族主要分布在南区和中区，独龙族、藏族仅分布在北区。而旅行者自然观光和风土民俗寻访也集中于南、中、北3个保护区周边。

贡山至巴坡穿越高黎贡山自然保护区北段的那条人马驿道渐渐荒芜，这片保护区被称为世界上最大的“动植物基因库”，区内植被茂盛，原始森林、溪流清澈、雪山连绵，自然风光无与伦比。独龙江更是无污染、少人烟的世外天堂，再加上独龙族风情、乡村教堂，是喜爱大自然和自我挑战的徒步爱好者向往的“极地”。

独龙江徒步线路以贡山、巴坡穿越和独龙江上下游徒步为主，下游景点为巴坡、马库、月亮瀑布，上游景点为献九当、元龙村。

进出独龙江有两条路：贡山至巴坡徒步线路，单程3天，可前往上游孔当搭车出山，巴坡至孔当6小时徒步；贡山至孔当搭车线路，单程8小时，进出无班车，只能包车前往。人马驿道处于云南贡山国家级自然保护区核心区，管理极其严格，可在贡山林业局办理登记申请，也可以在高黎贡山嘎足天保护站办理手续。

背包客收藏：傈僳族澡堂会

每年的农历正月初一至初三的三天里，居住在怒江的傈僳族就会从四面八方聚到一起，在六库往北约12公里的六库、片马、福贡岔路口北温泉宾馆温泉池，举行一年一度的澡堂会。温泉是露天的，傈僳人男女分开，在这个天然的温泉里洗尽一年的尘埃。据说，这样的风俗是因为傈僳族多散居于山里，人与人的交往受到交通不便的限制，所以澡堂会成了他们一年中一次盛大的聚会。而且，他们认为，在这几天，用这个天然温泉的水洗过一年里都不会生病。强烈提醒尊重民族风俗，不要猎奇拍摄。

片马口岸

【以木材贸易为主的边贸口岸】

片马位于泸水县西部，南、北、西三面与缅甸接壤，距缅甸克钦邦首府仅200公里，是怒江州唯一的省级开放口岸，处在国家级自然保护区——高黎贡山自然保护区西坡腹地。片马口岸规模其实不大，也就几条街的房子，这个口岸是以木材交易为主，所以每年伐木季节才会人山人海。六库至片马途中翻越3400米风雪垭口，路旁有日本人残留的碉堡。片马中缅界碑、边境检查站距离小镇5公里，可以凭身份证过去在界碑处拍照。片马边境有茂密的原始森林，有如诗的田园风光。

交通：六库有直达片马的班车。

片马抗英胜利纪念碑

【为纪念1900年片马军民粉碎英军入侵西藏和内地的阴谋而建】

位于片马镇背后山上，纪念碑由怒江特产的汉白玉石雕成，尖端是盾牌，底座像弓，象征着片马人民反抗外来侵略者。碑中“片马抗英胜利纪念碑”是由胡耀邦亲笔所题。

片马抗英胜利纪念碑

驼峰航线纪念馆

【纪念为抗击日本法西斯而献出生命的中美烈士】

位于片马镇，馆内陈列一架长约22米、高约5米的“二战”时期C-53运输机拼装复原品。纪念馆内还展出大量历史资料、图片和实物。

抗战期间，坠落于怒江地区的飞机有25架。在纪念馆中修复拼装的这架C-53运输机，是1943年3月11日由美国飞行员吉米·福克斯和中国飞行员谭宣、王国梁驾驶的中国航空公司飞机，从昆明巫家坝机场飞往印度汀江的途中，因遇强气流而在片马附近坠毁，飞行员失踪。1996年发现该飞机残骸，从高黎贡山上搬运到片马。

背包客收藏：驼峰航线

1942年5月~1945年8月，在中国西南部，中、美两国人民并肩抗击日本法西斯，开辟了一条国际战略空运通道，投入飞机2000余架，怒江州是驼峰航线上主要飞越的地区，形似驼峰，因此中美飞行员取名“驼峰航线”，这条航线运送了大量战略物资和人员，为中国抗战和世界反法西斯战争作出了巨大贡献。

在云南至印度汀江开辟了世界航空史上最惨烈的一条“死亡战线”。为中国抗日战场运送80余万吨军用物资，其间，共有609架飞机坠毁，超过3000名中美飞行员牺牲，南京建有中美抗日航空纪念碑，镌刻着这些英雄烈士的名字。

怒江峡谷老姆登村

匹河飞来石

【大山如同玩弹球似的开的玩笑】

匹河位于六库北90多公里，在六库到福贡之间。在云南怒江匹河福贡民族中学校内，有一块高出地面5米左右的砂岩，基石上建有教师宿舍院落，院落中立有一巨大变质岩岩石体，高3米多，直径2米多，系1981年云南怒江东岸山体滑坡从天而降的，被称为“飞来石”。

交通：从六库有到匹河的班车。

老姆登基督堂

【怒江州规模最大的教堂之一】

从匹河往北行约7公里就可到达老姆登村。老姆登是一个怒族村寨，位于福贡县匹河乡境内怒江东岸，离州府六库106公里，福贡县城61公里，海拔2100多米，居民450人。村中有中西文化相结合的老姆登基督堂和闻名于世的怒族哦得得男女二重唱，村旁有历史悠久的原碧江中学遗址和烈士墓陵园。

老姆登基督堂是美国传教士1921年来此地传教时所建，是怒江大峡谷里最漂亮的一座基督教堂。教堂红白相间，庄重祥和，站在教堂门口可眺望峡谷风光。

交通：就在从匹河到“废城”知子罗的途中。

“废城”知子罗

【几乎是独一无二的“废城”，给人恍若隔世的错位感】

知子罗村，这里曾经是怒江州的州府，也叫碧江县城。20世纪80年代，专家论证因碧江县的县址正好处在碧罗雪山的山腰处，而碧罗雪山随时有可能出现山体滑坡，所以整个县城随时都可能被山体滑坡的泥山流所淹没。于是碧江县城全员搬迁至现在的州府六库，而后撤碧江县改知子罗村，于是县城成为一座空城。后来确实发生过小规模泥石流，但碧江县城依然矗立在原处。

目前，城里的街道、建筑依旧是80年代的旧貌。依山而建的房屋比比皆是，既有钢筋混凝土的楼房，也有怒族的竹楼和吊脚楼，但它们大多已是人去楼空。有少数搬到六库镇的少数民族居民因不习惯山脚下的生活，又自动搬回“空城”中居住。现在随着知子罗旅游的日益兴盛，静寂了数十年的小县城又开始慢慢热闹起来。

交通：去知子罗村需要在匹河乡下车，然后转包一辆正好要上山的卡车或货车。在怒江，卡车不仅是货车，也经常被当作客车来使用，而司机就是导游。

特别提醒：在这座昔日的县城的入口处，有一座三层楼高的望江亭，亭上是远眺山脚下怒江的最佳角度。

石月亮

【传说，是龙王为挡住一对恋人的离去，一箭射出来的】

高黎贡山自然保护区中段3300米的峰顶，有一巨大的大理岩溶蚀而成的山洞，洞深百米，洞宽约40米，高约60米，沿着怒江北上，百里之外，就可看到这个透着白云蓝天的石洞，气势非凡，相当明显。傈僳语称它为“亚哈巴”，石月亮的意思。

交通：在沿怒江公路去贡山县的路上就能看到，司机都知道在哪里，如想下车拍照需提前打招呼，路边有观景台是拍照留影的最佳地点。

特别提醒：在离贡山还有9公里处的七朗当村寨前，江中有一块露出水面约1米见方、高约5米的硕大岩石，岩石呈规则的三角金字塔形，塔尖上长着一棵直径碗口粗、笔直的青松，这便是怒江一景“江中松”。

迪麻洛

【僻静峡谷内的小村落，翻越碧罗雪山的起点】

从贡山县的捧当乡过人马吊桥，就转入了到迪麻洛的狭窄道路，这条小峡谷是碧罗雪山溪流汇入怒江的一条小峡谷，仅能通行一辆汽车，沿途溪流淙淙，野花奇草不绝眼底，峡谷两侧风光远比怒江大峡谷要秀丽，泉水、溪流、瀑布不断，所以迪麻洛又被当地人唤作“鲜花盛开的地方”。

怒江石月亮

在迪麻洛峡谷中，零零散散的木楞房分布在迪麻洛河两岸，青山翠谷中小桥流水，远处雪山在太阳光下闪着银辉。村中最好的建筑就是水泥篮球场（贡山几乎每个村子都有一个篮球场，也是村里集会、节日跳舞的场所，当地人都酷爱打篮球）。

交通：从贡山包车到迪麻落村附近的大桥（5号桥）40元，再搭微型车或便车到迪麻落，3～5元，徒步则需2小时。亦可搭乘贡山到丙中洛的班车到五区下车，转车往桥头，5～7元，再转乘便车到迪麻洛村，3～5元。离开迪麻洛村的最后班车约在17:30开出。

住宿：迪麻洛有私人开的小旅馆，没有挂牌子，如需翻越碧罗雪山或周边短途需要向导和马帮就找村长联系，向小卖部打听就可找到。住宿10～15元/床，没有洗浴。

特别提醒：建议没有经验的旅行者不要贸然尝试，并需请向导带路，需带露宿用品和食品。夏季山顶也有积雪，并且山中天气多变，道路复杂，切勿冒生命危险。

白汉洛教堂

【一座欧洲已经绝迹的有中世纪特色的教会活的教堂】

白汉洛教堂在迪麻洛对面的一座山上，有茫茫雪山做背景，建于清光绪二十四年（1898），距今已有100多年历史，由法国传教士任安守建，是怒江州最古老的教堂。1905年当地民众举行反洋教起义，烧毁教堂，即“白汉洛教案”。重建的教堂很有特色，虽然简单但绝对是中西方建筑风格很好的融合。教堂至今仍是周围教友做礼拜的地方。礼拜完毕，一般村长会借此机会召开全村大会，因为平时通信不便，只有这个时候全村的人才能从四面八方聚在一起。

特别提醒：教堂所在的村子比迪麻洛还要小，没有住宿地，可以借宿村民家，沿马帮的道路爬上山要两个多小时。

碧罗雪山

【穿行在云端】

碧罗雪山在兰坪境内绵延142公里，海拔超过4000米的雪山就有15座。其中最高峰老窝山是这些雪山中最美的地方，海拔4500米，与澜沧江的相对高差达3200米，原始生态系统保存十分完整。

山中气候变化异常，飞瀑密布，高山湖泊云集，被人们称作“万瀑千湖之山”。春夏之交，山中云雾腾升，登临绝顶观旭日东升或夕阳西下，颇为壮观。东面的玉龙雪山、哈巴雪山、金丝厂雪山、老君山、雪邦山在云海中犹如波浪滔天的大海中的小岛。

交通：贡山—迪麻洛—白汉洛，全程40公里，全程需3天时间。其中，沿马帮路翻越3座大山，第二座最高为碧罗雪山孔雀山垭口（海拔3900米），第一至第二座山中有夏季牧场和一间小木屋，风景绝佳；第二至第三座山有杜鹃林和灌木林；第三道垭口顶可俯瞰脚下澜沧江，陡坡下行为德钦茨中村。

特别提醒：近年已有机动车道修建，但只能跑越野车及拖拉机。旅行者无论徒步或驾车，在此高山岭谷，应具备严谨的安全意识和经验。

怒江第一湾

【怒江在这里伸出了一个最温柔的“臂弯”】

发源于青海省唐古拉山南麓的怒江，由北向南一路奔腾呼啸，从滇藏交界的南怡罗大峡谷流进丙中洛孜当村附近遇到悬崖绝壁的阻挡，本是由

丙中洛

北向南的江水突然掉头向西。被西面的山崖挡住后，又再次向东急转而去。这样，本来直径几百米的河道，却迂回反转了两次，形成了两个几公里长的半圆形大弯。

从高处看下去，这里的江面宽阔，江水平静。路边有巨石上刻“怒江第一湾”，以铁栅围住。在此可视怒江第一湾全景：但见碧绿的江水呈“U”形，伸进开口的平坦台地，高出江面 30 余米，构成三面环水的半岛状小平原。坎桶村位居于台地腹部。

交通：乘六库开往丙中洛的班车即可经过。

特别提醒：拍摄怒江第一湾的最佳时间不要超过 14:00（冬季可能会稍微提早些）。因为怒江第一湾会被山体挡住从而处于阴影中。从丙中洛乡往贡山方向走大约 4 公里，快到第一湾时有一岔道，路牌是“羊脂玉矿山”，之后沿土路上山，登山距离 5 公里。看到松林时往前走，有一块不大的平地，在这里，整个怒江第一湾完美地展现在眼前，广角、长焦、三脚架一样都不能少。

坎桶村

【怒江峡谷上的一块绿色宝石】

云南怒江第一湾中心的村子，这里江面海拔 1710 余米，一块块田地犹如棋盘。其间散落着犹如棋子的数间木房子，仿若桃源仙境，优美而宁静。每到农闲季节或民族节假日，这里总会会聚起四面八方的人们，歌声乐声在江面上回荡。

丙中洛

【怒江沿路最美的地方，和香格里拉一样的美丽村庄】

丙中洛坐落在一块峡谷中罕见的低海拔开阔盆地上，怒族人的梯田与特有的石板房错落有致地分布在梯地上。田边是绵延的草地和树木。

丙中洛为乡政府所在地，曾经和中甸（现在更名为“香格里拉”）争夺“香格里拉”原型所在地。丙中洛田园风光的明媚，还有神山上的皑皑白雪、神秘的寺庙以及传教士留下的教堂，一切都自然天成，幽雅而宁静。

交通：六库每天有一班直达丙中洛的班车，贡山县至丙中洛一个多小时就有一班车往返，票价 10 元 / 人，运行两个半小时，行程 40 公里，这段路是弹石路，不太好走。

特别提醒：从贡山往丙中洛的路程可以说是怒江最精华的部分，千里怒江第一湾的壮观，桃花岛的绚丽，在怒江原始的村村寨寨中，常常会有一两幢西式建筑教堂。这里 18 世纪就有传教士出现，现在依然有不少信教的村民。

溜索

【在没有桥梁前的一种原始交通方式】

在怒江公路上，至今仍保留有这种在有桥梁前，两岸民族使用的最古老的交通方式。过去，怒江上常有人因过溜索时，掉落江中的事件发生，所以有一定的危险性，丙中洛附近就有溜索，但需当地人指导陪同操作，需付指导费 5 元。

重丁天主教堂

【丙中洛沿线最容易到达的教堂】

位于丙中洛以北 2 公里的重丁村山上。天主教于 1905 年传入丙中洛，并于 1931 年兴建重丁天主教堂。原重丁教堂毁于“十年动乱”，现在的教堂为重建，每个礼拜日村中人依然来此做礼拜、唱圣歌。

重丁村风景绝美，远有雪山巍峨，梯田层层，近是流水环绕，绿树红花，田里老牛悠然，路上马帮铃响。这里生活依然十分贫困，却保留着一份原始的淳朴与平和。

住宿：目前重丁村天主教堂的管理者——丁大妈，因为开设了规模颇大且相对卫生的家庭旅馆，可以安排旅行者住宿和提供向导，而在旅行者中闻名。田壮壮的影片《茶马古道》里也有她的故事。丁大妈旅馆，15 元 / 床，**电话：**0886-3581144

普化寺

【与天主教堂同在一座山坡和睦相处的藏传佛教寺院】

在东风村，离重丁天主教堂不到 1 小时的路程，沿着小道穿过村中民居，看到的藏式风格的简陋寺院就是了。普化寺的历史悠久，丙中洛多藏民，而且上游连通西藏地区，但寺院在“文

桃花岛

秋那桶

化大革命”期间遭到破坏，现存寺庙为后人重建。

特别提醒：普化寺海拔高于江面不少，所以从普化寺俯瞰石门关比在怒江边看石门关更加险要。

桃花岛

【桃花岛上三月三，舞到怒江弯又弯】

由第一湾沿江上溯即到怒江第二湾，第二湾更像一条龙，静卧在怒江边。台地上的扎那桶村，房前屋后遍地都是桃树，每到春天，粉红色的桃花似彩霞映红了小岛，加之居住在小岛的怒族群众每年在桃花盛开的时节有“桃花节”，所以扎那桶村又被称为桃花岛。

交通：丙中洛乡到桃花岛，徒步大概要两个小时，要过吊桥，路况很好，只是沿途没有商店，必须备齐水和干粮。

特别提醒：第一湾和第二湾的桃花岛易混淆，两者最大区别是第二湾与对岸有铁索吊桥相连。

秋那桶村

【堪与“香格里拉”媲美的世外桃源】

这是怒江大峡谷北端的最后一个村子，距离重丁村 15 公里。过了朝红桥的尼打担，翻过一座山就到了。朝红桥是一座吊桥，修建的年代比较早。沿山坡分布着民居，到了这里，再往北就只有马帮的小路，可以直通西藏察隅。

秋那桶峡谷是整个怒江大峡谷精华中的精华部分，原始森林茂密，瀑布众多，人在峡谷中穿行，沿途景色十分壮观。

由秋那桶村上山进入怒江支流峡谷， 花费 3 小时左右翻越 1 道山梁是上秋那桶村，自然风光秀丽，是徒步爱好者中口碑极佳的旅行地。

交通：从丙中洛到秋那桶约有 17 公里，车只能走到石门关，其余路程必须步行。朝红桥过江后岔道上山。只要不下雨，路还好走。最好带上向导。

独龙河谷

【中国最后一个通公路的乡，神秘独龙文面女已减少】

怒江州贡山县西侧被高黎贡山隔绝的独龙江流域生活着一支独特的少数民族——独龙族，这里是他们在中国的唯一聚居区。

独龙江发源于西藏雪山，下游流入缅甸；独龙族的人口在我国境内不足5000人（缅甸境内人数较多），他们散居在独龙江险峻的峡谷中。独龙江江水湍急，暗礁横斜，渡船是不可能的，东西两岸的独龙族人只有“飞”过峡谷，才能不断绝两岸间的联系。

“飞”的方法有很多种：第一种被人们称为吊桥，独龙族人无论背多少东西，无论白天黑夜都能从“吊桥”飞身过江，动作轻盈，如履平地。另一种过江的方法就是溜索。其实，无论是走吊桥还是溜索都是十分危险的，但生存的动力使独龙人练就了特技。

而在独龙族，另一个吸引游客注意的便是当地的文面女，独龙族的文面分两种，一种是在脸上刺满花纹，被称为满文；一种是在面额两边刺花纹，称为半文。对于这一习俗，至今仍是个不解之谜，不过现在，怒江仅存的文面女已经很少了，因为这一习俗，已经不再沿用。

独龙江与外界的交通过去一直是靠马帮翻越海拔3600米的高黎贡山南魔王垭口，往来于怒江贡山和独龙江，靠近缅甸边境的巴坡。20世纪末修建了一条从怒江贡山至独龙江巴坡上游孔当的公路，自此独龙江乡政府也从巴坡迁至孔当，这也是全国最后一个通公路的乡，即便是这条公路，每年12月~次年4月会因积雪封路，而雨季塌方断路也很平常。

交通：从昆明乘车到六库（怒江州州府），全程614公里，每天有3～5班卧铺客车，需16个小时，到达六库后，需再行车280公里，才能到达贡山。贡山再乘车约7小时可到达独龙江乡孔当村。

特别提醒：

1. 怒江峡谷的天气多变，日夜温差很大，要注意保暖。当然，带好常用的药品是必需的。
2. 独龙江道路艰险，通常耗时不少于5天，而且要求徒步旅行者具备户外露营、长线旅行经验。山区内有蛇、熊、旱蚂蝗等动物，垭口海拔均超过3000米，有一定的危险，普通旅行者不可贸然前往，旅行前需考虑清楚。

背包客收藏：怒江上的桥

怒江峡谷壁陡崖悬，壑深万丈，滔滔江水如野马奔腾于峡谷之中。因为水流太急，江面无法行船，于是怒江两岸的百姓就修建了很多桥。怒江可称得上是一座“桥的博物馆”，既有现代气息十足的怒江大桥，又有各种木桥、铁索桥、吊桥，其中最有特色的是藤篾桥和溜索。

藤篾桥在独龙江比较常见，它是一种用藤篾编成的桥，外形看起来有点儿像细长的网兜。桥会随着人的走动，不停地上下左右晃动，过这样的桥没有点儿勇气和胆量是不行的。

溜索在怒江当地是一种被普遍使用的特种桥梁。传说中，一对分别居住于怒江两岸的傈僳族恋人，在无法相会的苦恼之中，受到彩虹的启发，拉起了怒江上的第一条溜索。怒江上的溜索有两种——平溜和陡溜。平溜的溜索两头一样高，平越大江，来往都可过，但溜到江心后得双臂用劲，攀到对岸。陡溜有一定的倾斜度，一头高，一头低，自然滑向对岸，十分轻快。陡溜一般都是两根，倾斜方向相反，来回都很省力。

3. 每年 11 月间，独龙河谷就几乎和外界失去一切联系，十几米厚的积雪把一切住处都阻隔在雪山之外，只有到次年 8 月冰雪消融的时候，才是河谷最热闹的季节。

4. 每年 5 ~ 11 月是穿越的较好时间，如欲寻觅向导、挑夫可在贡山文面独龙驿站或桃花源酒吧询问。贡山县旅游局电话：0886-3512285。

锣古箐（锣锅箐）

【怒江大峡谷深处的世外桃源】

在怒江大峡谷的东部，坐落着全国最大的普米族聚居区——兰坪县。据说，普米族是河湟地带的古代羌人后裔之一。在悠悠岁月中，普米族的先民曾穿越重峦叠嶂，从中国的大西北辗转到达西南。历经千年的沧桑，在元朝时来到云南，并在兰坪一带生息繁衍，成为这里的一个世居民族。

如画的锣古箐就在兰坪县通甸乡德胜村。锣古箐由锣古箐、金顶翠屏山、富和山 3 个片区组成，是云南“众山之祖”老君山的重要组成部分。这里有成片的丹霞地貌、大坪子草甸、滇西著名的大羊场、高山湖泊和盐商古道……

锣古箐的丹霞地貌为世间罕见。由于长期的侵蚀，这里的岩石不仅造型千变万化，而且在风霜雨露的作用下，还呈现出各种色彩。

锣古箐树木茂密，古木参天，“母亲树”高大伟岸，“情人树”相依相伴。由于林中湿度很大，有的树身上穿着厚厚的一层由苔藓蕨类长成的外衣，显得别有一番情趣。每当端午节到来时，四面八方的普米族群众会聚集在这里的小坝子上，载歌载舞，欢度“情人节”，于是这里也就有了一个美丽的名字——“情人坝”。

交通：景区距离兰坪县城 56 公里。要去锣古箐必须先到兰坪，然后租车到通甸（10 元），再从通甸到锣古箐（15 元）。

住宿：在景区内有具有普米族建筑特色的锣古箐三星级宾馆。还可以住在锣古箐村的村民家中。或者在高山草场露宿，观赏高原牧场无限风光。

特别提醒：这是在普米族聚居区，注意当地的风俗习惯和特殊禁忌。普米族不过中秋节，不吃马肉、驴肉、狗肉等，在家里座位有主客之分，不能用脚去碰三脚架（锅桩），不能乱动山上的嘛呢堆，不能在家里或者村里吹口哨，不准在山上随便采花和挖山基土，因为神山不可侵犯，村子里或村子上方的大树不能随便碰，因为这可能是本村或本氏族的神树。

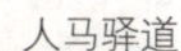

人马驿道

保山·腾冲

太保公园

【距市区最近的一个景点，徐霞客曾暂居于此】

位于保山城西，郁郁葱葱隐蔽着山中众多的古建筑：玉皇阁、会真楼、状元楼、玉佛寺等。

玉皇阁属明代三层门拱式建筑，是保山现存最古老的建筑。玉皇阁左右各建八角式钟亭一座，又名“会真楼”，明代旅行家徐霞客到保山时曾住于此。山顶建有西南第二大武侯祠，可俯视整个保山城。

交通：沿保岫西路向西步行 20 分钟即达。

门票：免费

来凤山

【在山顶可眺望腾冲城全景】

腾冲是明代大旅行家徐霞客到达的最后一站，被他命名为“极边第一城”，来凤山被称为镶嵌在“极边第一城”的一颗绿色明珠。公园主景区为一座呈盾状的火山锥体，形似大象，传说有凤凰到此而得名。公园植被茂盛且品种繁多，最高海拔 1912 米，最低海拔 1640 米。

交通：位于腾冲县城来凤大道南端，步行即到。

门票：10 元

国殇墓园

【我国规模最大、保存最完整的抗战时期正面战场阵亡将士纪念陵园】

位于叠水河瀑布一侧山坡上，为“二战”时为光复腾冲而壮烈殉国的中国远征军烈士的灵魂安息地，于

国殇墓园

1945 年 6 月建成，20 世纪 80 年代整体修复。

步入墓园大门，头顶松柏森森，地上碧草萋萋，一派肃穆。循林荫便道行百米，可见一高台，迎面“碧血千秋”4 个大字赫然夺目，为蒋中正题、李根源书。高台之上便是墓园主体之一的忠烈祠。忠烈祠后为小团坡山丘。山头苍松翠柏间，一座用腾冲特有的火山岩雕凿砌筑的玄色方身锥顶高塔直插云天。塔身正面书“远征军第二十集团军克复腾冲阵亡将士纪念塔”，塔基正面刻有蒋中正题、李根源书“民族英雄”4 个大字，其余 3 面为腾冲抗战纪要铭文。

小团坡整山俱为烈士冢，这里安葬着在整整 42 个昼夜的攻城血战中壮烈牺牲的 3346 员将士的忠骨。3000 多座排列整齐、挺然屹立的碑石，每块碑石上刻有一位当年攻城阵亡的烈士的姓名、籍贯、军衔、职务等。走在密匝的

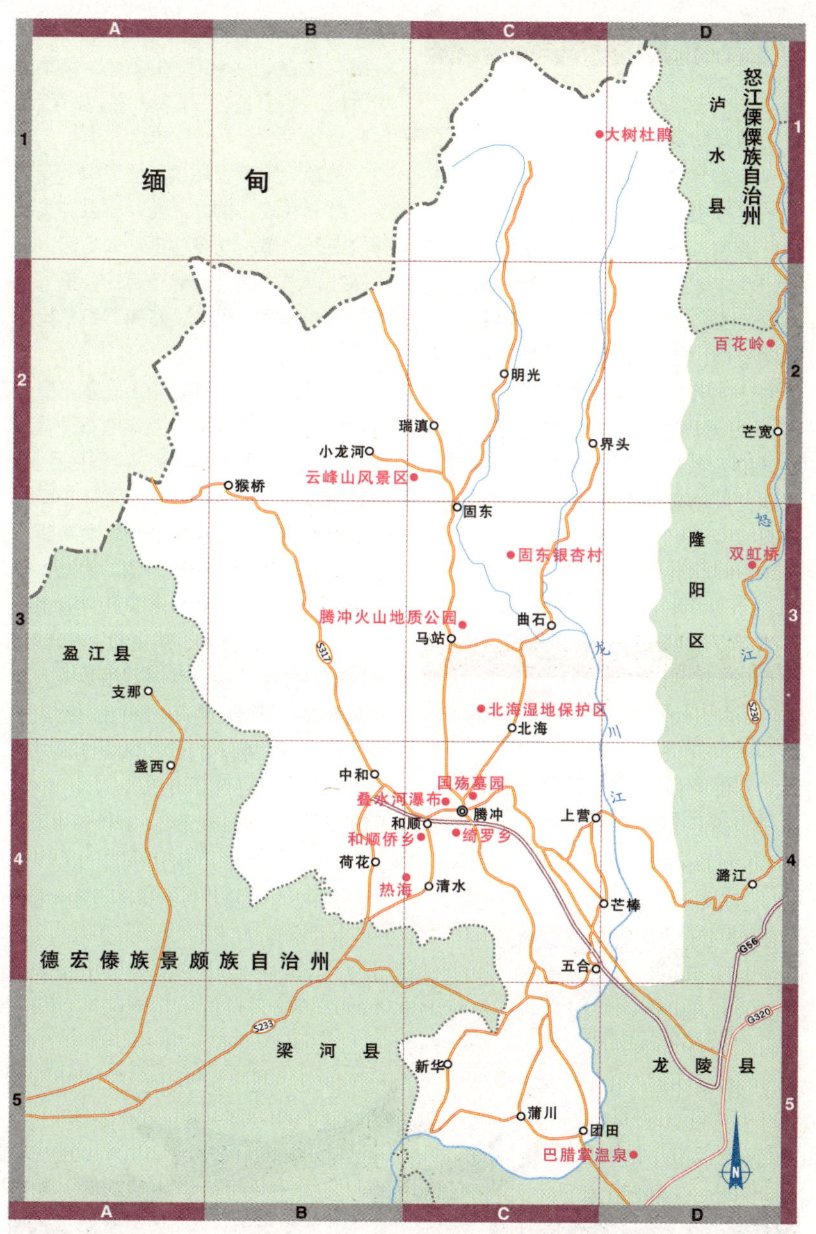

腾冲旅行交通示意图

石碑之间，映入眼帘的每个名字都扣人心弦，使人肃然起敬。

交通：3路公交车可到，也可步行前往。如果住在和顺，乘前往腾冲县城的车都会经过。

特别提醒：国殇墓园的旁边就是革命烈士陵园，可以瞻仰。

叠水河瀑布

【中国仅有的城市火山堰塞瀑布】

叠水河瀑布河流是大盈江上游，由北而南贯穿腾冲坝子，突然从巨大的断层崖壁上跌落而下，形成雄奇壮观的叠水河瀑布。在气势磅礴的瀑布上，凌空架有太极石桥，信步桥上，凌空观瀑，形如银河倒泻若万马驰骋，雷霆轰鸣，令人有惊心动魄之感，为腾冲十二景之一的“龙洞垂帘”。瀑布高 46 米，崖壁上排列着奇妙的柱状节理群。瀑布对面观瀑台，有各年代当地名人的墨宝手迹。

交通：距县城 1 公里，出国殇墓园步行即到。

门票：10 元

和顺乡

【许多电影导演、摄影师、画家都喜欢到这里取景画画】

和顺乡位于腾冲县城南 4 公里，古名阳温登村，因境内有一条小河绕村而过，更名“河顺”，后取“士和民顺”之意，雅化为和顺乡。和顺因华侨出国历史长、侨属多著名，故有“侨乡”之称。

和顺四围青山环拱，坝子中一江穿流，数溪萦绕，柳堤莲塘，一派钟灵毓秀的田园佳境。全乡住宅从东到西、环山而建，渐次递升，绵延两三公里。古朴典雅的祠堂、月台、亭阁、石栏比比皆是。

和顺的和顺大寨，依山临水，房舍鳞次。寨边三合河偕一条弯弯石径弯成弧形，路、河之交古榕间茂，石栏月台，随处可见。与大寨子“鸡犬之声相闻”的水碓村则是艾思奇的故乡。村旁有一龙潭，三面环山，一堤为廊。堤上古榕荫蔽。元龙阁傍水依山而筑，内有龙王殿、三官殿、玉皇殿、魁星阁、观音殿、百尺楼等殿宇，风铃传响，墨香袭人。登高俯瞰，湖光山色尽收眼底，给人一种悠然入画之感，民国代总理李根源有诗赞和顺：“绝胜小苏杭”。

交通：从腾冲县城打车前往，车费 10 元，十

和顺古镇

和顺图书馆

几分钟即可到达和顺顺和牌坊。腾冲县城有很多面的可以直接开进景区，车费 3 元，这样就能省掉 80 元的门票。

门票：80 元

住宿：寸家大院，地址：和顺李家巷 35 号；**电话**：0875-5158349，20 元 / 晚。寸家的少东家——寸宇先生在和顺图书馆工作，可以带你免费参观这所闻名全国的乡村图书馆，再附加和图书馆连接的文昌宫，省去了 80 元的门票。

特别提醒：

1. 正对牌坊的右边（距牌坊 30 米左右），有一小道通往菜花田。沿菜花田小径，很快可以到达冰清玉洁牌坊。这样就能免去门票了。或者预订和顺的旅馆，旅馆会派人来接，这样也可以不用买门票。只是得预先将定金汇入对方指定的账户。不过如果要参观和顺图书馆和艾思奇故居的话，还是要买门票的。
2. 和顺有一家私人博物馆，叫“耀庭民居博览馆”，馆主杨润生老先生将自己毕生收藏的中缅在抗日战争一直到现在的邮票和钱币，分门别类地展示在自家的阁楼里。走进这里就像走进了一部和顺人的近代奋斗史。地址：和顺大尹家巷；电话：13987503233。

和顺图书馆

【中国最大的乡村图书馆之一】

于 1924 年由华侨集资兴办，为中国传统的楼房建筑，前置花园，美观素雅，图书馆中藏书万余册，其中尤以许多古籍最为珍贵。和顺作为滇西高原美名远播、历史文化内蕴十分丰厚的“华侨之乡”、“书香名里”，和顺乡也因此拥有了“在中国乡村文化界堪称第一”（张天放）的评语。

艾思奇故居

【“党的理论战线上的忠诚战士”的诞生地】

位于和顺乡水碓村，建于民国八年（1919），为砖木结构中西合璧的四合院，是艾思奇的生平事迹展览馆。高屋大院，串楼通栏，点缀着西式小品阳台。故居前临元龙潭，后枕凤山，地势高旷，环境优美。

背包客收藏：艾思奇

原名李生萱（1910～1966），生于腾冲县和顺乡水碓村，其父李曰垓是辛亥革命的元老，追随孙中山先生革命。

艾思奇青年时代曾两次东渡日本求学。1935年正式加入中国共产党。艾思奇是影响广泛的著名马克思主义哲学家，他一生写出了许多脍炙人口的哲学著作，特别是《大众哲学》、《哲学与生活》两本书，曾引导无数青年走上了革命道路。为丰富毛泽东哲学思想的理论宝库作出了卓越的贡献。他的《辩证唯物主义和历史唯物主义》一书，长期以来都是高等院校的哲学教科书。艾思奇于1966年3月22日因急性心力衰竭病逝于北京，终年56岁。追悼会上，毛泽东、刘少奇、周恩来、朱德等送了花圈，毛主席在他的悼词上亲笔写下“党的理论战线上的忠诚战士”一语。

腾冲热海

【“热海大滚锅”已经成为滇西旅游的招牌】

腾冲是中国著名的地热风景区，全区目前发现有64处地热活动区，温泉群达80余处，最高水温达96.3℃。其中热力最猛、外部显示也最为奇妙的便是在城西约20公里绵延半个山坡的腾冲热海。在热海温泉群面积约9平方公里的范围内，各种地热景观类型丰富，较大的汽泉、温泉群共有80余处，其中有14个温泉群的水温达90℃以上，到处都可以看到热泉在呼呼喷涌。

目前开发了大小滚锅、蛤蟆嘴、美女池、狮子头、珍珠泉、鼓鸣泉、怀胎井、仙人澡堂及澡堂河瀑布等10余个景点。热海中最著名的“大滚锅”直径3米多，水深1.5米，水温近97℃，昼夜翻滚沸腾，四季热气蒸腾。据说从前有一头牛到大滚锅边舔吃带咸味的泉水，不小心掉入锅内，待牧童从村里喊人来时，只剩下一副骨架。

交通：腾冲县城有到热海的专线旅游车，票价5元，也可包车前往，往返60元。

门票：60元。热海浴谷268元／人，可泡15个池子，以及地热的熏蒸房。

住宿：美女池大酒店，300～400元／间，包括景区门票和温泉票、浴谷票，以及电瓶车费用和早餐。

热海大滚锅

特别提醒：

1. 从热海的停车场到检票处有约1公里的路要走，可以考虑乘坐景点的电瓶车，7元/人。
2. 云南十八怪中“鸡蛋用草串着卖”指的就是这里用草编将鸡蛋串在一起，并放在热气腾腾的泉眼上煮熟然后出售。
3. 每到旅游旺季，特别是旅游黄金周这里有限的蒸汽浴床位都是供不应求。
4. 离热海3公里左右有一个黄瓜箐温泉。从热海出来往上走，走到唯一的岔口左转，走过2公里的土路就到了。这里的矿物质含量较热海更丰富，20元/人，不限时，就是条件有点差。

蒸浴

【热海沐浴方法以蒸浴最有特色】

蒸浴的床，有的在气孔上铺以卵石、沙子，再铺一二寸厚的青松毛、牛筋草等，在这些青枝绿叶上再覆草席或蓑衣。入浴者卧在床上，盖上毯子，蒸汽徐徐而上，浴后通体爽快，疲劳尽消。在石墙温泉，还有热水泉蒸床。泉出浴池旁，凿沟引进浴池，沟上搭以竹床，热水从床下流过，蒸汽遂沿床而上。

据分析，这里的温泉含有对人体有益的微量元素以及其他多种化学物质成分，它与各种中草药配合，能治疗运动、神经、消化、呼吸、心血管等系统的二三十种病症，其中尤以风湿性关节炎、腰肌劳损、坐骨神经痛等疗效显著，有效率高达80%以上。

腾冲火山群公园

【中国规模最大的休眠期天然火山博物馆】

地处印度板块和欧亚板块急剧聚敛的接合线上，地下断层活动频繁，为我国最为著名的火山密集区之一。

区内共有休眠期火山97座，其中火山口保存较完整的火山达23座，主要集中分布在和顺、马站一带。区内火山类型多样，火山堰塞湖、火山口湖、熔岩堰塞瀑布、熔岩巨泉等景观十分丰富，构成中国规模最大的休眠期天然火山博物馆。腾冲火山群形成于第三纪中新世纪至第四纪上新世纪，有的火山300多年前还在喷发，腾冲县城即坐落在来凤山火山凝固的熔岩之上。

交通：腾冲县城有中巴前往马站，车费5元，行程40分钟，下车后向东步行大约1公里可到公园。包车游火山—柱状节理—黑鱼河—北海湿地，约150元。

门票：30元

特别提醒：

1. 景区内有旅游观光热气球，从空中俯瞰火山可以感受如大锅般火山口的气魄，成人180元/人，1.2米以下儿童150元/人，3人一组才能升空。如果刮大风或者下雨的话，就会暂停。
2. 景区内火山石禁止捡拾带走，但公园门口有小贩兜售加工后的火山石。

打鹰山

【“火山之冠”，腾冲最高的火山】

海拔2614米，相对高度640多米，火山口直径为300米，深100多米。因为形式单一，所以不是旅游热点，可乘坐去马站班车于侍郎坝水库下车步行前往，路途较远而且无明显标志，详情请在当地咨询。

大空山、小空山、黑空山

【到腾冲必游的火山景观】

黑空山、大小空山火山群自北向南呈一字形排列，间距均在1000米左右，火山群国家公园和火山博物馆就建于此。博物馆内有关于火山的图片和文字介绍。

北侧黑空山海拔 2072 米，相对高差 214 米；中间大空山海拔 2050 米，相对高差 250 米；南部小空山海拔 1937 米，相对高差 40 米。3 座火山口保存均十分完整，其中数大空山最为壮观，主火山口直径 400 米、深 50 米。大空山正对公园大门，有 600 级台阶直登山顶。3 座火山喷发口喷发面积约 30 平方公里，火山口附近有许多浮石、火山弹及火山爆发流出的熔岩流。

火山风景远看就像是无头的小青山，亲身登临火山顶端也是难得的体验。所以来腾冲旅行的人基本都会登临大空山，然后感叹一下“原来如此”。

■ 柱状节理

【火山喷发形成的岩浆结晶体】

位于空山西 11 公里，有弹石路连接。柱状节理是火山喷发时高达 1200℃的熔岩温度骤降至 800℃时，因熔岩内含有六棱形矿物质结晶而凝聚成的六棱形柱体。因为火山不断地喷发和堆积，一条条如扭曲的枕木般的熔岩节理在流淌中骤然凝固，一层层有序而整齐地码放在一起，是难得一见的火山地貌奇观。

交通：柱状节理离火山公园的入口很远，只能包车前往。

■ 黑鱼河

【一条被火山骚扰的清澈的小河】

黑鱼河原本只是一条普通的河，但经火山戏弄而形成的断裂岩层将平缓的河道颠簸得参差起伏，于是河水如巨大的泉水般从地下而出。黑鱼河水很清，特产一种黑色小鱼，当地人在路旁现捞现煎现卖，5 元 3 ~ 5 条。

交通：与柱状节理景点毗邻。

特别提醒：如果包车去柱状节理和黑鱼河，在柱状节理下车后，可让司机开到黑鱼河去等。从柱状节理步行到黑鱼河约 15 分钟，途中风景不错。

北海湿地保护区

【一片可以漂浮游动的水上大草原】

北海湿地位于腾冲县以东约 12.5 公里，由青海和北海两个毗邻的天然湖

从大空山远望黑空山

银杏村

泊组成。

当地人有“青海无底，北海无边”的说法，青海是一火山湖，北海为湿地。北海湿地保护区四面环山，属于草本沼泽。水面上覆盖着厚达 1 米的草排，在上面行走会感觉大地晃动，大片草排组成漂浮于水面的陆地，好像巨型地毯。

交通：在腾冲西门客运站乘到曲石的班车，20 分钟车程，车费 5 元。

门票：30 元，可租船进入北海中，15 元。

特别提醒：

1. 为了保护湿地的生态环境，已严禁割下草皮当船在湖上划行，只可站在草甸上留影。
2. 站在北海湿地上，因草地软容易将鞋袜打湿，摔倒在草甸上也很平常，所以要注意随身贵重物品的防潮。景区内有租雨鞋和塑料袋，费用 2 元 / 人。
3. 找当地人带进去的话，不用门票，20 元 / 人。但是进不了中心景区。
4. 北海湿地在四五月的时候可以欣赏到成片的鸢尾花，8 月则布满了白色的野花，是湿地最美的季节。

绮罗乡

【不仅是全国著名的侨乡、“文明之乡”，还是景色如画的旅游之地】

绮罗乡共有 3 个自然村，其中下绮罗村最大，共 460 多户，这里的居民依姓氏聚居，自成巷道口建有一幢“总大门”。

村前小桥流水，清澈的绮罗河自北向南流过，形似一条游龙。坝子上阡陌纵横，春夏满目葱茏，金秋一片金黄。

交通：没有直达班车，需包车前往。

固东银杏村

【两千多亩银杏树连成一片金色的海洋】

村里有两千多亩银杏树。九月底到十二月，小山村被高大的银杏树包裹得一片金黄，满地的银杏叶就如金色的地毯铺满村里的小院落，风景绝美。此外，这里还有神奇的江东山古溶洞、秀丽的龙川江小江峡、神秘的古战场“鬼磨针”等景点。

交通： 腾冲西北客运站坐到固东的中巴；到固东集镇后转乘到江东的中巴即可。

云峰山

【在东南亚都有些名气的道教仙山】

在腾冲县城西北53公里的瑞滇乡，远看形如玉笋挺立，直插天际， 因峰腰常常云雾缭绕，故名“云峰山”，是云南较为典型的花岗岩地貌景观。

云峰山山路曲折，特别是“三折云梯”更是陡峭。2700余级石磴都如斧凿于峭壁危崖，依山顺势，手足并用才可到达海拔2448米的山顶云峰寺。徐霞客曾到此一游，留下“猿声千百，唱和其间”的感叹。云峰寺是始建于明代的同名道观，依山就势，集结了吕祖、斗母、老君、玉皇等殿阁，飞檐翘角，临崖御风，恍若仙境。当年，徐霞客因为眷恋云峰山的景色，在山顶住了两天。

交通： 腾冲城北的中巴车站乘车至固东，换乘开往云峰山的小面的，车费10元，有上下山缆车，单程15元。

门票： 30元

住宿： 云峰寺道观提供素斋和住宿。

大树杜鹃王

【是世界上800多种杜鹃花中树形最大、花朵最大的品种】

位于腾冲县以北的界头乡大塘村，在千峰叠翠的高黎贡山半山腰。大树杜鹃王根茎110厘米，树围340厘米，高28米，花开最盛时达2000余束。据专家测算该树有630年树龄。大树杜鹃是我国一级珍稀植物，是云南高黎贡山中极为珍贵的特有树种，在全世界绝无仅有。

早在60多年前，那段取自腾冲县界头大塘的原始森林中的大树杜鹃的圆盘标本就展示在英国皇家博物馆里，轰动了世界植物学界。

交通： 腾冲腾跃汽车站坐前往界头乡的班车，界头乡可骑马上山。

特别提醒： 每年2月为盛开期，截至2003年年底调查统计发现，树干直径在5厘米以上的大树杜鹃仅有256棵。

百花岭

【高黎贡山南段比北段多了几分温柔秀美】

位于保山市与怒江州交界处，高黎贡山自然保护区南段。高黎贡山国家级自然保护区的入口处就在这里。百花岭除了有出没无常的飞禽走兽外，还有不少空谷传音的流水飞瀑，热气氤氲的高山温泉，是典型的“一山分四季，十里不同天”。这里茂密的原始森林里还有一条茶马古道，修于汉朝，是最早的茶马古道。这段古道保留基本完好，只有1米多宽，大部分已经被泥化的枯叶覆盖，但依然能看出铺路的石头大小不等，色彩不一，每块石头都古朴沧桑，油光发亮，不少石头上还依稀可见马踏的痕迹。沿百花岭景区蜿蜒而上，是古代著名的南方丝绸之路高黎贡山段，原始森林中保存有马帮古道，从澡塘河顺山而上，有美人瀑布，至怒江边有双虹桥可以游览。

交通： 出芒宽乡政府所在地后，沿保山方向行驶约35公里。保山市内有直达班车。

特别提醒：

1. 景区内有食宿条件，百花岭属生态旅游区，无门票，请导游在50元／天左右。
2. 不少徒步爱好者会选择从这里开始，沿西南丝绸古道经南斋公房翻越高黎贡山，在古道最高点南斋公房宿营，到达高黎贡山西侧，古道上第一个古镇——江苴，需12个小时左右。山高林密，切不可贸然前往，最好请当地的向导带路。

双虹桥

【怒江上造型最独特的索桥】

始建于清乾隆五十四年（1789），已有200多年的历史了。当时工匠们利用江心的圆形礁石为分水墩，将桥分为两段架设。吊桥建好后，远看犹如两道彩虹悬于碧波之上，于是取名双虹桥。后因山洪瀑布冲毁，1980年重修。

古桥通向怒江一边的东段净跨67米，共系铁链15根，桥面宽3.1米；

双虹桥

背包客收藏：博南古道

中国境内的3条丝绸之路（西北、西南陆上丝绸之路，南方海上丝绸之路），以西南方的陆上丝绸之路发展得最早，在公元前4世纪时便已开通。

西南丝绸之路从四川起步，从大理往西，经过漾濞县城，就进入博南山区。博南是公元1世纪开始沿用的县名，治所就在今天的永平县。这条山道是汉武帝于公元前105年前后下令开凿的，当时称为博南山道。古道向西跨过澜沧江，便进入保山地区。保山是古时的永昌郡、永昌府的治所，也是这一带丝绸之路通过的主要地区，所以“永昌道”也就作为这段古道的名称了。

通向高黎贡山一面的西段净跨38米，系铁链12根，桥面宽2.8米。全桥总长162米，两端都建有关楼，中心的天然桥墩上还建有凉亭供人们小憩或观景听涛。

交通：就在保山到芒宽乡的途中，在烫习行政村下车，沿坡脚路步行约10公里可到达。

巴腊掌温泉（邦腊掌温泉）

【不仅能健体养颜，还能预测地震，被专家们誉为“地球的一个穴位”】

位于龙陵县城以北10公里的香柏河两岸，这一带温泉眼众多，至少有上百孔，若以“神奇”二字论，当首推有着“奇汤神水”之称的龙陵巴腊掌温泉。

巴腊掌温泉的神奇，表现在一个“变”字上。这里的温泉不仅温差较大，泉水的颜色也多不相同：有的清澈见底，有的白如乳浆，有的色似咖啡，这是它们含有不同的矿物质所致，因此也就具有不同的医疗效果。在诸泉中，最有特点和传奇色彩的要数“三仙池”。在一块高出河面约25米的岩石上，共有3潭泉水：大的面积约为4平方米，小的面积分别为0.4平方米和0.5平方米，相隔仅20厘米，却一冷一热，热的温度高达95℃，冷的只有20℃。最离奇的是这泉水颜色能随着气候和地壳运动而变化，被专家们誉为“地球的一个穴位”，能预测方圆400～800公里的地震。

交通：腾冲有直达龙陵巴腊掌的客车。

特别提醒：自明清以来，每年由隆冬至初夏，来这里入浴疗疾者数以万计。现在，“奇汤神水”附近兴建起了不同规格和档次的旅馆、饭庄、疗养院及大批室内浴池。

槟榔江

【边陲风光和少数民族风情独具魅力】

槟榔江发源于高黎贡山的支系古永乡的狼牙山，沿中缅边境而下，沿途点缀着无数边地美景。从腾冲沿中印公路——史迪威公路北行60余公里，槟榔江峡谷湍急，江中多奇石。由于两岸皆是茂密的森林，没有任何工业污染，河水清澈透明，江畔自然风光秀美无比。

这里聚居的傈僳族不同于怒江一带的傈僳族，他们的服装艳丽，民居、歌舞、食宿等有着鲜明的特色，著名的“上刀山，下火海”的刀杆节就是在这里举行的。

猴桥位于腾冲西北，坐落于槟榔江边，是中国最西南的一座乡村。

交通：腾冲汽车站乘坐前往猴桥乡的班车，由猴桥乡步行至江边即到。

特别提醒：猴桥乡距离猴桥边境口岸10公里，但口岸本身没有什么参观价值。

德宏·瑞丽

芒市广场

【芒市市民聚集的中心,演绎着芒市的表情】

广场上有傣族的泼水龙亭，有景颇族的目脑示栋，还有象征中缅友谊的中缅友谊馆。每逢重大节日，芒市广场就是这座城市最具人气的地方。泼水节时，这里是一片水的狂欢海洋；目脑纵歌的时候，这里是人山人海的舞蹈世界。平常的时候，这里则是芒市人散步、约会的地方。

交通：从芒市城区步行即可到达。

特别提醒：时间充裕的话，也可以去友谊路芒市第一小学内观赏树包塔、塔包树奇景。树包塔原名铁城佛塔，建于清乾隆五十三年（1788）。后来有颗菩提树的种子在塔缝中生根发芽，年复一年在塔顶长成一棵参天大树，于是就有了这树包塔、塔包树的奇观。

菩提寺

【东南亚著名南传上座部佛寺】

傣语称“奘相”，意为“宝石寺”。寺庙不大，始建于清康熙十六年(1677)，相传当时茫施（今芒市）长官的大儿子舍弃官位，削发为僧，修建此寺。因寺前有一株很大的菩提树，便借树取名为菩提寺。

这座寺庙虽然不大，却珍藏着琳琅满目的壁画、剪纸、万卷经书等三四百年来不同历史阶段的傣族艺术珍品。殿前的一对石雕动物，是缅甸传说中奇兽“嘎朵”，是专门守护佛殿的。

交通：西南路中段，与树包塔相距不远，步行可达。

门票：3元

特别提醒：每逢农历初八、十五、二十三、三十，附近村寨的教徒，手捧鲜花和供品云集于此，虔诚拜佛。

菩提寺

五云寺

【傣语称"奘罕"，意为"金寺"】

传说建于清康熙四年（1665），是芒市始建的第一座佛寺。殿中供奉着原土司方定正从缅甸迎入芒市地区的第一尊佛像"帕拉过勐"，被人们视为瑰宝。

地址：红旗街北段西侧。

特别提醒：五云寺所在的地方被当地人称为五棵树，这里聚集着当地大大小小的餐馆，是当地人寻觅美食的宝地。

勐巴娜西珍奇园

【拥有 4 项全国之最的城市公园】

位于芒市东南侧，"勐巴娜西"有神奇、美丽、富饶的意思，一进门就能看见"周恩来总理纪念亭"，亭内的石碑用汉、傣和景颇文分别讲述了当年建亭的历史过程。

珍奇园分为东、西两区，东区有大金塔、宗教文化展示馆、贝叶林、水上活动中心、植物园、景颇族风情村。西区有民族文化宫、娱乐活动广场、风情村、综合旅游购物中心、风味饮食街。珍奇园拥有 4 项全国之最：古树名木数量之多、年代最久；奇石、树化石，尤其是世界上罕见的树化石，规格之大、精品之多为全国之最。

门前两旁分别摆放着傣族泼水节的标志"白龙亭"，以及景颇族目脑纵歌的标志"目脑示栋"。

交通：位于仙池路，乘出租车 5 元，或者步行前往。

门票：30 元

勐焕大金塔

【南亚傣王宫的建筑风格，自古以来是人们公认的佛教圣地之一】

传说"释迦牟尼"生前转世为"阿鸾"时曾生活于此地，佛涅槃后数百年，佛家弟子"召罕大"、"阿罗汉"为传播佛祖教义亲临此山修炼。为使"召罕大"有个修炼的好环境，野草和荆棘全部让开，故称为雷崖让山，意为"野草让出的地方"。而后在此山建一佛塔，自古以来是人们公认的佛教圣地之一。

在芒市城区东南方，孔雀湖畔海拔 1079.6 米的雷崖让山之巅，坐落着金碧辉煌的勐焕大金塔。塔高 73 米，底宽 50 米，为八角形空心佛塔，开有四道大门。大殿中央的顶天柱周边塑有四尊天然汉白玉大佛像，东面是释迦牟尼佛像，西面是药师佛像，南面是观音菩萨像，北面是弥勒佛像。大殿可容 1000 人同时朝拜，殿外塑有多座精美的佛教雕像，大殿内的二楼、三楼展示了反映

芒市勐焕大金塔

佛祖生平及佛教教义的壁画和器物，既可拜佛，又能俯瞰芒市坝全景。第二、第三层外平台分别建有 16 座造型别致的群塔，第四层外平台建有 8 个具有佛教艺术创意，造型精美的花瓶塔。在群山间高耸挺拔，雄伟壮观，气势恢宏。

勐焕大金塔属南亚傣王宫的建筑风格，有着深厚的民族文化内涵，堪称当今中国南传上座部佛教第一塔。

勐焕大金塔的信教朝拜者甚多，是滇西南南传上座部佛教心髓传承的主要寺院之一。抗日战争时期，雷崖让山曾经为军事战略要地,遭受了战火的洗礼，佛塔损毁，经过了佛教信徒的重建。后在“十年动乱”期间又遭到严重破坏，只遗留有佛塔的残砖碎瓦，2004 年在广大信教群众的强烈要求下恢复重建。

交通： 大金塔就在芒市边上，芒市城区不大。很多芒市人都会选择清晨或傍晚步行上大金塔锻炼，或是眺望芒市城区风光。从芒市城里步行约 20 分钟即可到达。

门票： 40 元

特别提醒： 仔细参观，会发现大金塔的每个门对应着不同的佛，而且每个门前的守护神也不一样，门上的雕刻的花纹、图案也不一样。

峡门傣族风情园

【竹林中的傣族人家】

在离芒市城区不远的风平镇峡门村，有个竹林掩映的傣族自然村落，虽然取名叫风情园，这里却是原汁原味的傣家风情。一座座德宏傣族风格的傣家竹楼掩映在竹林与芭蕉叶交织的绿荫中，不时有穿着傣族鲜艳筒裙的傣家姑娘穿行其间。还有极具特色的傣家水井和寺庙。

交通： 位于风平镇峡门村

法帕温泉

【青山绿林掩映下的温泉群】

法帕温泉不是一个温泉，而是一个温泉群，四周青山环绕，空气湿润而清新。1956 年中缅边民联欢会期间，中缅两国总理和来宾都曾来这里感受大自然赐予的温泉水。

交通： 位于芒市西南 8 公里，芒市城里有法帕支线可以到达，票价 1.5 元。也可打的前往，约 20 元。

住宿： 法帕温泉主要有 2 处，傣景宾馆和供销社温泉度假村。傣景宾馆有室内温泉，室外温泉和游泳池，标准间 60 元 / 间；供销社温泉度假村是室外温泉，标准间 40 元 / 间。住宿的话温泉免费，不住宿的话，傣景宾馆 30 元。

特别提醒：

1. 度假村旁边有两个池子可以泡温泉，一个免费，一个收费 3 元。
2. 法帕温泉边上的尖山上有座寺庙，叫尖山寺，香火旺盛。

背包客收藏：目脑纵歌

景颇族最隆重的传统节日是“目脑纵歌”，每年的正月十五前后就是目脑纵歌节，村村寨寨都要举办目脑纵歌。届时，景颇族各村各寨的乡民身着节日盛装，聚集于村寨的空阔广场，数万人踩着同一个鼓点起舞，规模宏大，震撼力极强，是中国西部地区的民族狂欢节，有“天堂之舞”、“万人之舞”的美称。

“目脑纵歌”最先是景颇族最隆重的祭鬼活动，现今成了景颇人民驱恶扬善、预祝吉祥幸福的节日。节日时要在广场中心竖立四根高 20 米左右的目脑示栋。每根柱上画有精美而富有象征意义的图案，正中间交叉着两把银光闪闪的大刀，两边稍矮的两根柱上亦是图案饰绘，美丽有趣。目脑纵歌开始，人们身着鲜艳的民族服装，纵情饮酒欢歌雀舞。

梁河南甸土司衙门

【国内保存最完整的土司衙门之一】

梁河南甸宣抚司署也叫南甸土司衙门，是中国保存最完整的土司衙署之一。司署占地10余亩，始建于1851年，按土司衙门等级分为公堂、会客厅、议事厅、正堂、后花园、五进四院等，气势恢宏，有“傣族小故宫”之称。

南甸土司头人刀氏龚姓，原籍南京应天府上元县。明初随军征讨云南，因屡建战功，后升官定居于此，世袭为官28代，历时500余年，逐渐被当地土著傣族文化融合，成为汉傣文化融合的典范，是研究云南少数民族史、地方史、土司制度及建筑艺术等方面的重要实物资料。

交通：位于云南西部德宏州梁河县城。芒市有直达梁河的班车。

门票：20元

大盈江风景区

【这个风景区几乎涵盖了整个德宏，或者说“整个德宏就是一个巨大的风景区”】

由芒市、瑞丽江、大盈江3个片区组成。瑞丽江发源于高黎贡山西侧，经腾冲、梁河等地从瑞丽流入缅甸，有20多公里是中缅国界江。大盈江发源于高黎贡山南麓，穿越了数百里的高山峡谷、原始森林后到达盈江平原，江面变宽。两江交汇的这一地区有无尽的水稻、富有民族特色的村寨，绿树连绵，一片和谐的热带田园风光是国内独一无二的。

大盈江在盈江县城境内有一钢混桥，面宽7米，长371米，是云南省目前最长的公路桥之一。洪水季节，远看犹如长虹卧波，十分壮观。

交通：到达盈江县城后，租车前往。

允燕佛塔

【云南小乘佛教最重要的佛塔之一】

又称曼勐町塔，位于盈江县城以东1公里的允燕山上，“允燕”是傣语，意为“吉祥、欢跃、令人向往的地方”。佛塔始建于1947年，虽然是近代产物，但古风浓郁，是云南小乘佛教最重要的佛塔之一。

允燕塔坐南朝北，是一座缅式佛塔，由一座主塔和40座小塔组成，从塔基起，塔座分四层，逐层内收升高，托直圆锥塔体，高低错落，将佛教文化和傣族传统建筑融为一体。

允燕塔附近还建有民族节日的文物标志“目脑示栋”和“泼水塔”，每年正月十五至十七是景颇族的“目脑纵歌”节；清明节后第七天开始后的三天是傣族的泼水节。届时，各民族群众穿着盛装，在这里载歌载舞，尽情欢乐。

交通：可从盈江县步行，也可包出租车前往。

特别提醒：在山坡村后，金碧辉煌，旁边有景颇目脑纵歌节的广场。塔侧有一大片榕树林，树冠直径达五六十米，甚是壮观。

中国榕树王

【中国目前发现的最大、气生根最多的榕树】

位于盈江县

铜壁关老刀弄寨旁的亚热带雨林之中，距离县城约30公里。树高约40米，由下垂的气生根长成的新树干已达100多根，每年仍增加10多条气生根，树冠覆盖面积达5.5亩，远远看去，犹如一片小树林，故又叫“独木成林”。据专家考证，此树约有300年的树龄。

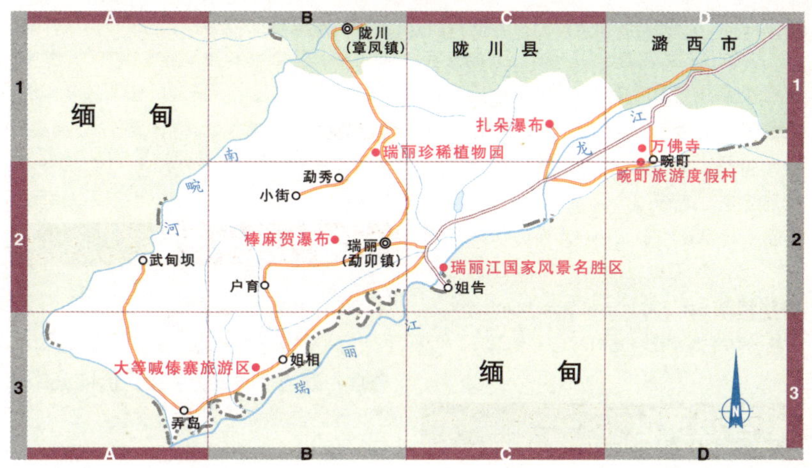

瑞丽旅行交通示意图

交通： 可从盈江客运站乘车，在铜壁关下车，车费 10.5 元，然后再步行。

树洞温泉

【树洞里面泡温泉，世间仅有】

顾名思义，树洞温泉就是在树洞里面泡的温泉。一棵 10 米高的千年榕树，盘根错节的树根互相交错，形成了一个个水上洞府。人可以从水下钻进树洞，把头探出来，一面享受天然的温泉水，一面呼吸着带着树叶泥土芬芳的空气，感受着鸟语花香的奇妙。

交通： 位于芒市遮放镇芒棒村，距芒市市区 55 公里，从遮放到芒棒的 5 公里是乡村土路，只能包车或自驾车前往。从芒市包车约 100 元。如果先乘芒市至遮放的客运汽车再在遮放包车，费用为 50 元以内。

黑河老坡

【森林、草坡、溪水、徒步者的自由天堂】

黑河老坡以原生态的草坡而闻名，如茵的绿草如同置身塞外草原。除此之外，这里还有莽莽原始森林，森林里有红豆杉、木桫椤等国家一、二级珍稀植物，还有蜂猴、熊等国家一、二级保护动物，以及我国极为珍贵的龙脑香料植物带。草坡、森林、小溪，在这里徒步是一种美的享受。

交通： 位于芒市中山乡与勐嘎镇交界处，从芒市出发走芒市—勐嘎镇勐稳村公所—羊山垭口—黑河老坡一线即可。全程约 40 公里，2 个半小时左右即可到达。

特别提醒： 行程推荐：第一天芒市驱车至大单腰，然后步行穿越黑河老坡至平河；第二天攀登芒市海拔最高点篝口；第三天步行至上东坡脚乘车返回芒市。

瑞丽珠宝城

【云南最大的珠宝城】

瑞丽，傣语叫“勐卯”，意即“雾茫茫笼罩翠绿的地方”。世界上 95% 的翡翠均产于距离瑞丽不到 200 公里的缅甸莫谷，而瑞丽与缅甸木姐市、南坎县山水相连，田畴交错，村寨相依，是西南最大的内陆口岸，东南亚重要的珠宝集散中心，中国四大珠宝市场之一。

瑞丽珠宝城是云南省有名的珠宝玉石交易中心和集散地，建有全云南最大的商业珠宝城。从几元、几十元的玉雕小饰品，到成百上千元甚至几十万元的珠宝首饰都有。

交通： 瑞丽城区很小，可步行前往。

特别提醒： 晚上可以去姐岗路上的华丰综合市场的华丰夜市吃当地的特色美食。

姐告边贸区

【有“天涯地角”之称的西南口岸】

位于瑞丽市城南 4 公里，姐告傣语意为“旧城”，相传元末明初曾在此地筑城。姐告距缅甸木姐仅 500 米，三面与木姐相连，是中国通向东南亚、南亚各国的南大门。著名的中缅一条街和缅甸遥相呼应，是大量的玉石的集散地。

瑞丽与姐告有瑞丽江所隔，江上 600 米长的两座间隔 2 米的新、旧姐告大桥，也叫“天涯地角第一桥”，是云南省最长的一座公路大桥。

交通： 到达瑞丽市后，可乘当地的红色夏利车前往，车费 4 元。如包车，约 15 元。

特别提醒： 如果不是非常懂玉的话，购买玉石一定要选择有鉴定书的。

中缅边境一日游

【浮光掠影地看一看缅甸】

外地游客在瑞丽、畹町、潞西均可办理中缅边境一日游手续，价格 150 ~ 200 元，与旅游淡旺季有关。

约 9:00 出境，16:00 入境返回瑞丽。包括参观国门、天涯地角，游览缅甸木姐市容、金皇宫、金鹿寺、珠宝展览、南坎，游独立碑、云峰塔、蛮坎大佛寺、螺蛳塔等，参观姐告边境贸易区、中缅一条街。自费项目有人妖表演 60 元 / 人，大象表演 30 元 / 人，长脖族表演 15 元 / 人。

特别提醒：

1. 只能跟团游。
2. 瑞丽海外旅游公司：地址： 位于瑞丽建设

姐告国门

等喊村的弄奘寺，拍摄《孔雀公主》的地方

路 18 号，电话：0692-4143223、4141642；畹町海外旅游公司：地址：位于畹町经济开发区，电话：0692-5152265。

瑞丽姐勒大金塔

【瑞丽最古老的佛教建筑，与缅甸曼德勒佛塔齐名】

姐勒大金塔位于昆明至瑞丽的国道旁姐勒寨子，距离瑞丽县城东北 5 公里。塔的傣语名字叫"广姆贺卯"，意思是"坝子头的塔"。

姐勒大金塔始建于 17 世纪，由 17 座塔组成的群塔，塔身贴满金色瓷砖，除主塔外，四周环绕着 16 座小塔，塔身均涂金粉，金碧辉煌，如众星拱月，雄伟壮丽。主塔高 39.5 米，塔身为正八棱形，呈圆锥体，贴满金色瓷砖，顶尖轩有宝伞、风标，系着上百只风铃。佛塔被古树环绕，是瑞丽最古老的建筑，宏伟的建筑规模反映出傣族工匠数百年前，独具民族特色的建筑构思和艺术成就。

旁有佛寺供奉。每年的泼水节，都要举行 3 天隆重的佛会。

交通：距离瑞丽 5 公里，可乘出租车前往，车费 15 元左右。

门票：15 元

大等喊

【被称为"农村天然公园"】

大等喊的意思是"金色池塘"，是瑞丽出名的柚子村，每年 4 月可以看到满树柚子花，8 月便可以品尝新鲜的柚子。以环境优美、傣家竹楼、小桥流水而得名"农村天然公园"，这个村子十分富裕，几乎家家户户都有摩托车、货车。

在大等喊村的密林深处有一清乾隆年间修建的弄奘寺，传说系佛祖传经布道路过此地住了一夜，信徒为纪念他而建的。弄奘寺是典型的傣式建筑，俨然一座傣族古代宫殿。《孔雀公主》、《西游记》等影视作品都到此取过景，人们把这里戏称为"孔雀王宫"。

交通：离瑞丽 20 公里。在客运站坐往弄岛的班车，车费 7 元，约 45 分钟能到。

特别提醒：民风很淳朴，也很热情，不过很多村民都不懂汉语。寨子很大，但是里面的小路四通八达，不用担心迷路。

喊萨奘房

【瑞丽地区最富丽堂皇、规模最大的一座寺庙】

“奘房”的意思就是寺庙，属干栏式建筑，装饰绚丽多彩，每座傣族村寨里通常都有一座富丽堂皇的奘房，而喊萨奘房，为瑞丽傣族村寨所有奘房中最富丽堂皇、规模最大的一座，位于瑞丽市南面 4 公里处。

喊萨奘房是一座风竹环绕、榕树垂须、独具民族特色的建筑。它和附近的傣家竹寨组成一个协调统一的建筑群体。据称，这是傣家民族建筑的精华，傣族文化沿革的艺术宝库。喊萨奘房在中缅边境一带有较大影响，每逢傣家节日，来这里朝拜的香客和游客便络绎不绝。

交通：从瑞丽市包出租车前往，车费 12 元左右。

独树成林

【电影里的榕树明星】

傣族视榕树为神树，所以只种不砍。芒令村口由一棵榕树和它垂下的枝条组成了成片的树林，这样的独树成林规模在德宏州内只能排名第五，但因为它的造型和地理位置最佳，瑞丽人称它为“迎客榕”。

《边寨烽火》、《孔雀公主》、《带手铐的旅客》、《西游记》等 10 多部影视剧都在这里拍摄过外景，所以这棵榕树是上镜率最高的。

交通：瑞丽城内搭乘到畹町的中巴或面的即可，就在马路边。

门票：10 元

南菇河淘宝场

【一场别开生面的“淘宝”运动】

位于中缅边境地带，全长不过 10 余公里，是南宛河的一条小支流。南菇河上游是中国边境上的宝玉石矿带，属中缅宝玉石矿带的一部分。这里的宝石分散，开采费用极高，缺乏开采价值。然而随着山水冲刷，不少大小宝石被冲到河里，沉于河床泥沙之中，因其量多，只要去淘，多少都有收获。淘出的多数是不值钱但好看的小宝石坯子，千万别当真，就是图一个淘宝的乐趣。淘到石头、宝石，都归个人所有，可以拿到附近加工厂加工成饰物。

交通：淘宝场距瑞丽市区约 30 公里，没有直达的班车，需打车前往。

门票：50 元，提供午餐及淘宝工具。宝石加工费一般 5 元 / 颗，大的 10 元左右。

莫里热带雨林风景区

【一处有温泉浴的热带雨林】

位于芒市、陇川、瑞丽 3 县市交会的莫里峡谷，以热带雨林著称。从“佛脚印”向西行， 走过第一座木桥到扎朵河对岸，眼前是一块稍微宽阔平坦的谷地。这里是人工园林区，可见到孔雀在悠闲觅食，野生芭蕉林在微风下婆娑起舞，色彩缤纷的各种野花竞相绽放，热带、亚热带植物遮天蔽日。穿行 4 公里便到了热带雨林区的尽头——莫里瀑布，巨幅瀑布从 70 米高的绝壁上倾泻而下，如山间白练声如雷鸣，是莫里峡谷景观的亮点。

交通：可乘瑞丽至畹町的班车，距离瑞丽 23 公里，在畹町桥下，车费 10 元左右，下车后步行 2 公里。从瑞丽包车前往 50 元左右。

门票：50 元

莫里瀑布

畹町口岸

【全国最小的边境城市】

“畹町”系傣语音译，意为“太阳当顶”，人们常会把畹町叫作“太阳当顶的地方”。畹町是全国最小的边境城市，本地人口仅1万多人，是云南的3个边境开放城市之一。从这里前往缅甸边城南坎、九谷、木姐和腊戌。旅游手续简便：向中方旅行社交两张照片和费用后，即由中方旅行社带出境交缅方旅行社导游，返回时再由缅方旅行社交给中方旅行社。

位于畹町市区南边的畹町河上的桥是中、缅两国的界河桥，也是滇缅公路出入国境的口岸桥和中、缅两国的友谊桥。桥头设有中华人民共和国海关和边防检查站。每天8:00，这里都要举行升国旗仪式和开关仪式。

交通： 畹町至瑞丽、芒市均有班车。

实用资讯

交通

云南境内多山，所以除了公路交通外，航空是最方便快捷的一种交通方式。整个滇西以保山和芒市机场为主要的航空港，均以昆明为始发港，只有省内航线，所以公路交通是滇西地区与外界和地区内部最重要的交通方式。

怒江

公路

昆明、大理和保山3座城市都有到达六库的班车。从昆明乘大巴到六库，约10个小时。如果从昆明坐飞机到保山，然后转六库的话，时间约为4个小时。

怒江峡谷公路以六库为起点北向经福贡抵达贡山丙中洛，然后可以沿丙察公路进入西藏。六库—贡山，290多公里，每天6:00～12:00隔1小时有班车相互来往，约需7个小时，贡山—丙中洛，约1小时；丙中洛—秋那桶村桥头，约1小时，桥头—秋那桶村，还需爬半个小时的山。

特别提醒：虽然怒江路段平整没有太大起伏的弯道，但很容易受季节影响。所以，前往怒江旅行前一定要提前了解当地气候以及公路近况，避免行程受阻。六库和贡山县城都很小，所以长途车站非常容易找到。

六库长途客运站

有多班长途汽车连接昆明、大理、保山、腾冲、福贡、贡山等地。

电话：0886-3621289

特别提醒：出了车站，看见门口有很多的面包车，清一色的长安之星，车窗上的牌子写着不同的地名，有片马、福贡等，这些车一般招满7个人就跑路，价格似乎比坐班车还便宜些。

市内交通

六库市内有几班公交车，只是六库镇很小，步行1小时左右就能逛完，没有必要搭车。

六库的出租车比较多，镇内基本上是5～10元。

保山·腾冲

航空

保山机场

每天有多次航班往返昆明，空距362公里，行程约40分钟。保山机场距离保山市区9公里，有机场巴士；出租车不打表，需30元左右。

特别提醒：保山机场在偏僻市郊，除了在那儿守候的少量车子外，很难找到其他车辆前往市区。机场巴士和出租车会在乘客出站后很快离开机场。因此，下了飞机要快步走出机场，抓紧时间抢占“阵地”。

腾冲机场

腾冲机场于2009年2月正式通航，位于腾冲南部10公里的清水乡。每天有3班往返昆明的航线，行程50分钟。以后将会陆续开通腾冲至西双版纳、丽江、迪庆等地的一小时环飞航线。目前机场只能打的前往，约15分钟能到达。

公路

保山西向乘车到腾冲168公里，行程3小时30分钟；南向到芒市167公里，行程3个多小时；保山北向到六库151

腾冲机场

公里，行程 3 小时。大保高速公路通车以后，从大理到保山比以前快捷许多，车程缩短 2.5 小时；大理—腾冲，车程 6 ~ 8 小时。腾冲—瑞丽，约 6 个小时。

昆明—保山公路里程 571 公里，至腾冲 739 公里。昆明长途汽车客运站有到达保山的班车，卧铺车费 150 元，车程 7 小时，高快大巴约 200 元。

特别提醒： 大保公路超负荷运载较严重，经常需整修，所以客车经常走老路，建议在买票前问清楚，以便安排行程。

保山客运站
电话： 0875-2122761

保山客运中心
电话： 0875-2122229

保山客运站（南站）
电话： 0875-2224902

腾冲客运站
电话： 0875-5152363

腾越客运站
电话： 0875-5165229

腾冲东南客运站
电话： 0875-5164764

出租车

保山、腾冲出租车市内均为 5 元。

德宏 · 瑞丽

航空

昆明至潞西（当地人所说的芒市）空中距离 427 公里，飞行时间 45 分钟，每天都有 2 ~ 4 个航班往返。风平机场距市区 4 公里。游客来德宏州，一般都是由芒市中转，到达芒市后， 再前往畹町、瑞丽、盈江等地。

芒市航空售票处

地址：芒市团结大街 106 号

电话：0692-2211940

公路

芒市乘车到腾冲 115 公里，需时 3 小时 10 分钟；芒市到瑞丽 102 公里，可在“三棵树”客运南站乘专线客车。距畹町 76 公里。芒市至昆明 720 公里，票价 230 元左右。芒市客运北站和南站分别位于团结路北端和南端。

320 国道从德宏州境内穿过，并延伸至瑞丽、弄岛，连接全州各市县。

昆明至芒市公路里程为 733 公里，至瑞丽公路里程 827 公里。昆明长途汽车客运站每天有卧铺班车和高速班车到达潞西、瑞丽。

大理客运总站也有到芒市、瑞丽的卧铺及普通车，车程 8 小时；到瑞丽车程 10 小时。

此外，也可以在腾冲客运站坐汽车前往瑞丽，路程大约 230 公里，5 ~ 6 小时就可以到达，途中经过盈江，一路上大多为石子路，比较颠簸，但沿途风景不错。

芒市客运站北站（长途汽车客运站）

电话：0692-2121437

芒市客运站南站

电话：0692-2114694

瑞丽客运站

电话：0692-4141423

出租车

芒市市区内 5 元，瑞丽市区内 5 ~ 10 元。瑞丽每天都有几十辆微型车往返于市区与姐告边贸经济区之间。从中缅边贸街可步行至木姐市区，不过要办边防证。

住宿

滇西由怒江州、保山市、德宏州 3 部分组成。怒江州因为交通不便所以发展相对慢些，在餐饮、住宿方面的选择余地也比较小。而保山市，特别是腾冲县、德宏的瑞丽都是著名的旅游城市，除非在旅游黄金周因游客剧增，可能会有客房紧张的情况出现，其他的时候各种条件的住宿点足够旅行者挑选。

怒江

六库是怒江州的首府，宾馆很多，条件也不错，大都集中在客运站附近，标准间一般在 40 ~ 60 元 / 间。福贡、贡山两个县城的住宿也相对较为宽松。标准间大多在 30 ~ 50 元 / 间左右。丙中洛的旅馆一般在 40 元。而秋那桶村没有旅馆，只能住在村民家中，大概 10 元 / 晚。

怒江州宾馆

怒江州最早的宾馆。

地址：六库穿城路

电话：0886-3622535

福贡县邮电宾馆

福贡条件比较好的宾馆。

地址：县城客运站旁

电话：0886-3412900

福贡县民政福利招待所

适合节俭的旅行者住宿。

地址：福贡县城内

电话：0886-3411851

贡山宾馆

贡山县条件最好的宾馆。

地址： 贡山县城

电话： 0886-3511929

贡山客运服务中心

为公用浴室，价格便宜。

地址： 贡山县城

电话： 0886-3511496

重丁迪麻洛农家接待点

地址： 迪麻洛

电话： 0886-3566169，联系人：虎杰光，也可以帮忙联系向导。

保山·腾冲

绝大部分来保山市旅游的人都会直奔腾冲，选择在腾冲住宿。腾冲很小，但有不少招待所，一张地图就可以帮助你找到你想要的住处，直接找上去砍价，价格会相对便宜。腾冲景区的商务型宾馆主要集中在官厅巷一带，标准间在 100 元 / 间左右。另外，在汽车站附近也还有不少旅社，价格十分便宜，只是条件稍微差了些。在腾冲的热海也有不少宾馆，如果你喜欢泡温泉，可以到那里再找住处。如果觉得腾冲市区不够热闹的话，还可以选择住在和顺。这里古朴清静，离腾冲市区又非常近，是住宿的极佳之选。和顺有不少民居式的客栈、旅馆，标准间通常在 30 ~ 100 元 / 间之间。普通条件的旅馆，20 元 / 床左右。黄金周等节假日房价会有较大幅度的上涨。

腾冲宾馆

有不同档次的客房，原政府招待所。标准间 80 元 / 间。

地址： 腾冲县城关六街官厅巷 12 号

电话： 0875-5185634

热海宾馆

住宿热海宾馆可以省去 40 元的景点门票，泡温泉也有各种优惠。

地址： 热海景区内

电话： 0875-5150316

麦田印象假日酒店

在县城去往热海的必经之路上，客房装修风格处处散发着浓郁的东南亚风

麦田印象假日酒店

格，这里早餐也很丰盛。标准间约 360 元 / 间（含早餐）

地址： 腾冲气象路中段 199 号

电话： 0875-8996999

巴腊掌电信疗养院

巴腊掌周边的温泉疗养院，住宿条件不错。

地址： 龙陵县巴腊掌

电话： 0875-6129038

肆和兴民居客栈

这是一个有着 170 年历史的老宅子，典型的和顺民居，共两进院，"三坊一照碑，四合五天井"的格局。老宅经过主人的精心装修，全用原木做内饰。标准间 100 元 / 间（平时），480 元 / 间（春节及节假日期间上浮），20 元 / 人 / 餐。

地址： 腾冲县和顺镇水碓村一社 18 号（艾思奇故居往上 200 米）

电话： 13908754005（李宗敏）

迎荷客栈

"站在房间里看荷花、站在房间里看野鸭湖、站在房间里看湿地、站在房间里看文笔塔。"这些几乎足以构成和顺的关键词在这家客栈基本上都能看得到。观景标间 60 ~ 100 元 / 间、观景大床房 150 元 / 间（春节及节假日期间略有上浮）。

地址： 腾冲县和顺镇尹家坡下巷。离古镇停车场不远。

电话： 0875-5150616，13769054809（任琪）

花大门古民居

花大门古民居是座有着 200 多年历史的老宅。楼上处处都能看到民国时期工匠们的精巧与功力。标准间 100 元 / 间、280 元 / 间、380 元 / 间（春节及节假日期间略有上浮）

迎菏客栈

地址： 腾冲县和顺镇十字路村十五社 23 号。

电话： 0875-5140612，1388780979

司马第古民居客栈

由一幢有着超过 130 年历史的老宅改建而成的。客栈现有床位 20 张，40 ~ 60 元 / 晚，假期间会有所上涨。

地址： 和顺镇上村刘家巷道 45 号

电话： 0875-5150724

总兵府客栈

这里是清光绪年间腾越镇总兵张松林的老宅，如今已经改成了古香古色的客栈。

地址： 和顺镇和顺小巷

电话： 0875-5150288

翡翠原客栈

这里原来是和顺著名的翡翠大王

张宝廷的宅院，已经有两百多年的历史了。这里虽然没有精致的房间，非常专业的服务，却在朴实中透着温馨。房间里干净整洁，很有回家的感觉。标准间约 120 元 / 间。

地址：和顺古村十字路村十六社 10 号

电话：0875-5140918，13330597770

29 号公馆

和顺古镇尹家坡的 29 号公馆以音乐、怀旧、唯美为主题。这里处处都散发着悠闲、奢华、温情。庭院时刻都浸淫在邓丽君缠绵如水的歌声中，音乐咖啡厅和书吧里尽是有关邓丽君的海报、黑胶唱片，还可以欣赏到邓丽君小姐一生的全套演唱会。

地址：和顺镇尹家坡 29 号

电话：4008336699 转 3859（杨小姐）

和顺老谢车马店国际青年旅舍

滇西南唯一的一家国际青年旅舍，安静的庭院，朴实的木楼，悠闲舒适。标准间 120 元 / 间。

地址：腾冲县和顺镇水碓村

电话：13987555781

德宏·瑞丽

瑞丽是德宏最著名的旅游地，大部分来德宏旅游的人都是为了去瑞丽。而芒市是去瑞丽的中转站。瑞丽宾馆酒店较多，主要集中在南卯街和边城街。出长途汽车站门口那条街就是南卯街（是瑞丽一条非常重要的主干道），街上大大小小的酒店最少有十几家。一般酒店的标准间在 40 ~ 100 元 / 间。

芒市白花宾馆

标准间 50 元 / 间。

地址：芒市团结大街北段

电话：0692-2126882

邮电宾馆

标准间 80 元 / 间。

地址：芒市友谊路中段

电话：0692-2129191

芒市建国饭店

标准间 60 元 / 间。

地址：芒市团结大街与建国路交叉路口

电话：0692-2125641

旺达宾馆

标准间 50 元 / 间，带空调。

地址：瑞丽市目脑路中段 25 号

电话：0692-4110555

餐饮

滇西的少数民族以怒江州的傈僳族、怒族、独龙族，德宏的傣族、景颇族为主，保山地区作为自古以来的西南交通要道，以汉族和各民族餐饮大融合为特色，其中以腾冲的风味最值得期待。怒江州生活在山区的少数民族对于烹制食物并不太讲究，但是对于酒却是非常有感情；德宏州的傣家酸辣味与西双版纳的傣味稍有区别，当然水果仍然是最主要的特色。

怒江

杵酒

当地叫作水酒，是一种用粮食经过蒸熟、冷却后加入甜酒曲，然后发酵而成的粮食酒。酒的度数只有 17° ~ 18°，口感绵软，但后劲较大。

大救驾

侠辣和巩辣（肉炒酒和蛋炒酒）

怒族语侠辣是肉炒酒，巩辣是蛋炒酒，是用当地的一种很香的漆油把鸡肉或鸡蛋炒熟，加入烧酒放在小火上蒸煮五六分钟后而成。当地人逢年过节才会制作，贡山摆烧烤摊的小贩也少量出售，其实外地人不一定能品尝出多少特别的味道。

打茶

独龙河上游的人的饮茶习惯，受邻近藏族习俗影响。独龙族不种茶，多购买砖茶，煮沸后就饭食而饮。打茶常用来招待客人。打茶的工具，是一个竹筒，内置一个上下活动的带竹柄的木塞。筒中放进少许盐和熟的动植物油脂，再放上一些有香味的苏麻子，也可加入调好的鸡蛋，再将煮好的茶水倒入，然后手握竹柄木塞，上下反复打茶，再倒出饮用。其色浅褐，味咸香，能提神解乏，是一种滋补饮料。

保山·腾冲

保山美食以腾冲为代表，在云南独树一帜，具有油而不腻、酸辣有度、香而爽口的特点。最著名的特色菜有大救驾、饵丝饵块、大薄片等，土锅子也是风味代表，可在腾冲宾馆品尝。除此之外豆浆米线、凉豆粉、火烧、酸辣汤、青辣子拌鸡等都是值得一尝的风味小吃。腾冲菜略咸，口味清淡的朋友可提醒厨师少放盐。

特色美食

大救驾

腾冲县最出名的小吃之一，是炒饵块的一种，制作的方法是将饵块切成小片，再加上火腿、鸡蛋、肉、萝卜、番茄等，一起放在锅中爆炒而成。相传南明永历皇帝逃亡的时候，逃到腾冲这一带时，已经饥饿交加，当地一家好心的农户，为他炒了一大盘饵块，此时，永历帝觉得这是世界上最美的食品，感慨："救了朕的驾。"

大救驾便成了腾冲饵丝饵块的代名词，名声不胫而走。

土锅子

土锅子已有几百年的历史了，其实就是火锅的一种，但锅是用腾冲当地的一种陶土“烤制”，鸡和鲜排骨熬成的高汤，以青菜为主配十几种植物原料和动物原料，底菜的制作和安放有一定的程序；土锅子的造型美观，而且保持原汁原味。

大薄片

原料为猪的耳朵、舌头和嘴，加工方法极为特殊，制成后煮熟放凉，切成薄如纸、大如掌的片，丢到墙上不会下落，故而得名“大薄片”。蘸上配好的作料吃。

稀豆粉

稀豆粉是类似胡辣汤的糊状物，主要原料大豆，弄成糊状，再放上香菜、蒜水、盐、辣椒等，就油条吃。在保山、腾冲都是十分常见的早餐和风味小吃。

饵块饵丝

饵块是腾冲的传统特色小吃，用大米制作，再配以鲜肉、火腿、鸡蛋、冬菇烹饪而成。饵丝是将饵块制成丝状，有鲜饵丝和干饵丝两种，吃法与饵块相同。

坛子鸡

腾冲一绝。此菜是将坛子密封，小火炖 4 小时，封火，再焖 3 小时，然后开封、出坛。其色金黄玉润，皮脆肉嫩骨酥，满口溢香。坛子鸡因为加入中药秘方，有活血舒筋、清肺健胃的功效。

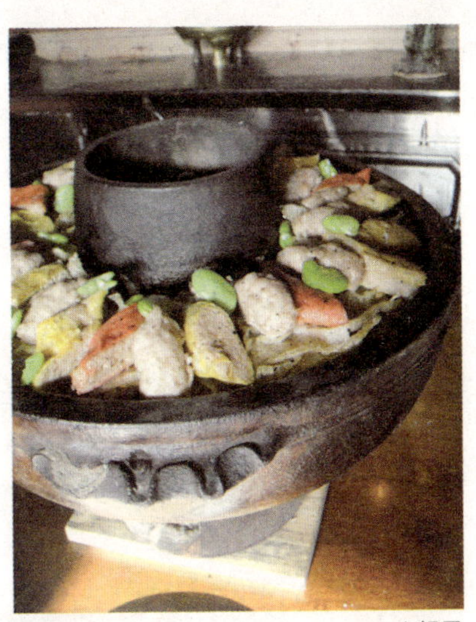

土锅子

特色餐馆

三成号古民居餐厅

“三成号”是和顺华侨创办的一个商号的名称，现在的店家在商号旧址上开设了客栈和餐馆。人均消费 50 元。

地址：腾冲县和顺镇李家巷 28 号三成号古民居内。

电话：0875-5158379

刘记餐馆

和顺刘记餐馆是和顺的老字号，找个和顺人一问都知道在哪里能找到。黄焖鸡、山野菜、牛干巴等算是这里的常设菜品。这里的土锅子是招牌菜，因为工序和材料准备起来都十分复杂，所以必须提前两小时左右预订。人均消费 50 元。

地址：腾冲县和顺古镇内

电话：13908756293

和顺人家

这家餐馆在和顺镇入口不远处，算是和顺最大的一家了，食材是当季新鲜的，吃的是大薄片、锅子、大救驾这类最具腾冲风味代表的菜。人均消费 80 元。

地址：腾冲县和顺镇

电话：0875-5158888

侨香斋

侨香斋是幢四合五天井、走马串脚楼的建筑，原本是一个马锅头的老宅。这里以腾冲风味为主打，而最为有名的是“侨香斋家宴”。不过，因为马帮在外靠的是体能，所以口味有点偏咸。人均消费 70 元。

地址：腾冲县腾越镇尚家寨闫家塘

电话：0875-5159666

玉泉园

玉泉园在腾冲人气很旺，随便找个当地人一问都知道这里。复建的老宅内假山翠竹、回廊掩映。菜品以腾冲风味为主，兼有滇味中各地的特色。人均消费 80 元。

地址：腾冲县腾越路玉泉园

电话：0875-5190396

玉泉园

腾冲人家

优雅古拙的就餐环境，每晚七点开演的腾冲皮影戏是这里最大的特色。菜单上自然是集全了腾冲的各色名菜、小吃，讲究的还在于食材的新鲜和做工的考究。人均消费 95 元。

地址：腾冲县腾越古镇内

电话：0875-5192289

德宏 · 瑞丽

德宏最大的两个少数民族是傣族和景颇族，所以饭食以傣味和景颇味为主。

傣族菜

德宏和西双版纳是云南两个最大的傣族聚居地，菜肴口味相似。德宏的傣味口感酸辣、清淡、开胃，除了当地品种繁多的菜蔬，珍贵的菌类外，不少菜苔、昆虫等都能入菜。德宏的撒撇和煮蒜笋是一绝。而德宏的撒撇首推芒市。傣味特色菜：各种撒撇、酸扒菜、撒达鲁、凉拌猪皮、酸木瓜煮沙丘鱼、甜笋煮鸡、蚂蚁蛋拌莴笋、帕贡菜、柠檬拌树毛依、烤猪脸、芭蕉叶烤鱼、稀豆粉、菠萝饭、酸腌菜。

特别提醒：撒撇系列是芒市傣味的看家菜。“撒”是傣语凉拌菜的意思，撒撇是牛肉原料做的凉菜，撒达鲁是用猪肉原料做的凉菜，巴撒是用鱼肉原料做的凉菜。

景颇菜

“舂筒不响，吃饭不香”是景颇人根深蒂固的饮食观念。在景颇人眼里，山里的鸟兽鱼虫，花草果木都可入菜。“舂筒”是景颇菜最常用的烹饪工具，把烤好的鱼、虾、鳝等放进竹筒里用木舂制，同时舂入金介、山胡椒、苦练子果等植物和各种香料。各种香料混合在一起，鲜香中略带辛辣。景颇菜比较讲求自然，口味酸辣偏辣。蔬菜主要是青菜、黄瓜、扁豆、芋头，以及采集的野菜，多加盐与辣椒烧煮，很少油炒，另外也有昆虫。景颇“鬼鸡”是大多数旅行者都喜欢的一道特色菜。各种舂菜、鬼鸡、火烧干巴、竹筒煮酸笋、撒撇、竹筒煮鳝鱼等。

“过手”米线

户撒是阿昌族有名的风味食品，也称火烧生猪肉米线。火烧生猪肉米线选料是新鲜火烧猪肉，经过剁细斩蓉，然后用酸醋拌熟，再加上碎花生米、猪肝、猪脑、粉肠以及各种调料，最后拌上米线。

豪甩

傣族的风味小吃，用料为当地产的干豌豆粉和上等饵丝，先把豌豆粉调制成稀豆粉，把饵丝烫好后放入葱姜末、精盐等调味，再佐以草果、辣椒酱、八角油、白兰花油。

火烧乳猪

是傣族待客的一道上等菜。要选用德宏小耳猪，皮薄、肉质细嫩，最好半年左右的小猪，去内脏，塞入调料后用竹篾缝合，用文火烧烤，烧到焦黄冒油时，边烧边用尖刀将皮刺破，撒上湿稻草灰，再用火烘烤，待散发肉香时即可切片入席。食时要配傣味蘸水碟。

泡菜

小吃

说到芒市，一定要去吃泡菜和冷饮，因为芒市人把形形色色的小吃、冷饮发挥到了极致。

最常见的冷饮是柠檬汁和泡露达。泡露达其实是一种缅甸冷饮，将炼乳、西米露、干面包、椰蓉、紫米配在一起，泡成一大杯，香甜凉爽。一到炎热的下午，小吃店几乎人手一杯泡露达。

芒市的小吃以酸辣为主，清爽开胃。泡菜最受欢迎。与其他地方不同的是，芒市的泡菜除了萝卜之类常见的种类外，还有各种水果，如泡菠萝、李子、木瓜、胭脂果……这样的泡菜街头巷尾，四处可见。

除了泡菜外，芒市的小吃还有泡鸡脚、凉卷粉、涮菜、擦粉、米凉虾，等等。

傣味蜂蛹

云南昆虫席里的一道名吃，把精心挑选的蜂蛹炸酥后加入木姜子、洋番茄汁、胡辣椒、柠檬水、茶树、香根等调料凉拌，酸辣爽口。

特别提醒：要是你从来没有到过傣家做客，从来没吃过傣味，那么尽管放胆去吃，最好不要问这是什么，那是什么，反正只要好吃，口感好就行了。如果知道了桌上的菜都是用虫子做的，恐怕感觉就不一样了。

推荐食店

润美酒店

整个餐厅就是一座傣家风格的庭院，处处竹林和流水，还有一座傣家特色的水井，在这里能吃到所有傣味的特色菜。

地址：芒市开发区泰隆路下段

电话：0692-2210228

芒市山里人家

景颇味餐馆，特色菜有鬼鸡、竹筒饭、竹筒菜等。

地址：复兴路中段（卅民二中路口）

阿廖泡菜

芒市最响亮的泡菜招牌，味道正宗。

美食街

阔时路上段汇集了芒市地道的小吃，有稀豆粉、粑粑、干巴、牛肉圆子、泡露达、柠檬水，应有尽有，不用说每样品尝，光是那些繁复的各种配料小罐就让人大饱眼福了。

冷饮就要去斑色路，街口有几家冷饮店：小芳冷饮、仙芹冷饮、老咩巴冷饮，都是芒市人扎堆的地方。

云南人爱吃烧烤是出了名的。芒市烧烤的精华在于它的调味料——“喃醇秀”，再加小米辣、缅芫荽等调成，酸辣可口。这里的烧烤不仅有

芒市的特色冷饮磨磨喳喳

鸡鸭鱼肉，竹节虫、蜂蛹也是不可少的。除此之外，泰国、缅甸风味海鲜在芒市也很受欢迎，芒市宾馆斜对面的西里夜市城最具人气。一杯冰啤、数串烧烤，芒市的夜生活在 22:00 之后拉开帷幕。

购物

怒江

贡山兰花

贡山兰花十分著名，其中，花开时花瓣和花萼上有紫红色线状粗条纹的花朵，学名为虎斑兜兰；另一怒江特有的兰花品种为兜唇，精巧美丽，花瓣杏黄纯净，命名为杏黄兜兰，这种兰花获得了在美国举行的国际兰展金奖及英国皇家园艺学会兰展金奖。

独龙毯

在独龙语里，独龙毯叫“约多”。那是独龙人不可缺少的一件衣服，现在即便在独龙江大多数人日常也不再穿着独龙毯了，但仍是独龙族节庆时重要的民族服装。独龙毯是用麻料手工编织，一般呈红、黄、黑、白 4 种颜色条纹。在怒江和贡山县城都有手工织成的独龙毯出售，但价格很贵。如果进入独龙江可以问问独龙人家。

丙中洛的板栗

怒江是一片适合板栗生产的土地，但怒江州最有名的板栗要算丙中洛的瑞士板栗，这是在 20 世纪 20 年代，一个进入怒江地区传教的传教士带来的品种。

保山·腾冲

保山自古便是“金银宝贷之地”，不仅贸易繁荣，而且物产丰富。翡翠是边城宝贷，永子是棋中圣品，腾冲有藤编、腾宣、腾药三佳，潞江有小粒咖啡、杧果、香料烟三宝，除此之外，永昌板鸭、磨锅茶、“透心绿”炒豆、雕梅等土特产品也无不名实俱佳。

藤编

是腾冲特产，历史可以追溯到诸葛亮七擒孟获中火烧藤甲军。藤甲在冷兵器时代确实存在，以藤条编制，泡在油中增加柔韧度，再晾干反复几次，就可以做成刀枪不入、入水不沉的藤甲。腾冲周边盛产藤条，逐渐由藤甲编制转到箱、筐、家具，而且技艺越来越精，名声也越来越响。

藤器

翡翠加工

翡翠

保山尤其是腾冲凭借地理与交通优势，成为我国历史上发育最早、规模最大、延续最久的翡翠集散地，有“翡翠之城”的美誉。战乱一度导致玉石贸易的衰亡，改革开放后，腾冲的翡翠业又恢复了蓬勃的生机，现在腾冲的翡翠城规模相当可观。

潞江小粒咖啡

潞江坝种植咖啡始于1956年。这里属低热河谷区，温高日照长，昼夜温差大，蒸发量大于降雨量，适宜咖啡生长。由于得天独厚的气候、土壤环境及特殊的栽培方法，所产咖啡豆产量既高，品质亦十分优异，经加工后香味醇和、口感奇佳。

“透心绿”炒豆

在保山的街头车站，均有金灿灿的炒豆出售。此豆因豆壳光亮金黄、豆心翠绿而别具特色。这就是有名的“透心绿”炒豆。这种只有一般蚕豆1/3大的细豆，经过加工炒熟后，疏松香脆，越嚼越香，可谓豆中佳品。

永昌古织

古代保山，不仅是“西南丝绸之路”的物资集散地，同时也是丝绸等纺织品的重要出产地。据史书记载，永昌“土地沃腴，宜五谷蚕桑，知染采文绣”，早在汉代，其所产“桐华布”、“兰干细布”即为举世皆宠的名牌产品。

永昌云子

保山人发明于明代的“永子”，则是古往今来举世公认的棋中圣品。“棋子出于云南，以永昌者为上”，徐霞客360年前说的这话便是定论。云子屡次被用作“国礼”赠送给日本前首相中曾根、英国女王伊丽莎白二世。

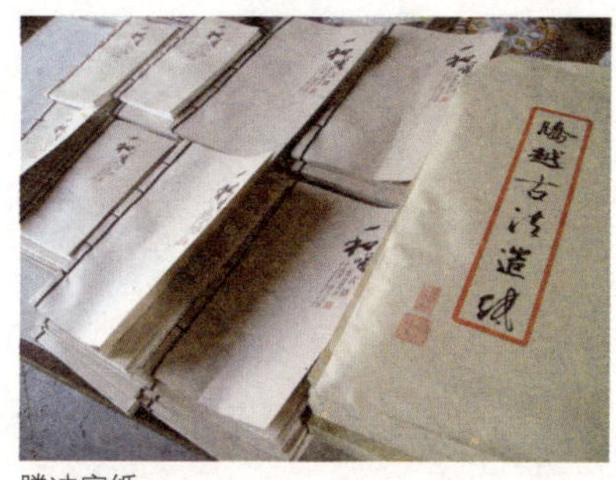

腾冲宣纸

腾冲宣纸

腾宣始产于清代，曾被称为观音塘大白纸（后又称余宣）。新中国成立后经过工艺改良，采用高黎贡山一带特有的构树（瑞香树）皮以及高秆白谷稻草、麻、竹等原料研制出了新一代产品，广受书画界的青睐。

德宏・瑞丽

芒市的农贸市场里聚集着当地最有特色的水果、最独特的蔬菜、最别样的商品。这里有当地特有的小木瓜、苦子、芭蕉树心，也有从缅甸带回来的各色果糖、咖啡、香水之类的小商品，是体验当地风情的好去处。

水果

德宏除了宝石之外最为有名的特产是水果，杧果、西番莲、酸木瓜、波罗蜜、番荔枝、羊奶果、无眼菠萝等热带水果以及菠萝脯。

户撒长刀

户撒是陇川县境内一个气候温和土地肥沃的狭长坝子，明洪武年间沐英率领明军西征时，当地的阿昌族从驻军工匠那里学到了锻制刀剑的技艺。以后代代相传，刀具越打越精。过去景颇族男人均爱使用户撒长刀，现在旅行者可以作为工艺品购买长刀，但不能随身携带，只能邮寄回家。

梁河回龙茶

有色泽墨绿、汤色清亮、香气浓郁、回味耐泡等特点。有“梁河回龙茶”和“回龙绿玉”两种精品。

遮放米

产于德宏潞西市，色泽白润如玉，煮饭香软适口，煮粥黏而不腻，营养价值极高，堪称色香味俱佳的米中珍品，远在清代就曾被列为向清朝廷进贡的“贡米”。

娱乐

怒江

这里没有外面都市的喧嚣，所以夜晚看看星星，在街头偶尔的小烧烤摊吃点烧烤喝点小酒，听听身旁的当地人唱唱歌，他们很爱唱歌而且很好听。

保山・腾冲

以腾冲最为热闹，腾冲人常去的夜晚烧烤城在五街和二街路口和凤山南路口两个地方，还可以去棕包街，享受精彩的夜生活，或者住在热海踏踏实实地把温泉泡遍。

德宏・瑞丽

这里的夜生活丰富，要是人多就去傣族风情村一类的地方吃饭看载歌载舞的即兴表演。也可以在市中心找家酒吧混混，当然最有趣的还是到瑞丽去逛夜市。每当夜色降临，瑞丽边贸街便灯火通明，成为瑞丽的不夜城。

DIANNAN
滇南地区

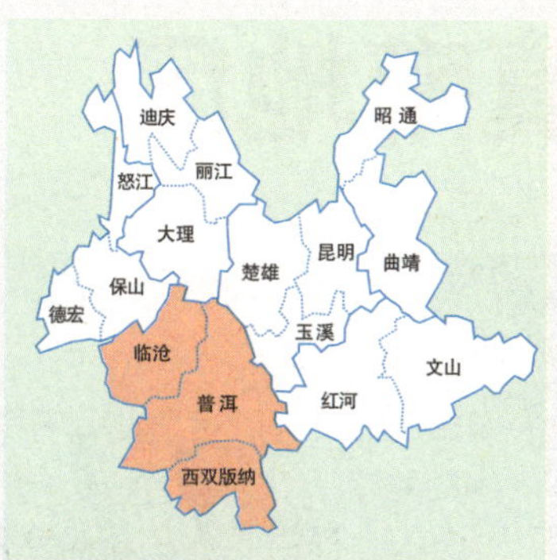

临沧

走遍中国 · **云南**

DIANNAN
滇南地区

云南南部地区主要包括西双版纳、普洱和临沧三地。

三地中西双版纳的名气最大，这里有大片的热带原始森林区，因独特的热带雨林风光、以傣族为主的少数民族风情，以及边境口岸而为许多的旅行者所熟悉，其中，亚洲象聚集的“野象谷”更是不能错过的一个景区。目前我国境内仅存的250余头亚洲象，多集中在云南南部，在“野象谷”的参天古木上建有观象旅馆，旅客可以清楚地观察野生亚洲象及其他动物到河边饮水嬉戏的情景。

西双版纳的北部与普洱地区相接，普洱境内群山起伏，澜沧江、湄公河从中穿过。两岸有遮天蔽日的原始森林，世代居住着佤、拉祜、布朗、瑶、彝、哈尼等10多个少数民族。沿澜沧江而下，在湄公河上看两岸风光，然后到“金三角”冒险，已成为了这一地区最令人激动的旅游项目，此外普洱茶更让这里名声在外，这一地区仍保留有三处较完整的“茶马古道”遗址。

临沧因濒临澜沧江而得名，这里居住着70%的佤族，佤族民风民俗和佤寨建筑古风依存，还有阿佤人豪放的歌舞更多了一些高原的粗犷美，但同时也有傣族聚居，于是傣家的水乡竹楼、笙歌曼舞让两个少数民族形成了迥然不同的风情。

前世今生

滇南为西双版纳、普洱和临沧地区。这里是茶马古道的发源地，是普洱茶的故乡，也是我国少数民族最多的地区。这一地区的历史可追溯到汉代。

西双版纳位于云南的南端，与老挝、缅甸山水相连，与泰国、越南近邻，国境线长 966 公里。澜沧江纵贯南北。三国时诸葛亮率军平定叛乱后又收复了这里，以后的唐也在西双版纳建立了有效的统治。宋朝时，西双版纳归大理国统治。元代中央政府在云南建立了行省。明隆庆四年（1570），宣慰司（当地最高的行政长官）把辖区分十二个“版纳”（傣语中“版纳”是一千亩之意，即一个版纳系一个片征收赋役的单位）。从此便有了“西双版纳”这一傣语名称。清朝和民国都在这里设置州、县，政权十分完整。中华人民共和国成立后，西双版纳又有了飞速发展。

普洱地区见诸文字的历史可上溯至西汉，距今已有数千年。今普洱市在秦汉以前属西南夷地。汉代先后属

滇南地区旅行交通示意图

益州刺史部哀牢地和益州刺史部永昌郡。初唐时期，今普洱市大部分地方属剑南道濮子部。10世纪的南诏时期，属银生节度范围。大理国时期，除澜沧、孟连、西盟属永昌府外，其余地方属威楚府。明代，普耳（普洱）、思毛（思茅）属车里宣慰司。清代设普洱府。民国改称第七区行政督察专员公署。新中国成立初，为普洱专区。1971年改称思茅地区。2007年更名普洱市。

临沧在西汉时属益州郡哀牢地。东汉属永昌郡之下的哀牢县。蜀汉、两晋、南朝均属永昌郡治。唐朝南诏国时期为永昌（今保山市）节度和银生（今景东）节度管辖。宋朝大理国时期为蒲蛮及金齿地，为永昌府和银生府管辖。元朝云南行省建立后，设置了顺宁府、镇康路、孟定路、谋粘路。明永乐元年（1403）置大侯长官司（今云县）。明宣德五年(1430)置勐缅长官司，在这之前，这里的土著民族是拉祜族。勐缅长官司设置后，傣族由勐卯（今瑞丽）迁徙而来，逐渐做了政治上的土官。民国时期，临沧先后属第一、第五、第九行政督察专员公署。中华人民共和国成立后，1950年属大理专区，2003年12月，设临沧市。

佤山云海

西双版纳建筑

旅行与季节

围绕每年 4 月泼水节，西双版纳的气候只有干湿之分，即每年 11 月至次年 4 月为干季，雨季为 5 ~ 10 月。西双版纳夏无酷暑，冬无严寒。冬天温度在 25℃左右，可骑车、可游泳、晒太阳亦不嫌热。在这个季节里，去湄公河体验一下皮划艇的旅行，或者干脆自驾去一趟老挝。如果时间足够，过一下这里的泼水节。如果是想看自然的热带雨林，那么，真应该在它的 7 月雨季来，白雾萦绕在山间，花儿也开得正艳，还能吃上野生菌，可以看见萤火虫，蛙声、蛐蛐声、鸟声……生命在雨林中疯狂地生长。

除了七八月相对比较潮热之外，其他季节的普洱也确实是一个生活类、“休闲养生”的好去处。当西双版纳的冬天游客人满为患时，普洱反倒是一个清静之地，去“西岭温泉”泡泡，到澜沧江边漂流一程，去佤族村寨住上几天，品下普洱茶，是一个相对不错的选择。

临沧，或是云南唯一一个无法框定其“旅游季节”的地方了。年平均气温 16.8℃ ~ 17.7℃，有“亚洲恒温城”之美称。从永德大雪山，到澜沧江、怒江到沧源古崖画群……临沧四季皆可来。这里的茶园、野生茶树，也是云南最密集的地区。

焦点

■ 热带植物园，科学自然观察

如到西双版纳，但未到植物园，则可谓空游一趟。这是中国面积最大、植物多样性最丰富的植物园，也可谓中国第一植物园。园区占地面积 900 公顷，保留有大片原始森林，共栽培 6000 多种世界珍稀热带植物，成为热带雨林中的一颗璀璨的绿宝石。

■ 普洱茶，云茶文化的现代爆发

“世界茶源、中国茶城、普洱茶都”，这就是普洱。普洱市是“茶马古道”上重要的驿站，是著名的普洱茶的重要产地之一，也是中国较大的产茶区之一。

这里的茶园达318万亩。普洱各种茶园的名字中常常缀以"万"字，比如营盘山万亩观光茶园，茶园中建有中华普洱茶博览苑，普洱茶的历史文化被精练地呈现于此。茶园里还修建了哈尼族、拉祜族、傣族、彝族等少数民族的村寨。

■ 傣味风情，文化及传承

西双版纳及滇南地区是傣族最大的集聚地。在这里可以欣赏到云南独具特色的少数民族戏曲剧种——傣剧，聆听曲调节奏灵活优美抒情的傣族民歌，观看轻柔灵动的傣族舞蹈。如果是4月份来滇南的话，还能去参加一年一度的泼水节，人们彼此泼水嬉戏，相互祝愿。

■ 南滚河国家公园，最原生态的自然

地处我国边陲的南滚河国家级自然保护区不仅有保存完好的森林植被，苍天大树随处可见，各种鸟类林中啼鸣，动物在其中穿梭，尤其是珍贵的亚洲象群，这里还是我国第一个佤族国家公园，不仅是科考、探险的绝好景点，也是体验佤族原始生态环境的最佳去处。

■ 易武古镇，另一种访古

易武是一座著名的茶乡古镇，也是著名的茶马古道源头和普洱茶的原产地之一。这里至今保存着50多座百年老宅，还保存着手工制作普洱茶的传统。走在绿树掩映的小巧瓦房间，历史的韵味扑面而来，茶香在空气中淡淡飘荡。找一家手工茶坊，亲自制作一个普洱茶饼，不失为一种乐趣。

行程推荐

■ 滇南2日游

必游景点：橄榄坝、野象谷

可以尝试：曼听公园的篝火晚会

D1 澜沧江漂流—橄榄坝·傣族园—曼听公园参加篝火晚会，夜宿景洪

D2 从景洪出发，上午参观野象谷，下午在原始森林游玩(有狂欢的泼水活动)

特别提醒：这里为最传统的云南旅游老景区，相对比较成熟，有大量的旅行社线路产品，自驾方式或包车方式都可以选择。泼水活动非泼水节，游客务必注意相机等贵重器材保护等。

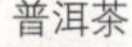
普洱茶

易武古镇

滇南 2 日游

必游景点：佤族村寨、拉祜族村寨

可以尝试：探访佤族村寨

D1 景洪—西盟，傍晚到达，观佤族风情、歌舞

D2 早起观阿佤山云海，佤族村寨；中午探访澜沧的拉祜族村寨，晚到达普洱

特别提醒：佤族风情及民族文化有一定特色，值得一去。

滇南 3 日游

必游景点：勐仑植物园、野象谷、易武古镇

可以尝试：勐仑植物园亲近热带植物

D1 澜沧江漂流—橄榄坝·傣族园—返回途中参观勐仑植物园，夜宿景洪

D2 从景洪出发，参观野象谷，下午返回景洪

D3 从景洪乘车往易武，下午乘最后班车返回景洪

特别提醒：此行程相对比较赶行程，建议重心可放在植物园、野象谷，傣族园的游览时间可根据行程安排，匀给易武古镇的旅程。

滇南 4 日游

必游景点：佤族寨子、娜允古镇、茶马古道

可以尝试：探访娜允古镇

D1 景洪—西盟，傍晚到达，观佤族风情、歌舞

D2 早起观阿佤山云海，佤族村寨；下午前往孟连，夜宿孟连的娜允古镇

D3 早起游览娜允古镇和宣抚司署，然后返回普洱

D4 从普洱乘车到宁洱，然后乘小公共汽车到磨黑。徒步磨黑段的茶马古道，然后返回

特别提醒：孟连的娜允古镇值得一去。

预算

滇南的旅游以西双版纳为主，而西双版纳的景点门票都很高，所以在版纳旅游，平均每天需 400 元左右。普洱无论是景点门票还是消费都比版纳稍低，很多民族风情游都是免费的，大部分的开支在交通上，平均每天 300 元左右。临沧的景点相对较少，且比较集中，费用也不会太高，平均每天约 200 元。

西双版纳

曼听公园

【当年周恩来总理与傣族群众欢度泼水节的地方】

景洪城区历史最悠久的公园，位于澜沧江与流沙河交汇处的曼听寨边，又名“春欢公园”，“春欢”是傣语，意为“灵魂之园”，该园占地面积350亩，是一个天然森林公园。

公园内有干栏式佛寺、凉亭和花果园，园内绿树成荫，清凉宜人。相传，这里曾是泰国国王的御花园，泰王妃来公园游玩时，园内的美景吸引了王妃的灵魂，因而得名。公园在晚上会有演出和篝火晚会。

春欢公园旁边是曼听寨和曼听佛寺。周总理欢度泼水节的雕像就设在此处。每天的下午可以租到傣族服装，参加泼水活动。

交通：曼听公园离市区很近，3路公交车可到达，也可步行或乘人力车前往。从曼景兰风味街向前走300米左右即到。

门票：白天40元；晚上有篝火晚会、自助餐：贵宾楼280元，甲票160元，乙票120元。

曼阁佛寺

【景洪地区保留最为完好、最有影响的佛寺】

曼阁佛寺屹立在澜沧江旧大桥北端，从景洪往东走，跨过澜沧江大桥，向右拐进曼阁寨，就可看到金碧辉煌的曼阁佛寺了，它是一座雄伟壮观的、典型的南传小乘佛教寺院，也是西双版纳的古寺之一。寺院始建于1477年，傣语为“洼曼阁”，意为“中心佛寺”。

寺院四周被一幢幢傣家竹楼和菩提、杧果、槟榔等高大阔叶树所环绕。

寺内主寺以18根高8米、粗40厘米的红椿木圆柱支撑；寺檐立着16头精雕细刻的小白象。整个佛寺，无论是梁架，还是斗拱，全部用榫相接，不用一钉一铆。寺内保存的贝叶经是傣族文化的经典。现存主要建筑有佛殿、鼓房、僧寮、戒堂、门亭、长廊等。佛殿中堂的西侧，置一个2米高的须弥座，上面供着4米高的镀金释迦牟尼像。南侧有一个用砖砌筑的高约半米的专供佛爷和尚念经时用的上座，形似一朵盛开的莲花。

在主寺的大殿里，屋顶和墙壁上都绘有彩色的金龙、白象、孔雀、仙女等精美图案。而镶嵌在梁臂上的许多面小

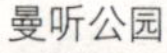
曼听公园

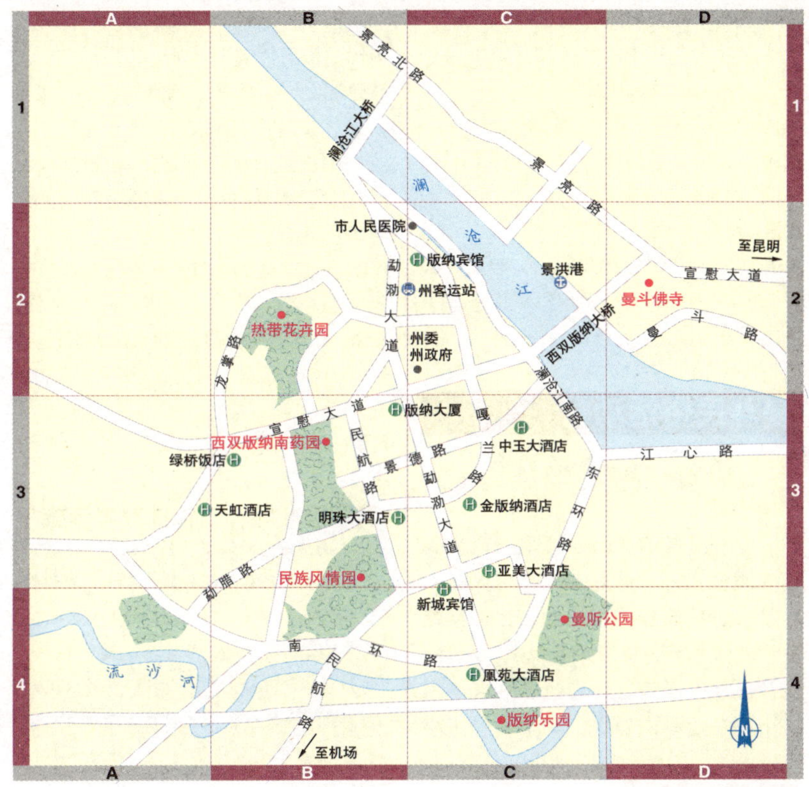

景洪城区示意图

镜子更是独具匠心，每当阳光照耀，那些小镜子就熠熠生辉，闪闪发光，使得整个大殿里面变得耀眼辉煌。

交通：乘景洪市中巴车到曼阁寨，票价 2 元，南行 100 米即到。也可以走着去。

背包客收藏：曼阁佛寺与西双版纳的小乘佛教

曼阁佛寺是南传佛教在西双版纳兴盛的时期建立起来的，开山祖师是祜巴阿领。“佛寺”在傣语中称为“缅寺”。西双版纳傣族信仰上座部佛教，凡有村寨之处就必有佛寺。过去的寺庙同时也起到学校的作用，通过诵读经文学习傣文、历史、文学等方面的知识。这也正是傣族很多八九岁的小孩当和尚，长大还俗的原因。

西双版纳热带花卉园

【奇妙无比的花的海洋，全国科普教育基地】

花卉园占地 80 多公顷，建有叶子花园、空中花园、周总理纪念碑、棕榈植物园、热带果树园等十几个景点，收集了亚热带雨林中的作物 1000 多种。这里同时还是我国重要的橡胶研究基地，大批研究成果引领了世界最北端的橡胶种植和生产。云南最老的橡胶树王就存活在这里。

进入花卉园，展现在眼前的是一个奇花异树、五彩缤纷的植物世界。如果没有科普导游或者不是专业的植物学专家，只能感受到其中的花多树多草多，产生眼花缭乱之感，但如果真正地融入其中进行了解，一草一木都令人惊奇，让人感叹大自然中的奥秘和人类生活一样丰富多彩，玄妙无穷。

地址： 景洪市宣慰大道 99 号云南省热作所。

交通： 2 路车可达热带作物研究所大门口，入大门约 300 米左转即到。

门票： 40 元，学生 5 折

住宿： 花卉园中有傣楼别墅，套房 380 元 / 间，标准间 200 元 / 间。如果住在这里的话，可以免门票。

曼斗民俗活动村

【一个集中表演丰富多彩的傣族民俗活动的主题公园】

位于距景洪城区 6 公里、风光秀丽的澜沧江畔。这里专门为客人组织丰富多彩的傣族民俗活动，让你亲临狂欢的泼水节、傣族婚礼仪式、丢包、表演民族舞蹈等，让你也当一次傣家“卜哨”（小姑娘）、“卜冒”（小伙子）。

交通： 乘 2 路公交车可到

门票： 30 元

特别提醒： 这里的“招亲民俗表演”被拉进去是要付费的。

勐泐大佛寺

【中国最大的南传佛寺（昔日傣王朝皇家寺院，今日西双版纳傣家人心中的圣地）】

勐泐大佛寺是在古代傣王朝的皇家寺院“景飘佛寺”的原址上恢复重建的，“景飘佛寺”是傣族历史上一位名叫拨龙的傣王为纪念病故的王妃南纱维扁而修建。王妃一生信奉佛法，所以每逢节日傣王就亲临寺院，举行大型法会，以纪念爱妃同时弘扬佛法。

据史料记载：“景飘佛寺”始建于明代，是南传佛教象征十二版纳的标志性建筑之一，也是版纳佛教活动的重要场所。该建筑在佛历 2883 年（1848）战争中被毁。佛寺于 2005 年重建。在大殿施工时，挖掘出大量的银币、银盒、佛教法事用品等。

地址： 景洪市旅游度假区一号公路止点至南莲山上。

交通： 勐泐大佛寺距离景洪市区 4 公里，没有公交车到达。从市区打的到勐泐大佛寺需要 15 元。

门票： 120 元

背包客收藏：南传佛教与傣族

南传佛教对傣族社会的政治、经济、文化艺术等都有着极深厚的影响。傣族数百部长篇叙事诗都是在佛教传入后出现的。傣文的大藏经，号称八万四千部，大部分刻写在贝叶上，称贝叶经。西双版纳的傣族人全民信仰南传佛教，傣族男孩到了 8~10 岁都要入寺去过僧侣生活，他们在那里学经识字，一般在 1 ～ 5 年还俗回家。每逢泼水节、关门节、开门节等重要节日，傣家人都要到佛寺里赕佛。在西双版纳，佛寺遍布村寨，几乎是一村一寺或两村一寺，其建筑风格也各不相同。如今，在西双版纳的傣族村寨中仍有 500 多座佛寺、200 多座佛塔。而勐泐大佛寺是所有佛寺中最大的，地位也是至高无上的，是傣家人心目中的圣地。佛寺住持由中国南传佛教首座大佛爷祜巴龙庄勐担任。

澜沧江漂流

【西双版纳最完美的缩影】

澜沧江发源于青海高原的唐古拉山，经西双版纳流出境外。在西双版纳的流程为 158 公里。

游览澜沧江可分上、下两段：上

澜沧江

段游览线从景洪出发，逆水而上至虎跳石，到了虎跳石，江面已渐渐收缩，最窄处仅 20 米左右。两岸是参差不齐的大岩石，江水汹涌澎湃，两岸奇峰嶙峋。

下段游览线从景洪乘船而下，经橄榄坝至中、老、缅 3 国交界处，礁石林立。离开橄榄坝往下行驶，两岸山势险峻。

当地有这样的说法："到云南不到西双版纳，不算到过云南；到西双版纳不乘船游览澜沧江，则不算到过西双版纳；乘船游澜沧江不上岩观赏橄榄坝风光，就感受不到傣家村寨的美景。"因为景洪至橄榄坝一段自然风光和人文景观，是西双版纳最完美的缩影。生长如伞的高榕，椰林深处隐藏着庭院式的傣家竹楼，四周的竹篱笆，果实累累的香蕉树，身着鲜艳筒裙的傣家妇女。绿树成荫，花果飘香，竹楼静谧，令人心旷神怡。

交通： 在景洪市区的新大桥边上船，行程 1 小时。

门票： 200 元

特别提醒：

1. 漂流前不要携带贵重物品。
2. 上岸后可搭车去橄榄坝游玩（景洪到勐罕即橄榄坝的客车，票价 8 元，上岸点约在景洪到勐罕中间），然后到橄榄坝乘勐罕到景洪的客车。

橄榄坝 · 傣族园

【一个体验傣家日常生活的经典去处】

橄榄坝花开四季、青山绿水，傣家竹楼和曼阁佛寺掩映在椰树竹林丛中，是西双版纳傣族民居和热带风光最具代表性的地方。

从某个角度来说，橄榄坝就是西双版纳的代名词。橄榄坝中心广场旁就有一个很大的集贸市场，摆满了各色各样的、难以记住名字的热带水果。沿着澜沧江分布有 10 多个傣寨，其中傣族园位于镇南约 1 公里，园内有 5 个美丽的傣寨：曼将（藤篾寨）、曼春满（花园寨）、曼乍（厨师寨）、曼嘎（赶街寨）、曼听（种花人寨，寨中曾多孔雀，别名孔雀寨，现还有孔雀坟及美丽的传说）。无论你走进哪一个寨子，都会看到典型的缅寺佛塔和传统的傣家竹楼。景区内的椰子树、槟榔树、杧果树、波罗蜜、绣球果等热带植物和花卉布满整个村寨。树丛中掩映着座座傣家竹楼。不少反映西双版纳知青生活题材的文学作品、电

西双版纳橄榄坝

影、电视剧都是以橄榄坝为背景拍摄的，许多摄影、美术作品也都取材于橄榄坝。

这里也有民族风情园可以住宿，竹楼里是标准的傣家风格，甚至有火炉让你随时烧烤。不过住在这里有可能被别的游客参观。另外，在橄榄坝附近找一家“傣家农家乐”住下也是不错的选择，一般吃住一天在六七十元左右，算是真正过一回傣家生活。

傣族园内勐巴拉纳西歌舞剧场是云南省最大的露天剧院，向游客展示傣族各支系的舞蹈艺术，其代表节目有《傣王招亲》、《赶摆路》。此外，赞哈献歌，民间舞蹈拳舞、刀舞、文身舞等让人耳目一新。

时间： 8:00 ～ 18:30

交通： 从景洪民族北路乘到橄榄坝的中巴，车费 8 元，40 分钟就能到。然后从长途汽车站还要坐摩的 2 元到景区门口。

门票： 60 元，含泼水则 100 元。泼水活动租用塑料盆与服装 30 元 / 次，另交押金 30 元，归还服装与塑料盆时会退还押金。

住宿： 傣族园内的傣家乐住宿 20 ～ 50 元 / 人（通铺 10 ～ 15 元 / 人），吃 150 元左右一桌，可联系 0691-6621509 和 13988151482。

特别提醒：

1. 每天 15:00 都有表演。之后广场上有大型的泼水活动，游客可参加。
2. 在橄榄坝傣族园里面几乎家家户户可以住宿，旺季时最好提前预订。当地的“农家乐”洗澡多用太阳能热水器，若太晚洗会没热水。
3. 勐巴拉纳西歌舞剧场贵宾票 280 元，甲票 160 元，乙票 120 元。

热带植物园

【世界上为数不多的，荟萃中外热带、亚热带植物的宝库】

建立于 1958 年，坐落在罗梭江的葫芦岛上。热带植物园是由著名植物学家蔡希陶于 20 世纪五六十年代，在此开始筹建的一座热带植物的科学研究基地，现在已成为中国最大的热带植物园林。园内设有 12 个植物区和标本馆以及国内唯一的珍稀濒危植物种子资源库和生物实验室，这里有世界上最轻的和最重的树，也有会跳舞的草和会害羞的草，传说中的“见血封喉”，色形味和鸡蛋相似的蛋黄果树等，以及林林总总的热带瓜果，可谓热带植物的大荟萃。

主要观赏的景区有国树国花园、热带雨林区、水生植物园、百果园、名人名树园、百竹园、药香园、棕榈园、奇花异卉园、民族植物园、树木园、阴生植物园、榕树园、版纳影院、聪明屋。如果没有指点，全部游览下来需要一整天的时间。植物园大门口有义务导游，可以提供线路咨询和建议，也许 2 ～ 3 小时就可以走马观花地结束游览，也可请专业导游详细介绍。

交通： 从景洪客运站乘坐到勐仑、勐腊的车，到勐仑下车，票价 12 价，行程 1 小时 30 分钟左右。从昆明、普洱出发可以乘开往勐腊方向的车到小勐仑镇下车。勐仑客运站步行到吊桥需 10 分钟，买票后过吊桥需 20 分钟才能到景区。也可直接乘昆明到勐腊县的长途汽车，在勐仑下车，票价 170 元。

门票： 西区 80 元，如果去东区的话，再加 20 元，环保车 20 元 / 人。东、西两区导游费各 50 元。西区步行即可。如果要去东区的话，最好包车，单纯靠走路比较辛苦。

住宿： 植物园宾馆位于植物园里，标准间约 160 元 / 间。买了植物园的门票再入住植物园宾馆的话，出来再进去不用重新买门票。

特别提醒：

1. 在景洪城区新建设了“新景花卉园”，隶属云南热带作物科研所，与植物园的风格很像，花卉更多些，并专门有一个盆景区。如果对植物不是很有兴趣的话，可以考虑到此参观，而不去热带植物园。

2. 勐仑镇沿江有9个美丽的傣寨，有时间可逛一下，尤其是城子寨山头观全景很不错。罗梭江日落是一绝，住寨子也是不错的。

3. 勐仑镇农贸市场旁边有夜市烧烤一条街，值得一去。

背包客推荐：热带植物园科学田野观察指南

植物园内设有植物生态、动物生态、土壤理化分析、水文气候等实验室及数据管理信息系统室、展览室等，拥有各类人工群落模式及次生林观测样地。在距站8公里的自然保护区内建立有30公顷的热带雨林定位观测样地，同时在人工林和次生林内设立了群落动态固定对照观测样地。在固定观测样地内建立了森林水文气象观测场3个，小流域集水区测流堰5个，地表径流场10个，二组树干径流和林冠穿透雨测流装置，及三座高度分别为70米、55米和30米的森林生态系统观测铁塔，并在三座铁塔的不同梯度上安装有森林小气候自动观测仪器。在站内还设有一个已观测了40年的气象常规观测场。

此外，为了向来园观光的游客提供科普教育和科普旅游服务，版纳植物园建立了由当地傣族姑娘为主的70多人的科普导游队伍，并配备有10辆观光旅游电瓶车。科普导游员主要为客人提供园区导游服务，系统、规范地介绍植物园科研、建园、热带雨林民族文化、植物学、生态学等有关科普知识。

特别提醒：科普导游分无偿服务和有偿服务两种。无偿服务对象是指有旅行社行程单的游客。有偿服务对象是游客可自愿到导游处租科普导游员，收费标准为每个科普导游50元，游客人数不超过25人。

曼飞龙佛塔

【西双版纳佛塔的典范，享誉东南亚】

这是一组由9座白塔组成的塔群，也被称作“笋塔”，因其形似春笋一样拔地而起，也因通体洁白，又有“白塔”

曼飞龙塔旁的佛塔

之称。整座塔由塔座、坛台、钟座、覆钵、莲花、蕉苞、宝伞、风标8部分组成，主塔高16.29米，周围由8个边塔围成。相传是由3个印度人设计、大勐龙头人古巴南批等人主持建造的，近代曾两次进行修复。这组佛塔最初建于傣历565年（1204），距今已有806年。它的设计、建造、典礼等资料，贝叶经上都有记载，每年的傣历新年，曼飞龙寨子的傣族群众都要到塔前举行仪式。

曼飞龙佛塔之所以在东南亚地区享有盛名，主要就是因为塔下面有一处"圣迹"——塔的南侧有两层佛龛，如果打开佛龛内的小门，只见里面有两只金身佛像守卫着一只长80厘米、宽58厘米的巨大脚印。脚印深深地嵌在一块原生大青石上，上面镀着厚厚的一层金粉，所以佛龛门一开便金光灿烂、耀眼夺目。相传佛祖释迦牟尼周游传教至此，众人正在为选址建塔犹豫不决，佛祖一脚定"乾坤"，于是在脚印处建了佛塔。现在巨大脚印前，有一口仅1米深的小井，此处为佛祖在此讲经时，因天热口渴而用禅杖戳出的"圣井"。其实，释迦牟尼生活的时代，早于建塔前1000余年，他也未曾到过云南。这个传说，只是佛教教徒创造出的一段神话。每年泼水节期间，曼飞龙寨子的傣族群众相聚在塔前，追逐泼水，欢度傣历新年。

交通：位于西双版纳景洪市大勐龙。在景洪客运站乘坐开往大勐龙的中巴车，票价11元。

门票：5元

特别提醒：

1. 大勐龙除了此塔外没有特别的风景，如果只为此塔前往有些不值，在昆明的云南民族园里有1：1复制的白塔。
2. 白塔南3.5公里处还建有一座金塔（又称黑塔，布朗塔），可从大勐龙镇步行500米即到。
3. 镇上的烧烤也是远近闻名。

勐腊望天树雨林公园

【这里可看到全球绝无仅有的植物垂直分布"倒置"现象】

位于西双版纳州景洪、勐腊、勐海3市县交界处，总面积2420.2平方公里，是世界上唯一保存完好、连片大面积的

勐腊县望天树公园

热带森林，同时也是我国高纬度、高海拔地带保存最完整的热带雨林。这里的热带雨林、南亚热带常绿阔叶林、珍稀动植物种群，以及整个森林生态都有极高的观赏价值。

一般人对植物了解都不是很多，对热带雨林的印象就是参天巨树和藤萝密布的丛林。这里就有高达60多米的“望天树”，其青枝绿叶聚集于树的顶端，形如一把把撑开的绿色巨伞，高出其他林层20米，西双版纳的望天树主要分布在勐腊自然保护区。为了保护好景区的望天树及其环境，在望天树林中，建了一条以高大树木为支柱，由钢索悬吊的35米高的“空中走廊”，全长2.5公里，它把公路两旁的原始森林连接起来，可在广阔的视野上尽情地领略热带雨林的奇异风光。此外，林间还修了一条1000多米的石板游览道与空中走廊形成了林上、林下的立体环形游览线。

交通： 从景洪客运站乘车到勐腊，票价29元；再从勐腊北路客运站坐车去勐拌，到补蚌下车即到望天树第一售票处。或者包车前往，约200元/天。

门票： 60元，从游客中心1到游客中心2有3公里左右。如果是坐公交车到那里的就需要乘坐景区的交通工具，汽车10元，船20元。如果想上空中走廊还需另付100元。

特别提醒： 因为路途较远，去的人不多，自然风光保持得很好。另外，那里没有吃饭的地方，要自带干粮。景区内有一露天游泳池，是真正的纯净山泉水，别忘了带上游泳衣。

西双版纳原始森林公园

【全州境内离景洪最近的一片原始森林】

在这里可以看到最具热带树木特色的巨大板根树和因热带植物生存法则产生的“绞杀树”。公园内各个景点分5级排列，一进门是旅游服务设施和动物表演场；而后是以湖为中心的度假村；第三级是通过铁索桥才能到的哈尼民俗村寨；然后是歌舞表演场和专门的泼水场所；最后才能进入真正的原始森林。

交通： 从景洪有班车直达，车费3元。

门票： 50元

特别提醒： 由于众多旅行社都会把客人带到这里，所以每天下午都能看到数千人“泼水”场面，一定要保护好相机。

背包客推荐：西双版纳原始森林公园科学田野观察指南

建议将科学田野观察的重心放在这里的菜阳河河谷，河谷两岸生长着莽莽苍苍的原始热带雨林。雨林里有高耸入云的望天树，有十多人合围的巨大板根，有两棵树在一起的绞杀树，还有繁衍了一百多万年的天料木。

携带植物观察手册，注意观察有“活化石”职称的天料木、桫椤、鸡毛松，及林中巨人望天树，板根大王四蔹木。携带相机，并在环保的前提下，针对“老茎生花”、西双版纳植物绞杀、植物标本采摘等，进行一些标本采集和科学记录。另外，顺带也参观西双版纳花果林木区，种有多种热带水果，西双版纳栽培有热带花卉，育有各类盆景。

在原始森林公园，也栖息着上千种动物。在密林深处，可以看到悠然亭立的鹤，自然觅食的鹿，在古藤上顽皮荡悠的猴，偶尔还能看见国家一类保护动物野牛和犀牛的身影。

特别提醒： 进行观察时，应穿着徒步鞋，及防风雨的户外冲锋衣裤等，色泽不要过于亮丽。为防备蚊虫和强烈的日光，需准备驱蚊和防晒用品。

基诺山

【基诺族人聚居的山寨，是了解基诺族民风民俗的地方】

基诺山位于景洪市东面的基诺乡，距市区50公里，是一个以基诺族聚居为主的山寨。在这里可以了解最原生态的基诺族的生活状态，基诺族受母系社会制度影响深远，有着独特的生活习俗，也是云南特有的民族。每年2月6～8日是基诺族的“特懋克节”，也是基诺山最热闹的时候。

基诺族自称“基诺”或“雅诺”，世代居住在基诺山。基诺族自称是孔明的后裔，传说在1700多年前的三国时代，孔明南征到这里，一部分落伍的士兵在此定居下来，自己取了民族称号叫“丢落”，成为当今基诺族的先民。基诺族住的竹楼，形如“孔明帽”，十分别致。基诺人种植茶树的历史比较悠久，基诺山是普洱茶的六大茶山之一。

交通：可搭乘来往于普洱、勐仑、勐腊、勐养的长途班车，租车或者乘班车不超过15元。

门票：散客：游基诺文化部分30元，游土著部落100元；本地人：游基诺文化部分10元，游土著部落30元。（凭本州本人身份证入园）

特别提醒：臭菜、酸蚂蚁蛋、炒竹节虫是基诺族人别有特色的风味菜。

野象谷

【以原始森林景观和亚洲象而著名的景点】

野象谷位于景洪市北部47公里的勐养镇，野象谷因地处河流分为三岔之处，所以这里又称为三岔河森林公园，这里还是各种热带野生动物的通道。也成为西双版纳唯一可以方便观赏到亚洲象的地方。

野象谷主景区内建有游览步行道、专供游人观看野象活动的高架走廊、大树旅馆、森林酒吧等设施。建于河边树间的观象旅馆是为方便希望观察野象活动的游人开设的，在旅馆内，游人可凭借月光和夜视镜观赏野象临泉饮水、食盐等活动情况，也可拍照、录像。这里经常出没的野象大约有50群，共有300～350只，野象没有一定的作息时间，能否看到全凭运气。游客如有耐心，可在一两天内看见野象到河边饮水、洗澡。

其实，野象谷里不仅可以看到野象，还可以观赏原始的热带雨林、其他野生动物，以及住在树上的观象旅馆的独特感受，都是野象谷的魅力所在。

除此之外，这里还有驯养大象20头（含表演象），是我国第一所驯象表演学校。每天11:00～12:00、14:00～15:00为游客表演节目，不另收费，与

背包客收藏：特懋克节的来历

特懋克节是基诺族的重大节日，也是他们的新年。“特懋克”在基诺语里是“过年”的意思。“特”在汉语里意思是“打”，“懋克”的意思是“大的铁”，所以“特懋克节”也被称为“打铁节”。

相传，很早以前，有位基诺妇女怀胎9年零9个月后，才生下一子。男孩见风便长，很快就变成一个手持铁锤铁钳的壮汉，并且无师自通地开始打铁，基诺族人因此用上了铁制工具。人们为纪念这个历史性的巨变，便于每年腊月举行一次特懋克节。过去，特懋克节是以村寨为单位开展活动的，节期也由各寨长老“卓巴”决定。节日期间主要举行剽牛、祭大鼓（神鼓）、跳大鼓舞、荡秋千、踩高跷、打陀螺等活动，并且举行一次象征性的打铁仪式。1988年后，特懋克节被统一定在2月6～8日。

西双版纳野象谷

大象合影每次收费10元。

如果有时间，也喜欢徒步运动的旅行者，建议不要错过在热带雨林中徒步的机会，那是一种特别的体验。不过，在深入热带雨林探险徒步之前，为了避免迷路，还是付一点钱找个导游的好。

交通： 景洪至野象谷，各汽车客运站都有汽车前往，半小时一班，票价12～15元。另外，从普洱出发可乘开往景洪、勐腊的车。叫司机停在野象谷的后门，从那里进，可以少走些路。包车的话，约200元/天。

门票： 65元。热带雨林观光索道，单程40元，约35分钟，往返60元。

住宿： 观象旅馆200元/间。

特别提醒：

1. 可以给观象旅馆的服务员留下你的电话，一旦野象出现，可以及时通知你，因为野象一出现就会待一整天，记着付给服务员小费。
2. 既为了环保，也为了不影响亚洲象的正常生活，它们不喜强光，所以观象旅馆内是没有电的，打算住在观象旅馆一定要自备手电筒。
3. 野象谷内有两种游览方式：缆车、徒步，建议都尝试一下，可选择缆车单程前往，徒步返回。缆车2063米，运行35分钟。

易武古镇

【一处怀念、探究“茶马古道”渊源的小镇】

易武是一个古镇，位于西双版纳州勐腊县西北的山顶上。易武曾经是镇越县城所在地，虽只是一个几十户人家的小村镇，却是“茶马古道”的起点。这里盛产茶叶，是七子饼的故乡。如今易武有着新盖的商店、旅社、医院，簇新的建筑，都是小巧的瓦房掩映在绿树之中，成了边陲一座新镇。

到易武，主要看两样东西：一是看当年的古镇，有段古石板路，那些歪斜的老房子当年都是显赫一时的普洱茶名茶庄旧址。二是走进一家家的手工茶坊，亲自体验手工制普洱茶，体验普洱茶的古老味道。

交通： 景洪的版纳客运站可乘车前往易武。

特别提醒 中国普洱茶六大古茶山博物院(5元)，专门介绍普洱茶的发展历史、制作过程等。

南糯山

【普洱茶的故乡，人类种植茶叶最早的地方之一】

景洪市与勐海县交界的南糯山，是普洱茶的六大古茶山之一，这里有千年茶王树的传说，有万亩古茶园的芬芳；有层层叠叠的哈尼山寨，有纯正绚丽的哈尼风情。

据考证，西双版纳是人类最早种植茶叶的地方之一，而勐海就是大叶树茶，也就是普洱茶的故乡。南糯山上的古茶园现存有1.2万多亩，居云南的古茶山之首。主要分布于半坡老寨、半坡新寨、多依寨、石头寨、石头新寨、丫口寨、向阳寨、姑娘、尔滇、西路、竹林等山寨附近，其中又以半坡老寨最为集中(有近3000亩连片古茶园)。

南糯山古茶园大多数茶树在300年以上，散落在山寨旁边的茂密的林间，与山中的林木交织在一起。巴达乡贺松寨山谷有一棵树龄1700余年的老茶树，树高14.7米，直径0.9米，属野生茶种，是人工种植茶树的种源；另一株在南糯山乡的半坡寨山谷，树高5.5米，直径1.38米，覆盖面积20平方米，系人工栽培的云南大叶茶树，树龄已达800余年。此地以哈尼族为主要居民，沿着山路旁的古茶园徒步、参观哈尼族古老的制茶法、瞻仰茶树王、体验哈尼族风情是各线路的主要目的。

交通：从景洪至南糯山的车，在南糯山向阳村下，沿山路弯的古茶园徒步至半坡老寨。

门票：茶树王5元

住宿：向阳寨和水河寨的公路两旁有好几家餐馆，均为醇正的哈尼风味，每年2～6月多野菜。

餐饮：半坡老寨位于古茶园中心，风光优美，不少农家可提供晚餐和住宿。约20/人，土鸡50元/只左右。每年8月~次年3月，就在此寨中，天气好时早上可见壮观的云海。每年9～10月，山上的梨子、多依、橄榄等野果成熟，此时上山可大饱口福。

特别提醒：从南糯山向阳村徒步到茶玉树所在的半坡老寨大约有5公里。在这里不仅可以在古茶园里穿行，拜访800多年历史的栽培形茶王树，还可以领略民风淳朴的哈尼族风情，喝百年老茶树茶叶泡出的茶，感受哈尼族的茶文化，是一条以茶文化为主题的旅行路线。

章朗

【需要时间细细品味的千年古寨】

位于勐海的西定乡，距勐海约48公里，是个有千年历史的布朗族古山寨。这里有盖世美女的传说和千年古佛寺的延续，有淳朴的布朗人和多彩的民俗，有迷人的自然风光和古老茶园。可在寨民家住。

交通：乘坐景洪开往西定乡上的班车，到乡上下车，约12公里。然后包车前往。西定乡上每周四的早市中外闻名。

特别提醒：

1. 寨中建成云南省第一个生态博物馆。
2. 寨子距离贺松1700多年的野生大茶树约20公里，可包车或徒步前往。
3. 勐海往西定的班车途经景真八角亭。

景真八角亭

【一座凝结了汉、傣两族人民智慧的佛教建筑】

位于景洪以西14公里，地处勐海

县景真山上，亭子因山而得名，是西双版纳的重要文物之一，建于1701年。

八角亭位于昔日的勐景真王宫旁，形状呈八角，亭高21米，共有31个面、32个角。与汉族建筑不同的是，亭子的外墙上镶嵌着镜子和彩色玻璃，楼阁上挂有无数风铃，是傣族首领考察泰国、缅甸建筑后，聘请汉人工匠建筑而成。

八角亭是一座佛教建筑物，是景真地区中心佛寺“瓦拉扎滩”的一个组成部分。相传，这座八角亭是佛教教徒们为纪念佛祖释迦牟尼，而仿照他戴的金丝台帽“卡钟罕”建筑的。在古代，它是个议事亭，在傣历每月十五日和三十日，景真地区的佛爷集中亭内，听高僧授经和商定宗教重大活动，也是处理日常重大事务的场所，同时也是和尚晋升为佛爷的场所。

交通：从景洪客运站乘坐至勐海县的中巴车；到了勐海后，再转乘到勐遮的车20分钟后可到。

门票：20元

西双版纳八角亭亭门

特别提醒：在八角亭北边大约两里路的山顶，高耸着一座佛塔，与八角亭遥遥相对。在景真佛寺与八角亭之间，有棵巨大古老的菩提树，挺拔的树干几个人才能合抱过来，点缀了八角亭的绮丽风光。

曼短佛寺

【是小乘佛教传入后建的最早佛寺之一】

位于勐海县城西南面的昆洛公路边上，距县城约10 公里。是当地傣族从事宗教文化活动的中心。曼短佛寺傣语称为“瓦拉扎滩”。

据史籍记载，此佛寺始建于950年，距今已有1060多年，是小乘佛教传入后建的最早佛寺之一。佛寺整体由大殿、戒堂、鼓房、僧舍、佛塔和“窝苏”（八角亭）等建筑群组成。主体建筑大殿阔4间，宽约10米，深8间，长约18米。大殿是抬梁、穿斗结合的梁架结构，重檐歇山式屋顶，上下两檐都是五面坡。平面布局不用檐柱，四面偏厦是墙抬梁，墙体与檐口间设有斜撑。殿内外的构件上均有龙、凤、花卉等图案的雕刻装饰，形象逼真，原始古朴。曼短佛寺的建筑造型和装饰艺术集中地体现了傣族古代建筑技术和历史文化的精华。

交通：勐海往西定的班车途经曼短佛寺。

门票：15元

打洛

【充满田园风情的傣族村寨】

打洛是位于昆洛公路终点的一个边境小镇，开辟有中缅旅游村和边贸街。打洛江是湄公河的一条支流，江面宽30多米，水流平缓，岸边的傣家寨子与打洛森林公园构成了这个边陲小镇的旖旎风光。

漫步寨子，一幢幢别致的傣家竹楼掩映在竹林中，一簇簇红、黄、紫、白色的野花开得正艳。江风吹进寨子，婀娜多姿的凤尾竹、黄斑竹便随风摇曳，仿佛跳起了傣家舞蹈；一棵棵高大的榕树、椰子树和百余年的野生荔枝树枝繁叶茂，又像走进了热带植物园。

这里的佛寺很有名气，东南亚各地有名望的佛爷经常在这里进行佛事活动。于是，村中又处处透溢着浓浓的佛教氛围，寺里和尚念诵经文的声音此起彼伏。前来上香赕佛的信徒们则虔诚地跪在佛爷面前，双手合十，低头颔首，一副将心皈依佛祖的样子。

除了浓厚的宗教气氛外，勐景来还保存有很多傣族的传统手工艺，诸如染布、榨糖、制陶、酿酒、打铁、造纸等，样样都保留着最原始的手工技术。

交通： 可以乘景洪至打洛中巴客运班车，票价 25 元。

特别提醒：

1. 从景洪到打洛的这段公路，是西双版纳境内弯道最多、角度最大的一段，很容易引起晕车，一定要早做准备。
2. 目前打洛的出境关口已关闭，何时再次开放还未有政府的正式通知。如有旅行社或当地机构承诺可出境游缅甸，请三思而后行。

独树成林

【已有 1000 多年树龄的榕树奇观】

位于打洛镇边境贸易区内的曼掌寨子旁，距中缅 219 号碑约 500 米，靠近中缅边境的地方。这棵古榕树有 1000 多年的树龄，除主干外，还从枝干上生出许多柱根插入土中，支柱根又变成了另一棵树，共有 31 个根立于地面，树高 70 多米，树幅面积 120 平方米。枝叶既像一道篱笆，又像一道绿色的屏障，成为热带雨林中的一大奇观，打破了“单丝不成线，独木不成林”的俗语。

交通： 景洪客运站有车开往打洛镇，约 140 公里，需 4 小时，车票 25 元。到达打洛后，乘微型车前往，约 4 公里。

门票： 50 元

普洱

澜沧江第一漂

【“东方多瑙河”上有惊无险的漂流】

澜沧江起源于青海省唐古拉山，由北向南纵贯自然资源丰富的滇西南地区，出国后改称湄公河，流经缅甸、老挝、泰国、柬埔寨、越南5国，注入南海，全长4661公里，是通往东南亚的“黄金水道”。

澜沧江江水流速快而急，两岸的植被十分丰富，古树遮天蔽日，藤蔓翠竹间活动着各种野生动物。澜沧江第一漂全程115公里，起点为虎跳石，终点站为景洪港，途经南帕河、普洱港，沿途有众多自然景点。

交通：从普洱乘车，沿普（洱）澜（沧）公路西行，在距普洱市竹林乡政府西北20公里处，即普洱市与澜沧县分界的澜沧江大桥即到。景洪有旅行社专门接待，或者在昆明找相关旅行社提前办理也可以。有专门的蜜月线路开通。

门票：200元

普洱茶

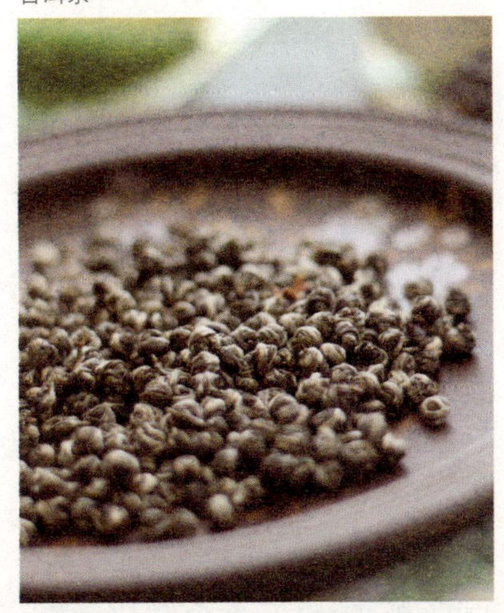

中华普洱茶博览苑

【普洱茶的精华在这里得到了充分的展现】

它以万亩生态茶园为背景，青山环绕，丘陵相拥。这里既是营盘山万亩生态茶园种植基地，又是著名的茶文化旅游景点。茶博苑由普洱茶博物馆、村村寨寨、嘉烩坊、普洱茶制作坊、茶祖殿、品鉴园、采茶区、问茶楼、闲怡居九大主要景点组成，充分展现普洱茶的起源演化、发展嬗变、种植生产、民族渊源、烹制品鉴等博大精深的普洱茶文化，以及拉祜、布朗、哈尼、傣、佤5个少数民族的民族文化风情、民族茶俗。

地址：位于普洱区东南29公里处

门票：50元

莱阳河国家森林公园

【又一处典型的热带雨林公园】

在普洱市东南37公里处，乘车沿昆洛公路南下与景洪市普文、勐旺毗邻的地方，就是昆明—西双版纳—东南亚旅游热线公路必经的莱阳河国家森林公园。这里属无量山脉南延末端，地势绵延起伏、东北高西南低。莱阳河位于森林公园东南，由东向西流入大开河后注入澜沧江。这里是热带北缘向亚热带过渡的南缘地带，气候宜人，“冬无严寒，夏无酷暑”。

公园群峰竞秀、古树峥嵘、飞瀑流泉、天池映彩，已经建成3条徒步山路，整个公园区域典型景点有：黄竹林箐（原始雨林景观）、大王杜鹃、森林立体分布景象，还有诱人的兰花谷和奇异的跌与河三叠水瀑布。这里“雨林”的感觉会更强烈，古树长藤、附生、寄生类植物比比皆是。

交通：在普洱城内客运站有班车直达，10元。

门票：5元

茶马古道

勐卧佛寺双塔

【一睹喧宾夺主的“树包塔”、“塔包树”景观】

这个名字一般人都不太熟悉，但提起塔包树、树包塔，很多人就知道了。双塔位于景谷县城南面大寨官缅寺佛殿前，为红砂石亚字形仰莲、复莲多层叠式，小乘佛教塔。左塔高 10.7 米，右塔高 7.2 米，上圆下方，每方均有丰富多彩的浮雕图案，造型优美。左塔顶长出一株榕树。至今树高约 25 米，枝叶繁茂，树根树干从上下左右把塔身缠绕包住，茂密的枝叶像一把巨伞，使古塔四周凉爽清幽，为“树包塔”。右侧佛塔顶上长出一株榕树，高约 20 米，由于树小，树干尚未从塔身伸出，形成塔把树包住，为“塔包树”。此奇观的形成大概需要 200 年，所以名气很大，以至于游客参观时对勐卧佛寺毫不关心。

交通：位于普洱市景谷县威远镇大寨。从普洱乘长途车前往景谷县，2 小时左右车程，车费 10 元；或从昆明乘长途汽车前往，两地相距 600 多公里；景谷县城内有专线旅游车前往，车费 2 元。

门票：10 元

江城

【海拔 1800 米的山上，体验“一脚踏三国”的独特感受】

江城哈尼族彝族自治县是中国、越南、老挝三国相交的地方，曲水乡南部的“石层大山”山顶，是一脚可以踏三国的地方，在山顶上有一座界碑，正好是中国、越南、老挝 3 国的分界线，交会点上有一个由 3 国共同出工出料修成的国界桩——零号界桩。界桩呈三棱形，3 个立面上镌刻着 3 个国家不同的文字。游人来到此地，背后是中国，左方是越南，右边为老挝。

交通：从普洱汽车站有直接到江城的班车，后转车去曲水。

特别提醒：每年泼水节和赕佛期间，当地傣族及老挝朝拜者络绎不绝。

茶马古道

【这里是南方丝绸之路的起点】

茶马古道以宁洱、普洱两城为中心，向东、西、南、北辐射出数条茶马古道。明清时期，往来不绝的马帮为普洱茶输送立下了不朽的功勋，他们把加工制作后的茶叶，沿“茶马古道”运销到西藏、尼泊尔、印度及东南亚各国。它是古代滇南的“茶盐之路”，普洱茶、磨黑盐都由此道出境；它又是“南方丝绸之路”的重要路段。残存的茶马古道苔痕斑斑，上面是原始密林投下的树荫。

在今宁洱县境内，仍保留有3处较完整的“茶马古道”遗址：一是位于同心乡那柯里村的“茶马古道”。二是位于凤阳乡民主村的“茶庵塘古道遗址”，长约2公里的山石古道，在一片半原始森林中盘山径仄而上。那山石上深印的马蹄印，向人们诉说着昔日“以茶易马”的艰险；沿古道而上，人们可以去体味，去追寻“径仄愁回马，峰危畏如去”的意境。三是位于磨黑镇孔雀坪的“孔雀坪古道遗址”，长10余公里，那昔日林立的“马店”，山石古道上清晰可见的马蹄印，向人们述说着历史上的“茶马古道”的兴盛。

磨黑古镇是东北线茶马古道的重要关口，安静古朴，是个能“于无声处”时时刻刻带来惊喜的地方。

交通： 在普洱客运站乘坐开往宁洱的班车，票价20元左右。宁洱有到磨黑的小公共汽车。

门票： 10元，游览时间3个小时左右，含游览十里河、千家寨遗址景点。骑马约200元。

北回归线标志园

【目前世界上规模最大的北回归线纪念性建筑】

北回归线从墨江县城中心穿过，这里被人们称为“太阳转身的地方”，因此，这里建起了一个北回归线标志园。园区最大的特点是，以公元2038年北回归线的位置（北纬23° 26′）为主轴线，截北回归线上500米地段，间以“太阳之路”、“夸父追日”、“北回归线之门”、“日晷广场”、“春夏秋冬”等建筑，把北回归线作为轴心，将北回归线经过的国家和地区的建筑风格、民风民俗、自然景观环形地建于四周，浓缩于四周的景观充分地表现了北回归线所经地区的自然、人文地理的特征，并通过技术手段精确地展示北回归线的地理位置及变化，每年夏至均可在此“捕捉”到北回归线的身影，让参观者有一种站在北回归线某一高点俯瞰世界的视点。

每年夏至日（6月21日或22日）

墨江北回归线标志园

有那么一瞬间，太阳将垂直照射在此线上，蔚为大观。

交通： 从普洱出发行程 2 小时，车费 15 元。墨江县城可步行前往。

门票： 30 元

背包客收藏：北回归线——太阳转身的地方

地球赤道两侧同纬度纬线以赤道为中心相互平行并且对称。北回归线是太阳直射地球表面最北的界线，而南回归线则相反。北回归线的纬度即北纬 23° 27′ 4″，由于不同时间太阳照射地球的纬度不同，所以地球上不同纬度接受阳光的强弱不同，所获得的热量也不同，以回归线、极圈为界将地球分为 5 个热量带，获得热量最多的为热带，获得热量最少的为寒带，热带和寒带之间是温带，温带与寒带在南北半球对称分布。

在地球北回归线地区绵延着茫茫沙漠，是地球上的一个灰黄色地带，但在这一荒芜干旱的地带上却奇迹般地存在几片绿色的斑块，云南的西双版纳州就是北回归线上的“绿洲”。西双版纳州地处横断山系南部，北面有逦逶起伏的哀牢山、无量山等高大山脉，阻挡南侵的潮冷空气，中部低，由北向南逐渐倾斜，来自西南和东南两个方向的季风，携带大量热量和水汽顺利进入这一地区，特殊的地形使西双版纳州形成了热带季风气候。同时，北回归线还穿过云南的普洱市和红河州。

迁糯佛寺

【景谷佛教圣地之一，也是云南省较大的上座部佛教寺院之一】

位于普洱市景谷县永平镇西南 15 公里迁糯乡大寨村，系清代古建筑，建于 1778 年。

迁糯佛寺由山门、大殿、僧房、戒堂、膳堂等建筑组成，规模宏伟，是云南较大的傣族小乘佛教寺院之一。大殿为三重檐歇山顶园廊式建筑，内半墙是红砂石须弥座，座上雕有丰富多彩的民间故事图案，上部是精雕细刻的木窗，六柱头的隔扇门雕龙画凤，镂刻精细。西面的壁画更加古朴。画图案饰皆用金粉涂面的芒岛缅寺，整座建筑具有明末清初的建筑风格，古朴幽雅，极富民族特色。寺门前有水塘，周围绿树成荫，环境优美。

交通： 景谷县距昆明 600 多公里，昆明各大汽车客运站有班车前往。

门票： 3 元

阿佤山云海

【以佤族风情为背景的高原云海风光】

阿佤山位于西盟县境内，是佤族聚居的中心地带，云海是阿佤山独特的自然景观。这里群峰连绵起伏、巍峨雄伟，冬春清晨云雾弥漫山谷，逶迤百里，形成白茫茫一望无际的云海，气势磅礴。

佤山云海

孟连县娜允镇

尤其是早晨红日东升，会呈现出七彩的景象，仿佛佛光一样。

在勐坎观看阿佤山云海，另有一番景致。乳白色的云雾，时而像一层层轻纱覆盖着山峦村寨，时而似波涛翻滚的海浪拍打着岸边，时而像垂帘瀑布直泻江河玉潭，时而又似弹弓飞起的银棉花絮。而云开雾散之后露出来的佤山龙竹、梯田、青松、芭蕉树和竹楼村寨，在巍峨的群山之中，更加显得清新秀丽。

交通：从昆明到普洱每天都有多趟班车，从普洱到西盟每天也有班车。从县城到神湖、神山及司瓦岗民居都在两三公里之内，走路前往就可以。

特别提醒：

1. 佤山云海自午夜形成一直到次日 11:00 以后，才渐渐消散。
2. 佤人自家酿制的水酒，呈乳白色，清香沁人，甘甜爽口。佤人有“无酒不成礼”的习俗，一年四季喜好饮用水酒。但佤人喝酒之前先吃饭，吃饱肚子再敬酒。

宣抚司署·娜允古镇

【中国现存的最后一座傣族古镇里的傣汉合璧之作】

孟连县内的娜允古镇是我国现存的最后一座傣族古镇，娜允古镇迄今已有 700 多年的历史，“娜允”即傣语“内城”的意思。娜允古镇的房屋是傣、汉两个民族的不同风格合璧的建筑群，由“三城两镇”即上、中、下城和芒方岗、芒方冒组成，在土司时代，上城是土司及家奴居住的地方，中城是官员和家属的居住地，下城则是下级官员的住处，芒方岗和芒方冒是林业官和猎户居住的寨子。从古代至近代，孟连历代 28 任土司，统治达 660 年，随着土司统治的延续，娜允古镇也得到逐步的完善和扩大，形成了宣抚司统治区（孟连、澜沧、西盟等）方圆数百里的政治、经济、文化、宗教中心。

娜允古镇在东南亚傣族人民的心目中，是一个神圣的地方，因为历代傣族土司衙门——孟连宣抚司署就设在这里。这里至今仍保留着傣族古城的特色和风韵，蕴含着丰富多彩的傣族土司文化，以及宗教建筑、饮食、服饰、节日、音乐、舞蹈、民俗等文化。

我国唯一的一座傣汉合璧的建筑——宣抚司署便位于上城的最高处，而上、中城佛寺也巍然屹立在宣抚司署的附近。宣抚司署占地 1 万多平方米，是云南清代土司的衙署，也是云南 18

座土司衙门中保存最完好的一座。整座建筑全为串木结构，有正厅、议事厅、厢房、门堂和附属建筑物，如仓库、兵器库、营房等，署内珍藏有清王朝皇帝御赐的四品官服、印章、仪仗等文物。这幢古宅不仅建筑工艺精湛，而且在南传上座部佛教中有着特殊的地位。据说东南亚有的信徒来到宣抚司署后，都要带走印有宣抚司署大门的门票，拿回家供奉在神龛上。

交通：思茅汽车客运站每隔一小时有发往孟连县的班车，6～7个小时可到孟连。到孟连县后，娜允镇就在县城内，步行即可到达。另外，孟连县街道上有电瓶车，招手即停，可乘坐该车到娜允镇，2元。

门票：孟连宣抚司署10元

特别提醒：每年5月初有“神鱼节”，届时有88名小乘佛教的和尚念诵经文，88名儿童吟唱赞美神鱼的诗歌，后由德高望重的长者或来宾举行放生仪式，再由各族青壮年男女用竹箩顺河摸鱼，万人下河摸鱼的场面异常壮观。前往时提前问好节日时间，以免错过。

千家寨风景名胜区

【自然风光秀丽，文物、珍品共存】

清代，许多百姓为了躲避战乱，纷纷迁入哀牢山之中，在大森林里建盖家园。这里曾经住过千户人家，因而得名“千家寨”。至今这里还有房屋的残墙、石磨、石水缸、炮台、城墙等遗物。而今在房屋的残墙内已经古木参天，青藤蔓绕，与哀牢山融为一体，成为历史的见证。

千家寨群山起伏，林海茫茫，蜿蜒流淌于原始森林中的都鲁河水明洁如镜。景区由千家寨、弯河、者东3个片区和恩乐—水塘游览线共49个景点组成。大吊水瀑布位于景区停车场的左上方，瀑布从两峰间喷泻而出，呈三级跌落，总落差近100米。其北部是神秘的千家寨遗址——石板砌的关隘寨门遗址，石块垒的房墙犹存。

遗址北部约2公里的原始密林中有上万亩的散生野生茶树林，其中一株高18.5米，树围2.82米的大野茶，据专家考证已有2700年的树龄，是目前发现的最大、最老的野生茶树。置身千家寨山巅，大自然的美景尽收眼底。

交通：位于镇沅县九甲乡。千家寨交通不便，去千家寨最好用两天的时间，第一天先到九甲乡住下，次日早上从九甲乡前往千家寨山缘的瀑布脚下，然后从山脚需要步行5公里左右才能到达2700年树龄的千家寨1号野生古茶树所在位置，并且只有越野车可以通行。不过对于背包族来说，徒步旅行是最好的选择。

门票：10元

特别提醒：一般游客无法全部游览，主要前往“大吊水瀑布”、千家寨遗址和距离遗址2公里的上万亩散生野生茶树林。

临沧

大雪山景区

【雪山、林海、瀑布、杜鹃是这里的关键词】

主要景观有莽莽苍苍的林海，满山遍野的杜鹃，繁花似锦的木棉，温竹河上三叠瀑，澜沧江堤一坝。如果想专门观看雪山风景，最好从临沧出发绕过雪山到永德县境内。大雪山主峰为大雪山，海拔 3429 米；西北有小雪山；南面有红花山；东面有鼓鼓山，海拔平均 3000 米左右，冬、春两季有三四个月的积雪过程。

交通：位于临沧县境内大朝山电站西岸，紧靠 214 国道，临（沧）帮（东）公路直达景区，距西南方向的县城为 19 公里。

耿马南汀河

【与西双版纳、瑞丽的风光并称云南风光“三姐妹”】

位于耿马傣族佤族自治县境内。有郁郁葱葱的原始热带雨林、李雨林景观，还有众多的佛寺、白塔、岩画、古人类穴居遗址等名胜古迹。热闹的孟定边贸口岸也在这里，可边贸购物、边境旅游。

另外来到这里就要去看一看耿马石佛洞。石佛洞位于澜沧江支流小黑江河谷悬崖上 50 米，是一个天然形成的巨大石灰岩溶洞，石佛洞共分为上、下两台。在这里，3000 年前的先人遗留下了数百年堆积历史的生活遗迹。

交通：临沧每天 7:20 ~ 10:30 有直达班车到孟定，途经耿马县城。

广允缅寺

【汉傣文化交流的实证】

位于沧源县城勐董大街北侧高地上，俗称学堂缅寺，始建于清代，为南传佛教建筑。广允缅寺建筑风格较多地受到汉式建筑的影响，又保留了小乘佛教寺院的基本形式，是汉式建筑外形与傣族寺院内部的有机结合，是汉傣文化交流的实证。

殿堂门窗作透雕装饰，梁枋门柱遍饰镂印的金水图案，技艺精湛，是傣族

耿马县南汀河上的竹桥

的传统工艺。殿堂内外墙壁及藻井均绘有彩画，现保存较为完好的最大殿内墙面的10幢壁画，共48平方米，内容为佛教故事及当地社会风俗人物画。

交通：沧源县境内，步行即可到达。

门票：2元

沧源佤山

【典型的佤族自然山水风情区】

位于沧源佤族自治县境内，与缅甸接壤。景区由勐来、南滚河、勐董、拉勐河、班列5个片区，勐省—茫卡南游览线组成。佤山碧绿苍翠。热带雨林茫茫，珍稀生物荟萃。还有浓郁独特的佤族风情，崖画文物闻名遐迩。

交通：沧源佤族自治县境内。可乘公交车或出租车前往景区。

门票：5元

翁丁佤族村落

【迄今为止保存最为完好的原始群居村落】

翁丁佤族原始群居村位于沧源佤族自治县勐角乡翁丁村，村寨、茶山、梯田、白云构成了一幅美妙的农耕社会风景图，有“中国最后一个部落”的美誉。翁丁寨保留了原始佤族民居建筑风格和原始佤族风土人情，是迄今为止保存最为完好的原始群居村落。

交通：翁丁村隶属于沧源县勐角乡，距沧源县城约40公里。沧源汽车站有班车直达，车程一个半小时左右。

门票：25元

特别提醒：在翁丁村吃住比较方便，基本上农户家里都能提供食宿，而且价格公道。

沧源佤山崖画

【人类最早的绘画作品之一】

已发现崖画地点11处，分布于沧源县的勐来乡、丁来乡、满坎乡、和平乡和耿马县的芒光乡等地。崖画一般绘制在垂直的石灰岩崖面上，画面距地面高2～10米。灰色的石灰岩石壁上画的赭红色的画图，可辨认的图像1063

沧源翁丁佤族原始部落

个，包括人物、动物、房屋、道路、山洞、树木、太阳、舟船、手印等，多为狩猎和采集场面，也有舞蹈、战争等内容。据测定，崖画产生于3000多年前的新石器时代晚期。沧源崖画会随日照时间、天气阴晴、干湿冷暖等因素不断地变换色彩，当地人说它是“一日三变，早红午淡，晚变紫”。

交通：目前没有直达的班车，进县城后，距崖画点还较远，只能包车前往。

门票：15元

南滚河国家公园

【传说有“野人”出没的、与湖北神农架齐名的热带雨林区】

位于沧源县西北部，是一片热带雨林区。公园内森林植被保存非常好，高等植物有97科400多种，为国内超一流的热带雨林保护区，也是科考、探险、生态、观光旅游的绝好景点。

佤山峰峦重叠，河流纵横，属南亚热带气候，极有利于生物的繁衍生息。在数万公顷原始森林中，生长着“活化石”水棚等奇花异木。沧源一带同湖北神农架一样也曾有过“野人”的传说，虽然至今没人能证实“野人”的存在，但这里也因此更添一份神秘。这里是定向运动、森林穿越的绝佳之地。必须备好详细的地图，并提前有应对，诸多地段无信号，因此需要备好卫星电话。

交通：从临沧出发，乘长途车行程3个多小时到沧源。沧源县城没有直达景区的公交车，只能包车前往。

门票：50元

特别提醒：

1. 沧源县为边境县城，所以不要随便上山。
2. 热带雨林的蚊子及各种衍生虫蛇比较多，注意防范措施。

文庙

【云南现存的第二大孔庙】

看惯了佛教寺庙，这里突然出现一座文庙是挺让人惊奇的。凤庆文庙是祭祀中国传统文化伟大先驱、儒家学派的创始人孔子的纪念性建筑，是云南现存第二大孔庙，由鸣凤阁、崇圣殿、大成殿、大成门、棂星门、龙门石坊、泮池等建筑组成。

交通：就在凤庆县城内

门票：20元

凤庆鲁史镇

【至今保存着临沧最古老、最好的民居建筑群】

鲁史从布局上看， 是典型的“三坊一照壁”及“四合五天井”的庭院格局，层次富于变化，房向大多坐南朝北，屋顶多用青瓦铺盖。青瓦之间都用石灰浆衔接勾缝，房檐与墙体之间用麻布石板连接、起头。墙心粉白，檐口彩画，有各种几何图形布置的“花空”，作花鸟、山水、书法等。四方街的古戏楼初建于民国二十八年（1939），当时每年节庆都由街绅富户出资点戏，邀请外地戏班子唱戏，民众可自由入场观看。历经浩劫，戏楼屡遭损害，但整体形象得以保存。

交通：凤庆县城的汽车站有直达鲁史镇的班车。

犀牛渡

【至今保留了茶马古道最为完好的原貌】

因像一头立于黑惠江和黑河中间停足仰望空中明月的犀牛而得名，它是

凤庆县鲁史古镇

通往巍山的主要渡口，由于交通闭塞，至今保留了茶马古道最为完好的原貌。它和鲁史其他村庄不同的是：山神、江神在这里会晤。

■ 鲁史古驿道

【曾经喧闹一时的古驿道似乎还回响着马帮的蹄音】

开辟于1328年，清乾隆二十六年（1761）澜沧江青龙桥建成，商旅与日俱增，鲁史成为顺宁通省驿道，据今已有683年的历史，无数马帮来来往往，由北到南运进丝绸，运进百货，运进中原的文化，又从南到北运出茶叶，运出药材和山风野俗。青龙桥位于茶马古道上，北接大理、昆明，南走云县、临沧，又可通耿马、镇康，南下缅甸，200多年来，青龙桥运输盛极一时，亦使鲁史成为顺宁通省的要道重镇。2005年，青龙桥淹没在小湾电站的库底，但鲁史镇的楼梯街仍留有徐霞客驮马的蹄印，马帮的蹄音仿佛仍在澜沧江峡谷古道上踏响。

孟定洞景佛寺

【因埋藏“释迦牟尼舍利子”而闻名东南亚】

大殿内有释迦牟尼金色大佛一尊、弥勒睡佛等22尊，神态各异。孟定洞景佛寺因埋藏“释迦牟尼舍利子”而闻名东南亚。据《洞景佛寺史》载，释迦牟尼“舍利子”分为8份，传遍各地，以普度众生，其中一部分传入孟定，埋藏于洞景佛寺内。

1994年在重修洞景佛塔时，挖掘出佛像69尊，以及珠宝、铜像、小塔等物品，出土的两片铜刻铭文中，有洞景佛寺藏有圣物“舍利子”的记载，同时掘出一节长约3厘米的晶体椭圆形的佛骨（据说即是佛祖“舍利子”）。沿着蕉林掩映的石级拾级而上，到达建于高山平台上的洞景白塔。这是临沧市内最大的白塔，高 32.7 米，8 个附塔高 12 米，主塔下设八门佛龛，墙上彩绘佛像金碧辉煌。在这里，还可一览孟定全景和田园风光。

交通：从孟定镇坐公交车到洞景寨下，步行可到。

南伞跨国溶洞

【是云南乃至全国唯一的“一洞跨两国”自然景观】

南伞地处边境贸易特区及少数民族集聚地，自然风光优美，民族风情浓郁，边境贸易活跃，极具特色。

云南边境线长，一寨两国、一村两国、一桥两国的情况屡见不鲜，云南很多地方属于喀斯特地貌，精美绝伦的溶洞数不胜数，南伞的独特之处在于将溶洞和跨国融为一体。位于白岩村委会硝厂沟村民小组石花瓶山上 124 界碑旁，此洞天生地就，横跨中缅两国，洞内宽敞，怪石嶙峋，中国境内进洞，缅甸果敢出洞。

交通：没有直达景区的公交车，可乘坐当地出租车或包车前往景区。

门票：20 元

特别提醒：位于南伞镇军弄南翁坝胶场东 500 米处的淌河洞旧石器遗址岩洞，位于南伞镇中学东 100 米处的南伞观音洞古生物化石点，位于帮小底一带的帮小底古墓群，都是历史文化、考古文化的旅游点。

背包客收藏：鲁史甲马

甲马是中国民间祈福禳灾祭祀活动时用来焚烧的各种各样雕版印刷品的总称。鲁史甲马与接壤的大理巍山的甲马相当接近，如出一辙，最典型的莫过于对本主的祭祀。本主即“本村鬼主”，本主有些是历史上的王者、英雄，有些是传说人物和想象中的神灵。祭祀本主时都要举行一定的巫术活动，巫师演变为本主的替身，甲马则成了人神之间沟通的信物。

实用资讯

交通

滇南的城市交通相对独立，北面与大理和昆明相连，东面与建水相连，西面和南面与缅甸接壤。更特殊的是滇南地区不通火车。只有临沧地区的耿马有通缅甸的火车，这也是云南十八怪之一——火车不通国内通国外。所以到滇南城市旅游一般多选择飞机直飞。在滇南地区，所有县级城市都与省道相连，路况不错。

西双版纳

西双版纳州是滇南的主要旅游区，所以一般都会把景洪作为第一目的地。从昆明出发到景洪最快捷的方法就是乘飞机，昆明到景洪飞行约 50 分钟。如果选择长途汽车，昆明到景洪的时间长约 11 个小时。

航空

西双版纳景洪机场位于景洪市南部嘎洒镇，距景洪市区 5 公里，是云南省内仅次于昆明的第二大航空口岸。目前，国内八个城市有直达景洪的航班，分别是昆明、天津、上海、成都、重庆、丽江和大理，另外，西双版纳机场还是云南境内除昆明之外的又一个国际机场，与泰国的曼谷有直达航班。昆明—西双版纳每天至少有 2 个航班往返，旺季可达 6 ~ 10 个航班，飞行时间约 50 分钟。

交通：由机场到景洪市区有机场中巴，4 元到达市内。还可到景洪职业中学搭乘 1 路公交车，但是需要出机场向右走 500 米左右的路程。也可直接乘出租车前往市区，车费约 20 元。

公路

公路是西双版纳最重要的交通方式。市内的公路交通比较方便，213、214 国道在景洪市内交会，各乡镇均有公路相通，并且有 3 条出境公路通达缅甸和泰国。

景洪共有 3 个长途客运站：景洪北站、景洪南站和景洪汽车客运站（景洪北路 23 号）。其中景洪北站是景洪市内最大的长途客运站，景洪南站有开往老挝的国际客运班车。

昆明—西双版纳

昆明至西双版纳首府景洪市公路里程约 700 公里，因为途中多弯道、山路，需要的时间较长，一般车程在 16 ~ 20 小时之间。所以从昆明发往景洪的长途班车几乎均为夜班卧铺车，也有高快客长途汽车。

昆明各大汽车客运站每天都有多班开往西双版纳的车次，对游客来说，一般在昆明长途汽车客运站购票较为方便，每天有 20 多班卧铺班车和高快客班车开往景洪，卧铺车票价 160 元，高快客车票价 170 元，车程 12 小时。

特别提醒：最好选择乘坐高快客车，因为这类车的车型较好，速度也相对要快一些。

景洪到各景点

西双版纳的景点比较分散，景洪市内的客运站每天有很多班车开往各县、乡，可以到达大部分的旅游景点，车次很多，但是需要认清车上的标志和线路，以免搭错车。如果不在车站上车，注意要和司机讨价还价。

景洪客运站电话：0691-2123699

特别提醒：

1. 如果是节假日前往西双版纳，一定要提前订票。
2. 这段公路多是山路，坐在车里容易被甩来甩去的，所以最好选择前排下铺，这样不容易晕车。

水运

景洪港位于景洪市区澜沧江北岸，是国家一类对外开放的水运口岸，由景洪、橄榄坝和关累 3 个码头组成。而澜沧江—湄公河这条国际航道已成为联结中国至东南亚乃至南亚地区的水上大动脉，同时，这条大动脉已经成为著名的黄金旅游精品线路。目前，已开通的中国景洪—老挝万象国际水运航线，为诸多游客所青睐。

交通：在景洪市内可乘坐 2 路公交车直达景洪港。

市内交通

景洪市共有 3 条公交线路，基本上能到达市内的所有景点。景洪市内打车，起步价 5 元，燃油费 1 元。市内基本起步价为 6 元左右。如果路途较短或观赏市容，可乘当地的人力车，费用约为 2 元。

普洱

航空

普洱市拥有自己的民航机场——思茅机场。思茅机场位于普洱市西郊 2 公里，在无量山东南麓，目前开通有往返昆明的航线。其他城市的游客可以先前往昆明，然后转机飞往普洱，票价 390 元。

民航售票处电话：0879-2123234

铁路

普洱市目前没有客运火车，需要乘坐火车的游客可以在昆明下车，再转乘汽车前往普洱。

公路

公路是普洱境内最主要的交通方式，从普洱乘坐长途汽车可以到达昆明、西双版纳、景谷、墨江、江城、景东、开远、绿春、河口、下关、临沧等地。

普洱是滇南地区的中心城市，距景洪 130 公里，距临沧约 300 公里，距昆明 530 公里。普洱和昆明之间，每天都有很多班车，全程 524 公里，半数路程为高速公路。西双版纳景洪—普洱的班车每天也有很多。从普洱汽车客运站每天有许多发往下辖各县的班车。

思茅客运站电话：0879-2122312

临沧

航空

临沧机场位于临沧市临翔区博尚镇，目前临沧机场仅开通了飞往昆明和普洱两地的航班。每周的一、三、五，各有一班航班飞往普洱，而飞往昆明的航班则是每天都有。临沧市内有开往机场的机场大巴，从建行大厦门口发车，发车时间为每天的 7:30 和 15:00。

临沧民航售票处电话：0883-2131168

公路

公路交通是临沧最主要的交通方式，临沧境内有多个客运站，从临沧乘坐汽车可以到达勐海、耿马、凤庆、澜沧、沧源、云县、孟定、南伞、广通、下关、永平、双江、镇康、祥云、昆明、景洪、保山等地。

热带雨林里随处可见参天大树

临沧地形复杂，所修公路风貌独特，有沿河岸开挖的，有盘山修筑的，有穿凿山岩的，构成一道边陲通道的风景线。临沧曾被誉为“南方丝绸之路、西南丝茶古道”，是云南省通往缅甸最便捷的陆路通道。临沧全区有沧源、耿马、镇康3个县与缅甸接壤。

临沧云县客运站电话 0883-2322133

市内交通

临沧市出租车起步价4元/2公里，城区内一般都4~5元可到。临沧市内有3路公交车，票价1元，可以满足市内出行的基本需求。

住宿

滇南的住宿消费水平在云南境内不算太高，景洪和普洱都是典型的旅游城市，分淡、旺季，主要是各种节假日期间，住宿会十分紧张，需提前预订，而且价格也会高出平时的好多倍。

标准间价格在100~150元/间左右的中档宾馆在普洱、景洪、临沧3地都比较好找，选择余地大。但西双版纳和普洱气候湿热，临沧的气候与上述两地差异很大，气候凉爽，甚至有雨的时候会有寒冷的感觉。所以建议住有空调和有24小时热水的房间，此价位的宾馆价格更灵活。15~20元的小旅馆很多，入住前一定要看看房间，尤其是电器情况。另外，可以考虑民俗村和农家乐以及村寨里普通老百姓家，这里的少数民族都很热情。但靠近边境地区安全系数不是很高，当地的政府招待所是最安全的宾馆。如果你想野营也一定要咨询当地人，最好有当地的向导，要充分考虑到河水上涨、蚊虫、野兽的因素。

景洪

典型的旅游城市，各种档次的宾馆随处可见，可根据需求选择，比如为了出行方便，最好在长途汽车站附近住宿，从城区到飞机场仅5公里左右；如果想要方便逛夜市就选择市中心；想体验民族风情可以在橄榄坝这样的地方投宿，当然要根据消费能力选择不同档次的宾馆。在景洪的高档宾馆标准间价格一般在500元/间左右。

傣园酒店

这是景洪市比较早的一家四星级酒店，离民族风情园较近。标准间664元/间。

地址： 景洪市农林南路8号

电话： 0691-2123888

皇冠大酒店

这是一家建筑外形颇似别墅的酒

店，离曼景兰美食街不远，晚上吃完饭，欣赏完歌舞可散步回宾馆。标准间约 300 元 / 间。

地址：景洪市勐泐大道 70 号

电话：0691-2199888

金版纳酒店

地处市中心的繁华地段，出行十分方便。标准间 240 元 / 间。

地址：景洪勐泐大道 55 号

电话：0691-2136666

版纳大厦

与市中心的孔雀湖仅一街之隔，入夜，附近的工人文化宫的夜市小吃是非常不错的选择。标准间 240 元 / 间。

地址：景洪市景洪西路 1 号

电话：0691-2124249

景洪宾馆

前身是政府招待所，与民族工艺品街相邻，出行方便。标准间 380 元 / 间。

地址：景洪市嘎兰中路 53 号

电话：0691-2123166

天顺宾馆

不带卫浴用品只要 25 元 / 间。离市区很方便，就隔一座桥。

地址：新大桥北岸

普洱

普洱的住宿情况与景洪相似，所以，选择余地也是很大的。

滇西南财政干部培训中心

庭院式建筑，环境十分幽静，还有上网功能，所以住在这里夜间的活动也就多了一些选择。

地址：普洱市鱼水路 18 号

电话：0879-2305858

思茅宾馆

一家由原市政府招待所改建而成的宾馆，环境好，且位于市区繁华地段，交通方便。

地址：普洱市振兴中路 27 号

电话：0879-2124920

丰园宾馆

原行署招待所改建而成，处于市区的黄金地段，交通、购物都很方便。

地址：人民东路

电话：0879-2122357

餐饮

西双版纳的居民以傣族为主，傣味菜在云南菜系中独享盛誉，傣味菜属于酸、辣、淡苦口味为主的地方风味，而且傣家人所处地理环境优越，他们常以山间的野菜为佳肴，加之气候炎热，所以有很多消暑的野菜，都有些淡淡的苦味。现在在各大城市能吃到的傣味都是经过改良的，包括在昆明吃到的都是这样，到了滇南地区再吃傣味就未必适应，所以建议不要贸然尝试，可以慢慢来。傣家风味特色食品有：香茅草烤鱼、菠萝饭、炸牛皮、酸笋煮鸡、香竹糯米饭，其他的可以尝尝，但不是任何人都能接受。版纳美食尽在夜市，各少数民族风味食品应有尽有。一到夜幕降临，景洪几乎全城出动，空气中弥漫着烧烤的味道。

除傣味外，佤族、哈尼族也有很多特色佳肴，在临沧佤族食品会更多，更地道些。比如哈尼族的五香芭蕉花、卵石鲜鱼汤、竹筒烧肉等，佤族有鸡肉烂饭、牛干巴等都十分著名。滇南有很多小吃是用稀奇古怪的动物做的，比如虫宴就是用各种昆虫做主料的菜品。除了常见的蚂蚱、蝎子以外还有蠕动的蜜蜂幼虫、蚂蚁、竹节虫等。一般人是要有胆量才能吃的。

思茅和临沧地区的餐饮突出一个“茶”字，这与这里是以“普洱茶”闻名天下有关。拉祜族的罐罐茶、布朗族的腌茶、哈尼族的土锅茶、基诺族的凉拌茶、佤族的铁板烤茶、彝族的火焯茶……想尝到这些特色美味，就要深入不同的山寨，不经意间在街头巷尾的小饭馆里就能找到它们。

香茅草烤鱼

是一道傣族风味菜。一般先将洗净的鱼裹上味道芬芳的香茅草，然后置于火上烧烤，并抹上适量的猪油，烤时香气四溢，这样烤出来的鱼香味扑鼻，鱼肉酥脆、味道鲜美独特。

香茅草烤鱼

香竹饭

具有浓郁的傣族风味，每年11月～次年2月间做出的饭最好。此时竹子内有一层香气扑鼻的香膜，所以叫香竹。又软又香，吃起来芳香柔糯，别有风味。

特别提醒： 在版纳的饭店里吃糯米的时候，要先洗手，因为糯米要用手捏，捏的时间越长，口感就越好。当地人说，吃糯米的时候，要边摸头边捏，那样才会越吃越香，说是这样说，可没人这样去做，其实只需在捏的时候加上一点油，就会更香。

酸笋煮鱼（鸡）

傣族的一道名菜。酸笋是用夏季出土的嫩竹笋去壳后切成丝，再加入盐巴、辣子等腌成酸味备用。傣族人先将酸笋在油锅上微炒片刻，放入适量的水做汤，水开后再加入洗净切成块状的鱼（鸡）肉，煮熟即可食用。味道酸辣爽口，十分开胃。

喃咪

一种酱，由青菜、番茄、竹笋、辣椒、鱼、黄鳝、花生等制成。

菠萝紫米饭

具有傣族特色的糯米食品，首先要将紫糯米浸泡7～8个小时，将菠萝顶端切一个盖，掏去菠萝心，放入紫糯米，盖上菠萝盖后放到甑锅里煮，闻到香味后，即可开盖食用，味道有点甜，且有补血润肺的功效。

侠辣（傈僳族）

鸡肉加酒煮熟熬成汤。因加入当地一种特制的漆油，是产妇调养的好补品。提醒过敏体质的人慎饮，因为特制的漆油会引起过敏反应。

芭蕉叶烧肉（布朗族）

将肉剁碎，加盐、葱、韭菜、辣椒、姜等作料，用芭蕉叶包好烧烤，烧熟后即可食用，清香鲜美，为待客佳品。

鸡肉烂饭（佤族）

将鸡用铜锅煮熟，捞出撕碎，拌以作料，渍于盆中，再将糯米用鸡汤煮烂，把渍透的鸡肉放入，加上香菌等焖至香味四溢，即可食用。

滇南的少数民族多是能歌善舞的民族，所以在这里的餐厅多有歌舞表演，进餐厅时可以询问服务员，最不能忽略的是餐后水果，因为水果是这里的最丰盛的物种，所以每家都会免费赠送。

曼景兰民族风味食品一条街

位于景洪城的东南角，整个曼景兰寨子现有130多幢竹楼，是有名的民族风味食品区。由于各式各样的民族风味餐馆分排于马路两旁，被人们称为民族风味食品一条街。在这里可以品尝到傣族风味菜，如香茅草烤鱼、酸笋煮鸡、油炸青苔、香竹饭、菠萝紫米饭等，味道鲜美可口，用餐之际，还进行歌舞表演。

特别提醒：

1. 不要拿当地的特色小吃当饭吃，肠胃会受不了的。
2. 每家店的特色菜都不一样，可以多试几家。
3. 有胆量的朋友可以试一下“剁生”和“肉芽”这两道菜。

曼腊寨

一个傣族寨子，本地人平时常消费的地方。那里没有歌舞表演，但口味正宗价格便宜。

交通：乘2路公交车流沙河大桥终点站下车，再往前一点就到了。

大曼么

一个傣族寨子，是版纳最有名的“傣家风味城”。寨中100多户傣家竹楼任你挑选。烤原鸡、生水香菜蘸喃咪、香竹糯米饭、火烧干巴、叶子包蒸、杂菜汤、煮凉粉是不可不尝的特色菜。

交通：寨子坐落在景洪城东南方向，澜沧江畔，从市区打的只需5元钱。

曼竜代寨

如果去勐腊县，可以去曼竜代寨品尝一下原汁原味的傣族风味。这里的风味店都是寨里的村民合伙开的，生意很火爆。

交通：距勐腊县城大约5公里。可到客运站搭乘勐腊至瑶区或勐拌的班车，到四分场场部下车，步行几十米，往右边沙石公路走下去；或者在县城里乘人力车（1元）到勐腊镇，再搭乘三轮车到曼竜代寨（5元）。

购物

在滇南最便宜的就是热带水果，在这里一定要记住大量品尝，这里的水果不是按斤卖，西瓜可能是论个卖，杧果可能按堆卖，事先应了解。但水果不宜远途运输，所以只能带些其他的滇南特产回家了。

普洱茶和缅甸玉都是这里的特产，但都不能单纯地谈论价格高低，因为这两样东西都是随行就市，最好找个当地懂行的，通常是“便宜没好货”，

西双版纳的曼飞龙塔

这是真理。药材一类尤其要小心，血竭是龙血树上流出的汁液，专治跌打损伤、痛风、妇科杂症等，疗效较好。有“雨林”牌的胶囊，可以买些带回。墨江的紫米药用价值高，由于产量少，在国内其他地方不容易买到，可在当地土特产店买到。

另外，最容易买到的是傣族木雕，大的不超过 100 元，挑选时要以轻重来分辨，通常重要比轻好。竹筒酒也是送人的好礼物，各大商场和超市都有，年份、包装不同价格也相差比较大，还有织锦、竹编制品、手工艺品可根据个人喜好选择，砍价是一定的。

景洪民族工艺品街

位于景洪北路南段口（景洪宾馆旁），主要购买玉石、木刻雕塑、优质黑陶器、工艺品、茶叶、泰国商品、民族服装、民族锦帛等。

特别提醒： 茶叶店和珠宝店在景洪满街皆是，如果不是内行，千万不要随意买。货比三家是好办法。茶叶店最集中的是曼景兰的景兰国际茶叶城。民族服饰在工艺品一条街最集中（位于景洪市政府旁边）。若要淘便宜的，每天 19:30 以后在观光酒店大门外的夜市上包你满载而归。

曼景兰旅游一条街

整个曼景兰案子现有 130 多幢竹楼，四周都是凤凰树、芝果树和铁刀木，风光秀美，是有名的民族风味食品区，各式各样的民族风味餐馆分排于马路两旁，被人们称为民族风味食品一条街。在这里可以品尝到傣族风味菜，还可以观赏歌舞表演。

打洛珠宝购物中心

位于勐海打洛旅游开发区内，是一处规模较大的珠宝玉石购买市场。

橄榄坝农特产品购物市场

位于景洪勐罕镇中心，出售版纳各种热带水果、热带果脯、药材、香料及各种工艺制品。

娱乐

旅行通常是很疲劳的一件事，而且滇南的地理状况又决定了行程中会有很多时间在乘车或徒步，所以，一天结束后，最好的放松方式是去澜沧江边的夜市吹着风、喝着啤酒、看看夜景。如果在景洪，可以在曼听公园里观赏大型的民族表演，这里晚上还有晚餐聚会，可以品尝当地的美食。很多公园还会不定期地有篝火晚会举行，或者参与性强、充满神秘色彩的放水灯活动。

普洱和临沧等地就相对安静一些，如果是住在寨子里，去当地的百姓家走访是最有收获的。

DIANDONGNAN
滇东南地区

走遍中国 · **云南**

DIANDONGNAN
滇东南地区

滇东南主要是指红河、文山一带，很多人仅仅是因为香烟广告才知道有个“红河”，但提起有中国第二大孔庙和亚洲第一大溶洞的建水、过桥米线的故乡蒙自、元阳梯田很多人就不会感到陌生了。滇东南是云南的工业发达地区，从最早的锡矿开采，因而开通了云南省内的第一趟列车。在这片土地上，深藏着许多美丽的风景，更有令人炫目的民族风情。

红河州因红河在其境内川流不息而得名。北与昆明相连，南与越南接壤，滇越铁路从境内穿过，列车直达越南首都河内。这里有着十分丰富的自然旅游资源，但因开发得晚，名气自然不如丽江、西双版纳等地。名声最大的就算建水古城和燕子洞了，而坝美村和元阳梯田则吸引了很多摄影发烧友，虽然交通不便仍趋之若鹜。

文山壮族苗族自治州，是云南省的东南门户。这里山野与田园交错，有山、水、林、洞多种地貌，风光奇秀。主要景点有文山老君山、三元洞，丘北普者黑，广南八宝风光、峰岩洞、砚山浴仙湖、三腊瀑布等著名的风景名胜区。都龙古镇则是当年对越战争的后勤基地，附近的麻栗坡和老山记录着那一段历史，而今已经成为中越两国的边贸重镇。文山有 11 个民族，全州民族风情和民族文化多姿多彩，重要的民族节日有壮族的“三月三”、苗族的“踩花山”、瑶族的“盘王节”。

前世今生

红河州历史悠久，素有“滇南商埠”、“滇南邹鲁”、“文献名邦”的美誉。旧石器时代，红河州就有人类繁衍生息。汉代，红河州境分属牂牁郡和益州郡。三国时为兴古郡。两晋南北朝时分属梁水、建宁两郡。唐初，红河州一带属南宁州都督。南诏时属通海都督。937 年，段思平建立大理国，今红河州之大部隶属秀山郡（府治在今通海县），泸西、弥勒属石城郡（今曲靖）。

文山壮族苗族自治州历史悠久，民风淳朴。早在 5 万年前，文山就生活着旧时器时代的晚期智人，公元前 111 年，汉武帝便将文山纳入中国版图。云南和平解放后，定名为文山专区，1958 年 4 月 1 日成立文山壮族苗族自治州。文山人民热情好客，能歌善舞，民族文化多姿多彩，独具民族特色的“铜鼓舞”、“手巾舞”、“芦笙舞”、“弦子舞”等已走出文山，走出国门，为文山社会经济发展增添了亮丽的色彩，为来自远方的客人留下了美好的回忆。

旅行与季节

红河是云南“温度最适宜之地”。从元阳到建水到蒙自到河口，红河州的大部分地区为亚热带高原季风气候，年平均气温在 15℃ ~ 22.6℃。哈尼族姑娘节、大围山、阿庐古洞、建水燕子洞、朝阳楼、孔庙、朱家花园、元阳梯田……这里四季如斯。一年四季随去随游——去旅游以春秋穿着为标准，但也应带一件轻便的雨披，既可以在下雨的时候挡挡雨，也可以在走累了的时候铺在地上歇歇脚。

文山是高原上的桂林、高原喀斯特地貌……其绝大部分地区是亚热带高原季风气候，南部及东部边缘低河谷属于热带气候。每年 5 ~ 10 月为雨季，风景最好，但旅行一定要带上雨具。尤其是 7 月，去坝美或者而普者黑，“山清水秀好风光，一条小船在中央……”山林繁茂，荷叶满湖、荷花绽放，清凉、悠悠的夏天旅行，轻松而凉快。人文旅行的文山季节，则也多在此时，如壮族陇端节、苗族花山节、瑶族盘王节祭等。

滇东南地区旅行交通示意图

建水古城

焦点

建水古城，尚在深闺人未识

建水县，素有“文献名邦”、“滇南邹鲁”之称。悠久的历史，灿烂的文化，在建水城内外留下了许多充满浓厚文化积淀的建筑物，古代寺庙、祠庵和楼台亭阁等。巍峨的城楼，规模仅次于山东曲阜孔庙的建水孔庙，其他还有燕子洞、双龙桥、指林寺、纳楼长官司署、朱家花园、小桂湖等，还有独特的人文风情，闲适安详的古镇时光，都是这里的魅力所在。

■ 元阳梯田，人工天成之美

元阳梯田规模宏大，气势磅礴，是哈尼族人世世代代留下的杰作。尤其是一二月，经历了收割季节的元阳梯田，在光照下，水面泛着缤纷的色彩，云雾若有似无，虚无缥缈，梯田弯曲盘旋的线条清晰可见。如果幸运的话，春节前后，满山的野樱花、野桃花、野木棉花竞相绽放，神奇壮丽。

■ 阿庐古洞，远古传奇

一组奇特壮观的地下溶洞群，是亚洲最壮观的天然溶洞穴之一，号称“云南第一洞”。这里有富丽堂皇的宫殿，气势磅礴的厅堂，还有曲径通幽的峡谷，步步是景，变化无穷。经过一万年时光沉淀的钟乳石在灯光的照射下，展示着一个个无比璀璨，抑或光怪陆离的世界。

元阳梯田

秀美的普者黑

这里山水环绕，两百余座石峰平地崛起，绵延在40里水路边，峰峰相对，苍翠叠嶂。山中多溶洞，洞内怪石挺立，瑰丽多姿。万亩野生荷叶田田，清香扑鼻，“怪石、异水、奇穴、娇荷”，构成独一无二的喀斯特山水田园风光。乘小木船穿行其间，犹在画中行，仿佛置身于“真、幻、诗、画”的境界里。

行程推荐

滇东南3日游

必游景点：普者黑、坝美

可以尝试：木船穿行普者黑秀美山水

D1 文山—普者黑—文山

D2 文山—广南—坝美

D3 坝美—文山

特别提醒：丘北县城至普者黑景区有13公里，到县城还得转乘到普者黑的班车，不过往返班车很多，交通也很方便，车费3元。进坝美有两条常规的路线，一条是从广西百色—富宁—珠街—广南—法利；另一条是从昆明—丘北—广南—法利。在法利村下车后，沿着田埂走几百米就到了进入坝美村的出水洞口。出水洞全长950米，洞内无电灯。

滇东南5日游

必游景点：建水古城、元阳梯田

可以尝试：拍摄元阳梯田

D1 石屏异龙湖—郑营古村—建水

D2 建水古城一日游：朝阳楼、朱家花园、文庙、古井、豆腐作坊、燕子洞，夜宿团山村

D3 早上起来游览团山村，中午返回建水—元阳梯田，夜宿梯田旁的村庄

D4 元阳观梯田云海，下午乘车去蒙自，夜宿蒙自

D5 屏边大围山—河口口岸

特别提醒：建水古城为常规景点区，元阳观梯田，则可乘坐当地中巴或包车前往。屏边大围山及河口口岸特色一般，视时间和行程机动而定。元阳梯田如需摄影，则应选择好季节，安排充分时间。

滇东南6日游

必游景点：建水古城、元阳梯田、坝美、普者黑

可以尝试：走访建水古城

D1 建水古城一日游

D2 建水—元阳

D3 元阳—梯田住宿

D4 观赏云海晨光，前往丘北住宿

D5 上午丘北普者黑，下午前往广南

D6 广南坝美一日游

特别提醒：红河泸西阿庐古洞靠近石林方向可以和滇中地区景点通行。此线路一般则为当地旅行社须定制，自身如赶赴坐中巴等，比较辛苦且要详细算好每站行程。另外也可自驾车旅游。其中，建水古城为常规景点区，元阳观梯田，则可乘坐当地中巴或包车前往。元阳梯田如需摄影，则应选择好季节，安排充分时间。

预算

滇东南主要以元阳梯田和建水古城最为著名，其实蒙自在中国文化史上是一座重要的城市，曾经是西南联大的分校所在地，所以有许多中国历史上的文化名人都在这里逗留过，目前正在朝着“小资城市”的方向努力。此次花费最多的是车费，食宿费用都不会太高，相对于云南其他旅游线路，这条线路消费水平不会太高，所以带上3000元左右，就可以游得很尽兴了。

红河

建水古城

【一座古韵悠长、色彩斑斓的边陲小城】

建水古城虽小，却有着 1170 多年的历史。建水城在元代就始建庙学。明初建临安府学，万历年间又建建水州儒学。清代先后建立了崇正、焕文、崇文、曲江 4 个书院，至今考棚仍在，是一座真正的文化古城。至今古城里还遗存着许多古老的建筑，保存较完好的有 50 多座。与平遥、丽江古城最大的不同是这里没有商号林立，没有奇特的民族风情，而更多的是丰厚的文化积淀。儒学经院、宗教寺院遍及城乡。

东门朝阳楼，虽历经多次战乱和地震，从始建至今近 600 年，仍旧巍然屹立，可以说是整个建水城最古老的建筑了，也是这个老城里最受瞩目的风景。

在古城中最好的游览方式就是漫无目的地游来逛去，随便走进一户人家和户主人攀谈几句，古老的青石板路、幽长的小巷、传统的青砖四合大院，内雅外秀的门厅庭院，一院院画栋雕梁的老房子中，门、窗、檐、梁上，琳琅满目都是诗词、楹联、书法、绘画、雕刻。每一个局部、每一个角落，似乎都蕴藏着传说与典故，都会有让人眼睛一亮的发现。

交通: 1. 铁路：火车可以到昆明、石屏、蒙自、开远、宜良，但这列火车车厢狭窄而且都是硬座，不太舒服。

2. 公路：乘坐汽车是进出建水的主要交通方式，在酸角树客运站每天都有很多班次，轿车、中巴、大客车、卧铺车都有，一般是 15 ～ 20 分钟一班，很方便，但汽车等客的现象也很严重。

建水古城

3. 城内交通：建水城区有公交车可以到达城内各站点和城郊乡镇，出租车有轿车和微型面包车两种，起步价 4 元，一般是议价到各旅游景点，不打表。还有很多三轮摩托车，每辆车可以坐两个人，价格很便宜，就是有点颠。

住宿： 建水的宾馆标准间一般在 100 ～ 200 元 / 间。旅馆标准间在 40 ～ 60 元 / 间。新华书店招待所，酸角树客运站下车后往东步行十几分钟，朝阳楼东门附近，20 元 / 晚。

餐饮： 到建水旅游一定要尝尝烧豆腐和过桥米线。烧豆腐 1 毛到 2 毛一块（看豆腐的大小），可选择干、湿两种作料蘸着吃。米线 2 元钱就可以吃到一大碗，如果在插秧前到这里，还可以吃到建水的特产草芽，特别鲜甜。

特别提醒： 除古城区外，可以顺便去看燕子洞和纳西长官司署。建水旅游一般分 3 条线路。古镇游：朝阳楼—朱家花园—文庙—古井—豆腐作坊；周边游：文笔塔—双龙桥—

团山民居—朝阳楼—朱家花园—文庙—燕子洞；民俗游：上司衙门（彝族村寨）—黄草哈尼族村寨—团山民居。

背包客收藏：建水由来

唐元和年间，南诏政权的统治势力延伸至建水并筑起惠历城；南宋末年，北方铁骑挥师南下，忽必烈的蒙古军队渡过金沙江征服云南之时，中原文化开始进入南方；元代起，建水即成为滇南政治、经济、文化的中心并长达7个世纪之久；明洪武年间，大量中原移民涌入，以开疆拓土的无畏精神，将先进的农耕文化和儒家哲学思想带到这块土地上。

古井

【"先挖井，再盖房"——建水的古训】

建水的古井很出名，数目众多，造型独特，五花八门，而且大多都有上百年的历史，水从来没有干涸过。穿街过巷时不妨留意一下路边，很容易就会看到两眼井、四眼井等。比较有特色的井有城西门外的"小节井"，水质清冽；城东南纸房巷的"玉洁井"，味甘色洁，用以造纸；城南的"月牙井"，水比路高，井口小呈半月形；最有名的为"东门井"，用于泡茶饮用；水质最好的要数"西门井"，附近有很多豆腐坊，只因用的是"西门井"水，做出的豆腐味道特别鲜美。

朝阳楼

【建水古城的标志物】

朝阳楼又称迎晖门，位于建水县中心建中路的东端。唐元和年间，南诏政权在此处修筑土城，明洪武二十年（1387），设临安卫，在原来土城的基础上扩建成砖城。明洪武二十二年（1389）修建了朝阳楼，即当时建水城的东城门楼。

清顺治初年，李定国攻占临安城，南门、西门、北门3座城楼毁于战火，后屡修屡毁，如今已坍塌消失了。唯有东门朝阳楼，虽历经多次战乱和地震，仍然屹立如初，成为滇南重镇留存的标志。城楼尚存一大钟，高2米，重三四吨，声闻数里。

特别提醒： 每天21:00左右楼上有当地的小调表演，免费。

指林寺

【滇南最早的禅宗寺院】

原有一坊、一殿、一阁、二庑、二塔，现仅存一坊一殿及碑坊。主体建筑有元代建筑风格，殿内还可以看到素描壁画两幅，绘有释迦牟尼佛及孔雀明王图，另有《明景泰三年重修碑记》，讲述建寺的历史。

特别提醒： 这里的准提阁是欣赏古城的好地方，三层高阁，登楼全城一览无余。

朝武庙

【庙不大，壁画都是耳熟能详的故事】

建水县城西门外的西正街下段北侧，依岗傍岭有一座不起眼的小庙，叫朝武庙。庙虽小巧玲珑，但弥足珍贵的是庙内保存的清代绘制《三国演义》连环壁画10余幅，共50余平方米。

朱家花园

【被称为"滇南大观园"】

位于县城古城区建兴街，从东门步行约20分钟即到。有着"滇南大观园"之称的朱家花园见证了建水老房子的百年历史，是建水保存最为完好的古民居之一，是来建水必到的景点之一。

这座坐落于边地的望宅，在清光绪末年始建。经建水豪门朱氏兄弟及其后代历时 20 多年的精心营造，朱家花园成为滇南私家园林中的佼佼者。2 万多平方米的占地面积，“纵三横四”的院落布局，富丽堂皇。整个建筑庞大，光大小天井就有 40 多个。所以那些院落看起来光线很足，不像其他古民居那么压抑。因为基本上都是单层的木结构房子，可以从一个厅堂望到另一个厅堂，视线少有阻隔。现存建筑主要有祠堂、戏台、厅阁、花厅、园苑。

门票：60 元

住宿：里面现在有个宾馆分别建有：梅馆、兰庭、竹园、菊苑 4 个院落。古典客房，别有情趣，价格也贵，标准间 220 元 / 间。不过住在里面可以不用再买门票。当地人说朱家花园晚上比白天好看。

文庙

【除了山东曲阜孔庙外的中国第二大文庙】

建水文庙位于建水县城西北隅。建水文庙完全依曲阜孔庙的风格规制建造，采用南北中轴线对称的宫殿式，东、西两侧对称布置多个单体建筑。原主要建筑包括一池、二殿、二庑、二堂、三阁、四门、五亭、五祠、八坊等共 37 个，现除杏坛、射圃、尊经阁、文星阁、敬一亭和斋亭被毁外，其余 31 个建筑都得到较为完好的保存。

山东的大成殿以门前的 10 根浮雕柱著名，而建水的大成殿以正殿大门著名：正门的 22 扇屏门上，精工雕刻有近百幅飞禽走兽的图案，形态各异，生动活泼。其中明间六扇各雕云龙一条，组成“六龙捧圣”，排列于殿内孔子圣像前，象征由孔子创建的儒学在古代意识形态领域内至高无上的地位；次间、梢间每扇为一中国民间传统吉祥图案，如“双狮分水”、“喜鹊闹梅”、“三阳开泰”、“旭日东升”、“竹报平安”、“禄禄有福”、“一路连科”等。个个镂空为立体状，体现了古代木雕艺人的高超技艺，堪称木雕艺术的珍品。

游览文庙时不能错过的还有：大殿中悬挂的清代帝王赞孔尊孔的“御题”贴金匾额 8 块；崇圣祠殿前有石栏板望柱（栏板 24 块，望柱 26 根），石栏板上刻有西湖二十四景名胜图；大殿西碑亭中立有用两块巨石和满汉两种文字书写雕刻而成的满汉碑。而据说抚摸《孔圣贤咏图》浮雕上的孔子脑门可以让人聪明如孔子，现在已经被摸得光可鉴人了。

交通：东门步行距离远，需 40 分钟；出租车 3 元。

门票：60 元

建水古城文庙

纳楼长官司署

【滇南现存规模最大、保存最为完整的少数民族土司衙署】

从建水古城南行40公里，便到了位于建水至元阳路边的哈尼族村寨——黄草坝。从黄草坝再西行18公里，就是彝族村落——回新。村落中凸显着一处别具特色的古建筑，那就是纳楼长官司署。

纳楼长官司署为纳楼茶甸长官土司副长官普氏的衙署，建于1937年。门前照壁高大，院场宽阔，两侧有石砌碉堡，署内有前厅、大堂、后院一字排列，两侧有厢房、耳房、书斋等，四周有土筑、石砌两道护墙，为滇南现存规模最大、保存最为完整的少数民族土司衙署。

交通： 可乘坐昆明至建水的汽车，抵达后乘班车至坡头乡即可。

门票： 6元

特别提醒： 纳楼司署的四角各建有用于防御的炮楼一座，上面至今还可以看出斑斑点点的弹痕。

燕子洞

【燕子洞是亚洲最大、最壮观的溶洞之一】

每年春夏，燕子洞内外的岩壁上栖息着成千上万的岩燕，群燕出没其间，蔚为大观，燕子洞由此得名。景区分为洞外自然林地、旱洞、水洞三大部分。最有看头的是每年农历八月八日的“燕窝节”，作为候鸟的燕子就会从北方飞回来并做窝，那时有很多的燕子在洞口飞来飞去，并发出巨大的声音。采燕窝的人就在毫无保护措施的情况下飞檐走壁采摘燕窝，各地能手壁虎般攀越穿行于50米高、450米长的洞顶，每一秒钟都有坠下粉身碎骨之险，场面惊心动魄。但能手们腾挪自如，数小时后便满载燕窝而归。现在已经开发为旅游项目，几乎每天有表演，但不真正采摘燕窝。

交通： 建水县城每天都有燕子洞专线旅游车往返。如果是从文山普者黑景区到建水，途中会经过燕子洞。

门票： 80元，含导游费、水路船费、民族歌舞表演费、悬崖采燕窝表演费等。

特别提醒： 燕子洞口离泸江河面50余米的洞顶悬垂的钟乳上，挂有上千块匾额，形成燕子洞又一独特奇观。在3月21日一年一度的“迎春燕”悬匾大典，可以看到高手如猿猴般攀到50米高的钟乳石间挂匾的惊险绝技。水洞内有许多摩崖石刻，筑有凌空栈道和悬崖走廊供游人游玩。

采燕窝

建水双龙桥

双龙桥

【中国十大古桥之一】

双龙桥位于建水城西3公里的泸江与塌冲河上，因两河蜿蜒如龙，故而得名，俗称“十七孔桥”，是一座三阁十七孔大石拱桥，长148米，宽3.8米，是云南省著名古迹之一，被认为是云南省规模最大、艺术价值最高的一座多孔连拱桥，已列入中国造桥史册。

原只有3孔石桥，其余为木桥，是道光初年才再续建了14孔，整座桥由数万块巨大青石砌成，宽敞平坦。桥中建有3座飞檐式阁楼，桥中有楼，桥楼相映，蔚为大观，不失为我国造桥史上极为珍贵的杰作。两端阁楼略小，居中一座大而壮观，素有“滇南大观楼”之称。

交通：从建水城内步行20分钟左右就能到。

特别提醒：因双龙桥在远离公路的僻静处，距离团山不远步行可到，容易错过。

团山村

【一处值得细细品味的滇南民居群】

位于建水城西13公里。这个村庄，至今仍保存有完整的古村落，留着清末滇南乡村风貌特色。在这里，没有喧闹的大街，没有匆匆的行人，只有在大树下懒洋洋晒着太阳、吸着水烟筒的老人，背着稻草擦肩而过的农妇，聚在门楼不远处的石台上、闲坐聊天的村民。

团山村最早的居民是彝族，直到明洪武年间，江西鄱阳县一位名叫张福的商人，把生意做到了临安（建水），看中了县城外土地肥沃、风俗纯美的张宝石寨，于是在此安家，繁衍子孙，方成为巨族。

在张福的影响下，当地人纷纷走出家门，在外为官、经商，最终修筑了一个个殷实的宅院，怡然自得地构建出一个与世无争的小城池。团山村中现存的古建筑由传统的汉族青砖四合大院、彝族土掌房和汉彝结合的瓦檐土掌房三类

团山村

组成。民居的外表并不起眼，但里边的木石雕刻却精美别致。村里如今保留有东、南、北三座寨门；街道用大青石板铺就，各户人家气宇轩昂的大门是主人财富与地位的象征。所有建筑一律坐西朝东，屋面为青瓦，白灰粉饰外墙，青砖作墙裙，每座房屋都以天井为核心，包揽了云南传统民居中“四合五天井”、“三坊一照壁”、“跑马转角楼”等主要形式。

村里共有晚清建筑20多处。张家花园、皇恩府、司马第、秀才府、东南西三个寨门、大成古寺、上庙下庙、张家宗祠都是团山村的精华所在。在几个大宅子中，张家花园、皇恩府最具代表性。这些老房子现在都是农民们的家，但家家敞开大门任由参观者登堂入室。

交通： 建水环岛的临安酒店对面红远大世界坐黄色小面的或从县城乘4路公交车到黄龙寺，票价1元。再从黄龙寺转乘蹦蹦车到团山票价2元。或从县城直接打的到团山，费用约20～30元。

门票： 20元，司马第3元。

特别提醒： 村里的张家花园、皇恩府、司马第都能接待住宿。

张家花园

【张氏后人张汉庭的私人住宅，为团山民居的主要代表】

张家花园为规模最大的一处宅院，房屋建于清光绪三十一年（1905），由一组一进院、一组二进院和花园祠堂组成。前院是花厅，院内铺青石板，置花台、青石水缸和花木；中院为家眷生活起居的主房，后院是长辈生活起居的正房。其华美古朴程度可与建水朱家花园媲美。

张家花园依然发挥着民居的作用，不过却已经是不同的几家人分散在各个院落里了，不再是以前的大户人家。但是院子里还有以前那种雍容华贵的气息，尤其是那些还有淡淡一层金漆的木雕门窗。木雕的精美程度比起朱家花园有过之无不及。

张家花园最精美的建筑是祠堂。祠堂位于大门左边，雕刻精美的门窗，富丽堂皇、流光溢彩。祠堂前十分开阔的一片花园、池塘，清雅幽静。如今祠堂已变成了小学的教室，祠堂的敞廊是孩子们课余嬉戏的好地方，陈年的祠堂里洋溢着生气。

皇恩府

【古朴中透露出的是贵气】

皇恩府始建于光绪末年，二进院落，两大天井，六小天井，6个过道和房舍37间。诗书字画与木石雕刻，将这座古宅衬托得格外精致。据说，当年房屋的修建者幼年丧父，其母朱氏扶孤成人，被光绪皇帝封为安人，准建立“节孝坊”并赐“皇恩旌表”匾悬于大门之上，于是为院落起名“皇恩府”。现院子由兄弟分家划为前、后两家，后院现对外接待住宿。主人张立永为退休教师，对团山、建水古往今来无不知晓。可谓团山活字典了。

张氏宗祠

【族人议事和祭祖的场所】

坐落在村中央称“四方街”的小广场旁，始建于清乾隆年间，门前一棵大榕树是众多古村落的典型特征，其建筑不算特别，却是族人议事和祭祖的场所。

宗祠正堂的门框上悬挂有一副再明白不过的对联“张姓始祖，发籍江西鄱阳许义寨，先辈正宗；氏族兴旺，迁移云南建水团山村，后氏立祠”，横批“百忍家风”，将团山村的古今及内涵作一清晰表白。

异龙湖

【云南第四大湖泊】

位于石屏县城东门外，原名玉龙湖，以湖面南岸的玉龙山得名。明崇祯二年（1629），因传此湖白日龙升天，因而更名为异龙湖。异龙湖为云南第四大湖（在滇池、洱海和抚仙湖之后），碧波浩渺、幻境般恬静优美，有“第二西湖”之称。湖周天然形成“三岛九曲七十二湾”，湾湾碧波荡漾，绿树成荫；湖中渔船点点，海菜腔悠扬嘹亮。湖上有大水城、小水城、马坂龙三岛。建有庙宇亭阁——大水城海潮寺、小水城后乐亭及来鹤亭、白浪水月寺、龙港广映寺、五爪山罗色庙。其中以来鹤亭最为有名。

交通：可乘出租车或步行前往。

特别提醒：1. 异龙湖的鱼肉质细嫩，石屏的“八面煎鱼”非常有名。
2. 石屏的豆制品远近闻名，豆腐、豆腐皮品种丰富多样，口感细腻滑润。石屏还是大个杨梅的种植基地，杨梅个大红艳，口感酸甜多汁。

郑营古村

【被建筑专家称为“我国明清民居建筑的博物馆”】

位于石屏县城西边10公里的宝秀镇赤瑞湖边，已有600多年历史，有“云南第一村”的美称。郑营村东西向长800米，南北向宽340米。中间有一条呈东西向的青石块铺成的路，把村子分成上、下两部分。村内有“三街九巷”。

郑营村依山傍水，景色如画。民居屋顶形式为硬山顶，屋脊笔直，左右山尖向上翘起，左边的略高于右边的，意为“左青龙，右白虎”，青龙压白虎。房屋大都是以土木结构青瓦铺顶的双层楼房四合院。村中的水井也都为明清时代保留下来的古井。全村有403座四合院，保存完整的四合院有28幢。村中著名的建筑有陈氏宗祠、郑氏宗祠、司马第等。陈氏宗祠装饰的木雕工艺精湛，雕刻、书画均非常精美，有些已载入我国的艺术和民族的建筑史册。过去的郑营村，好像一个完整的小城，村四周筑有围墙，东西南北各建有一道栅子门，西南向还建有一座二层楼的炮台。现在围墙、炮台已不存在，但东西走向的青石板路还保留着，并在两头新修了古色古香的村门。郑营村被建设专家称为“我国明清民居建筑的博物馆”。

交通：位于石屏县城西10公里的宝秀镇。可乘县城至宝秀的班车或包车前往。

老旭甸村

【被称为“化石城堡”的村落】

石屏县牛街镇牛街老旭甸为喀斯特地貌，该村为清一色的石屋、石板路，经考证这些石头为植物化石，带石灰岩质。不仅全村的房墙是化石，脚下踩的也是化石。走进老旭甸村让人感觉仿佛走进一片古城堡。任何一堵墙都有许多化石镶嵌其中。有大叶子化石、细叶子化石、树枝化石、树根化石，也还有少量的动物骨头化石等，每堵墙就像一个难得的化石展览。除住房是化石房外，厕所、畜圈也都成了化石的世界。再细观风雨沧桑的黛黑色的老墙，由于多年

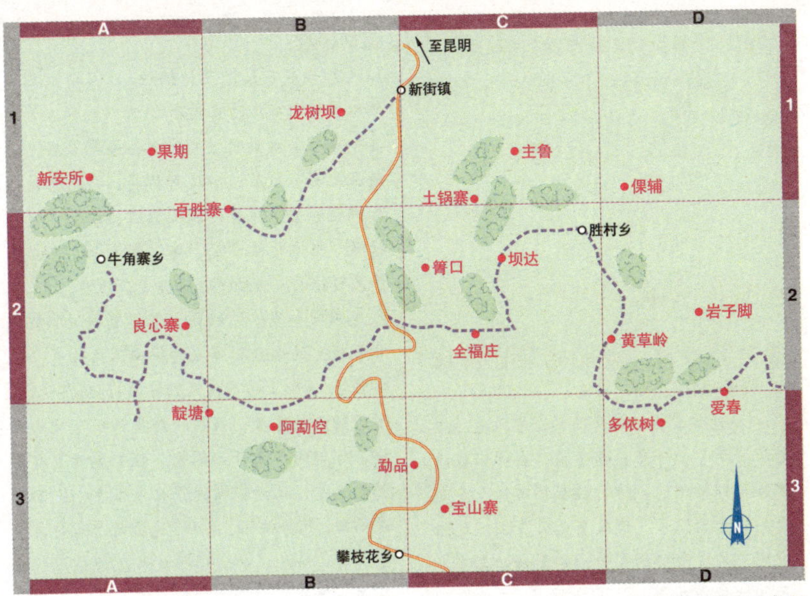

元阳梯田景点示意图

的风化日晒雨淋，石头连在一起，形成了浑然一体的石墙，即使是老屋梁断顶塌，墙壁依然完好矗立。

交通： 从石屏到牛街通班车，20元；然后再到老旭甸村，此地非常规旅行地，最好找个认识路的司机包车前往。

元阳梯田

【由摄影爱好者开发的景区】

元阳县境内全是崇山峻岭，所有的梯田都修筑在山坡上，梯田坡度在15°~75°之间。以一座山坡而论，梯田最高级数达3000级，这在中外梯田景观中是罕见的。这是全国最大面积的梯田，非常壮观，以其为素材的照片曾在全国大大小小的比赛中得奖，故是摄影发烧友必去之地。

元阳哈尼梯田主要有三大景区：坝达景区包括箐口、全福庄、麻栗寨、主鲁等连片14000多亩的梯田，老虎嘴景区包括勐品、硐浦、阿勐佺、宝山寨等近6000亩梯田，多依树景区包括多依树、爱春、大瓦遮等连片上万亩梯田。出元阳县城一路往南走，沿路都是。元阳—红河—玉溪—元江一路上都是层层叠叠的梯田。夏天看层层叠叠的绿，冬天来就是传说中的最佳时机了，梯田里只有亮汪汪的水，线条弯来荡去，一览无余。如此众多的梯田，在莽莽森林的掩映中，在漫漫云海的覆盖下，构成了神奇壮丽的景观。元阳的云海，冬季几乎天天都有，而且云海随风不断变化，虚无缥缈。住在元阳的寨子里不用出门，早晨随手推开窗，就可以看到云海。山寨也不少，箐口的哈尼寨子，就是典型的富有民族特色的蘑菇房村落。在这里只要能喝酒就能交到新朋友。

交通： 若是看梯田，到元阳老县城下，即新街镇。1. 从昆明或建水方向都有直达车。胜村乡多依树村，距县城24公里，可以坐去嘎娘的车，经过全福庄、坝达村，胜村到多依树下；胜村乡坝达村，距县城16公里，在去胜村乡多依树村的途中经过坝达村；俄扎乡哈播村，距县城80公里，可以在南沙坐去绿春的班车，到哈播村下。

2. 元阳老县城的新街有很多微型车去哈播，沿途会经过老虎嘴；新街镇金竹寨，距县城4公里，步行可到；新街镇龙树坝，距县城5公里，最好徒步，因为路太烂。县招待所门口可以租车。

背包客推荐：元阳哈尼梯田最佳摄影季节

从总体上说，每年有两个季节是拍摄的黄金季节，一是春耕季节，当梯田放满水备耕到插秧前，这时层层梯田像重重叠叠的万千面镜子，倒映着蓝天青山，朝阳夕照，呈现出磅礴气势，是最好的季节。元阳地处亚热带，春天来得早，3月份已是插秧季节，所以这段黄金时间是每年的1～3月份。二是秋收季节，这时哀牢山下一片金黄，不同成熟程度的稻田又呈现深浅不同的色彩，也是一片迷人的景色。这段时间是每年的7～9月份。

相对而言，春季比秋季拍摄的效果好一些，因为放满水的梯田水面和田埂反差大，由田埂形成的线条十分清晰、优美。但是并非在黄金季节到元阳就能够拍摄到好的照片。

特别提醒：

1. 元阳一般5月份开始插秧，9月份收割，所以最好的赏景时间就是10月～次年3月，其中春节前后最佳，此时极易看到云海。一般在元宵节前后，当地野樱花、野木棉花、野桃花和棠梨花开，满山的红、白色，极为壮观。当地气候多变，建议带上伞，可以遮阳又可挡雨。当地早晚温差大，注意防寒。

2. 龙树坝和多依树的日出可算是元阳梯田中非常精彩的部分。那里的梯田线条曲美，风韵独特，再加上似有似无的雾，田间挺拔的树，附近的哈尼寨子，当第一缕光线射下来的时候，梯田的水面开始闪光。在老虎嘴更有航拍的感觉，从老虎嘴观景台看下去，三面都是梯田，气势雄伟。另外，老勐周日可赶集，傣、苗、哈尼、彝、瑶等民族风情浓厚，特别是衣饰色彩斑斓，建议提早前去，看赶集的同时可抽时间逛逛周边的寨子。

3. 在元阳租车一日的费用大概是100～120元，广场附近很多车，有的司机长期拉摄影家去拍摄梯田，可以顺便打听摄影的最佳地点和时间。

4. 元阳梯田多数都在元阳—绿春公路两旁。元阳老县城往绿春方向5公里就是土锅寨梯田，在公路的左边，早晨拍最好；由土锅寨前行11公里到勐品梯田，在公路右侧，下午、黄昏拍效果最好。

元阳梯田

元阳梯田

弥勒温泉

【各种温泉任君选择】

弥勒地热资源丰富，尤以城东北的小芹田温泉，城西边的梅花温泉，城南面的小寨温泉远近闻名。

小芹田温泉属低矿化碳酸温泉，又名热水塘温泉，古称步阙温泉，距弥勒县城 13 公里。温泉四周青山环抱，环境幽静，滚滚沸水自岩缝喷涌而出，清澈明净。

梅花温泉属低矿化碳酸泉，古称碧玉温泉，后以县城西梅花寨得名。梅花温泉与小芹田温泉合称“鸳鸯泉”。字号“万树梅花一布衣”的清代名士、大观楼长联作者孙髯翁晚年常伴弥邑名人在此泉沐浴。昔“梅花晚照”为弥勒八景之一。

小寨温泉位于朋普小寨村，因此地山势险峻，翠微如屏，古称翠微温泉。小寨村自明洪武年间有回民居住以来，至今有 600 多年的历史。回民日常生活讲究洁净，四大节日均要斋戒沐浴。他们引泉建起男女两个洗涤沐浴地，每日劳动归来都去沐浴。回民们称小寨温泉为吉祥之泉、养生之泉、圣洁之泉、温馨之泉。

门票： 30 ~ 45 元 / 人，有许多鸳鸯池以及家庭池，还可以按照自己的喜好要求工作人员调温度，水是一泡一换。

住宿： 可以选择住在湖泉宾馆，费用 300 ~ 500 元 / 间，住店客人泡温泉是免费的。也可以住在弥勒县城内的宾馆酒店，一般 200 ~ 300 元 / 间。民居 60 ~ 150 元 / 间。

泸西阿庐古洞

【滇中第一洞——一个规模宏大的溶洞群】

它是宋、元时云南三十七蛮部之一“阿庐部”的穴居点。阿庐古洞附近有九峰，九峰之中还有十八洞，俗称“九峰十八洞”。阿庐古洞是溶洞群中的主洞体。整个景区内洞古林茂，瀑布雄伟，洞外公园建筑独具民族特色，洞内景观之美堪称一绝。主洞体有三洞一河，即泸源洞、玉柱洞、碧玉洞和玉笋河，使景区有“洞中有洞，洞中有河”之说，号称“滇中第一洞”。

这里是哈尼族的聚集地，在火把节期间更有趣。另外，河中的透明鱼是典型的溶洞内动物，从外表可清晰地看到里面的骨骼及五脏六腑。游览的时候可以注意一下河里的鱼。现在新增加了空中缆车和阿庐艺术团的精彩表演。

交通： 昆明有旅游专车直达景区，游客也可先游览石林，再从石林向东行 80 公里，即可到达阿庐古洞的洞口。另外，在菊花村客运站每天有 3 班车开往阿庐古洞。

开放时间：8:00 ~ 16:30

门票： 90 元

城子古村

【彝汉建筑风格完美结合的古村庄】

位于县城南 25 公里的永宁乡。城子村先是彝族先民白勺部的聚居区，之后大批汉族群众迁入，便形成了彝汉建筑风格的完美结合。该村建有 1000 多栋 300 年前的古民居土掌房群落，土掌房前后相衔，左右毗连，下家的房顶是上家的场院，层层而上，直达山顶。房屋外观为彝族样式，层构和内部结构为汉族风格；住楼雕龙刻凤，有大禹耕田、二十四孝、八仙及各种奇花异草。村中小学已有上百年历史，此村独特的古迹景观和浓厚的人文气氛，被当地人称为“泸西的布达拉宫”。

将军第，是全村规模最大的土库房，大门为木架结构的八角飞檐形，做工非凡，雕刻精细，结构缜密。城子土库房，可以说是彝汉民族建筑艺术完美的结晶，标志着明、清两代“改土归流”政策带来的民族文化的融合，同时，还体现了历史上军事攻防的重要价值，是其他彝族民居所不能媲美的。

交通： 这里交通不是很方便，需要租车前往。

蒙自南湖

【在这里能找到北京什刹海的风景】

南湖，原名草海，因位于蒙自县城南，故称“南湖”。明朝时知府钱邦带领民众，将湖中淤泥杂草取出，垒成3座小山，分别以神话中仙人居住的蓬莱、瀛洲、方丈三仙山为名；并从县城十几里外引来酒鸡泉、法果泉等四泉之水灌入湖中，形成碧波荡漾的大小两个湖泊。现为南湖公园。南湖素有“小西湖”之称。岛上的花林栽培已有400年的历史，在菘岛古坊门厅侧，建有闻一多纪念碑和纪念亭。湖畔的瀛洲亭（当地人也叫它六角亭）雕梁画栋，金碧辉煌，檐上挂有风铃，铃声悦耳。因有文人学士常来相聚，吟诗作赋，攻读诗书，又有“学海”之称。云南著名的过桥米线传说就起源于此。

交通： 当地的公交车可到达。

蒙自租界遗址

【云南的“小香港”】

位于蒙自县城东门外。

中法战争之后，根据1878年签订的《中法续议商务专条》，蒙自开为商埠，县城东门外辟为租界址。法、英、意、日、德、美、希七国设领事。洋行、银行、铁路局、监狱、教堂、酒店等相继建立，计30余处。

现存海关税务司署、法国领事署、花园、监狱、希腊哥胪士洋行共5处。抗日战争期间，部分建筑曾用作西南联大文法学院。

碧色寨

碧色寨

【中国近代史上最早的火车站之一】

位于蒙自县的草坝镇。这里本是一个不出名的边城小村，火车从这里北上可以到达昆明，南下可以直达越南。最近却越来越吸引众多旅游者和摄影家们。法国人在这里建起了一个车站，并在车站值班室的门前，雕刻了北回归线穿过此处的一个记号。这个车站，就是滇越铁路的特等站——碧色寨车站。这里现在保留着当年的法式车站和一个外国人修建的小酒馆，甚至站台上当年的钟表上的“paris”都能清楚地看见。但在抗日战争中曾遭到破坏，目前正在修复当中。

交通： 蒙自汽车老站乘坐蒙自—草坝的面包车，途经碧色寨。

背包客收藏：
米轨铁路与碧色寨

1903 年签订的《中法会订滇越铁路章程》使法国攫取了滇越铁路的修筑权和通车管理权。同时设立特等站，主要是因为这里靠近蒙自海关和个旧锡矿，而且与个（旧）碧（色寨）石（屏）铁路在此相交，是米轨铁路与寸轨铁路的换装站。滇越铁路 1903 年动工修建，铁路穿越了云南的高山河谷，渗透了众多中国劳工的血汗，1909 年通车至碧色寨，1910 年全线通车。车站占地约 2 平方公里，至今仍在运营中。

人字桥

【有 100 年历史、造型独特的大桥】

在屏边县倮姑站南 6 公里处，距离白寨 34 公里，有公路相通。人字桥是滇越铁路上全用钢板、槽、角钢、铆钉连接而成的巨型钢架桥。人字桥在两山峭壁之间的跨度为 67 米，距谷底 100 米。它以独特的设计、精巧的造型而名传天下。此桥是由法国女工程师鲍尔·波丁设计，于 1907 年 3 月 10 日动工，1908 年 12 月 6 日竣工。现仍在使用，并是保护文物。

交通：乘坐滇越铁路，在碧色寨站下车即到。

河口南溪河风景区

【与云南一桥相连的边境口岸及自然风光】

河口南溪河与越南一桥相通、山水相连。这里的南溪河风景区，由南溪河、桥头、沙坝、瑶山、大米山、县城中越边贸口岸 6 个片区组成，总面积约 100 平方公里。

河口的红河岸边有一条“越南街”，路边的边贸市场有很多越南人开的店，能吃到越南菜，这里的水果也便宜，有很多没有见过的热带水果，如果想买尽量压价。有些越南人会说普通话或河口话，交流起来没什么困难。另外，河口早点摊都有一种越南特色小吃——肠粉，味道不错。

南溪河灰岩热带原始沟谷雨林景观、花鱼巨泉景观和四连山古炮台文化遗址等景观，令人流连忘返。南溪河中还可进行漂流。

交通：1. 河口距昆明 400 多公里，昆明火车北站有直开河口及越南河内的旅客列车。可在昆明北站乘 633 次旅游列车，17 个小时。也可乘卧铺汽车，大约 11 小时，票价 70 ~ 90 元。昆明—河口汽车票价分别为高快空调车 85 元，中巴车 45 元，卧铺车 60 元，需时 10 ~ 14 小时。

2. 元阳老城到河口有两班车，一班 6:40，另一班中午 13:00。票价 25 元。

门票：漂流 178 元

特别提醒：边境一日游 80 元，含一日游护照、导游、门票及中饭，满街到处都是旅行社。

屏边大围山

【热带、亚热带原始林景观】

位于滇南边陲屏边县境内，由大围山片区、滇越铁路屏边境内一线和新现河一线，一片两线，19 个景点组成，面积 50 余平方公里。景区内景观以较完整的热带、亚热带原始林，生物物种多样性，珍稀濒危动植物景观资源为主体，四季花木繁茂，终年翠绿。此区域的民族文化、民族风情也别有情趣。

特别提醒：这里是通向国家级边贸口岸——河口的必经之道，可以参加边境跨国旅游和自然探险类活动。

文山

老君山

【滇东南地区唯一的亚热带“植物宝库”】

在云南有两个老君山，一个在丽江附近，三江并流处，另一个就是文山县西南60 公里的文山县老君山风景名胜区。这里由老君山原始林区、薄竹山和西华山3个片区组成，并纳入了上天生桥、下天生桥、东方红电站、头塘森林公园。

交通：由县城乘坐旅游巴士，到头塘森林公园，然后可徒步到达各景点。

门票：80元

■ 老君山原始林区

【长有千年古树和长蕊木兰的秀美山峦】

老君山是滇东南的第一高山，山上的植被与云南其他地方的有所不同，由于地域上跟广西连接，更像广西一带的植被，毛竹很多。周围的很多地区的山光水色和号称“山水甲天下”的广西桂林接近。一路上可以看到这里许多像小馒头一样的山峰从平地上凸起。来到老君山，主要观赏这里的兰花和古树。生长在老君山的珍稀长蕊木兰，植株修长，花色典雅，花型具有一种超凡脱俗的气质，一直被奉为兰花中的精品。还有就是一株树龄千年以上的古树，树围9.7米，要五六个成人手拉手才围得过来。现在的树干中间变枯变空，里边可以站下好几个人。

■ 薄竹山

【滇东南第一高峰】

位于文山城西77公里，最高海拔2991米，为滇东南第一高峰。薄竹山山高多流水，有21条沟谷、7条溪流、2个泉潭，总面积为76平方公里。

■ 西华山

【比较典型的石灰岩构成的山岭】

距离文山县城仅3公里的西华山又是另一番景色。与老君山、薄竹山不同，它横列36峰，峰峰怪石峥嵘，青灰色的峰顶排列有序。由于这里距离县城很近也成了老君山的主要旅游区。来西华山旅游主要是游西华山的三元洞和西山寺。在主峰之腹，有3个宽阔的山洞，就好像3只巨眼，所以当地也称“三眼洞”。现在被管理者在洞口外贴山修建了仿庙宇的3层建筑，将洞分为了几层。西华山最早的寺庙就建在这里。

另外，游览时可以注意景区内的亭子：共有八亭，但亭亭不一样，异在亭角，由独角亭起逐一递增，直到最后的八角亭，加在一起，正好是36角。景区内的民俗村也以壮族为主，他们的语言、生产生活习惯、节庆风俗都与广西的同胞别无二致。

■ 白沙坡温泉

【旅行中放松的好地方】

白沙坡温泉位于文山县城西北14 公里的白沙坡村下、风光秀丽的幕底河畔。沙洲三面环水，青山环抱。四周林木成荫，阳光充足，空气清新。水温35℃～40℃。除设有男女隔离的浴池外，另新设露天“太阳”、“月亮”两个游泳池。可容近千人同时洗浴。

丘北普者黑

【溶洞、湖泊、峡谷、瀑布组成的大型风景区】

普者黑为彝语音译，意为“盛满鱼

普者黑春色

虾的湖”，湖中的水清澈见底，当地民众至今仍保持着随手掬一捧湖水解渴的习惯。

景区以喀斯特湖群、洞群、峰群以及峡谷景观为主。景区内 312 座孤峰屹立，56 个湖面清澈纯净，83 个溶洞千姿百态，万亩荷花清香四溢，呈现出秀奇古幽的天然景色，形成“三区二瀑”的格局。

乘船游览是当地最具特色的项目，船是当地彝族的独木舟，可乘三四人。全程 12 公里，需要 4 小时左右。乘船游览时能看见许多载满食品、烧烤的小船，是这里独特的销售方式。可以泛舟湖上，同时品尝当地的特色水上烧烤。

水上烧烤是当地居民在船上架起烧烤架，捞起水中新鲜的小鱼以及随船带着的玉米、臭豆腐、土豆之类现烤现吃，在湖中游玩想吃东西了，叫一艘这样的小船靠过来就能吃到。午饭就在湖面上这样解决也是很不错的。沿途可观赏 300 余座孤峰、5000 亩荷花湖、83 个溶洞。还可观赏壮族的祭龙节，彝族的抹花脸、火把节、摔跤节，苗族的采花山等。顺便说一句，这里可以游泳，而且都是天然“纯净水”。

交通： 1. 从昆明坐客车去到丘北票价是白天 114 元，夜班是 138 元还有保险应该是 142 元。而且现在一般都不过风景区交叉路口的。乘车到丘北音乐广场车站下车，然后到公交站牌那等着到普者黑的公交车就行。

2. 从县城到仙人洞村有 12 公里，坐微型出租车只需 3 元便可到达。

3. 游览景区可走水路，乘坐当地彝家人世代相传的独木舟。

门票： 200 元

背包客推荐：普者黑住宿

普者黑宾馆

景区内风光秀丽，并有丰富的晚间活动。

地址： 普者黑景区内

普者黑度假村

标准间在 100 元 / 间左右，没有空调。

地址： 普者黑景区内

特别提醒： 普者黑的莲子粥、荷叶包鸡、荷叶饭等都是难得的美味，荷花花瓣还能美容养颜，就是有些苦涩。

■ 仙人洞“西畴人”化石

【当地传说仙人居住的地方，确实有“先人”居住过】

在普者黑景区岔路口约3公里，可先游览此地再进景区游览。仙人洞为旧石器时代晚期洞穴遗址。洞口较小，高度略高于人，宽度约1.5米；洞长40米，宽6米，高3米，可容纳数百人。距今1万年前的西畴人在此居住过。

背包客收藏：西畴人

西畴人与丽江人、昆明人同属1万年前的晚期智人，代表云南旧石器时代的晚期原始人。他们手巧、脑大、腿长、行走迅速、额角丰满、智力很高，与现代人非常接近。有精细的石器、骨器和装饰品并有原始的雕刻、彩画和塑像；西畴人已经进入母系氏族社会。

广南侬氏土司衙署

【壮族土司中管辖范围最宽、世袭时间最长的土司府】

位于广南县城北街（今城一小内），坐北向南，占地面积11000平方米。衙署沿四道台阶而上，分设大门、中门、三门。门前筑一座青砖照壁，现存衙门殿堂，七开间，用材粗大，屋宇宏伟，衙深院重，规模庞大。侬氏土司从元初至元十二年（1275）起至民国三十七年（1948），在广南世袭28代，统治达673年。

交通： 由昆明或文山乘车至广南，抵达后坐出租车至北街即可。

广南八宝景区

【云南最大的瀑布和“小桂林”风光】

广南八宝景区位于滇东南广南县境内，距文山160公里。以峰丛、峰林、岩溶瀑布景观为主，由八宝、河也、汤纳溶洞、三腊瀑布4个片区组成，总面积68平方公里。

八宝有大小河流25条，八宝河从河美湖出水，由南向北缓缓流过，河水清澈透明。特别是从河也乘船至八甲一段，长6.5公里，河面宽阔，翠竹掩映，山水相依、村寨农舍，有“小桂林”之称。乘船游览沿途经过5座古桥和古老的彝族村寨木美。木美是古老的彝族村寨，这里的彝族人民能歌善舞，每逢节日跳弦子、唱山歌，热闹非凡。村中保留至今的两面铜鼓是稀世珍宝。

交通： 可乘昆明开往南宁、百色方向的客车在八宝镇下。

门票： 40元

■ 三腊瀑布

【三级落差，一级一潭，极具观赏性】

位于文山州广南县八宝镇东20公里处的三腊村附近，古称响泉瀑布。八宝河穿过重重的山峦，奔流到此，从10余米宽的危崖之巅倾泻而下，三级落差120米。瀑布水势汹涌，吼声震天。夏季，瀑布巨流狂泻，冬季瀑布似白练垂空。

交通： 没有班车直达，需从八宝镇包车前往。

门票： 20元

峰岩洞村

【我国最后的穴居村落】

全村60多户300余人，穴居于一个山洞里。洞内最宽处约125米，洞口至洞底最深处约 100 米，洞内面积大约 7500 平方米，洞口海拔 1250 米。目前洞内房屋共有 33 幢。

溶洞坐东向西，周围绿树掩映，一个开阔的倒八字形的洞口，充分吸收着洞外的自然光线和偏西的阳光照射。洞中房屋可分为篾笆墙房和夯土墙房两类。篾笆墙房是较早的房屋，最早的篾笆墙房也叫丫丫房，即挖洞埋柱搭上横梁围以篾笆的简陋房屋。各家房屋没有片瓦遮盖，楼面既是阳台，也作屋顶，房屋或相连，或独建，依地势高低错落，分布其间。牛马有圈，猪鸡有窝，人畜各得其所。一条人工石板路连接各家各户。

洞内左侧，株株石峰拔地而起，洞顶钟乳石倒悬，右侧一白色钟乳石巨柱顶天立地。洞内办有学校，设一、二年级，同在一间教室里上课。

全村有六姓，最初是在清朝末年为躲避战乱逃匿于深山洞穴之中隐居。洞口周围方圆百十里古木参天，藤蔓蔽日，外人很难发现。后来又先后接纳同是逃命至此的周姓、何姓等穷苦人家。新中国成立后，人民政府将这里划为南屏镇下辖的一个自然村。洞中和睦生活着李、周、徐、何、唐、任共六大姓，均为汉族。至今已有九代人，相继在这里生活数百年。洞中有正规的村民委员会，家家户户还有政府统一制发的门牌号码。大家和睦相处，互敬互让，有“共用一片瓦，同进一道门，鸡鸣全村应，相处一家人”的特点，被誉为“天下第一奇村”。现在，峰岩洞村的居民已经在当地政府的组织下搬离了溶洞，不过洞内的民居、生活用具仍然保持原样，被建成一座“民俗博物馆”。

交通：位于广南县八宝镇外，需步行 2 小时。或在八宝镇包车去。

坝美

【一个现实生活中真正存在的桃花源】

坝美村前是一个不足 10 平方公里的坝子，四周群山环抱，其中东北面的山崖拔地而起，8 座山峰一字排开如一幅水墨山水画。喀斯特地质使坝美村周围的群山峰奇而洞多。

从汤拿村进入坝美村或从落水洞进入坝美村均需穿过幽长的溶洞方可入村。整个山洞约 800 米长，洞中无照明，在漆黑的山腹中行船，船到洞的尽头，眼前豁然开朗，一片壮乡风情的田园风光展现眼前，坝美村便坐落在一个平坦的盆地中，整个村子有 600 余口人，全为壮族，清澈的小河绕村而过，水车在河边静静地转动了百年，如一首安静的田园诗。这里保留着浓厚的壮族传统文化，以及独具特色的民俗活动。自给自足的农家生活过得悠闲自得。据说村人是当年为躲避战乱，从广西迁徙而来，民风非常古朴。

交通：从昆明汽车客运站乘到广南县的卧铺车，票价 104 元，行车 462 公里，9 小时左右。从广南县客运站乘 3 路公交车可直达坝美，票价 8 元，40 分钟车程。

门票：85 元，包括 4 次交通费。从坝美出来的交通费另付，每次 6 元。

特别提醒：一定要去当地村民家品尝当地的五彩饭，很有特点。

背包客推荐：坝美住宿

可以住在广南县城的宾馆，标准间约 50 元 / 间。进了村子建议可在村民家里解决住宿，一般 10 元 / 人，非常便宜。坝美村都是壮族人，有热情好客的传统，会尽可能好酒好菜款待，都是自给自足的绿色食品和一些熏腊的肉类，还能喝到壮家自酿的米酒。

坝美旅游山庄

标准间：50 元 / 间。

地址：坝美村里

坝美

浴仙湖

【环湖徒步可以走访彝族、苗族、壮族村寨】

距砚山县城40公里，湖长3公里，有大珍珠、小珍珠、鲤鱼、鲸鱼4岛。沿岸有彝族、苗族、壮族3个村寨。游客进入浴仙湖景区，首先抵达珍珠岛，绕过珍珠岛，宽阔的湖面便展现在你眼前。接着，可前往鲤鱼岛，如果恰好是冬季前来，说不定还可以看到成群的红嘴鸥在水面嬉闹戏水、争抢食饵的场面，当然在其他季节，也可看到山鸡、画眉、云雀、杜鹃、喜鹊等数十种鸟类。

这里适合徒步环湖旅行，不论走到哪个村寨可以随意选择一家民居住下，感受不同的民族风情。

交通：可乘昆明至砚山、丘北等方向的班车在海子边收费站下车，湖就在公路南边，有旅游码头可乘摩托快艇游览浴仙湖，一次可以乘15人，船费10元。还可以在砚山乘到平远街的中巴车。

剥隘镇

【风情不逊于凤凰古城的不知名的小镇】

云南与广西交界处，隶属云南省富宁县。位于风景秀丽的驮娘江边。此镇为千年古镇，从此可顺江下至珠江，是重要的水路码头，所以当年曾繁华一时。现镇中仍保存有粤、桂等地商会会馆。在红军长征时期，红二方面军从此处渡江入滇，镇内古迹众多，但鲜为人知。

交通：沿323国道可到，距离富宁县85公里。最好乘火车先到广西百色市，然后再转车到古镇。

驮娘江

【“青山不改千年画，绿水长流万古诗”】

位于文山州富宁县剥隘镇境内，地处云、桂两省区交界。是一个融壮乡田园风光、亚热带雨林气候和熔岩河谷地貌独特景观为一体的一个自然保护区。

驮娘江最有吸引力的地方是驮娘

峡。驮娘峡在当地有“小三峡”之称。峡谷两岸山势十分险峻，但是岩石上却是树木葱茏，藤萝缠绕。每逢下雨之后，便可看到几道瀑布，从数百米高的岩顶上跌落，汇入江中，十分壮观。此外，山明水秀的热带河谷风光、风情浓郁的剥隘特色集镇也都吸引着游人。

整段驮娘峡长约3公里，游玩峡谷风光后可乘艇筏进行漂流。

交通：最好乘火车至百色市，再转车到剥隘古镇和驮娘江游览。这样比较方便。

门票：35元（含游船票），驮娘江漂流大船160元，小船120元。

都龙边境集市

【这里多彩的民族服饰构成了一道迷人的风景线】

位于马关县，距离越南直线距离不过8公里。每逢周日，除了当地的苗、壮、傣、布依、汉族等民族外，还有来自越南的壮、苗等边民，以及中国西部各地的商人、游客，赶集人数可达近万人。都龙集市上的民族服装，由于大部分是手工制成的，价格相对贵些，一件色彩明快、做工精细的苗族服装，需要100多元。

除了民族服饰外，这里的地方土特产品也别具特色，撩人食欲的壮家风味粽子，外形有点特别，犹如一件做工精巧的工艺品。

交通：在文山南桥客运站乘到马关县的班车，12～15分钟一班，行车2小时。

特别提醒：都龙集市上的山珍摆满街，野生竹笋、野生折耳根、蕨菜、野山药、灰刁菜等。

天保口岸

【我国通往东南亚的重要口岸之一】

位于文山的麻栗坡县，是云南进入越南河内、下龙湾路程最近、环境最好的一条旅游线路。天保口岸通关便捷，每天的出入境的车辆不断，还开通了越南河内、下龙湾的旅游线。

交通：昆明各大汽车客运站有班车前往。文山到麻栗坡约2小时车程。麻栗坡县城到天保口岸，坐面的到船头（天保口岸的旧地名），票价10元，约1小时车程。

特别提醒：口岸旁边的一些商店可代办通行证。通行证一次有效期为7天，价格1000元，需提供身份证和照片。

老山风景区

【当年自卫反击战的主阵地之一】

位于麻栗坡县，距离昆明410公里。主要景点有老山自卫反击战遗址、老山林海、奇特幽深的溶洞群、猫猫跳峡谷、变幻万千的云海、珍稀植物、天保边贸口岸等。

老山是当年自卫反击战的主阵地之一，如今主峰峰顶建有陈列馆和烈士雕像，还有猫耳洞、战壕、瞭望哨等设施，是重要的爱国主义教育基地。天保口岸是中越边境一个重要的边贸口岸。

交通：麻栗坡县距昆明410公里，昆明各大汽车客运站有班车前往。文山—麻栗坡80公里，中巴车大约20分钟一班。

特别提醒：

1. 麻栗坡的天气比较温和，穿长袖的衣服和长裤就可以了。
2. 老山旅游后一般人都会顺便到越南边境的天保口岸去购物，这里离麻栗坡也不远，坐麻栗坡到船头的中巴车就可以到了。

麻栗坡县老山风景区

实用资讯

交通

红河和文山两地的机场即将通航，目前只有红河州有铁路，文山不通火车，所以滇东南的交通主要依靠公路。

公路和铁路是进出红河州的选择，铁路一直通到越南河内。在红河州境内的铁路为窄轨铁路，速度慢。如果不是为了专门体验这条法国人修的铁路风情的话，建议乘坐卧铺汽车旅游，会更节省时间。红河的各县之间都通汽车，但村镇无法保证。当地人都是搭乘过往的大货车出行，你也可以试一试。

文山只有唯一的交通方式——公路，文山县是交通中心。县城内的两个客运站是与州内各地、昆明、红河、广西等地客运的枢纽。

红河

铁路

昆明—河口的L933次列车经过红河，不过这条铁路是米轨火车，停靠站很多，整个路程大概需要17小时，同样走这段路公路只要10个小时，所以乘火车太耽误时间，不太可取。还有一列小龙潭—宝秀的8983次列车，坐这两趟火车都可以顺便去看看中国近代史上最早的火车站之一——碧色寨车站。

滇东南特色窄轨火车

云南十八怪中“火车没有汽车快，不通国内通国外”指的就是昆明到河口的米轨铁路，云南的地形复杂，山路较多，所以这条铁路行车时间长，而且车厢也比普通火车窄，坐着不太舒服，如果赶时间的话，最好还是坐汽车。

蒙宝铁路，起自昆河线上分岔草坝—鸡街—建水—石屏—宝秀，全长142公里。

公路

往红河方向的客车主要集中在云南旅游汽车客运站。另外昆明汽车客运中心站、黄土坡客运站也有班车可以到。

离开个旧到昆明可以在个旧客运站乘车。这里还有通往昆明及红河州的各市县长途大客车往来，另外，通往省内和州内的客车也很多。

旧客运站

地址：建设路上

电话：0873-2222091

区内交通

出租车起步价5元/3公里，之后1.2元/公里。

红河州各市县之间一般都有大小客车来往，但村和村之间没有班车，当地的村民一般都是在路上搭货车。

对于自助游的人来说，在红河州旅游最好是租车，不过当地租车也不太容易，除了建水、河口地区的旅游服务设施相对完善外，其他地方基本没有租车业务，如果不觉得麻烦的话，可以通过当地政府或林业局来寻求帮助。还可以在路上碰碰运气搭便车，当地人很淳朴，一般都会行方便的，价钱可以商量着给，不会很贵。如果是包车的话有轿车和微型面包车，基本在200元/天的价格上下，还有很多三轮摩托车，每辆车可以坐两个人，价格很便宜，就是有点颠。

文山

航空

文山普者黑机场位于砚山县盘龙乡，距州府所在地文山县城23公里，现开通有“南宁—文山—昆明”的航线。从昆明乘飞机前往文山只需50分钟左右。到达机场后有交通车直达文山各地。

公路

文山县北桥客运总站在北桥路，每天都有到州内及昆明，广西南宁、玉林、百色，贵州兴义，红河州开远、个旧、蒙自、屏边、河口等地的班车，文山县南桥客运站在南桥路，每天都有到州内砚山、广南等地的班车，但没有到州外的车。这两个客运站的班车几乎都是空调车，车况不错，就是到有些小地方的司机喜欢等客，要车上坐满人才肯开，有时会在路上停车拉客。

文山县北桥客运总站

电话：0876-2122886

文山县南桥客运站

电话：0876-2122343

广南客运站

电话：0876-5154719

丘北客运站

电话：0876-118114

区内交通

文山的出租车5元起价，公交车0.5 ~ 1元不等。

住宿

滇东南在边境山区，整体住宿条件不如昆明好。旅游景区近几年才逐渐开发，设施不如西双版纳等旅游城市完善。红河最好的宾馆是四星级的十号楼宾馆，一星、二星级宾馆标准间在100 ~ 180元之间，一般都是可以砍价的。普通旅社在50元以内，需注意供应热水时间。文山的最好宾馆为三星级，多为一星、二星级，价格不高，选择余地大。来这边的旅行者相对少些，这儿同时也保持了淳朴的民风，所以住在不同民族的村寨中是比较安全的，各民俗村价格不高，是不错的住宿选择。

红河

红河哈尼族彝族自治州的住宿地方不是很多，在建水地区的一星、二星级宾馆价格100 ~ 180元/间，普通的旅馆、招待所费用50元/间左右。

毗邻越南的河口地区，也有一星、二星级宾馆提供，价格100 ~ 180元/间。普通的旅馆招待所价格50 ~ 100元/间。

元阳地区住宿费用比较便宜，一般在100元以内。红河州新县城南沙镇是新规划建成的，设施相对较好些，老县城的条件差些，价格也比较便宜，如果游客想要拍摄晨光中的元阳梯田的话，还是住在老县城比较好。

建水华清酒店

闹中取静，位置好极了，古香古色

的房屋格局，西厢房更有宽敞的阳台俯瞰翰林街的热闹。标准间 120 元 / 间。

地址：建永县翰林街（建新街）的北口，人民商城后门正对面

电话：0873-7666166

建水县委党校

标准间 90 元 / 间。

地址：位于建水县建中路

建水县政府招待所

标准间 120 元 / 间，淡季 70 元 / 间。背包客和摄影爱好者无一例外会选择县政府招待所旁边的小余饭店，这儿是背包客和摄影驴友聚集的大本营。

地址：建水县城隍庙街 6 号

电话：0873-7652448

元阳政府招待所

交通便利，公共浴室，价格便宜。

地址：元阳新街镇大田街车站对面

电话：0873-5622316

元阳经贸大酒店（二星级）

标准间 80 元 / 间。

地址：位于元阳县常青路 22 号

电话：0873-5644824

元阳大酒店（二星级）

标准间 60 元 / 间。

地址：位于元阳县常青路 27 号

电话：0873-5644188

蒙自双金酒店

东临美丽的南湖公园，南临滇南中心医院，西临红河官房红竺园小区，北临蒙自新城区的两条主干道之一的天马路，距离市中心 1 公里，距离汽车客运中心 2 公里。

地址：南湖畔大园梓街 160 号（南湖南路西侧）

交通：乘 3 路、9 路、12 路公交车或出租汽车均可到达。

电话：0873-3657010

蒙自红河警官培训中心

蒙自客运中心附近，交通便利。

地址：位于凤凰路中段红河州公安局后，州级行政中心旁。

交通：0873-3742667

蒙自南湖宾馆

距离市中心 1 公里，交通便利，环境优美，建筑独具风格。

地址：南湖畔南湖西路 29 号

交通：0873-3644145

河口铁路国际公寓（一星级）

县城中心，交通便利，标准间 160 元 / 间左右。

地址：河口县城内大桥旁

电话：0873-6625001

泸西虎城宾馆（三星级）

地址：泸西县阿泸大街中段

电话：0873-6650388

文山

在文山州各个县城都提供一星到三星级的酒店住宿，还可以到县城一些政府事业单位的招待所住宿，价格不高，交通也方便。在条件成熟的景区内，都可以找到住宿的宾馆和酒店。在一些比较偏僻的旅游景点，则可以找附近的村子到老乡家寄宿，体验当地的民风，也是不错的选择。

文汇大酒店（三星级）

交通方便，标准间120元/间左右。

地址： 文山县城内

电话： 0876-2181888

兰花宾馆

价格便宜，标准间80元/间左右。

地址： 文山东风路

电话： 0876-2124078

文山州人民政府九龙宾馆

地址： 开化镇东风路44号

电话： 0876-2141338

文山交通宾馆

地址： 文山县城环城北路1号

电话： 0876-2133518

餐饮

红河州蒙自是过桥米线的故乡，建水的豆腐也是同样出名，三七的故乡文山则是把汽锅鸡发挥到了极致。红河是哈尼族自治州，所以哈尼族的大菜竹筒烧肉一定要尝尝。

红河

红河州地区饮食的最大特点是大多都是天然、无污染的绿色食品。另外，除了没有添加剂饲养的家畜，还有非益虫类的昆虫，如蝗虫、马蜂之类。

当地人品尝这类食品时，多用水煮并配以蘸水，味道很独特，有点酸偏辣。虽然不是每个旅行者都吃得惯，尤其是看到装在盘子里的那些可怕的虫子，大部分人是不敢动筷子的。

红河州的特色菜有哈尼族名菜竹筒烧肉和正宗的蒙自过桥米线等，另外红河州的豆腐也很有特色，吃法相当多，值得一尝。

焖锅酒

红河两岸的哈尼族自酿自饮的烧酒叫“焖锅酒”。哈尼人的焖锅酒具有悠久的酿造历史。出酒后分头道酒，一般度数较高；倒出酒后，架上冷水锅继续焖酒，再焖出的酒度数逐渐降低，称为二道酒。焖锅酒清澈晶莹，醇厚甘甜，是哈尼山寨节庆必备的酒水。

竹筒烧肉

是哈尼人招待宾客的一道名菜。肉可选用猪肉、牛肉或其他的肉类，但一般都用猪腿肉。在肉馅中加入香菇配料。烧肉所用的竹筒是当地特有的香竹，选用生长一年左右的青竹，长40～60厘米，一头留节，一头开口。肉有竹香，肥而不腻。

过桥米线

过桥米线起源于蒙自县，传说蒙自县城外南湖上有一个石桥连通的小岛。有一位秀才常到岛上读书，妻子为了保温，常用鸡汤加米线相搭配送过桥给丈夫食用，味道鲜美。后来就有了过桥的鸡汤米线，到了蒙自一定要品尝一下正宗的过桥米线。

烧豆腐

滇东南的石屏北门豆腐、建水西门豆腐均是“烧豆腐”，在整个云南都小有名气。“烧着卖”的豆腐并不是普通的豆腐，豆腐要用石屏北门或者建水西门的井水点豆腐而不用通常的卤水，所以风味独特。“云南十八怪，豆腐烧着卖”，说“烧”，是云南方言，实际是“烤”。豆腐买来，先放三五日，即将豆腐置于屋角不通风处，上覆稻草或纱布，待其略有酸臭味方才拿出，然后文火烤熟，外焦里嫩，外臭内香。

文山

文山有名的小吃有椒盐饼、火烧、温淘米线、油炸粑、扭粑、豆沙粑粑等，在一般的小餐馆就能吃到这些东西。还有文山县平坝乡的壮酒，是当地人自己酿的粮食酒。如果到壮族人家做客，他们都会用这种酒来招待客人，有些小店里店主人也自己酿，就是散装酒那样的，舀到瓷碗里喝，很有少数民族豪爽的味道。

三七乌骨鸡

文山特产三七，市区就可以看到种植三七的大棚。三七根炖鸡，先将三七细根用清水浸泡洗净，装入已清洗干净的鸡腹内，用汽锅炖熟，即可上桌食用。鸡肉、三七根、鸡汤均余味无穷，为上佳补品。

岜夯鸡

岜夯鸡是文山州广南县壮族独有的一道传统美味菜肴，为云南一绝。“岜夯”为壮语，意为酸汤，是用红青菜或野菜制作的一种酸菜汤，以香甜、鲜美和奇特的酸味为特色，油而不腻，开胃，易消化。

荷叶粥

可以消暑、化热、宽中、散瘀，可治中暑、水肿、瘀血症等。荷叶粥的做法也很简单方便，只要选用 1/3 的糯米和 2/3 的粳米，将鲜嫩的荷叶洗净后切碎，包在纱布里放进粥锅，用一片稍大的荷叶罩住，粥熬好后，退火稍冷，拌入白糖或蜂蜜即可，具有减肥、消肿、降脂的作用。

狗肉火锅

文山州的狗肉火锅也是有历史的了，健康的黄毛狗肉是最好的，把狗肉放入砂锅炖熟后，配上蘸水（有草果粉、姜末、花椒粉、食盐、芫荽、薄荷、葱等）吃，味鲜可口。

文山三七

购物

滇东南地区低山潮湿，四季常青，以各种绿色食品为特色，而且当地人也以吃蜂蛹、竹节虫等昆虫为美味，有兴趣的朋友可以尝试一下。工艺品有锡都的锡制品，建水的汽锅，文山则是首推当归和壮锦。

个旧锡制工艺品

锡都个旧的锡制工艺品经过熔、压片、裁料、造型、刮光、装接、雕刻等工序制作而成。锡制工艺品有酒具、茶具、灯具、化妆品盒、浮雕锡画、花卉草木、鸟兽鱼虫等近百种。

建水紫陶

是建水地区的民间传统工艺品，始于元末明初。用建水近郊五色陶土制作成型，经过书画、雕刻、填括、烧炼、磨光等工序，方可完工。品种繁多，有煮器、文具、茶具、花盆及案头陈列装饰用品等。以建水紫陶汽锅最为著名，是烹饪云南三七汽锅鸡的最好器具。

文山三七

云南三七的主产地在滇东南的文山州，这里出产的三七个大体圆，坚实细皮，外表铁褐色，心黄绿，被称为“铜皮铁心”。据药理研究工作者分析证明，云南文山所产的三七，主要的有效活性成分高于其他产地，三七的种植历史比其他产区长300多年，出口量居全国之首。

文山壮锦

是壮族妇女编织工艺中的一朵奇葩，已被列为我国四大名锦之一。它分为织锦和绣锦两类。织锦图案生动，色彩夺目，而且结实耐用，可做被面、床罩、壁挂、围巾、挂包、坐垫等。绣锦是在土布或织锦上，刺绣出独具特色的花色图案。其工艺手法多变，图案灵活，色彩迷人，富有民族文化魅力。

娱乐

红河州和文山州的小城市市中心晚上都有烧烤摊和小吃摊，建水烧烤店里的鳝鱼米线，现杀现煮，奇鲜无比。这里的气候也特别温和，夏日傍晚可以坐在街头吃吃豆腐，喝喝啤酒。

DIANDONGBEI 滇东北地区

昭通

走遍中国 · 云南

DIANDONGBEI
滇东北地区

滇东北素有“滇黔钥匙”之称。珠江的发源地就位于曲靖市沾益县马雄山之出水洞，形成了“一水滴三江”的地理奇观——水流从这里流出后，分为3股，向北，成了北盘江；向西，流成了金沙江水系的牛栏江；向东，则形成了南盘江。曲靖也被称为“滇黔钥匙”、“入滇门户”、“云南咽喉”，抗战时期的滇黔通道从这里进入贵州，为内地输送了大量军用物资。昭通历史上曾是云南通向川黔两省的重要门户，是中原文化进入云南的重要通道，为我国著名的“南丝绸之路”的要冲，素有“锁钥南滇，咽喉西蜀”之称。

曲靖和昭通地区是多民族杂居的地区，世居着汉、彝、回、壮、苗、布依、瑶、水8个民族。特别是云南省内唯曲靖独有的水族姑娘小伙的“赶表”、“走寨”，给旅行者平添了无限情趣。另外还有寻甸柯渡河畔的回民“开斋节”、“古尔邦节”，师宗五龙河畔壮家儿女的“浪哨”高腔，罗平八大河畔布依男女“三月三”的歌会，马龙、沾益等地苗族同胞的笙望舞，宣威苗族群众的“采花山”，寻甸彝族的“立秋节”，麒麟区红土墙彝族同胞的“火把节”，陆良彝族撒尼人的大三弦以及各地民间的龙灯、狮舞、踩高跷，各式各样的民族节日也成为滇东北的一大旅游特色。

大旅行家徐霞客一生游历，他就是从滇东北的胜境关进入云南，然后穿越了滇中与滇西的大片地区，最终在腾冲

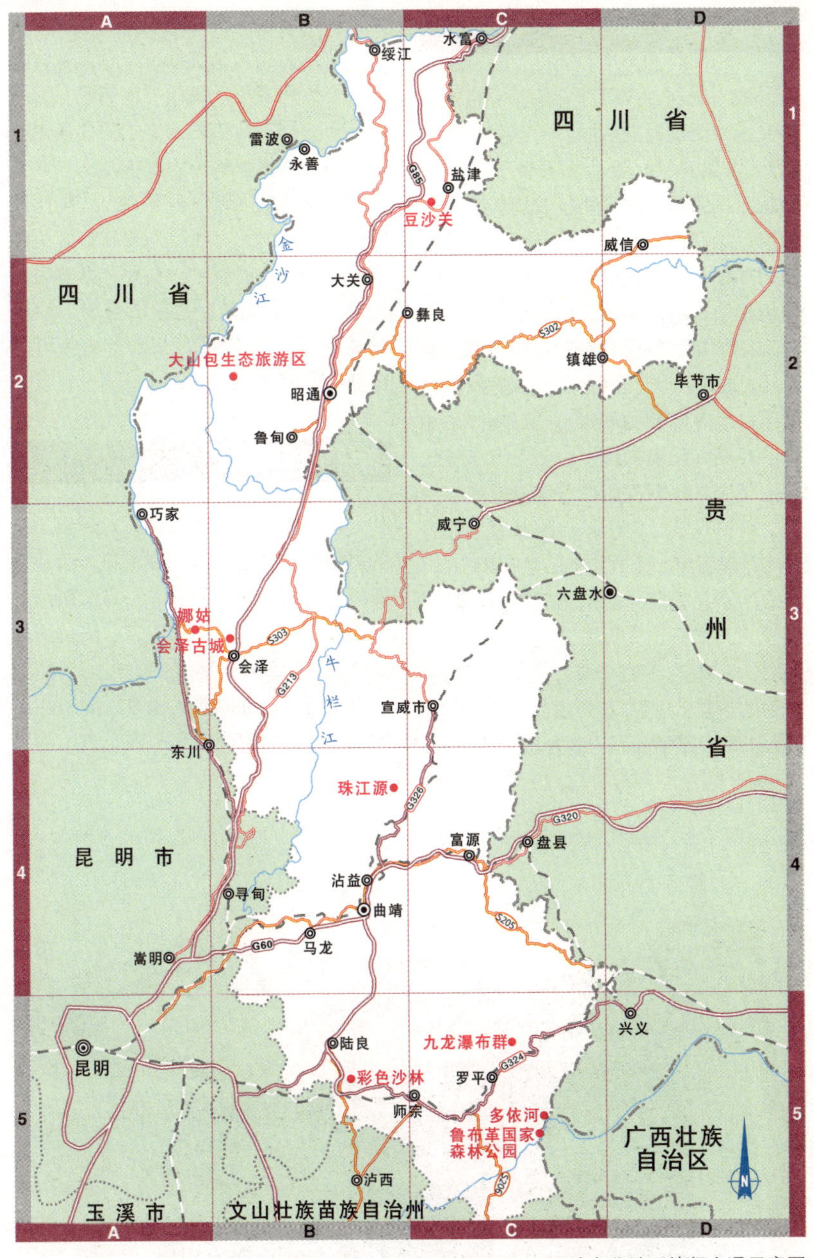

滇东北地区旅行交通示意图

写下了“极边第一城”，并且在云南结束了他游历的一生。在《徐霞客游记》中，他用了四分之三的篇幅来记述云南的山川地形。

前世今生

滇东北的曲靖和昭通地区的历史可追溯到西汉时期。曲靖于元封二年(前109)设置味县，至今已有两千多年。蜀汉名相诸葛亮率师南征，降伏当地大姓首领孟获。后置建宁郡。唐天宝年间，南诏崛起，云南的政治中心西移后，这里仍是滇东的政治、经济中心。

1253年，忽必烈率蒙古铁骑渡过金沙江，进军云南。三个月后，大理投降，两年后云南全境归属蒙元。又是一个500年的轮回，云南的统治中心由洱海移到滇池地区。元朝先后在石城设磨弥万户府，石城千户，1271年，改磨弥万户府为中路总管府。元至元十三年(1276)，再改中路总管府为曲靖路总管府，改石城千户为南宁州先后设置过石城郡、曲靖路、曲靖府。1913年南宁县(原味县)改为曲靖县、沾益州改为沾益县。1983年，经国务院批准撤销两县建制成立曲靖市，1997年恢复沾益县建制。

昭通古称“朱提”、“乌蒙”，自秦开“五尺道”、汉筑“南夷道”后，便成为中原文化传入云南的重要通道，是早期云南文化的三大发祥地之一，为我国“南丝绸之路”的要冲。民国时期的昭通，成为云、贵、川三省边区的经济文化中心，时有“小昆明”之美誉。1950年昭通解放，设专员公署，后改昭通地区行政公署。1958年会泽县划出。2001年8月设市。

旅行与季节

春、夏季的曲靖最迷人。春天，从罗平到曲靖其他地区的油菜花，金灿灿如同海洋一样无边无际，一点微风都可以让人心潮澎湃。初春时节，陆良彩色沙林等地为旱季，也是旅行的好去处。当夏天来临，曲靖进入雨季，除一些山区地段因山路崎岖甚至有泥石流，平原

会泽江西会馆

罗平油菜花海

地带、湿地湖泊、南盘江等河谷，则是云烟缭绕、水波清澈。夏天去海峰湿地观星，是云南旅游最容易被忽视的绝佳去处。秋冬的曲靖，其实也别有它的味道。去沙林等雅丹地貌旅行，是比较合适的。

昭通是金沙江水系切割的山岭河谷，沟壑纵横，南干北湿。每年 3 ~ 5 月为昭通大山包的最佳旅行时期，此时可以避开最冷且干燥的冬季，会比较舒适。而且，三月也是在大山包观看观察黑颈鹤的最佳时期（黑颈鹤三月底四月初返回北方）。最热的 7 月，昭通的平均气温仅 25℃左右，确是避暑之地。冬天的昭通和滇西北的迪庆一样，是云南最冷、有降雪的地区，却仍一些义工、志愿者来到这里支教或扶贫。

焦点

■ 罗平油菜花，颜色大爆发

春天的罗平得山川湖泊之灵气，30 万亩油菜花在坝子竞相开放，铺面峰林间，如同一个天然大花园，那绚丽耀眼的金黄一直铺向天地间，给人强烈的视觉冲击力。座座峰林反而成了背景，点缀其间，清新可人。每年春节后，成千上万游人从四面八方来到罗平观花海，弄花潮，寻花思情。

■ 鲁布革小三峡，静谧之美

鲁布革是个山清水秀的布依族小山寨，坐落在云、贵两省界河——黄泥河畔的山梁上，不仅有着秀美的自然风光，还有淳朴的民族风情。小三峡如同一条大自然精心雕琢的画廊，山环水绕间，两岸青山如黛，河水碧绿，岸边还有如同世外桃源的“鲁布革”，阡陌纵横间木屋点点。乘皮筏漂流而下，布依村寨掩映在绿树丛中。岸边的密密榕树林里偶尔还会有美丽的布依姑娘沿河洗衣放歌。

■ 陆良沙林，彩色沙林、斑斓之地

石林、土林和沙林是上天赐予云南的三大自然奇观。陆良的沙林因风化剥蚀而成，为层峦叠峰状；又因其以红、黄、白为主色调，杂以青、蓝、黑、灰色，加上季节、气候、日照及观赏角度的不同，产生绚丽多彩的色调，这种奇幻的色彩盛宴，斑斓的光影大餐，千姿百态的梦幻世界吸引了众人的目光。

■ 会泽古城，遥远的文化

会泽，历史长河中的铜商古都，曾商贾云集、却历尽沧桑，几度盛衰。虽然如今八方辐辏的辉煌已烟消云散，但历史的余韵却依然在这座古城回荡，留存于古城区年代久远的青石板路、曲径幽巷、会馆寺庙、民居民宅中，也留存在别具一格的铜文化和会馆文化中，留存在响彻坝子的彝族海腔、街头巷尾的小唱灯、苗族独特的芦笙舞会、道教悠远的洞经音乐中。

■ 大山包，被遗忘的另一个大山

这是珍稀的黑颈鹤的越冬之所，是有“地球之肺”之称的高山湿地所在地。每当8月初到10月初，鲜花点缀的芳草地层层叠叠，色彩斑斓，纯净清冽的仙鹤湖烟波浩渺，依偎在起伏的山峦间，成群结队的黑颈鹤在湖边觅食、栖息，或展翅高飞，将原本沉静苍凉的大山包衬托得生机勃勃又和谐宁静。

行程推荐

■ 滇东北2日游

必游景点：大关、僰人悬棺

可以尝试：观看神秘的僰人悬棺

D1 昭通—大关—黄连河景区

D2 大关—盐津—僰人悬棺—盐津豆沙关

■ 滇东北4日游

必游景点：陆良彩色沙林、罗平油菜花、会泽古城

可以尝试：观赏罗平油菜花

D1 昆明—陆良彩色沙林—罗平

D2 罗平，观赏万亩油菜花

D3 多依河—九龙瀑布—鲁布革小三峡—会泽古城

D4 会泽一日游

特别提示：考虑到昭通路途较远、交通不是很方便，为旅游者设计3～5天左右的行程四个景点距离都比较遥远，因此可在旅行社定制，或自驾游。

预算

滇东北的旅游景点主要集中在罗平，从昆明到罗平距离较短，且交通方便。但整个滇东北的旅游相对都未大规模开发，也不是云南的旅游重点地区，各个景点的交通也不是那么方便。相对来说，这一地区的旅游费用也就较低，2500元左右就可以把主要的景点看遍。

曲靖

翠峰山

【曾拥有“九庵十八院”的佛教圣地】

远在唐朝南诏时期，佛教就传入了翠峰山风景区。我国地理学家徐霞客于明崇祯十一年（1638）在曲靖境内考察16天，其中在翠峰考察旅游11天，留有5000多字的日记。

翠峰山是曾拥有“九庵十八院”的佛教圣地。山中的古刹建于唐朝南诏时期，“文化大革命”时庙宇遭毁。直到20世纪80年代，翠峰来了几个游历僧人，据说化缘化了10年才将古刹慢慢地修复起来。翠峰山上的另一古刹——朝阳庵，也是于20世纪90年代重修。翠峰极顶不是尖峰，而是一个平台。平台之上，有一座建于明万历年间，距今已400余年的寺庙，那就是翠和圣宫。两地再现了宗教文化与民俗文化交融所产生的丰富内涵。在蓝天白云的映衬下，翠和圣宫犹如天宫瑶池，五六公里之外，即可一睹圣宫风姿。

交通：交通不是很方便，只能从曲靖包车前往，40元左右。

珠江源

【马雄山上的一个溶洞内流出的涓涓细流最终汇成滔滔的珠江】

珠江源位于曲靖市以北47公里处，源于马雄山，有“一脉隔双盘”（南北盘江）、“一水滴三江”（南盘江、北盘江、牛栏江）、“一线串五珠”（湖泊）之奇异景观。

珠江源所在的地方——马雄山的一个溶洞，从马雄山顶下至半山腰，上下两个洞口流水潺潺，即是珠江之源，进入溶洞十几米便是尽头。洞内地下河流出来的涓涓细流，在洞外形成一条约3米宽的小河，它流向南盘江，又汇合北盘江的水，最后汇成了浩浩荡荡的珠江。马雄山顶有个珠源罗盘，罗盘为先天八卦，共有23圈，直径2米，厚0.2米，重达4吨，堪称天下第一罗盘。罗盘可以转动，有十二生肖、六十甲子、观音签及十二星座。途经横跨在马岭河峡谷的马岭桥，一定要下车看看，探望谷底，看得你心惊肉跳。

交通：每逢节假日，麒麟区公交总公司有旅游专线客运班车往返珠江源。

门票：40元

特别提醒：珠江源的霞客山庄提供苗族晚宴，在竹楼上铺满松针的房间里，坐着竹编的小圆凳，喝着竹筒盛的酒，吃着美味的土鸭、新鲜的野山菌，再来上一碗农家玉米面拌饭，风味十足。

野花沟

【户外野营穿越的好地方】

野花沟位于马龙县西南部，距昆曲高速公路旧县立交桥25公里，深藏于马鸣乡80平方公里莽莽苍苍的原始森林峡谷里，为典型的原始河谷风貌。野花沟是典型的野外山水风景区，也是云南当地户外俱乐部的经典徒步线路之一。

交通：需包车前往

背包客推荐：野花沟徒步线路

第一天乘车到沟口，徒步至营地，在草坪上搭帐篷、野炊，可举办篝火晚会。

第二日早餐后上山，徒步至三岔河谷而上，进行干地溶洞探险，途中观赏峡谷风光等项目。野花沟属自然风光，非常适宜进行野营、野炊，此活动参与性强，从中能领略到野外度假的乐趣，又能体验到徒步探险的新奇。

海峰湿地

【皮划艇及观星的绝佳之地】

曲靖市沾益县大坡乡的海峰湿地，是最容易被人遗忘的云南绝佳之地。云南有无数的这样不为人所知的地方，如果只找一个出来，那就是海峰湿地。

其总面积27846公顷，景区面积6.67平方公里，是集山、水、林、石、洞、潭及草地为一体的典型的喀斯特湿地景观，湿地以兰石坡海子湿地为核心，由干海子、背海子、黑滩河四块湿地构成，它们像一块块蔚蓝的宝石，镶嵌在群山绿海之中，环境优美、风景绮丽。它与周围由相对隆起的中山山地、峰林、峰生、孤峰及森林环境共同构成的湿地生态系统成为云南最具代表性的典型喀斯特湿地景观，具有较高的科研、科考价值。

交通：需包车前往

特别提醒：每年11月到翌年2月为最好季节

罗平油菜花

【红土地上的油菜花海】

在每年的春节过后，30万亩的油菜花成片成片开放，罗平便是油菜花的海洋。过了师宗，沿南昆铁路或324国道东行，在浓绿的群山里，会展现出一片片的油菜花。真正的花海是从白腊山脚开始的，南昆铁路从旁边经过，324国道从整个罗平油菜地中穿过。

这里为喀斯特地形，丘陵中遍布的石林，是罗平油菜花田的独特标志。站在金鸡山上，可以一览连绵不绝的油菜田，其间阡陌纵横，景象独特。每年的2～3月，数十万亩油菜花漫山遍野铺天盖地，秀峰、村舍、道路、河流，皆融汇入油菜花海，蔚为大观。而只要能早起，再遇到好天气，便能欣赏金鸡日出。无数的小山丘就像这花海中的小岛一样。这里的“螺蛳田”是最有意思的，顺山势层层叠叠生长的油菜，组成奇异的几何图形，人工天成交融一体。

在罗平观赏拍摄油菜花最好的地点有两处：城东北方向的金鸡山和城北的牛街。登上金鸡山，看油菜花田比较平坦，而稍远处有些孤峰拔起，很壮阔

罗平的油菜花海

的感觉。很多罗平花海的照片都是在这里拍的。由县城沿大水井去多依河风景区的途中。这里地形起伏较大，花田随地形梯田种植，富于变化，是拍照的好地方。牛街乡则是另外一种风情。这里有梯田，梯田上有的种油菜，有的种其他如小麦、蔬菜等，各种色块交织，与金鸡的花海是不同韵味。

交通： 1. 昆明—罗平：昆明—罗平行程约 4 小时，可走火车和汽车。火车有旅游特快和其他南昆线的列车，票价 17 ~ 30 元；汽车票价 53 元。火车班次少但路上时间短，汽车班次密、车程长，各有利弊。如果包车前往的话，价格在 200 ~ 300 元 / 天。

2. 元阳—罗平：从元阳到罗平，可走元阳—个旧—弥勒—泸西—师宗这条线，花时 7 ~ 8 个小时，车费约 60 ~ 70 元，路况还可以。元阳—个旧间新建了隧道，车程缩短至 2 个小时。个旧—泸西的车很多，泸西—罗平的车也很多。

3. 到了罗平，建议喜欢走哪里就去哪里玩，路上的中巴随叫随停。罗平到金鸡的中巴 2 元，到九龙瀑布约 6 元。罗平到小三峡、鲁布革电站、多伊河有专线车，一天游车费约 30 元。

背包客收藏：全国油菜花观赏地

关于国内的油菜花，大致观赏顺序是：3 月云南曲靖市罗平县；4 月下旬陕西汉中一带；5 月中旬河南洛阳市洛宁县；6 月上旬甘肃天水市秦安县；7 月中旬青海贵南县。

特别提醒：

1. 一定要注意天气变化，罗平当地天气变化多端，一般早晨有浓雾，偶有小雨，中午多骄阳，非常难对付。春天的罗平温差很大，注意增减衣服。

2. 云南罗平油菜花旅游节一般每年 2 月 21 日左右开始，通常春节后油菜花就开了。要注意油菜花开花的时机，天早暖花就开得早；迟暖的话花期就晚些。没有特定的日子，年年都不同，要多注意网上的消息。油菜花旺盛期为 2 月 20 ~ 25 日，3 月不是好的选择。

3. 这里的养蜂人也是摄影的好题材。

背包客推荐：罗平摄影攻略

首选为金鸡峰。此地看油菜花田较平坦，稍远处孤峰拔起。罗平花海大多照片都是这里拍的。另外也推荐金鸡路上花丛里的小山丘拍照。可从罗平客运站乘车到达，价格在 5–10 元之间。

次选：一则为由县城沿大水井去多依河风景村的途中。地形起伏大，花田随地形梯田种植，富于变化。二则为城北的牛街乡。这里有梯田，梯田上有的种油菜，有的种其他如小麦、蔬菜等，各种色块交织，与金鸡的花海相比则有另一种韵味。

其他：九龙瀑布的上面亦有好看的菜花，但如只在下游是看不到的。此外，其实最好看的是从昆明快到罗平的火车上看到的菜花，很有层次。

特别提醒： 1. 游览罗平一般安排 2 天为宜，如摄影可视出片子而言。第一天可观赏万亩菜花，第二天则可前往九龙瀑布和多依河游览。九龙瀑布和多依河是在一条线上，与鲁布革小三峡形成一个旅游环线。

2. 建议不去当地收门票的景点，无特色且贵。

3. 日照强烈，尤其是多依河地区，海拔比罗平其他景点低约近 1000 米落差，建议带太阳伞、防晒霜等。

多依河

【集桂林之灵秀，西双版纳之风情】

由 5 个地下泉滩涌出的水汇流而成的河。由于水出自地下，河床又多是岩石，因而在穿越的 12 公里流程中，河水常年晶莹剔透，蔚蓝无边。尤其是沿

罗平多依河风光

河两岸盘根错节的千年古树，仿佛就是一座庞大的自然根雕艺术展览馆。河道蜿蜒曲折，布依村寨沿河而布，吊脚楼隐现在树丛竹林之间，一派十足的热带风光画面。“一水合三江、清江一边淌、浑水一边流”的奇观异景就在此显现。

河道上分布了 30 多个瀑布。两岸繁茂的热带亚热带植物群落密布，河水清澈见底。12 公里的河道上，形成了大小 50 余个钙华浅滩，清流曲折跌宕，无处不见瀑，无处不成潭。看着那典型的喀斯特地貌、望不到头的杉木林、宽大肥硕的芭蕉叶，人们会有置身桂林之感。

多依河景区是布依族聚集的地方，在入口处就可以看到巨大的古老水车缓缓转动，穿着自己织染的蓝衣黑裤的布依族女子在河边洗衣服，光着屁股的小孩子在河里游泳嬉戏，一派世外桃源般的安宁景象。河边有许多布依族的妇女穿着民族服装在销售小商品，或者是牵着马匹供游人租骑。

沿多依河走 6 公里，可以走到三省交界的地方，但路程较远，一般人也就走到一半。你可以选择骑马、坐三轮车、乘竹排等方式，但一定要讲价。多依河的尽头——三江口，因南盘江、黄泥河、多依河在此汇合而得名。这里，滇、桂、黔三省一衣带水，西是云南的罗平县，东是贵州的兴义县，南为广西的西柏县。

交通： 坐往俸咋的车可到多依河，但车不多，且都是早上的班次。也可先到鲁布革三峡，然后在鲁布革电站乘车经新寨、芭蕉箐前往多依河，再回到罗平县城，以免走回头路。人多的话还可考虑租车，从罗平县城包租微型车和面包车前往。

门票： 40 元

特别提醒：

1. 由县城沿大水井去多依河风景区的途中。这里地形起伏较大，花田随地形梯田种植，富于变化，是拍照的好地方。
2. 云贵交接的多依河，也是国内皮划艇白水漂流、平水划艇的一流选地。

九龙大瀑布

【当地的布依族称之为“大叠水”】

位于县城东北 20 公里处，从以堵勒村往下 500 米，便进入了九龙大瀑布景区。4 公里长的河床密布着钙华滩、叠水和瀑布，首先看到的是碧日滩，清澄平静。滩下有河心小岛，河心岛上芦苇丛生，将水分成 3 股，形成 3 个宽窄不等，高约 2 米的小叠水，这是九龙十瀑中的第一瀑，最大的九龙第一瀑高 56 米，宽 112 米，蔚为大观。由此而上，是一座钙华天生桥，桥下的叠水汇成一月牙形钙华滩，此潭名月牙湖；再往上，则呈现出十几个 2 ~ 6 米宽的浅滩，呈扇形均匀地散开，水花翻滚，波光闪烁，这就是“戏水滩”。

除九龙大瀑布即九龙第一瀑外，还有九龙第二瀑、第三瀑，九龙合流瀑，石龙漫游滩等景点。站在九龙瀑布沿岸山岭，可以“一目十瀑”，一眼望尽自上而下的全部 10 个大大小小的瀑布。

交通： 游客可乘罗平汽车站的旅游专线车，从罗平县城沿 324 国道前往景区；或乘坐罗平至兴义的班车，在兴发村下车，再转乘微型车进入景区。

门票： 60 元

特别提醒：

1. 这里居住着布依族。每年农历三月三日，毗邻的贵州、广西的水族等民族的青年男女，穿起节日的盛装，聚集在这里，对歌择偶。
2. 九龙瀑布的上面也有好看的油菜花，但如果只在下游是看不到的。其实最好看的是昆明至罗平的火车快到罗平时看到的油菜花，很有层次。

鲁布革小三峡

【大坝锁就的高峡平湖】

鲁布革是布依族语的汉语读音，鲁是“ 民族”的意思，布是“山清水秀”的意思，革是村寨的意思，结合起来就是“山清水秀的布依村寨”。

鲁布革原本是一个名不见经传的乡村小寨，自 20 世纪 80 年代我国重点

九龙大瀑布

工程鲁布革电站在此地兴建，它才开始声名远扬。大坝的回水形成从鲁布革电站大坝沿黄泥河往上至乃格沙，全长20公里的新景区。

深藏在山腹中的鲁布革电站，洞内厂房共有18层，达20万平方米。参观这一现代化“地下宫殿”电站，令人大开眼界。绝壁顶上挺立着两座世界第二、亚洲第一的输电斜塔。大坝锁就的高峡平湖，就是人们泛舟畅游的乌蒙鲁布革三峡。可以乘游船游览长达20公里的鲁布革电站库区的“雄狮峡”、“滴灵峡”和“双象峡”。峡内烟江叠嶂，峭壁千仞。沿岸森林覆盖，林间静谧幽深，莺啼鸟鸣，山峰奇秀无比。在峰峦河流间，喀斯特地貌迷人的石芽与孤峰、峰林与峰丛地貌，有如大自然鬼斧神工雕塑而成的仙境。

从县城至鲁布革景区有两条路：一条是沿324国道经金鸡、板桥至羊脚洞进入景区，沿途有金鸡独立、峰林、峰丛、犀牛岭等景点；另一条是沿鲁布革电站柏油路经新寨、芭蕉寨、多依、乃格乃大坝进入景区，沿途有十万大山、多依布依村寨、鲁布革电站、黄泥河峡谷等景点。

交通： 九龙瀑布、多依河、鲁布革小三峡形成一个旅游环线。可坐旅游专线车前往。可从罗平县城乘坐开往鲁布革电站的班车前往景区。

门票： 乘游轮船票32元，快艇52元。

背包客推荐：
鲁布革小三峡水上运动

鲁布革小三峡则为云南钓友最云集的胜地之一：自从非洲罗非鱼在万峰湖（鲁布革下游）占据主体以后，中华鲫鱼容身之地越发稀少，只有上游鲁布革等地还能找到成群的中华鲫鱼。万峰上游鲁布革码头——巴桑码头钓鱼，为两大钓鱼聚点，沿途都可垂钓。或乘木筏、或划皮划艇到湖区做垂钓运动。鲁布革还有一家垂钓基地提供专业皮划艇。这里为经典的静水皮划艇，沿途有60公里以上的清澈平水可作皮划艇训练，比千岛湖的水质要好。

千佛塔

【隐于闹市的佛家禅院】

据县志记载，原名金鸡塔，始建于元代，历代都曾修葺。塔身为砖砌，呈六角形，共7层，高18米。自塔基以上，塔身逐层收缩，并密布有窗格样的佛龛1641个，每个龛内供奉陶制佛像1尊，塔顶置石雕葫芦一具，立有铁铸金鸡两只。寺内的大雄宝殿，为明代建筑风格。是滇东第一流大刹，系云南16座名寺之一。

交通： 位于陆良县城东门外的真理街，从县城乘车3元。

门票： 10元

陆良彩色沙林

【与路南石林、元谋土林并称“云南三林”】

这是一个以天然形成的沙柱、沙峰为特征的景区，位于陆良县城东南18公里的玉峰山下，沙林景点繁多，号称有108处，分布在“Y”字形峡谷中。道路错综复杂，很容易就迷路了。该沙林因风化剥蚀而成，为层峦垒峰状；层层沙崖沙柱沙峰呈现出金黄、白、红、灰色为主调，间杂黑、青、绿、蓝等色，五彩缤纷，特别是小雨初歇云开日出之时，更是瑰丽无比，远远看去七彩纷呈，彩霞满山。并且还会因季节、气候、日照和观赏角度的不同，产生出绚丽多彩的色调来。最典型的就是那道七彩壁了，总觉得色彩迷离变化得让人看不清，故当地人称之为“彩色沙林”。

山上的“惊马石”很神奇，用磁铁在峡谷石壁上轻轻一碰，就能发出千军万马的厮杀声、虎啸声与清晰可闻的鼓点声。经科学考证，这叫“感应石”，有录音功能。可随时再现古战场的声音。除这些自然景观外，沙林还有全国最大的“爨史”浮雕；以及中央电视台拍摄《三国演义》留下的孟获寨门、王府以及采用《易经》原理兴建的沙林门庭。不过这些都是人造景观，顺道看看就可以了。另外，如果赶上每年的沙雕比赛倒是很值得一看，虽然也是人工作品，但靠精湛的技术塑造出的各种主题的大型雕塑令人震撼。

交通： 陆良县乘微型车前往。租车 40 元往返。

门票： 100 元

特别提醒： 在陆良彩色沙林景区外面的餐厅，可以享用一顿著名的“官兵宴”。除了当地风味外，有一道干煸豆子非常好吃。指甲般大小的豆子，经过干煸后，入口非常松软，咬下去又带着豆子的软糯，香辣适中。还有著名的“官兵饭”，据说是当初士兵打仗时吃的东西，就是米饭加火腿粒、土豆块一起烧成的，咸咸的，如果再蘸一点那里的辣椒腐乳，味道更佳。

爨宝子碑、爨龙颜碑

【对书法感兴趣的朋友值得一看】

南朝沿袭晋制，禁止立碑，故碑刻极少，而云南“二爨”（“爨宝子碑”、“爨龙颜碑”）是云南边陲少数民族的首领受汉文化的熏陶，仿效汉制而树碑立传的。

“爨宝子碑”刻于东晋义熙四年（408），虽然立碑年代早于“爨龙颜碑”，但由于碑形小，字数少，故称“小爨”。碑首为半圆形，碑身为长方形，碑高 1.83 米，宽 0.68 米，厚 0.21 米。碑额题衔 5 件，每行 3 个字；碑文 13 行，每行 7 ~ 30 个字；碑尾题名 13 行，每行 4 个字，全碑共计 403 字。“爨龙颜碑”立于南朝宋大明二年（458），比“爨宝子碑”晚 50 年，不像“爨宝子碑”那样如矩形的折角，更具有楷书的特征，从笔画的圆润刚强，可窥见其运笔源于篆法。

交通： 爨宝子碑保存在曲靖市内第一中学内，出租车 5 元；爨龙颜碑位于陆良县南 14 公里的贞元堡小学内。

背包客收藏：云南爨氏

三国时期，今云南、贵州和四川南部称为“南中”，是蜀国的一部分。南中地区的豪族大姓主要集中在朱提（今昭通）、建宁（今曲靖）两郡。

南中最有势力的大姓为霍、爨、孟三姓，399 年，霍、孟二姓火拼，同归于尽后，爨姓成为最强大的势力。汉族移民带进南中的汉文化在豪族大姓统治者中部分地被长期保存下来，并与当地土著文化相融合，“爨宝子碑”就是这一融合的例证。爨宝子是豪族大姓统治集团的成员，“爨宝子碑”是在他死后立的。

胜境关

【胜境关又称“入滇第一关”】

胜境关位于富源县城东南 7.5 公里滇黔交界的山脊上，俗称界关，是古代由黔入滇的重要关隘。关口立有一座界坊，坊匾上书“ 滇南胜境”，故名胜境关。界坊系三门十二楹柱的木构牌坊，高 14.8 米，面阔 14.5 米，始建于明景泰四年（1453）。仔细观察界坊会发现界坊西边朝向云南的3根楹柱长年干燥，并有黄尘；而东边朝向贵州的3根楹柱上长了青苔。正中的黄梁尤为明显，西面干燥，颜色黄褐，东向潮湿，颜色青绿。这是由于气象学的“昆明准静止锋”造成两边的气候有明显不同。一个简单的界坊居然也能将两边气候划分得如此清楚，令人叹为观止。

交通：可乘开往贵州省盘县的客车到胜境关下车，票价25元左右。

古敢水族乡

【云南水族的聚居地之一】

这里有5个近乎清一色的水族聚居的村寨，俗称“水五寨”。这些村寨依山傍水，分布在黄泥河、补掌河沿岸，这5个村寨的名称，或多或少都与水有关，如“补掌”，水族语原意为“水边有庙的地方”。在古敢，地下涌泉随处可见，有龙潭（冷泉）、热塘（温泉）。古敢村西10余里的石山脚，在大片原始林木的掩映下，地下水汇流成潭。相距不远处，便有温泉露头，日出水量近2吨，水温达41℃。

交通：从富源县城有长途车前往

特别提醒：古敢村西的石山脚是每年三月水族对歌节的重要场所。

背包客收藏：昆明准静止锋

气象学上所称的“昆明准静止锋”是由于东部从太平洋吹来的冷空气经过贵州高原已经势疲力弱；西向从印度洋吹来的暖空气经过云贵高原，也如强弩之末，故在此形成。这里正当锋面，所以东面多阴雨，西面多晴天。胜境关的界坊在研究滇、黔两省的气象方面有一定的科学价值。

会泽古城

【云南四大古城之一】

会泽，顾名思义，乃数水交汇之地。这座滇东北古城，由于河流众多，纵横交错，历来就有“乌蒙水乡”之称。西北部，以礼河与小江、金沙江汇合；东南部，车洪江与牛栏江汇合；东北部，硝厂河又与牛栏江汇合。历史上有翠屏春晓、饮虹云阵、金钟夕照、龙潭映月、龙幕桃花、石鼓樵歌、温泉柳浪、水城渔笛、青龙残雪、蔓海秋成“会泽十景”。

会泽悠久的文化特色集中反映在遍布县城的庙宇等古建筑群上。会泽多庙，最早的建于明朝，大多是清朝兴建和修复的。东门，有五谷庙、城隍庙、黑神庙、南岳宫、寿佛寺、马王庙、白衣阁、张圣宫；南门，有文庙、文昌宫、财神庙；西门，有大佛寺、西来寺、雷祖庙、鲁班庙、武庙；

云南会泽县古道

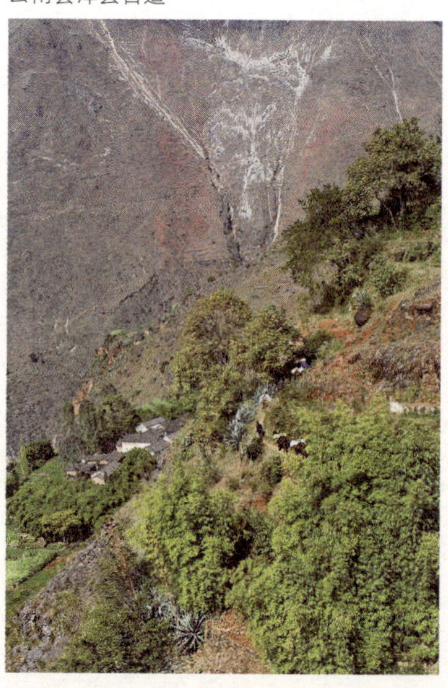

北门，有天官庙、江西庙。林林总总，蔚为大观。会泽县以庙宇为代表的古建筑和被定为省级历史文化名城精品建筑群体的县城老街，集中体现了明、清两代建筑特点，这里也是全国此类建筑最多、最集中的地区之一。现保存较好的有江西庙、大佛寺、西来寺、文庙、文昌宫等。

交通：会泽距昆明 280 公里，昆明各汽车客运站每天有多班客车来往。

■ 江西庙（江西会馆）

【庙中古戏台独具特色】

江西庙又称万寿宫。此庙始建于康熙五十年（1711），后毁于火，乾隆二十七年（1762）修复，道光、咸丰及民国时期曾修葺。

江西庙是中原文化输入的结果。当时，会泽矿业兴旺，各省人士争相来此办矿，相继出现了湖南、福建、陕西、浙江等 12 个会馆，以议本省之事，管本省之人。江西庙即为江西人会馆，是会泽县规模较大、保存较为完整的会馆建筑之一。

江西庙规模虽不大，但建筑工艺却很精巧，尤其以庙中古戏台独具特色。戏台位于寺门楼上，采光很好，台上能获得充足的光亮。更妙的是台口虽在屋檐之外，下雨时雨水却不会滴落在舞台上。在这个古戏台上，现在也常有民间剧团演出，会泽独有的“小唱灯”（又称“太平灯”）演唱艺术和会泽洞经音乐值得一看。

门票：8 元

■ 文昌宫

【青山古刹，宛如一幅淡雅的中国画】

文昌宫巍然挺立于会泽县城南的金钟山巅，始建于清雍正五年（1727），至今已有 280 多年的历史。文昌宫主要建筑有戏台、对厅和大殿，依山势直线布局，是我国典型的道观建筑风格。文昌宫背依山巅，遥对青山，近临会泽坝子。远远望去，它那古朴稳重的身影与周围的山山水水相映成趣，宛如一幅淡雅的中国画。

背包客收藏：历史上的会泽

秦始皇统一中国后，便开始经管南中地区（今云南全境、四川南部、贵州西部），“通道置吏”。“通道”的任务便交给了常頞。常頞采用集薪焚石、浇水爆裂的方法在陡峭的岩石山凿道，修通了僰道（今四川宜宾）至味县（今曲靖）的“五尺道”，途经会泽，这使会泽很早就与中原有了经济文化联系。汉建元六年（前135），汉武帝第三次击败匈奴，解除了北方的威胁后，就在此置堂琅县，此名沿用了 700 多年，直至唐初改唐兴县止，所以，会泽历史上也称“堂琅古国”。明洪武十四年（1381）开置东川土府，隶云南布政使司。清雍正五年（1727）以会泽县置名。

金钟山

【“金钟夕照”是会泽有名的十景之一】

位于会泽县城南面，与县城紧紧相连。因其状如钟而得名。早上登上山巅，观赏日出，更是云蒸霞蔚，犹如仙境一般。从山脚到山顶，有大理石坎 729 级， 又因文昌以“七曲”相称，故石坎所向，也转了 7 个拐弯，山顶上在清雍正末年建盖了文昌宫并且建盖了魁星阁、戏台、对厅、书房、大殿和小花园等。

交通：从县城乘车前往，车费 10 元。

娜姑古镇

娜姑古镇

【随风而去的历史在这里留下了一道道痕迹，清晰可见】

在云南东北部乌蒙山脉之中，有一个古老的县城——会泽。在会泽县西北面 30 多公里的山谷里有个古老的小镇——娜姑。

娜姑镇地处滇川要冲，是云峰古驿道的起点。云峰古驿道西起娜姑东至会泽，全长 67 公里，现保存完好的一段长 2.8 公里，宽 2 米，坡道及弯道处均由石阶铺筑而成，是明清时期运铜的主要官道。古代东川府城就设在今天的会泽县，东川府所产的铜料及所铸造的钱币，都是从会泽运往中原。在迢迢几千里的古驿道上，出县城第一站就是娜姑镇。

过去白雾街的热闹与繁华仅次于会泽。一溜儿传统的青瓦屋鳞次栉比地排列在山脚边，小街正正地穿过其中，两边不乏一些方方正正的大院，却少有现在农村里常见的砖混楼房，整条小街透着朴实与雅致。左边一片阡陌纵横开阔碧绿的田野，再往前便是起伏的山峦。

古镇现保存有“三圣宫”台楼、圣若瑟堂、陈氏住宅等文物古迹。古镇的主街道——白雾街宽不过五六米，长也就 200 多米。街两边却保存着一溜儿古香古色的老式房屋，有的还留着过去木质的铺搭。沿街是一排排的杂货铺，有些地方还保留着 20 世纪五六十年代的标语、口号。古镇似乎将每一段历史都保留了下来。

交通：位于会泽县西部，距县城 32 公里，有班车直达，约 10 元。

陈家大院

【当年的奢华已随风而去，只留下岁月洗刷过的清冷】

大院的主人陈炳，是当时白雾街一支民间武装的首领，被政府收编后委任他为民团团长。陈宅建于 1945 年，占地 1100 多平方米，新中国成立后被政府没收。

陈宅的正面有着最具当地民居建筑特点的“猫弓墙”，顺高高的石级而上，两进院，是典型的“四合五天井”和“走马转角楼”建筑形式。天井的地板用条石铺成了“双喜”图案，可见陈宅的奢华和典雅。听说，当时在大院的照壁、门楼和后围墙上曾开了很多高低不一的射击孔，护院的士卒可以方便地向外射击。

大海草山

【这里的草原风光少了粗犷和大气，多了细腻和风情】

大海草山，海拔在 3570 ~ 4017 米之间。其最高峰牯牛峰（绛云弄山）海拔 4017.3 米，是乌蒙山系的最高峰，唐朝时南诏国王封为东岳。

大海草山草场绵延 18 万亩，春夏季节，草长莺飞，羊群如云，各色山花与碧水绿草相映衬。最为著名的是牯牛峰下的万亩杜鹃，以品种繁多、面积广阔著称，花开时节，满目杜鹃争奇斗艳，令人流连忘返。秋冬季节则云飞雾涌，白雪皑皑，牯牛峰若隐若现，状如牯牛戏云海，日出

会泽大海草山

时，云蒸霞蔚，如运气佳你能看到被当地人称为佛光的绝景。草山上古朴淳厚的牧民、美丽动人的传说、极富韵味的民俗风情也同样令人心驰神往。

交通：会泽县大海乡东北部，距县城42公里，会泽客运站有出租车前往，票价20元。草山景区非常大，需租车，包括门票在内，费用约150元。

门票：25元

段氏与三十七部会盟碑

【大理国历史的见证者】

现保存在曲靖一中内。碑高1.25米，分上、下两截，全碑共403字。此碑立于北宋开宝四年（971），是大理国时代的遗物，于清康熙十八年（1679）在曲靖市北出土。

碑文记载了大理国主段素顺联合滇东三十七部征讨“妄服背恩”的部落后，会盟立誓，论功行赏的史实，对研究大理国官制历史及宋代云南民族关系具有重要价值。

交通：到达曲靖后，步行至第一中学院内即可。

可渡河古驿道

【历经千年的古驿道】

在宣威城北69公里云、贵交界的可渡河畔，有一条北连贵州，南入云南，开于秦、汉，洪武十五年（1382）重修的古驿道至今保存完好。驿道坎坎坷坷、曲曲弯弯，记录着古代商旅活动的频繁和艰辛。

位于可渡村南的“可渡关”，关门宽约4米，地处古驿道的险隘处。这条有着几千年历史的古驿道全部由青石板铺成，宽约2米，呈“之”字形沿可渡河岸曲折而上。青石板上有不少石坑是由于长时间马蹄行走而被洞穿形成。驿道沿线自然景观及古碑、崖刻等人文古迹保存完好。与古驿道齐名的是沿河两岸的摩崖石刻，一定要好好欣赏一下。另外，诸葛亮南征时屯兵的“诸葛营”，明代南征时的“古战场”及“古炮台”、“烽火台”、“飞来古树”、“枯竹盘根”也不可错过。

可渡河北岸约200米高的峭壁上，灌木葱绿处裸露着一片白色砂岩，远而观之，酷似“翠屏积雪”，可渡河北岸有一“V”形山口，这里有小溪潺潺，小溪两旁的山坡上桃树成林，春暖花开之际，形成“桃花泛锦”之奇观。

交通：要去可渡河，只能先坐火车到云南省的宣威市，然后换乘汽车前往位于宣威市北70公里处的可渡河。由于山路很不好走，所以汽车需要将近4个小时的车程。

昭通

大山包黑颈鹤

【世界上黑颈鹤重要的越冬栖息地】

位于昭通市西部的五莲峰山脉脊部，主要保护黑颈鹤及其越冬栖息的亚高山沼泽化湿地，湿地保护面积 3000 公顷。据 2002 年调查显示，每年到此越冬的黑颈鹤数量超过 1000 只，在云南的黑颈鹤都是越冬种群，是冬候鸟，每年农历九月初九前后就从北方迁飞而来，农历三月三前后又向北方迁飞而去，出入不过三五天。准确地说，黑颈鹤在大山包越冬的时间是 5 个月零 24 天。

交通：昆明各大汽车站，每天傍晚均有卧铺夜班车发出，次日晨抵昭通，车票浮动，票价 85 ~ 100 元左右，车行 9 小时抵达；从昭通市到大山包有 79 公里山路。每天均有中巴往返，车票 20 元。

特别提醒：当地人管“黑颈鹤”叫“雁鹤”，如果想找好的拍摄地点可以向当地老乡打听。唯一对外营业的是乡政府的“黑颈鹤宾馆”，可供 10 多人住宿的小招待所，干净方便，收费 5 元 / 床。

背包客推荐：大山包观鸟指南

保护区内有 4 个黑颈鹤夜宿地，且视野开阔、能见度很高，从观鸟角度来讲，这里算得上国内最好的观鸟目的地之一。目前大山包黑颈鹤保护区建立了一个 160 平方米的水禽检测屋。游客可以透过检测屋的玻璃窗欣赏黑颈鹤，而不会打扰到黑颈鹤的生活。另外还有一条 220 米长的隧道。游客穿过隧道，最近可以在 10 米左右的距离观看黑颈鹤觅食的场景。

秋冬及初春，在大山包跳墩河水库、大海子水库可看到成群结队的黑颈鹤。黑颈鹤最集中的是“大海子湿地”，也被当地人称之为“雁鹅湖”。目前有人工观鹤台，建在离湖百米开外，并有貌似碉堡的掩体供摄影师及观鸟者使用。

特别提醒：1. 大山包海拔高，有高山反应和高血压者慎行；

2. 昼夜温差大，需带好御寒衣服

每年春冬交替的季节观赏最佳，时间是 6：00 ~ 8：00，14：00 ~ 16：00。

大包山

昭通市豆沙关

3. 外出观鸟尽可能避免穿着鲜艳抢眼的服装，不要高声喧哗惊扰鸟类，驱赶鸟类更是观鸟大忌。

4. 望远镜是观鸟必备装备，双筒望远镜，8～10倍，物镜口径为40mm或50mm，不要有红、黄镀膜。单筒望远镜放大倍率20～60倍。如果还想用相机拍下精彩的瞬间，一定要带一个至少200毫米的长焦镜头。

大关黄连河景区

【各式各样的瀑布会聚于此】

位于大关县境内，风景区分为3个片区：黄连河片区、上高桥片区和罗汉坝片区。

黄连河片区位于县城东南部，有大小瀑布47条，其中落差大于10米的有14条，而且每条瀑布形态各异，各呈奇姿。主要景点有对歌瀑、双瀑迎客、团圆瀑、水上大舞台、水帘长廊、月老瀑、鸳鸯瀑和大滑板等。对歌瀑分5级跌落，总落差40余米，瀑宽2～4米。每逢农历五月初五，当地苗族青年男女欢聚瀑边，对唱山歌，选择意中人。团圆瀑是3条瀑布直泻而下，最高的一条为父亲瀑，高40米，宽2米；中间一条为母亲瀑，高30米，宽1米；最小一条为娃娃瀑，高20米，宽1米，3条瀑布坠落底台汇流于一体。水上大舞台位于团圆瀑东北30米，有一长24米，宽10米，向西倾斜的岩层层面形成的大石板，水流顺岩面裂隙流下并漫过石板，从高约2米的小陡坎跌落，形成一小瀑布。岩层层面形成的平台平整、规则，成为一块天然水上大舞台。

交通：昭通市距大关县城69公里，有长途汽车到达。从县城可乘中巴车抵达景区。

门票：35元

盐津豆沙关

【蜀道入滇第一关】

盐津是秦汉以来中原通往云南的通道之一。豆沙关古称石门关，是古人由蜀入滇的第一道险关。湍急的关河像一把利剑将险峻的石山一劈为二，形成了一道巨大的石门，锁住了古代的川滇要道。西岸岩壁上刻有“滇南枢纽”、

“其险也若此”等大字，被誉为“滇南第一关”。

关河北岸，有著名的“五尺道”遗迹。五尺道始建于秦，现残存长约350米，道宽五尺，每级石级宽窄高低不一，路面留有马蹄痕印数十个。它是由川入滇，到缅甸、印度的“蜀身毒道”（古西南丝绸之路）的重要通道。

豆沙关上有唐碑亭，亭内岩壁上是著名的唐袁滋摩崖。袁滋是唐朝御史中丞、著名的书法家。这块摩崖，是袁滋于794年出使云南，路过石门关时刻下的。与摩崖对峙的东岩石壁上可以观看神秘的古代“僰人悬棺”葬。

交通： 在盐津县包车前往，往返不超过50元。

门票： 50元

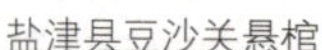

僰人悬棺

【殓死有棺而不葬，置于岩石间，高者绝地三尺，或临大河，不施蔽盖】

在昭通豆沙关及金沙江一带悬崖上，有许多悬棺，相传是古代僰人留下的。僰人是生活在川滇交界处的一个少数民族，他们曾在这里创造过灿烂的文明。与别的民族不同的是，僰人的葬式采用悬棺葬，棺用整木剜凿而成，不施漆，质地异常坚硬。悬棺置放的方法，学术界存在三种说法，一是垒土造山说，二是栈道说，三是垂吊说。三种说法各有各的道理，至今也是学术界争论的话题。

豆沙关悬棺在盐津县豆沙关乡石门村关河南岸的绝壁上，紧靠213国道。关河南岸，峭壁腾立，参天而起，高达四五百米，悬棺就存放于绝壁半腰一长方形岩坎内。20世纪30年代调查悬棺40多口，此后，由于地理及人为等原因的破坏，使悬棺数量减至10余口。

交通： 从昭通乘长途汽车15元，需提前和司机打招呼；从盐津县城坐车3元可到。

盐津县豆沙关悬棺

实用资讯

交通

在曲靖，铁路是连通省内外的主要交通方式，而昭通，公路交通是最经常使用的交通方式。

曲靖

铁路

贵昆（贵州—昆明）、南昆（南宁—昆明）两条电气化铁路贯穿曲靖 8 市县区。贵昆铁路经过马龙、麒麟区（曲靖市）、宣威等市区县，有支线分达富源及贵州柏果、宣威喜鹊乐等地；南昆铁路经过罗平、师宗、陆良等县，铁路密度居全省第一。昆明—曲靖站，行程 2 小时左右。昆明—宣威站，行程 4 小时左右。昆明—罗平站，行程 4 ~ 6 小时不等。

曲靖火车站

地址：麒麟区建宁西路

电话：0874-3511547

公路

曲靖地区的公路四通八达，昆曲、曲陆两条高速公路及 213 国道、320 国道、324 国道、326 国道贯通全市。323 国道将昆明—百色的公路连接在一起。曲靖市—昆明 145 公里，昆曲高速公路，行程 2 个半小时，中巴票价 20 元，高快 36 元。曲靖—罗平 133 公里。罗平—昆明 240 公里。会泽—昆明 259 公里。宣威—昆明 248 公里。

曲靖高快客运中心

地址：麒麟区交通路

电话：0874-3380959

玄坛客运站

地址：麒麟区麒麟南路

电话：0874-3114784

昭通

飞机

昭通机场位于昭通市东郊坝子东部，金沙江南岸，机场距离市区 10 公里左右，现修建有市区至机场的一级公路干线，从市区到机场可以乘坐民航大巴或者是出租车。到港的乘客出了出港大厅后西行约 5 分钟即可到达停车场。

前往昭通旅游，可选择乘坐航班前往。虽然目前只开通昆明—昭通的航班，但每天的不同时段都有往返于昆明与昭通之间的航班可以选择。

铁路

昭通每天有多趟列车往来，可到达广州、内江、成都、昆明、重庆、贵阳等大中城市及沿线各县市地区。

公路

昭通主要有 213 国道，北接宜宾、重庆，南至昆明。进出昭通可以走这两条不同的道路：从重庆到昭通的汽车只有一班，17:40 发车，票价 154 元，行车 10 ~ 12 个小时；从昭通有多班到达昆明的长途汽车。节假日会有很多人坐长途汽车，需要提前一天买票。长途汽车站位于市中心。

住宿

曲靖和昭通是滇东北的两个主要中心城市，因滇东北的旅游资源相对缺少，所以始终不是云南的旅游地区，但在两地都有很好的住宿设施。

曲靖

罗平多依河宾馆（三星级）

标准间 140 元 / 间。

地址：位于罗平县九龙大道

电话：0874-8256888

瑞鑫宾馆

标准间 50 元 / 间。

地址：罗平县西关街

蓝泉酒店

标准间 80 元 / 间。

地址：罗平县九龙大道南段西侧

电话：0874-8256188

九龙宾馆

标准间 50 元 / 间。

地址：罗平县达北路

电话：0874-8217409

昭通

出了昭通市长途汽车站，马路对面有一些小型的旅店，比如交通旅店等。单人间价格基本在 15 ～ 30 元 / 天，双人间每个床位 10 ～ 15 元 / 天。卫生条件还可以。

画苑宾馆

地址：昭通市凤霞路 66 号

电话：0870-2238888

金鼎大酒店

地址：昭通市月牙路粮贸大厦

电话：0870-2229333

昭通市委招待所

地址：昭阳区崇义街 109 号

电话：0870-2125014

餐饮

滇东北地区，烹调方法和口味近似川菜，滇东北餐饮中青绿蔬菜很少，用于待客的餐席更是汤爆肚、青椒炒火腿、回锅肉、蒸血豆腐，满满腾腾却难见蔬菜。

沾益辣子鸡

龚氏辣子鸡的创始人龚红云女士，是明末大旅行家徐霞客先生二探珠江源、两次投宿的沾益富豪龚起潜的后裔。龚氏辣子鸡以其独特的原料、独特的配方、独特的加工工艺制作而成，辣而不辛、味醇香浓，凡到沾益者，都以一尝为快，甚有驱车百里而专程品尝者，名声大噪，被称为滇中一绝。

曲靖蒸饵丝

曲靖蒸饵丝，时间可以追溯到 20 世纪 80 年代。当时在曲靖市学院街口有一家餐馆，虽然门面不大，但因该店供应的主要小吃品种蒸饵丝制作精细，风味独特，故每天都引得顾客盈门，几年间便声名大振。喜欢吃辣的顾客还可以自行放上油辣子，最后拌匀就可以食用了。等顾客吃完饵丝，再喝上一小碗撒了葱花的筒子骨汤，回味无穷。

麻衣馓子

陆良的麻衣馓子是用麦面作原料，和好面后扭成“千钧扣”油炸的糖果。色泽金黄，表层穿上芝麻糖衣，特点是香、脆、酥、甜，特别是内里灌满了糖饴，甜润柔腻。陆良“麻衣馓子”已有 200 余年的历史。

五彩花饭

布依族餐饮中最有特色的是五彩

花饭。到山上采来花朵、树叶、草木根，熬出汁液，把糯米浸泡成红、黄、蓝、黑、紫五种颜色，蒸熟成为不同颜色的糯米饭后，拌成五彩缤纷的饭团，再浇上蜜糖。据说有清热解毒之功效。

马龙荞丝

马龙荞丝是用马龙特产荞麦面加水搅拌煮熟，经冷却、切片、划条成型、晒干而成。食用多以香油炸之，起锅趁热上桌，荞香四溢，食之香甜酥脆，别有风味。

曲靖韭菜花

韭菜花是曲靖传统名特食品。相传，生产始于清代末期，迄今已有100余年历史。该食品是用新鲜韭菜花与苤蓝丝、辣椒混合在一起，经腌渍而成。因韭菜花味突出，故名韭菜花。食之甜、咸、辣味俱佳。滇东北最值得一带的特色食品就算宣威火腿和陆良板鸭了，当然昆明的大超市里也有，但是如果到了滇东北还是在当地买原汁原味的更好。

昭通咸菜

昭通小吃历史悠久，其中以咸菜小吃最为有名，昭通做咸菜小吃的历史长达几千年之久，主要的传统咸菜有：昭通酱、豆豉、泡椒、卤豆腐、腌大蒜、榨辣子、老干腌菜、三香菜、五香萝卜、皮蛋等，上好的材料，加上精细的做工工艺，孕育出昭通咸菜独有的鲜香诱人。

购物

曲靖

曲靖是云南经济较发达的地区，现代化程度很高，各类物资丰富，特产众多，除了著名的宣威火腿、陆良板鸭等食品外，独一无二的会泽斑铜器、精巧的陆良棕草编等都是当地的特色产品。

在罗平多依河等景点，还可以买到具有民族特色的挎包、彩蛋、油纸伞、小水车等工艺品，还有地方特色鲜明的铜器、篾扎制品、水烟筒等。罗平特产，以“三白三黄”最为出众，“三白”——白果、百合、白薯；“三黄”——黄姜、蜂蜜、菜油。

此外，鸡、竹荪、木耳等野生珍品，篾扎工艺品、刺绣、蜡染等手工艺品，及杜仲茶、云精酒等都是当地特产。

陆良板鸭

又名腊鸭，是选用每只2 公斤左右的子鸭宰杀后腌渍而成。造型为杏仁形，色白醇香，盐味适中，肉质细嫩。有方便旅行者携带的包装。

宣威

宣威火腿

宣威火腿因产地而得名，是云南具有悠久历史的名特产品。宣威火腿因形似琵琶而别称“琵琶脚”。横剖面肉色鲜艳，红白分明。瘦肉呈桃红色，咸香中带甜味，肥肉亦香而不腻。形成宣威火腿特殊风味的因素很多，但地理气候环境是首要原因，腌渍的工艺技术也起重要作用。鉴定宣威火腿的传统方法是以篾针刺入作嗅觉分辨。

责任编辑： 王佳慧 高 辰
文字作者： 赵吾文、刘团玺、孙石
图片作者： 刘凤玖、李志雄、刘建明、何亦红、于怀、腾卫华、刘湘波、吴剑路、赵宇、梁嫒、远流图库（袁蓉燕、李琦、曹铁）、全景、图文天下、CFP 达志影像 /shutterstock
封面设计： 何睦
内文设计： zhengmei正美 www.zhengmeiart.com
地图绘制： ANYFOTO
责任印制： 闫立中

图书在版编目（CIP）数据

云南 /《走遍中国》编辑部编著 . -- 4 版 . -- 北京：中国旅游出版社，2014.1（2023.11 重印）
（走遍中国）
ISBN 978-7-5032-4875-7

Ⅰ . ①云… Ⅱ . ①走… Ⅲ . ①旅游指南 – 云南省
Ⅳ . ① K928.974

中国版本图书馆 CIP 数据核字 (2013) 第 302993 号

书 名： 云南

作 者： 《走遍中国》编辑部编著
出版发行： 中国旅游出版社
（北京静安东里 6 号 邮编：100028）
https://www.cttp.net.cn E-mail:cttp@mct.gov.cn
营销中心电话：010-57377103，010-57377106
读者服务部电话：010-57377107
经 销： 全国各地新华书店
印 刷： 北京金吉士印刷有限责任公司
版 次： 2014 年 1 月第 4 版 2023 年 11 月第 9 次印刷
开 本： 889 毫米 ×1194 毫米 1/32
印 张： 13.25
字 数： 430 千字
印 数： 25001~28000 册
定 价： 49.80 元
I S B N： 978-7-5032-4875-7